KB118803

일본 기업 시스템의 경제학

미야모토 미쓰하루(宮本光晴) 지음

정안기 옮김

한울
아카데미

국립중앙도서관 출판시도서목록(CIP)

일본 기업 시스템의 경제학 / 미야모토 미쓰하루 지음 ;
정안기 옮김. -- 파주 : 한울, 2005
      p. ;   cm. -- (한울아카데미 ; 759)

원서명: 企業システ―の經濟學
참고문헌과 색인수록
ISBN   89-460-3403-3 93320

324.0913-KDC4
338.60952-DDC21   CIP2005001110

新経済学ライブラリ―28

企業システムの経済学

宮本光晴 著

新世社

A Theory of Corporate System

by Mitsuharu Miyamoto

Original Japanese language edition published by Shinei-sha Co., Ltd.

1-3-25, Sendagaya, Shibuya-ku, Tokyo 151-0051 Japan

Copyright © 2004, Shinsei-sha Co., Ltd.

Korean Translation Copyright © 2005 by Hanul Publishing Company

All Rights reserved. This Korean edition was published by

arrangement with Shinsei-sha Co., Ltd.

이 책의 한국어판 저작권은 Shinsei-sha와의 독점계약으로
도서출판 한울에 있습니다. 저작권법에 의해 한국 내에서 보호를 받는
저작물이므로 무단전재와 무단복제를 금합니다.

옮긴이의 글

이 책의 저자 미야모토 미쓰하루(宮本光晴)는, 1880년(明治 13년) 일본 최초로 경제학과를 설치하고 일본 경제학 연구의 산파 역할을 해온 센슈(專修)대학 경제학부에서 기업경제학 혹은 사회경제학을 담당하는 저명한 경제학 교수이다.

저자는 1980년대 히토쓰바시(一橋)대학 대학원에서 당초 매크로 성장론을 공부하고자 했으나 그 과정에서 '케인스 경제학의 마이크로적 기초'에 관심을 갖게 되었고, 그 연장으로 기업이론을 전공하게 되었다. 실제로 1980년대 당시 일본의 경제학계는 신고전파 경제학 비판이 성행하였다. 예를 들어 존 로빈슨(John Robinson)의 「경제학의 제2 위기」 혹은 아오키 마사히코(靑木昌彦)에 의해 미국의 이른바 '래디컬 경제학'이 소개되면서 학계의 뜨거운 관심을 불러일으켰다. 그 와중에서 저자는 도쿄대학 세이부 스기루(西部邁)와 무라카미 타로(村上太亮) 교수의 공동 세미나에 참가하면서 이른바 사회경제학에 관심을 갖게 되었고, 현재의 기업조직론을 전공으로 하게 되었다. 또한, 그 배경에는 이미 기업경제학의 고전의 반열에 오른 올리버 윌리엄슨(O. E. Williamson)의 『시장과 조직(Markets and Hierarchies)』이 일본어로 번역·출판되면서, 기업경제학에 대한 학계의 관심을 크게 자극하기도 했다.

실제로 저자의 1987년 처녀작 『인간과 조직의 사회경제학(人と組織の社會經濟學)』(東洋經濟新報社, 1987)은 이상과 같은 대학원 시절의 연구 경력을 반영한 역작이라고 할 수 있다. 현재에도 이 저작은 그동안의 유장한 세월에도 불구하고, 기업경제학과 사회경제학을 전공하는 이론 경제학 연구를 비롯하여 역자와 같은 실증경제사학을 전공하는 전문

연구자들에게도 그 길라잡이의 역할을 충실히 해내고 있다. 저자는 이후 기업이론을 주요 전공으로 하면서도 고용 문제를 비롯하여, 최근에는 기업의 거버넌스에도 깊은 관심을 갖게 되었다. 특히, 1992~1993년에 걸친 런던정경대학(LSE) 유학을 통해 국제비교연구 혹은 비교제도분석에 심취하게 되었다. 또한, 1990년대 일본 학계의 주요 관심은 버블 붕괴 이후 일본 경제 시스템 혹은 기업 시스템의 구조개혁과 관련한 다양한 모색에 있었다. 따라서 저자는 제도개혁과 관련한 이른바 신자유주의 혹은 시장원리로 환원시키고자 하는 입장에 대항하여 제도분석의 시점에서 집중적인 연구 성과를 발표하였다. 현재 저자는 일본 기업의 HRM(인적 자원 관리, Human Resource Management)과 거버넌스의 제도적 보완성에 주목한 연구를 수행하고 있다.

이 책은 이상과 같은 저자의 연구 관심을 반영한 최근의 성과물이다. 이 책은 거래비용과 비교제도분석의 관점에서 일본의 기업 시스템을 검토하고, 그 제도개혁과 관련한 독자적인 시점을 제시한 최근에 보기 드문 일본기업론 혹은 일본 기업경영론이라 할 수 있겠다. 즉, 장기불황에 직면한 일본 경제와 기업 시스템의 구조개혁에 관련한 저자의 고민과 다양한 모색을 담아내고 있다. 한편, 여러 가지로 부족한 역자가 이 책의 번역·출판을 결정하게 된 동기는 다음과 같다.

첫째, 개인적 연구 관심과 저자에 대한 신뢰였다. 역자는 현재까지 저자와는 일면식도 없는 상황이다. 그러면서도 이 책을 번역하게 된 동기는 역자가 교토(京都)대학 대학원 재학 시절 저자의 1991년 저작『시장과 조직의 경제학(市場と組織の經濟學)』(新世社)을 접하고서 기업경제학에 큰 관심을 갖게 되었기 때문이다. 특히, 일본 경제사(일본경영사)와 일본경제론을 전공하는 과정에서 저자의 여러 저작들을 통해 다양한 시사점을 얻을 수 있었던 데 따른 개인적인 관심 때문이다.

둘째, 잃어버린 10년으로 비유되는 최근 일본 사회경제 시스템은 전체적으로 세기말적인 전환기에 직면해 있다. 그럼에도 불구하고 현재 국내에 소개된 일본 경제 혹은 일본 기업 관련 서적은 거의 대부분이 1990년대 초반까지만 다루고 있어, 현재 일본 경제의 현실과 동향을 담아내지 못하고 있다. 즉, 현재의 일본 경제 관련 서적은 1980년대 일본 경제의 경제대국화 과정과 그 원천에 관한 이해를 전제로 하고 있기 때문에 현대 일본 경제의 현실과 일본 기업 시스템의 변화와 모색의 방향을 담아내지 못하고 있다는 것이다. 그 점에서 이 책은 최근의 경제학 이론 틀과 국제비교 시점을 적용하여, 일본 기업의 구조와 행동, 그리고 독자적인 개혁 방향을 제시하고 있다는 점에서 돋보이는 저작이다.

셋째, 국내 대학의 경상 계열에서 경제학과 경영학의 경계가 너무나도 선명하다는 점이다. 그러나 정보화와 글로벌화를 특질로 하는 현대 경제에서 기업조직은 시장과 정부에 대신하는 자원배분의 주체로서 중요한 역할을 담당하고 있다. 그러나 한국의 경제학 교육에서 기업은 여전히 20세기 경제학의 전통적인 이론 틀을 반영한 투입산출의 변환기로서의 기업 혹은 경영학에서는 여전히 상황적합이론에 입각한 기능주의적 시각에서 기업을 파악하고 있다. 따라서 경영사를 전공하는 역자의 입장에서 경제학과 경영학의 경계를 넘어서는 학제적인 관심으로부터 기업의 내부구조와 경영행동을 설명하는 기업경제학 혹은 사회경제학을 소개하고자 하는 소박한 의도이다.

더구나 이 책은 전문 연구서가 아닌 대학 학부 수준의 교재임에도 불구하고, 수미일관된 경제학 이론과 다면적인 국제비교 시점을 구사하여, 일본 기업 시스템의 다양한 측면을 비교·분석하고 있다. 따라서 최근 한국 경제의 현실과 학계의 관심을 고려하면, 이 책은 한국 기업을 이해하는 데도 상당한 시사점을 담고 있다. 특히, 현재 한국 경제가 당면하고 있는 경제문제를 극복하기 위해서라도 기업의 본질을 재조명하는 작업이 무엇보다도 긴요하다고 생각한다. 아울러 저자도 지적하고 있지만, 한국 기업과 일본 기업은 1997년 금융위기라고 하는 동일한 경험과 글로벌 경쟁의 충격을 서로 공유하면서도 서로 다른 개혁 경로를 모색해 왔다. 그 점에서 한국과 일본 기업은 뚜렷한 비교연구의 대상이라 할 수 있다. 나아가 그러한 비교연구를 위한 이론 틀로서 기업이론에 대한 이해가 불가결하다고 할 수 있겠다. 따라서 이 책은 바로 그러한 공통의 기업이론 구축에 크게 기여할 수 있을 것이다. 즉, 고용거래, 기업 간 거래, 금융거래, 코퍼레이트 거버넌스 등으로 구성된 일본 기업의 본질을 이해하는 동시에 이들 서브시스템을 작동시키는 거래 룰의 변화와 그 연장으로 기업 시스템의 변화 방향을 모색하는 것이다. 따라서 이 책이 일본 기업만이 아닌 한국의 기업 시스템을 이해하고, 기업 시스템의 국제비교 연구에 관심이 있는 경제·경영학을 전공하는 학부생과 대학원생뿐만 아니라 일반 실무자들에게도 유익한 시사를 제공해 주리라 믿어 의심치 않는다.

마지막으로 이 책을 번역, 탈고하기까지 많은 수고를 아끼지 않은 고려대학교 일본학연구소의 편용우 연구원과 2005년 고려대학교 경제학과 동아시아경제사 강의에서 이 책을 집중적으로 검토하고 토론해 준 반장 강양석 군을 비롯한 학생들에게 깊이 감사드린다. 아울러 어려운 출판사정에도 이 책의 번역·출판을 흔쾌히 결정해 준 도서출판 한울의 김종수 사장과 이재연 이사에게 감사드린다.

2005년 5월 20일
安岩의 언덕에서 정안기

한국어판 서문

이 책은 고려대학교 아세아문제연구소에 근무하는 정안기 교수의 수고로 한국어판으로 출판할 수 있게 되었다. 저자로서는 그 무엇보다도 큰 기쁨이자 영광이다.

현재 일본 사회에서는 '한류(韓流) 붐'이 확산되고 있다. 그러나 얼마 전까지는 변모하는 한국 경제 혹은 한국 경제의 활력이라는 제목의 책들이 서점가의 책장을 장식하였다. 1997년 금융위기로부터 발생한 이른바 'IMF 쇼크'를 한국 경제가 어떻게 극복할 수 있었는지, 그리고 그것을 극복하기 위해 종래의 경제 시스템을 어떻게 개혁시켰는가에 대해 각종 미디어를 통해 일본에 전해졌다. 따라서 한국 경제에 비해서 개혁이 늦어지는 상황에서 한국 경제를 배워야 한다는 논조는 결코 이상한 것이 아닐 것이다.

한국 경제, 특히 기업 시스템에 대해서 저자가 갖고 있는 지식은 몇 권의 책으로부터 얻은 것이 그 전부이지만, 확실히 한국 기업의 변모는 연구자의 입장에서 무척 흥미로운 주제라 할 수 있다. 어떤 공통 과제에 대해서 왜 다른 대응이 가능한지, 시스템 비교에 관심이 있는 연구자라면, 한국과 일본은 아주 좋은 비교연구의 대상이라 할 수 있겠다. 비교제도분석의 관점에서 본다면, 한편으로는 경로의존성의 틀을 깨드리는 변화에 의해 시스템이 전면적으로 변화해 나아가는 반면, 다른 한편으로는 경로의존성에 의한 제약의 결과, 시스템이 주변적 변화에 머무르고 마는 경우도 있을 수 있다.

하지만, 설령 전자가 한국 경제의 경로라고 하더라도, 전면적 변화의 결과가 어떠할지는 분명하지 않다. 그러나 저자는 한국 경제가 미국형 시스템으로 수렴하기보다는 새로운 한국형 모델로서 존속할 것이라 생각한다. 그리고 아마 이러한 점에서 전면적인 변화도, 어떤 일시적인 수정도 불가피할 것이다. 활력과 동시에 안정이 시스템의 요건이라면, 새로운 한국 모델도 바로 그러한 방향으로 진화할 것이다. 한편, 일본의 기업 시스템은 확실히 전면적인 변화의 방향은 아니라 하더라도, 주변적 변화에만 머무를 수도 없는 상황이다. 현재 1997년 금융위기 이후 이미 일본의 6대 은행은 새로운 3대 은행 체제로 재편되었다. 다만, 불량채권의 처리도, 고용조정도 역시 상당한 시간이 걸리기 때문에 경로의존성의 제약하에 있는 것도 사실이다. 그리고 전면적 변화와 주변적 변화의 중간 형태, 이른바 하이브리드(hybrid)형의 변화라고도 할 수 있겠다. 예를 들어, 일본 기업은 장기고용을 유지하면서, 성과주의 임금을 도입하는 식의 새로운 방향을 모색하고 있다.

어쨌든 한국 기업과 일본 기업은 금융위기라고 하는 경험과 글로벌 경쟁의 충격을 서로 공유하면서, 서로 다른 경로를 모색하고 있다는 의미에서 확실히 뚜렷한 비교의 대상이라 할 수 있다. 그리고 그 비교를 위해서는 공통의 연구 틀로서 기업이론이 필요하다. 이 책의 목적은 바로 그러한 공통의 기업이론 구축에 있다. 즉, 고용거래, 기업 간 거래, 금융거래 등으로 구성된 기업의 본질을 이해하고, 동시에 이들 거래 룰의 변화로서 기업 시스템의 변화를 파악하고자 하는 것이다. 그리고 그러한 거래 룰을 최종적으로 결정짓는 코퍼레이트 거버넌스를 고찰하는 데 있다. 이러한 관점으로부터 일본 기업과 한국 기업의 변화 방향을 모색하는 동시에 상호 비교하는 것도 가능할 것이다. 이러한 희망 또는 확신으로 한국어판 서문을 대신하고자 한다.

한류 붐의 東京에서
2005년 4월 28일
미야모토 미쓰하루

서문

이 책은 기업을 공부하고자 하는 독자들을 위해 기업이론과 비교제도분석의 시점에서 일본 기업 시스템을 검토하고자 하였다.

현재, 일본 기업 시스템은 종래 경험한 적이 없는 변화의 과정에 있다. 버블 붕괴 이후 일본 경제의 부진과 함께 개혁에 대한 논의도 분분하였다. 하지만 기업이론과 국제비교 시점에서는 도저히 이해할 수 없는 논의들이 난무하고 있는 것도 사실이다. 고용 시스템 혹은 금융 시스템의 개혁과 같이 실제로 진행 과정에 있는 개혁과, 그 개혁과 관련한 논의들 사이에는 간과할 수 없는 틈새가 존재한다. 따라서 구조개혁을 위해서도 일본 기업 시스템에 대해 정확히 이해할 필요가 있다. 이러한 기초 위에서 무엇이 개혁의 과제인가를 정확히 이해할 수 있기 때문이다.

이 책의 당초 목적은 앞서 집필했던 『기업과 조직의 경제학(企業と組織の經濟學)』(新世社, 1991)을 개정하는 것이었다. 실제로, 이 분야에서 눈부신 학문적 발전이 이루어졌고, 10년도 더 된 구저(舊著)를 개정하는 일은 당연한 과제였다. 그러나 10여 년에 걸쳐 이 작업을 미뤄온 이유는 전적으로 필자의 태만 탓이겠지만, 굳이 변명을 하자면 이른바 일본형 시스템을 둘러싼 논의와 그와 관련한 연구에 시간을 할애해야 했기 때문이다. 그리고 최근에 이른바 대학개혁으로 인해 어떠한 형태로든 시간을 할애해야 하는 날들이 계속되었기 때문이었다. 그리고 무엇보다도 당초의 의도와는 달리, 앞서 책과는 전혀 다르게 새롭게 집필했기 때문에 예상외로 많은 시간이 소요되었다. 따라서 이 책은 예전 책의 개정판이 아닌, 전혀 새로운 책으로 다시 태어나게 되었다.

개정 전의 책은 신세사(新世社)의 '신경제학(新經濟學) 라이브러리' 시리즈에 포함되었지만, 사실 시리즈에 포함시키기에는 약간의 거북함이 있었던 것도 사실이었다. 이 책도 또한 같은 시리즈에 포함되었지만, 역시 같은 느낌을 지울 수 없다. 예전 책은 종래의 경제학으로부터 벗어나고자 하는 의도였기 때문에 책이 시리즈에 포함된다는 사실로부터 오는 거북함이었지만, 이 책의 거북함은 기업이론과 비교제도분석과 관련하여 수많은 텍스트가 존재하는 가운데 다시 이 책을 새롭게 추가한다는 사실에서 오는 거북함이었다. 그러나 필자는 이 책이 종래 몇 권의 뛰어난 책들과도 견줄 만큼의 충분한 내용을 갖추었다고 자부하는 바이다.

예전 책과 마찬가지로 이 책은 다양한 거래비용 경제학의 시점에서 일본 기업 시스템을 논한 것이지만, 예전의 책은 버블 붕괴의 직전, 어떤 의미에서는 일본 기업 시스템의 기능적 우위가 확연히 드러난 가운데 기술된 것이었다. 그 때문에 거래비용 경제학의 접근은 현존하는 시스템의 기능적 우위를 논증해 나가는 듯한 기술에 머무르고 있다는 점을 인정할 수밖에 없었다. 따라서 예전의 책은 그런 유의 경제학으로부터 벗어나고자 하는 의도였다. 그러나 다행인지 불행인지 일본 기업 시스템은 기능적 열위와 장애로 인해 변화와 개혁의 필요성에 직면하게 되었다. 변혁은 개별 기업의 선택에 달려있는 이상, 선택의 기준으로서 거래비용의 개념은 그 유효성을 발휘할 수 있다. 이러한 관점에서 이 책은 거래비용론적 접근을 더욱 폭넓게 하려는 것을 목적으로 하고 있다.

마지막으로 늦어지기 일쑤였던 저자의 원고를 재촉하고, 끈기 있게 편집 작업에 임해주신 신세샤의 미소노 하루히코(御園生春彦)와 야스하라 히로키(安原弘樹) 두 분에게 감사를 드리고 싶다. 그리고 센슈(專修)대학의 히라오 코지(平尾光司)와 다나카 타카유키(田中隆之), 그리고 와세다(早稻田)대학의 쿠보 카쓰유키(久保克行)는 원고를 검토하고 귀중한

조언을 아끼지 않았다. 진심으로 감사를 드린다. 예전의 책을 집필할 때는 초등학교 저학년이던 장남도 어느덧 대학생이 되었다. 아버지의 자취가 묻어나는 분야는 가능하면, 멀리하고 싶다는 이유로 전공을 선택한 장남이 이 책을 가까이 하는 일은 없겠지만, 동 세대의 젊은이들의 학습에 도움이 되었으면 다행이겠다.

2004년 2월
미야모토 미쓰하루

차례

제1장 내부조직

제2장 고용 시스템

제1장
내부조직

　기업은 왜 시장에서 조직으로 존재하는가? 이는 기업경제학과 관련한 초보적인 질문이다. 그 해답은 사람, 물재, 자금의 시장거래를 조직화함으로써 시장의 가격 메커니즘을 통해서 생산효율을 실현 가능한 것 이상으로 달성할 수 있다는 것이다. 그렇다면, 왜 시장거래에는 한계가 발생하는 것일까? 이에 대신해서 어떠한 시장거래가 조직화될 수 있는가? 그리고 왜 조직화의 차이가 발생하는가? 이것이 기업경제학의 주요 과제이다.

1. 조직으로서의 기업

1) 기업에 대한 의문

(1) 기업이란 무엇인가
　기업을 고찰할 때, 아마 최초로 던져지는 질문은 '기업이란 무엇인가'일 것이다. 질문의 기본이 What인 이상 '기업은 무엇인가'를 묻지 않으면 안 된다. 그러나 단지 기업은 무엇인가를 구구하게 정의하는 것만으로는 그 답변이 되지 않을 것이다. 그것은 이 책의 전체를 통해서만 밝힐 수 있는 것이고, 오히려 먼저 지적해야 할 점은 다양한 기업의 존재이다. 일본 기업과 미국 기업, 독일 기업 혹은 대기업과 중소기업, 중견기업과 벤처기업처럼 실제로 존재하는 기업은 매우 다양하다. 이러한 다양한 기업 가운데 기업이란 무엇인가, 그리고 일본 기업이란 무엇인가를 이해하고자 하는 것이 이 책의 일관된 주제이다.

(2) 왜 조직인가

물론, 기업에 대한 물음은 What의 형식만이 있는 것은 아니다. Why의 질문이나, How의 질문이 있다. 다음에서 볼 수 있듯이 Why의 질문으로 '왜 기업은 조직인가'가 있다. 사실 이것이 가장 먼저 던져지는 질문이라 할 수 있다. 기업이 조직이라고 하는 이른바 자명한 현상에 대해 '왜 시장에서 기업이라고 하는 조직이 존재하는가'라는 질문으로부터 이 책의 주제인 조직의 경제학이 출발한다. 더구나 기업은 시장으로부터 그 성과가 부단히 요구되는 활동체이다. 결국, 시장경쟁에서 승리하는 것과, 경쟁우위를 획득하는 것, 이 두 가지가 기업의 존속 조건이다. 그래서 기업이 조직으로 존재하는 것에 대해 How라는 질문으로 이어지는 것이다.

간단히 말하면, '기업이란 무엇인가'라는 What의 질문, '왜 조직인가'라는 Why의 질문, 그리고 '어떻게 행동할 것인가'라는 How의 질문이다. 일상의 세계에서와 같이 질문은 What, Why, How의 순서로 서열화할 수도 있다. 다만, 기업이 존재하는 것은 실천의 세계이다. 그렇기 때문에 How라는 질문이 가장 중요하다고 할 수도 있다. 경쟁력을 제외한 기업의 존재는 생각할 수 없는 이상, 어떻게 해서 경쟁력을 구축할 것인가가 기업에 대한 질문의 전부라고도 할 수 있다.

그러나 이는 단지, How라는 질문만으로 그치지 않는다. 기업의 경쟁력 구축은 실제로 조직의 형성이고, 그것은 왜 조직인가라는 Why의 질문과 직결된다. 그리고 조직은 의도적으로 만들어진 이상, 조직화의 차이에 의해 기업의 차이가 발생한다고 생각할 수 있다. 그 차이는 국가별 기업 시스템의 차이로 인식되어, 여기로부터 일본 기업 시스템은 무엇인가라는 What의 질문이 발생한다. 정리하면, What과 How의 질문은 실재하는 기업과 관련해서 서로 밀접한 관련성을 갖는다.

(3) 시스템으로서의 일본 기업

일본 기업의 특징과 관련해서는 이른바 다양한 '일본적 경영론'의 형식으로 제시되어 왔다. 그 이전 일본 기업의 특징은 항상 '특수성'과 '후진성'으로 인식되어 왔다. 그러나 연구의 관심은 1970년대에서 1980년대를 거치면서 일본 기업의 경쟁력 향상과 함께 왜 그 같은 일본 기업의 특질이 경쟁력의 원천일 수 있는가로 바뀌었다. 그 결과 제시된 것이 '사람과 물재와 자금' 제도의 복합체, 시스템으로서의 일본 기업이었다. 이는 '특수성'과 '후진성'이라는 관점에서 벗어나 각국의 다양한 시스템 가운데 하나로서 일본 기업에 대한 이해를 가능하게 하였다. 이러한 인식을 가능하게 했던 계기는 이른바 구미형 시스템과 상이한 일본형 시스템의 경쟁력이라 할 수 있을 것이다.

그러나 현재, 버블 붕괴 이후 일본 기업의 부진과 더불어 경쟁력의 재구축이 초미의 관심사로 떠올랐다. 이는 How의 관점에서 이런저런 일본 기업의 변혁만이 아닌, What의 관점에서 일본 기업이 전개한 기존의 방식과 그 자체를 의문시하는 것이다. 혹은 변혁의 과제에 대해서 How의 관점으로부터 또는 Why의 관점에서 왜 그러한지에 대해 의문을 갖게 한다. 실제로 경쟁력과 관련한 How의 의문을 제외하고는 기업에 대한 고찰은 있을 수 없다 하더라도, 급하면 급할수록 오히려 What과 Why의 질문으로 되돌아가는 것이 필요하다.

어쨌든 기업에 대한 의문은 최종적으로 혹은 처음부터 일본 기업에 대한 의문이고, 현재 일본 기업 그 자체에 대한 의문이다. 이는 단지 일본 기업만의 문제도 아니다. 실제로 시장과 기술의 급속한 변화를 동반하여 모든 나라의 기업 시스템은 그 본질이 의문시되고 있다. 어쨌든 일본 기업 시스템의 변혁 과제에 대해서 무엇이 가능한지, 그리고 그것을 위해서는 무엇이 필요한지를 확인할 필요가 있다. 이러한 문제의식으로부터 일본 기업 시스템에 대한 What과 Why, How라는 질문이 나온다.

2) 점으로서의 기업

(1) 미시경제학의 기업이론

기업이 조직으로 존재하는 것은 자명한 것일지도 모른다. 생산 조직과 판매 조직, 경영관리의 조직과 연구개발 조직, 그리고 기업과 기업 사이의 조직과 같이, 기업은 이들 다양한 조직의 형태로서 출현한다. 각각 조직의 존재로서 성립되어 다양한 활동을 수행하고, 부단히 자기 존속을 꾀해나간다. 이 한 개의 존재가 무엇인가 하는 것이 기업의 이해와 관련하여 불가결한 과제이다. 이것이 기업조직론의 출발점이다.

이와 같은 존재를 사람·물재·자금의 집적으로 이해한다 하더라도, 집적 그 자체가 그대로 조직이 될 리는 없다. 이 집적은 단지 잡동사니의 집합이 아니라, 어떤 혼을 가지고 공간적으로 통합되어 시간적으로 지속되는 존재인 조직으로서의 집적이다. 문제는 왜 기업은 이러한 존재인가 하는 점이다. 기업이 조직인 것은 자명하다 하더라도 왜 조직인가 하는 것은 자명하지 않다는 것이다. 적어도 기존의 경제학에서는 그러했다.

실제로 통상의 경제학은 기업을 조직으로서 파악하는 관점 자체가 없다. 미시경제학에서의 기업이론은 생산함수와 비용함수를 한 축으로 하고, 요소시장과 생산물시장을 다른 한 축으로 한다. 즉, 기업은 투입과 산출 사이의 변환기이고, 이 변환 관계가 기술적으로 확정된 생산함수로 표시된다. 따라서 기업의 문제는 요소시장과 생산물시장 쌍방의 시장가격에 따라 이윤을 최대화하는 투입과 산출의 조합과 그 선택으로 귀착된다. 이것이 미시경제학의 기업이론이다.

(2) '내부'의 사상(捨象)

물론, 신고전파 경제학에서도 기업이 조직으로서의 존재를 부정하지는 않는다. 단지, 새삼스럽게 분석개념으로서 조직이라고 언급할 필요가 없었을 뿐이다. 왜냐하면, 시장과 기술조건에 따른 투입과 산출의 최적량을 결정하는 이론이 있다면, 미시경제학으로서는 충분하다는 것이다.

이러한 기업 개념을 질점(質點)으로서의 기업이라 한다. 결국 질량은 갖지만, 공간적 크기가 없는 '질점'이라는 물리학의 개념을 차용하여, 생산에 대해 의사결정을 행하지만, 생산이 전개되는 내부의 여러 관계는 사상된 기업 개념으로 충분하다고 여겨져 왔다. '점'은 시장 가운데 '한 점'이기 때문에 기업이론에서는 이 점의 궤적으로 요소시장에 대한 수요함수와 생산물시장에 대한 공급함수를 도출하면 그만이다. 달리 말하자면 이 '점'이란 투입과 산출의 조합으로서 '한 점'이기 때문에 기업이론에서는 이 점의 궤적으로서 생산함수와 비용함수를 추계하면 그만인 것이다.

확실히, 한편으로 이상적으로 기능하는 시장과 다른 한편으로 기술에 따라 작용하는 생산함수를 설정한다면, 기업 내부에 새삼스럽게 관심을 둘 필요는 없다. 기업은 시장 가운데 한 점으로서 혹은 생산함수상의 한 점으로서 그 내부를 조합하는 조직이 없더라도, 투입과 산출 활동을 반복한다. 이런 의미에서 분석개념으로서의 조직은 불필요하다고 여겨진다. 현상으로서 조직은 베일과 같고 이를 걷어버리면, 결국 기업의 존재는 기술과 시장의 작용으로 귀착된다. 이것이 신고전파 경제학의 기업이론이었다.

3) 조직으로서의 기업

(1) 'X'라는 요인

하나의 질점으로서 기업 개념을 전제로 해서 기업의 시장이론 혹은 생산함수 이론은 정밀화되어 왔다. 하지만 그에 따라 조직으로서 기업의 여러 현상은 기술과 시장 그 어느 쪽으로 해소되고 만다.

기술과 시장이 기업행동을 좌우하는 가장 중요한 요인인 것은 틀림없다. 하지만 투입과 산출 사이의 관계는 기술적으로 확정된 것은 당연히 아니다. 이것이 생산함수로 개념화된다 하더라도, 혹은 투입에 대해서 그 생산 가능성 곡선상의 한 점이 실제의 산출로 실현된다는 보장은 없다. 투입과 산출 사이의 변환은 사람의 활동에 달려있는 것이다. 그러나 사람의 활동 그 자체가 기술적으로 결정된 변환기를 의미하지는 않는다. 그것은 실제로 일을 하는 사람의 능력과 기능에 근거한다. 따라서 능력을 발휘하는 사람의 의사와 의욕, 그리고 동기에 근거한다.

오히려 현실의 기업이 직면하는 문제는 그 산출이 기술적으로 상정한 영역을 밑도는 경우에 발생한다. 바꾸어 말하면, 생산함수로서 상정된 영역을 어떻게 실현할 것인가가 기업의 과제이다. 이것을 라이벤슈타인은 일찍이 '기업의 미시·미시이론'이라 명명했다(Leibenstein, 1976). 즉, 기업의 생산효율성은 기술만이 아니라 영역을 실현하는 사람의 활동에 의존한다. 그 활동은 사람의 능력과 함께 의사와 의욕, 그리고 동기라고 하는 '미시'적인 요인에 달려있다. 라이벤슈타인은 이같은 사람의 내면을 표현하기 위해서 기업의 생산효율을 X의 효율성이라 표현했다. 즉, 기업의 생산효율성은 사람의 내면이라는 객관적으로는 명시할 수 없는 'X'라는 요인에 의존한다.

더욱이, 영역 그 자체의 확대를 꾀하는 것이 기업의 과제이다. 이를 위해 신기술을 개발하거나 혹은 종업원의 기능과 능력 향상을 꾀한다. 어쨌든 최종적으로 사람의 활동으로 귀착된다는 것은 말할 필요도 없을 것이다. 이것을 X 요인이라 할 것인가는 차치하더라도 이러한 사람의 활동을 얼마나 제고시킬 것인가, 이를 위해서 어떠한 인센티브 제도를 설정할 것인가, 그리고 내부 활동을 어떻게 조정할 것인가가 기업의 가장 중요한 과제이다.

(2) '거래의 다발'로서 기업

마찬가지로 시장에 관해서도 그때그때의 시장가격에 따라 기업이 필요로 하는 생산요소를 원하는 대로 구입이 가능하고, 생산한 재화와 서비스가 원하는 대로 판매 가능하다고 보장할 수는 없다. 유일한 가격만의 제한에 따라 자유롭게 구입이 가능하고, 자유롭게 판매가 가능한 시장을 완전경쟁시장이라고 한다면, 두말할 필요도 없이 현실의 시장은 완전하다고 할 수 없다. 시장에서 구입하고 판매하기 위해서는 여러 가지 활동이 요구되고, 그것은 비용을 동반한 활동이다. 다음 절에서 논하겠지만, 이러한 비용을 거래비용이라 하여 '조직 경제학'이 출현하였다.

다른 관점에서 말하면, 시장 가운데 존재하는 기업 활동은 요소시장과 생산물시장에서 다양한 거래관계로 구성되어 있다. 이러한 관점으로부터 기업을 거래의 다발 혹은 계약의 다발로서 개념화할 수 있다. 문제는 이것이 어떠한 거래이고, 계약인가 하는 점이다.

이때에도 경제학의 통상적인 이해는 시장의 수급관계에 따라 일회성으로 끝나는 거래 혹은 불특정 상대와의 거래를 상정한다. 왜냐하면, 항상 가장 유리한 상대와 거래한다는 경쟁시장을 가정하는 이상, 특정 상대와의 거래가 계속된다는 것은 거의 있을 수 없기 때문이다. 만약 계속되는 거래가 관찰된다 하더라도 그것은 일회성의 스폿 거래가 결과로서 계속되는 것에 불과한 것이다. 만약 그렇지 않다면, 그것은 시장 경쟁이 저해되고 있다는 것이 경쟁시장의 가정이다. 따라서 일회성 거래이기 위해서는 계약은 상세해야만 한다. 혹은 일회성 거래이기 때문에 상세한 계약이 가능하게 된다.

그러나 조직으로서 관찰되는 것은 특정한 상대와 장기에 걸친 거래이다. 즉, 경쟁시장이 가정하고 있는 거래가 불특정 상대와의 일시적 거래라고 한다면, 조직을 구성하는 것은 특정 상대와의 계속적 거래이다. 그렇다면, 왜 이처럼 시장이 상정하는 거래와는 다른 거래가 발생하는 것일까, 왜 기업은 그 같은 거래를 필요로 하는 것일까에 대한 의문이 생긴다. 혹은 그 계약은 내용을 상세하게 명기하고 있지도 않다. 오히려 불완전(incomplete)한 거래이고, 그렇기 때문에 왜 이러한 계약이 성립하는가 하는 의문을 갖게 된다. 혹은 불완전 계약으로부터 어떠한 거래가 실현될까 하는 의문이 생길 수도 있다.

(3) 조직에 대한 의문과 그 의의

이처럼 기업 활동은 생산함수와 비용함수의 작용으로 해소가 불가능하고, 요소시장과 생산물시장의 작용으로도 해소할 수 없기 때문에 기업의 조직이라는 존재가 드러나게 된다. 역으로 말하면, '점'으로서의 기업 개념이 상정한 기술과 시장은 완전하고 이상적으로 작용하는 기술이고, 시장이다. 이와 같은 완전성을 전제한다면, 기업은 기술과 시장의 작용으로 해소되고, 따라서 기업 그 자체의 존재를 의문시할 필요가 없게 된다. 하지만 이와 같은 완전성이 부정된다면, 기업을 '점'으로 환원시킬 수는 없다. 오히려 그 불완전성을 보완하기 위해서 조직이 불가결하게 된다. 완전할 수 없는 시장과 완전할 수 없는 기술을 전제로 해서 기업은 스스로 조직으로서의 형식을 갖게 된다. 즉, 조직으로서의 기업 개념을 제시할 수 있게 된다.

4) 시장과 조직

(1) 조직에 의한 통합기능

기업을 사람·물재·자금과 관련한 '거래의 다발'로서 개념화한다는 것은 그 같은 '다발 짓는' 활동을 분명히 할 필요가 있다. 이는 조직 활동이고, '다발 짓는' 활동을 통해 기업은 사회의 여러 자원(인적·물적·금융적·정보적 자원)을 통합하는 조직이다. '점'으로서 기업 개념은 이러한 통합을 그때그때의 시장조건에 따른 순간적 통합으로 표현된다. 그러나 이는 결합의 공간적 조직화도 아니고 시간적 조직화도 아니다. 단지, 한 점으로 수축된 순간적 결합이 분산적으로 반복될 뿐이다. 이것이 기업 내부를 배제한 '점'으로서 기업 개념이 의미하는 바이다.

그러면 이와 대비되는 '조직'으로서 기업 개념을 제시한다는 것은 기업을 구성하는 여러 자원의 공간과 시간을 통한 '결합'으로 파악해야 한다. 그것은 시장이 가정하는 순간적이고 분산적인 결합이 아닌, 공간적으로 통일되고, 시간적으로 지속되는 결합이다. 이러한 결합이 기업을 하나의 조직으로 만든다. 그리고 기업의 과제는 이러한 결합을 어떻게 유지하고 조정할 것인가 하는 것이다.

(2) 시장의 분리작용

기업은 이와 같은 활동을 통해 사회의 여러 자원을 결합하는 기능을 담당하고 있다고 한다면, 기업이란 사회를 구성하는 기본 제도의 하나라고 할 수 있다. 이에 대해 시장은 개개의 경제 주체에 의해 항상 유리한 거래상대의 발견을 촉진하는 제도로서 기능한다. 이런 의미에서 시장은 경제 주체들을 '분리'시키는 작용이 있다. 즉, 조직은 개개 경제 주체들을 '결합'시키고, 거기서 하나의 '관계'를 형성시킨다. 이에 대해 시장은 상호를 분리시켜 관계를 해소시킨다. 이러한 분리와 결합의 전체가 사회의 분업 시스템이고, 시장과 조직이 사회적 분업 시스템으로 경제를 구성한다.

(3) 오늘날 두 가지의 과제

물론, 조직을 개입시킨 '결합'은 불변할 수만은 없다. 공간과 시간의 결합 가운데 공간적 조직화에 의해 기업의 내부와 외부가 구별되고, 내부의 조직과 외부 시장의 경계가 제도화된다. 이 경계를 어떻게 제도화시킬 것인가가 기업의 실태를 결정하게 된다. 실제로 오늘날 기업조직에 관한 과제의 하나는 이 공간적 조직화의 전환 문제이다. 즉, 기업내부와 외부의 경계를 바꾸어 그 경계의 융합과 상호침투가 과제가 되고 있다. 그리고 이와 같은 과제를 촉진시키는 것이 기술과 시장의 급속한 변화이다. 즉, 정보기술의 혁신이고, 글로벌 시장의 등장이다.

한편, 기업의 시간적 조직화가 그 지속성을 통해서 기업을 한 개의 유기체와 같은 개별 기업 고유의 성격을 낳는다. 예를 들어, 조직의 고유한 룰과 관행이 된다거나, 조직 구성원의 고유한 사고방식과 행동양식이 되는 것이다. 마찬가지로 기술과 시장의 급속한 혁신과 함께 시간적 결합의 전환 혹은 재활성화가 오늘날의 기업조직의 과제이다. 즉, 시간을 통해 집적된 조직의 룰과 관행을 어떻게 바꾸고 새롭게 재편할 것인가, 혹은 어떤 성격으로 굳어진 기존의 여러 자원을 어떻게 활성화시키는가가 오늘날 기업조직의 과제이다. 그리고 이것이 앞서 공간적 통합의 교체로 이어지면서, 기업 재편(restructuring)의 과제가 된다.

(4) 비교 시점의 중요성

이처럼 조직으로서 기업은 스스로 구성하는 여러 자원을 공간과 시간의 양면을 어떻게 결합하고 혹은 새롭게 재결합시킬 것인가 하는 과제를 통해서 자기존속을 꾀해나간다. 말할 필요도 없이 바로 이 점에서 일본 기업은 이제까지 없었던 곤란한 상황에 직면하고 있다. 더구나 이는 모든 나라의 기업 시스템의 과제이기도 하다. 기술과 시장의 급속한 변화 과정에서 각각의 기업 시스템은 변혁의 과제에 직면하고 있다.

이와 같은 관점에서 지금까지 일본 기업의 양태, 그리고 금후의 방향을 검토하기 위해서도 각국별 기업 시스템과의 비교의 시점이 필요하다. 비교를 통해서 각 시스템의 고유한 성격을 이해할 수 있으며, 각기 다른 실태를 이해함으로써 스스로의 고유성 자체를 상대화할 수 있기 때문이다. 또한 이로써 다른 가능성을 구상하는 것도 가능하게 된다.

이처럼 기업조직 일반 이론의 시점으로부터, 그리고 국제비교의 관점으로부터 일본 기업의 과제를 검토하는 것이 이 책의 목적이다. 그렇기 때문에 먼저 '기업조직의 이론'을 명시할 필요가 있다.

2. 기업의 본질

1) 코스

(1) '기업'의 존재 이유

앞서 지적한 바와 같이, '왜 기업은 조직인가'라는 질문으로부터 '기업과 조직의 경제학'이 출발한다. 이러한 질문을 처음으로 던졌던 것은 1937년 '기업의 본질'이란 제목의 코스의 논문이다(Coase, 1937). 시장은 다양한 교환의 장이고, 시장 가운데 존재로서 기업 활동은 다양한 교환과 거래로서 구성된다. 그렇다면, 기업의 존재는 단지 시장의 작용만으로 해소되는가. 앞서 논한 바와 같이, 만약 그렇다면, 기업의 존재는 특별히 언급할 만한 대상은 아닐 것이다. 하지만 그와는 달리 '기업의 본질'은 기업 스스로 거래와 생산을 조직화하는 데 있다. 그렇다면, 이러한 조직으로서 기업의 존재는 어떻게 설명될 수 있는가.

이러한 질문에 대한 코스의 해답은 당시로서는 무척 참신한 것이었다. 즉, 기업은 과연 시장의 가격 메커니즘으로 생산을 조직화할 것인

가, 아니면 다른 메커니즘으로 조직화할 것인가를 선택한다. 기존 경제
학의 이해는 시장의 가격 메커니즘을 통한 조직화였다. 하지만 시장의
가격 메커니즘을 이용하기 위해서는 그 자체로도 비용이 발생한다. 만
약 그 비용이 증가한다면, 그에 대신하는 메커니즘으로 생산을 조직화
해야 한다. 이러한 다른 종류의 메커니즘을 조직화하는 것이 '기업의
본질'이고, 그 결과 기업은 시장 가운데 존재하면서 동시에 시장과는
다른 조직으로서 존재한다. 이것이 오늘날 조직 경제학에 이르는 코스
의 선구적인 논의이다.

(2) 프로세스로서의 거래

시장의 가격 메커니즘을 이용하기 위한 비용이란, 우선 '적절한 가
격(relevant price)'을 발견하기 위해 소요되는 코스트를 의미한다. 따라
서 적절한 거래상대를 발견하고 거래조건을 교섭하고, 계약으로서 체
결하는 것이 필요하다. 나아가 계약의 실행을 감시·확인하고, 만약 그
결과에 문제가 있다면 재교섭하고, 나아가 최악의 경우에는 소송도 필
요할 수 있다.

이처럼 거래는 일련의 프로세스로 구성되어 있다. 이 프로세스 전체
가 시장의 가격 메커니즘을 통해 실현 가능하다면, 시장의 작용에 전부
맡기는 것도 가능할 것이다. 하지만 현실에서는 우선 거래상대를 발견
하기 위한 탐색과 정보비용, 계약을 교섭하고 체결하기 위한 교섭과 의사
결정 비용, 그리고 거래의 실행을 감시하고 법적 수단을 포함해서 최종
적인 거래를 실현하기 위한 감시와 강제의 비용이 필요하게 된다.

각각의 비용은 직접비용이며 동시에 기회비용이기도 하다. 즉, 탐색
과 교섭, 감시에 필요한 시간과 에너지가 기회비용의 의미로서 비용인
셈이다. 이와 같은 비용을 일반적으로 거래를 실현하기 위한 비용이라
는 의미로 거래비용이라 한다면, 시장의 가격 메커니즘을 통해 생산을
조직화하기 위해서는 거래비용이 발생하게 된다. 그러면 만약 이 비용

이 증가한다면, 이것을 절약하기 위한 메커니즘이 발생할 것을 예상할 수 있다. 절약, 즉 economize의 메커니즘이 곧 경제의 메커니즘이고, 그 작용의 하나가 시장의 가격 메커니즘이다. 그러나 그 작용에 과대한 비용이 발생한다면, 그것을 절약하기 위한 또 다른 메커니즘이 발생하게 된다. 이것을 코스는 기업조직의 메커니즘이라 했다. 이와 같이 코스는 이미 1930년대부터 거래비용의 관점으로부터 기업을 조직의 존재로서 파악하는 참신한 견해를 제시했던 것이다.

(3) 시장 시스템의 상대화

그렇다면, 거래비용을 절약하기 위해 기업은 어떻게 시장을 대신하는 메커니즘을 조직화하는가. 이를 코스는 기업자의 권한에서 그 해답을 찾아, 권한에 근거한 생산의 조직화로서 기업의 존재를 파악하고자 했다. 그 가운데에서도 특히 코스가 주목한 것은 고용에 관해서 일시적인 계약이 아닌, 장기계약의 형태라는 점이었다. 하지만 장기계약은 계약에 앞서 명기되는 것도 아니다. 계약의 내용은 고용 후 고용자의 권한에 의해 그 정도가 결정된다. 따라서 장기계약으로 인해 계약 거래 때마다 발생하는 거래비용은 절약되고, 동시 환경조건의 변화에 따라 고용한 노동의 적절한 내부 배치도 가능하게 된다. 이처럼 기업은 장기계약과 권한이라는 조직 메커니즘에 의해 거래비용을 절약하고, 시장 거래에 대신한 효율적인 생산을 조직화하는 존재로 간주된다.

이하에서는 시장거래의 조직화가 단지 권한에만 근거하고 있지는 않다는 것을 분명히 하고자 한다. 조직 메커니즘은 권한의 조직화뿐만 아니라 룰의 조직화 혹은 협력의 조직화이기도 하다는 점이다. 어쨌든 여기서는 시장의 거래비용 관점으로부터 시장 시스템 자체가 상대화된다. 즉, 시장은 그 자체로서 자기완결된 거래와 계약 혹은 교환 시스템이 아니라 불완전성을 내재한 시스템이다. 그 불완전성이 시장거래의 탐색비용과 교섭비용, 그리고 감시비용으로 개념화된다. 그리고 이들 거래비용이 과대하게 되었을 때 시장거래 자체가 다른 종류의 형태로 조직화된다. 이러한 관점에서 시장의 한계와 이에 대신하는 조직의 생성이라는 오늘날 조직 경제학의 골격이 형성될 수 있었다.

2) 거래 코스트와 조직화 코스트

(1) 조직화 코스트

이상과 같은 코스의 문제설정은 직접적으로는 기업의 최적 규모를 둘러싼 당시의 논쟁에 문제를 제기하고자 하는 의도였다. 그리고 이러한 문제제기를 통해 시장거래의 비용뿐만 아닌 기업의 조직화 비용의 개념도 명시되었다. 즉, 급속하게 확대되는 공업생산과 더불어 대규모 기업이 출현하고, 기업통합·합동이 당시 새로운 경제현상이었다. 만약 그러한 이유로 비용체감(遞減)과 수확체증(遞增)이 계속된다면, 기업 규모는 무한정 확대될 것인가. 그러나 현실에서 조직규모를 확대하는 데는 다양한 제약이 따른다. 과연 그 이유는 무엇인가.

이에 대해 코스는 시장에 대신하는 기업의 조직화 비용의 증대가 규모의 한계를 규정한다고 했다. 즉, 거래비용을 절약하기 위해 시장에 대신해서 거래를 조직화한 결과, 기업규모는 확대된다. 그리고 시장거래에 대신해서 생산을 조직화함으로써 시장거래에 의한 생산의 조직화를 상회하는 효율성이 실현된다. 그러나 이와 같은 조직화 자체에도 비용이 발생한다. 이 비용이 시장의 거래비용 절약을 상회하거나 혹은 시장에 대신하는 생산조직의 효율성을 상회한다면, 기업규모의 확대는 한계에 달하게 된다.

(2) 조직의 상대화

이처럼 기업규모 확대와 그 한계가 시장거래 조직화에 따라 조직화 비용의 증대로 이어진다. 한편, 기업규모의 확대는 시장거래 비용의 삭감을 동반한다. 그러면, 시장거래의 조직화는 거래비용 삭감의 관점, 생산조직의 효율성 관점, 그리고 조직화 비용의 관점에서 각각 다른 작용이 교차하는 프로세스로 이해할 수 있다. 일반화시켜 보면, 시장거래의 조직화에 따라 시장 거래비용의 삭감이 발생하고, 시장에 대신해서 생산조직의 효율성이 달성된다. 그리고 이와 같은 조직화를 위한 조직화 비용이 발생한다. 그러나 기존 조직화에 대해 조직화 비용이 증대하여, 그 비용이 시장의 거래비용을 상회하거나, 혹은 조직화가 발생시키는 생산효율성의 증대를 상회한다면, 기존의 조직화는 그 변경이 불가피하게 된다.

결국, 거래비용의 관점으로부터 시장 자체가 상대화되는 것과 동일하게 여기서는 기업 조직화 비용의 관점으로부터 조직 자체가 상대화된다. 당연한 일이지만, 시장의 움직임이 완전한 것이 아닌 것과 마찬가지로 조직의 움직임도 완전할 수는 없다. 즉, 조직을 구축하고 운영하기 위해서는 비용이 발생한다. 혹은 조직 내부의 비효율성의 문제로부터 조직화 비용이 발생한다. 이와 같이 한편에서는 시장거래의 조직화를 통한 비용의 절약과 효율성이 달성되고, 다른 한편에서는 조직화를 동반한 비용의 발생과 비효율이 발생한다. 전자보다 후자가 더 클 때 조직화의 변경이 불가피하게 된다.

(3) 기업 경계의 재편성

이것은 오늘날의 대규모 조직의 재편성 문제이고, 또한 기업 경계를 결정하는 문제이기도 하다. 이는 단지 급속히 변화하는 시장과 기술의 문제만도 아니다. 즉, 기존 조직의 조직화 비용이 증대하거나, 기존 조직이 발생시키는 생산조직의 효율성을 저하하거나 또는 이 두 가지 문제가 동시에 발생한다면, 기존의 조직화는 그 변경이 불가피하게 된다. 즉, 기존 조직은 재편과 함께 시장과 조직의 경계도 바뀌게 된다.

더욱이 기업 경계의 변경은 시장에서 거래비용 감소의 결과이기도

하다. 다음에서 밝히는 바와 같이 만약 어떤 이유, 예를 들어 정보기술
의 혁신이나 시장규제의 철폐에 의해서 탐색과 교섭, 계약, 감시를 위
한 거래비용이 삭감된다면, 삭감된 거래비용에 대해서 조직화 비용이
그 절약보다 상회할지도 모른다. 그렇다면, 그 결과와 마찬가지로 기존
의 조직화는 변경이 불가피하게 된다. 그것은 기업의 경계를 조직의 영
역으로부터 시장의 영역으로 이행시키는 것을 의미한다. 즉, 기업규모
의 축소 혹은 최적 규모로 분해하려는 압력이 작용하게 된다. 이와 같
은 시점을 선구적으로 제시했던 것이 코스의 거래비용 개념이었다.

(4) 계획의 조직

　나아가 코스의 문제 관심의 배경으로부터 1920년대 경제계획 논쟁
의 일면을 엿볼 수도 있다. 가격 메커니즘의 작용으로 시장의 불가결성
을 주장하고, 시장을 결여한 계획경제의 가능성을 부정하는 것이 당시
의 정통파 경제학이었다. 물론 그 자체로는 틀리지 않은 관점이었지만,
코스는 단순히 이에 동조하는 데 그치지 않았다. 코스는 시장 시스템
내부에서 실제로 기업이라고 하는 계획조직이 존재하고 있음을 예리하
게 통찰했다.

　이와 같은 견해는 또한 사회주의 계획경제로부터 자본주의 시장경제
로의 이행기 경제에 대한 중요한 시점을 제시한다. 즉, 경제 시스템의
전체를 포함하는 계획의 관념은 부정된다 하더라도, 시장경제는 가격
메커니즘의 작용만으로 운영되는 것은 아니라는 것이다. 시장과 함께
시장을 보완하는 혹은 시장에 대신하는 조정 메커니즘을 필요로 한다.
이와 같은 시점을 무시한 결과, 급속한 시장경제화가 커다란 혼란을 일
으킬 수 있다는 것도 코스의 시점으로부터 도출된 당연한 귀결이다.

3) 시장실패

(1) 집권적 시스템의 필요성

이상과 같이, 코스의 선구적 견해는 너무나도 참신했기 때문에 오랫동안 빛을 보지 못했다. 코스의 견해가 다시 주목을 끌게 된 것은 1970년대에 들어와서의 일이다. 당시 급속하게 확산된 시장실패라고 하는 문제 관심과 궤적을 같이하면서 코스의 논문이 인용되고 더욱 정밀화되었다. '조직이란 가격 시스템이 제대로 작동하지 않는 상황에서 집단행동의 이점을 실현하기 위한 수단이다'라는 애로우의 표현이 널리 조직의 정의로 사용되었으며, '가격 시스템이 제대로 작동하지 않는' 상황이 무엇인지에 대해 경제이론의 관심이 집중되었다(Arrow, 1974).

단, 그 대부분은 공공재에 대한 관점에서 '시장실패'와 이를 보완하는 조직의 생성을 설명하려는 것이었다. 즉, 불확실성과 외부성, 재화의 분할 불가능성과 비용체감 등의 조건이 존재할 때, 시장의 분권적 시스템만으로는 최적의 자원배분은 달성될 수 없다는 것이다. 예를 들어 시장의 결여에 대해 의제적(擬制的) 시장을 창설한다고 해도 그에 따르는 비용, 즉 의제적 시장의 거래비용이 발생한다. 따라서 시장을 대신하는 다른 종류의 시스템, 다시 말해 시장의 분권적 시스템에 대신하는 집권적 시스템을 필요로 하게 된다. 그것이 '권한'에 근거한 집단적 행동이라는 것이다.

그러나 이와 같이 파악된 조직은 기업조직이라기보다는 오히려 정부부문을 가정한 것이었다. 즉, 시장실패의 관점에서 시장에 대신하는 조직의 형성을 상정한 것은 정부라는 조직이다. 사실 시장을 대신해서 공공재를 공급하는 조직으로서 정부가 형성되는 것이다. 하지만 이와 같은 논의의 흐름은 왜 시장 내부에 기업이라고 하는 조직이 존재하고 있는가라는 코스가 제기한 본래의 문제와는 방향을 달리하고 있다. 시장의 내부만이 아닌 시장의 외부 혹은 시장과 병행해서 존재하는 정부라고 하는 조직에 관심이 쏠렸던 것이다.

확실히 경제 시스템을 파악하는 방법 가운데 하나는 '시장과 정부'이다. 시장이 의미하는 분권적 의사결정 시스템, 곧 사적 개인의 이익추구 시스템은 동시에 시장을 개입한 이해조정 시스템이기도 하다. 그러나 외부성 문제를 둘러싼 분권적 조정은 곤란에 직면하게 된다. 외부경제의 경우에는 그 활동을 촉진하는 메커니즘이 요구되고, 반대로 외부불경제(外部不經濟)의 경우에는 그 활동을 억제하는 메커니즘이 요구된다.[1] 그러나 이것을 의제적 시장의 작용에 맡기는 것은 그 자체로서 거래비용을 발생시킨다. 따라서 외부성의 문제를 조정하고, 그 해결을 꾀하기 위해서는 정부에 의한 집권적 의사결정이 필요하게 된다.

(2) '중간집단'으로서의 기업

확실히 이와 같은 관점으로부터 시장 시스템은 그 배후에 항상 정부 시스템을 준비하고 있다는 관점을 이끌어낼 수 있다. 즉, 시장에서 해결할 수 없는 문제는 정부에 의한 해결을 필요로 한다. 그러나 시장에서 사적인 개인 레벨의 문제와 이를 해결하는 정부에 의한 집권적 결정 레벨의 사이에는 커다란 거리가 존재한다. 즉, 개인의 문제를 해결하기에는 정부는 너무 멀고, 정부의 집권적 결정과 집단적 행동은 너무 크다고 할 수 있다. 그렇기 때문에 개인과 정부 사이에는 사적 개인 간의 이해대립을 조정하고 해결하는 장치가 필요하다. 그것이 이른바 중간집단이라는 것이다. 그 같은 것으로 지역 커뮤니티(community)와 함

---

1) '코스의 정리'로 알려진 바와 같이, 외부불경제에 대한 보상금은 그 발생자에게 부과되는 경우와 피해자에게 부과되는 경우에도 자원배분의 관점에서 본다면, 동일하게 된다. 그러나 그 같은 시장적 해결을 위한 거래비용의 문제와 소유권의 관점으로부터의 권리 배분의 문제가 무시 가능한 경우를 한정한 경우이다. 만약, 권리 배분과 관련한 교섭비용이 파생된다면, 이와 같은 의제(擬制)시장적 해결은 곤란하다. 즉, 정부에 의한 집단적 해결이 필요하게 된다.

께 기업조직이 존재한다.

일반화시켜 보면, 사적인 개인 간의 이해대립을 조정하는 장치로서 시장과 정부만이 아닌, 그 사이에 중간집단이 존재한다. 만약, 중간집 단이 존재하지 않는다면, 시장을 통한 해결의 실패, 즉 '시장실패'를 보완할 수 있는 것은 정부뿐이다. 그러나 정부의 영역도 필연적으로 비 대화한다. 그 결과, 정부실패라는 문제도 필연화하게 된다. 즉, 정부라 는 집단적 의사결정 시스템을 조직화하기 위한 비용과 내부 비효율이 정부 부문의 확대에 따라 필연적으로 발생한다.

이에 대해 시장과 정부 사이에는 기업이라는 중간집단이 존재한다. 그것은 시장의 거래비용을 삭감한다는 의미에서 '시장실패'에 대처하 기 위한 장치이면서 동시에 '정부실패'에 대처하기 위한 장치이기도 하다. 즉, 정부 레벨의 해결에 의존하지 않고 기업 레벨, 기업 간 레벨 혹은 산업 레벨의 해결을 시도한다. 이에 의해 정부 레벨에서의 해결을 위한 조직화 비용은 삭감된다. 예를 들어, 고용 문제에 대해서는 시장 과 정부가 아닌 중간 레벨에서의 해결을 '노사의 사적 자치'라 한다. 반대로 노사 레벨의 해결 메커니즘이 부재하거나, 조정이 실패한 경우 에는 정부의 개입이 불가피하다.

이와 같이 경제 시스템은 시장 시스템, 기업 시스템, 정부 시스템으 로 구성되어 있다. 시장과 기업, 기업과 정부, 그리고 시장과 정부의 관 계가 경제 시스템의 양태를 결정한다 하더라도 거래비용의 관점에서는 시장실패에 대해서는 기업 레벨의 조직적 해결을 우선시한다. 그것이 곤란할 때 정부 레벨의 조직적 해결을 시도한다. 이러한 의미에서 시장 과 기업의 관계가 우선은 경제 시스템을 결정하는 중요한 요인이다.

나아가 시장과 기업 간의 관계에서 나라별로 상이한 기업 시스템의 형성을 확인할 수 있다. 즉, 기업 시스템을 구성하는 고용 시스템과 기업 간 시스템, 금융 시스템의 형성과 그 배후에는 각각 기업 시스템 의 기능에 대해 보완하거나 대체하는 기업과 정부의 관계가 있다. 이

와 같이 시장과 기업, 그리고 정부는 중층적인 관계로 경제 시스템을
구성한다.

※ **복지자본주의**: 사적 개인의 경제생활에 대해서 실업과 질병, 그리고
고령화에 따른 위험을 각종 사적보험 제도에 의해 해결하고자 하는 것이
시장형 시스템이다. 이에 대해 집단적 행동에 의해 해결하고자 하는 것이
이른바 복지국가형 시스템이다. 사적 보험에 의해서는 위험이 큰 계층,
즉 저소득층이 오히려 보험에서 제외되는 역선택 문제가 발생할 수 있다.
그리고 그 이전의 문제로서 자기책임 방식을 평균적 개인으로 가정하는
것은 비현실적이다. 그렇기 때문에 역사적으로는 사적 보험제도 자체가
미숙한 상황에서 복지국가 형성이 이루어졌다. 그와 동시에 복지국가의
본질이 나라마다 매우 다르다. 특히, 정부지출의 규모에 관해서는 스웨덴,
덴마크의 북구형이 가장 크고, 독일과 프랑스의 대륙 유럽형이 그 뒤를
잇고, 그 다음으로 일본, 미국이 가장 적다라는 점이 지적되었다(廣井身
典, 1999).
　이와 같은 비교에서 일본과 미국은 기업 시스템이 고용의 안정과 기업
연금 형태로 복지를 담당한다는 의미에서 **복지자본주의**(welfare capitalism)
시스템으로 유형화할 수 있다. 특히, 미국의 기업 시스템은 복지국가 형성
그 자체를 저지하기 위해서 기업연금과 의료보험을 스스로 조직화했다는
점도 지적되었다(Jacoby, 1997). 이에 대해 일본의 기업 시스템은 고용의
안정을 통해서 종업원의 복지를 꾀하는 것이었다. 이로부터 기업이 복지
를 담당하는 '복지자본주의' 시스템에서는 정부가 담당하는 복지국가의
규모가 상대적으로 작다는 것을 알 수 있다.
　일본의 기업 시스템은 때때로 '기업복지주의'로 표현되어, 기업에 대한
개인의 의존을 강화시킨다는 의미에서 비판의 표적이 되어왔다. 그러나
'기업복지주의'의 전형은 미국 기업 시스템이기도 하다. 공적 복지제도를
최소화하고 동시에 연금, 의료의 기업복지를 최대화하는 이상, 기업에 대
한 개인의 의존은 극대화할 수밖에 없다. 고용을 상실한다는 것은 기업부
담의 의료보험을 상실한다는 것을 의미하고, 그 때문에 고용의 유동화가
진행됨에 따라 기업복지에 대한 의존은 한층 강화된다고 볼 수 있다. 이

에 대해 기업 측은 유동적인 고용 시스템하에서 기업복지를 인재획득의
수단으로 사용하고 있다. 반면, 일본의 기업 시스템은 '기업복지주의'의
위기에 직면하고 있다. 다만, 그 결과 어떤 복지 시스템과 안전망이 구축
될지는 아직까지 불확실하다. 이것은 모두 복지국가 시스템의 문제이며,
'제3의 길'을 모색한다고 하더라도 시행착오는 계속될 것이다(宮本光晴,
2002).

4) 제도학파

(1) 신제도학파와 구제도학파

코스로부터 시작된 '왜 시장에서 기업이라는 조직이 존재하는가'라
는 논의는 윌리엄슨에 의해 오늘날의 형태로 완성되었다. 이것이 '내부
조직의 경제학'과 '거래비용의 경제학'이라고 불리는 것이다. 즉, 기업
조직의 형성은 거래비용을 기준으로 하여, 시장과 조직 간의 선택 문제
로 정식화된 것이다.

이와 같은 조직의 생성론을 윌리엄슨은 신제도학파라 명명하고 있지
만, 그 전에 역시 윌리엄슨이 언급한 구제도학파에 대해 정리해 보자.
커먼즈로 대표되는 전통적인 제도학파는 제도분석에서 기업과 거래 개
념의 중요성을 일찍이 인식하고 있었다. 하지만 제도의 존재 그 자체는
주어진 것(與件)이었다고 윌리엄슨은 지적하고 있다. 이와 같은 '구제도
학파'에 대해 윌리엄슨은 조직과 제도의 생성을 거래비용의 관점에서,
그리고 미시경제학의 선택이론으로 분석하려는 입장을 취하며 스스로
를 '신경제학파'라고 구분했다. 이와 같은 방법을 계승해서 신제도학파
는 게임 이론에 근거한 제도의 생성으로 정식화시킬 수 있었다.

(2) '관계의 다발'로서 기업

다만, 커먼즈로 대표되는 '구제도학파'는 특히 '거래'의 개념에 대해
서 단순한 선행연구 이상의 의미를 포함하고 있다. 즉, 거래라는 것은

trans-action으로 표현된다는 것이다. 이와 같은 지적에 따라 커먼즈는
거래를 사람과 사람의 활동(action)을 연결하는(trans) 하나의 제도로 표
현하고자 했다(Commons, 1919; 1934). 즉, trans-action으로서의 거래
에 의해 관계가 형성된다. 앞에서 기업은 그 활동을 통해 사회의 다양한
자본을 결합시키는 기능을 담당한다고 지적했지만 위와 같은 맥락으로
바꾸어 말하면 다음과 같다. trans-action으로서 거래를 통해 기업과 그
거래상대 사이에 '관계'가 형성된다. 이것이 사람과 관련해서는 '고용관
계'가 되고, 물재와 관련해서는 '기업 간 관계'가 되고, 자금과 관련해서
는 '금융관계', '자본관계', '기업통치(corporate governance)' 관계가 된다
는 것이다. 따라서 '거래의 다발'로서의 기업은 관계의 다발이 되는 것
이다.

물론, 모든 거래가 이와 같은 관계를 구축하는 거래일 수는 없다. 관
계를 파기하고 상호 분리되는 거래도 존재한다. 이것이 경쟁시장의 가
격 메커니즘을 통한 거래라면, 기업의 과제는 시장거래를 trans-action
의 거래로 조직화하는 것이다. 그래서 커먼즈는 거래의 '운영 규칙
(working rule)'이 필요하다고 지적했다. 당사자 상호의 행동 룰(working
rule)로서 이와 같은 규칙에 따름으로써 상호의 행동(action)은 조정되고
가교(trans)되어, 하나의 관계를 형성하게 된다.

(3) 교섭력의 억제

조금 더 부연하자면, 시장거래는 일반적으로 '교섭(bargaining)'거래
로 표현할 수 있다. 그리고 동시에 그 교섭은 앞서의 '행동 룰'로서 조
정된다. 그것을 커먼즈는 '협상(negotiation)'이라 표현했다. 즉, 교섭이
대립하는 이해(利害) 사이의 교섭력의 행사라고 한다면, 협상은 절충과
조정을 통해 어느 정도의 타당한 수준으로 이해를 맞추는 것을 의미한
다. 바꾸어 말하면, 교섭력의 행사라기보다는 그 억제라 할 수 있는데
교섭력 억제의 의미에서 그것을 협력의 관계로 간주할 수 있다. 이와

같은 관계를 커먼즈는 굿윌(goodwill)이라고 하고, 여기서 성립하는 가격을 적정가격(reasonable price)이라 표현했다.

(4) 고잉컨선

이처럼 거래는 규칙에 의해 조정되고, 어느 정도의 '적정'을 달성함으로써 '관계를 구축하는 거래'가 성립한다. '교섭적' 거래에서는 그 협상을 통한 '적정가격'이 실현된다. 이에 대해 조직의 내부거래는 '관리적(managerial)' 거래로 표현되고, '효율성'이 적정의 기준이 된다. 그리고 정부 부문에 의한 이전(移轉) 거래가 '할당적(rationing)'으로 표현되고, 거기에는 '분배' 상태가 적정의 기준이 된다.

이처럼 시장과 조직, 그리고 정부의 거래는 각각의 적정성과 이를 달성하기 위한 규칙의 관점에서 파악할 수 있다. 규칙이든 적정이든 여기에는 관계를 구축하는 거래가 존재하고, 이것이 trans-action의 거래로서 개념화된다. 그리고 이와 같은 거래를 커먼즈는 고잉컨선(going-concern)이라 표현했다. 즉, '관계를 구축하는 거래'를 조직화함으로써 '거래의 다발'로서 기업은 부단히 전진(going)하는 활동체(concern)인 것이다. 이와 같이 '계속사업체(고잉컨선)'라고 하는 기업의 본원적 성격을 커먼즈는 '거래'의 개념에 근거해서 설명했다.

이상과 같이 구제도학파가 제시한 여러 개념은 조직과 제도의 이해에 대한 중요한 시점을 제공한다.[2] 이는 신제도학파의 거래비용 경제학에 대해서 그 경제학이 추구하는 분석을 포괄적인 관점에서 이해할 수 있는 틀을 제공한다. 확실히 경제학 분석은 어떤 제도와 조직이 실

---

2) 이 외에도 베블렌은 '활동'의 개념에 기초하여, 제도의 생성과 다이나미즘을 설명한다(Veblen, 1904). 커먼즈의 '거래'와 고잉컨선의 개념이 어느 정도 정태적인 것에 대해, 베블렌의 '활동' 개념은 금융과 신용제도, 기술과 생산제도 사이의 대립과 극복의 관계로서 기업조직을 파악하여 더욱 동태적인 시점을 제공한다.

현한 기능이 무엇인가 설명하는 데에 유효하다. 그러나 왜 그 같은 기능과 목적이 필요한지에 대해서는 좀더 넓은 시점에서 설명되어야 한다. 이와 같은 설명의 틀을 제공한 것이 커먼즈로 대표되는 구제도학파이다.

이와 같은 시점에서 논의를 진전시켜 나가기 위해서 다음과 같이 신제도학파의 거래비용 경제학을 검토해 보자. 즉, 신제도학파에서는 모든 거래가 '관계를 구축하는 거래'로서 조직화되는 것도 아니고, 모든 거래에 거래비용이 발생한다는 것도 아니다. 즉, 특정한 거래에서 거래비용이 발생하고, 그것에 응해서 거래가 조직화되고, 기업의 조직화가 전개된다는 것이다. 이 조직화는 나라별로 차이가 발생하며, 그 차이에 따라 기업 시스템이 구별된다. 이와 같이 기업을 단위로 하는 미시 수준에서 거래의 조직화가 있고, 한편으로는 그 같은 거래의 집적으로서 각각 다른 기업 시스템이 형성된다. 이와 같은 관점으로부터 논의를 진전시키기 위해서도 먼저 거래비용을 발생시키는 요인을 특정화할 필요가 있다. 이를 출발점으로 해서 차례로 거래비용을 삭감시키는 조직화의 프로세스를 검토해 보도록 하자.

3. 거래비용의 경제학

1) 환경적 요인과 인간적 요인

(1) 거래비용의 발생 요인

지금까지 살펴본 바와 같이, 시장거래에서 발생하는 거래비용을 절약·삭감하기 위한 장치로서 기업조직을 이해하고자 하는 것이 코스로부터 시작된 기본적인 시점이었다. 그 시점에 따르면 거래비용을 삭감하는 것은 거래비용을 발생시키는 요인을 컨트롤하는 것이다. 그러기 위해서는 우선, 거래비용을 발생시키는 요인을 특정화할 필요가 있다. 이 점을 설명함으로써 윌리엄슨은 거래비용 경제학을 구축하는 데 성공할 수 있었다(Williamson, 1975; 1984; 1986).

윌리엄슨이 거래비용 발생의 요인으로 지적한 것은 시장거래에서 환경적 요인과 인간적 요인, 두 가지이다. 전자는 거래가 직면하는 장래의 불확실성과 거래의 복잡성이라는 요인을 가리킨다. 앞서 지적한 바와 같이, 거래상대의 발견으로부터 거래조건의 교섭, 계약의 체결, 거래 실행의 확인, 그리고 재교섭에 이르기까지 일련의 프로세스는 장래의 불확실성이 높을수록, 그리고 거래의 복잡성이 높아질수록 그 실행이 곤란하게 된다.

이에 더해서 거래의 '인간적 요인'이 있다. 즉, 거래 당사자의 특성이라는 요인인데, 그 가운데 하나는 거래 당사자의 예견능력과 인지능력, 그리고 판단능력의 한계라는 의미의 제한된 합리성(bounded rationality)이다. 그리고 나머지 하나는 모든 이득기회를 이용한다는 의미로서 기회주의(opportunism)의 개념이다. 이와 같은 '인간적 요인'과 '환경적 요인'이 결합됨으로써 거래비용이 발생한다는 것이 윌리엄슨 논의의 골자이다.

(2) 거래의 구조

여기서 거래의 구조를 <그림1-1>과 같이 나타내 보자. 이것은 두 가지의 프로세스로 성립되어 있다. 즉, 장래의 사항을 현재의 시점에서 계약하고, 그 계약에 근거해서 미래에 실행한다는 것이 거래의 프로세스이다. 따라서 거래상대의 발견으로부터 거래조건의 교섭, 그리고 거래계약의 작성에 이르기까지가 거래의 사전적 프로세스이다. 그리고 계약의 실행에서 확인, 감시, 그리고 재교섭과 소송에 이르기까지가 거래의 사후적 프로세스이다. 그렇다면, 거래환경의 불확실성과 복잡성이 커질수록 사전적 프로세스의 수행은 곤란하게 된다. 그 때문에 탐색비용

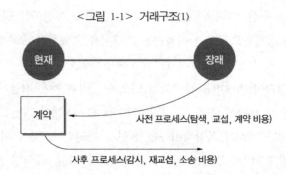

<그림 1-1> 거래구조(1)

과 교섭비용, 그리고 계약비용이 증가하게 된다. 마찬가지로 사후적 프로세스의 수행도 곤란하게 된다. 예를 들어, 사전에 계약이 체결되었다 하더라도, 사후적 거래환경의 변화가 크고 거래내용이 복잡하다면, 사후적 프로세스의 수행은 곤란해진다. 그 때문에 감시비용과 재교섭비용도 증가하게 된다.

이와 같이 거래환경의 요인과 함께 제한된 합리성이라는 인간적 요인이 추가된다. 즉, 인지능력과 판단능력 등 '합리성의 한계' 때문에 거래환경의 불확실성과 복잡성에 대한 대응이 곤란하게 된다. 반대로 완전히 합리적이라면, 탐색·교섭·감시비용이 발생하지 않고 장래를 예견하고, 거래상대를 확인하고, 그 행동을 감시할 수 있게 된다. 한편, 불확실성과 복잡성이 존재하지 않는 거래라면, 합리성의 한계 때문에 발생하는 탐색·교섭·감시비용을 절약할 수 있다. 이처럼 불확실성과 복잡성이라는 환경적 요인과 제한된 합리성이라는 인간적 요인으로 인해 거래비용이 발생한다.

(3) 기회주의

더욱이, 윌리엄슨은 이상의 논의와 관련하여 '기회주의'라는 독창적인 개념을 사용했다. 기회주의는 단순히 이기적인 개인만을 의미하는 것이 아니다. 그 행동은 '교활한 방법으로 자기이익을 추구(self-interest seeking with guile)'하는 것이라 할 수 있다. 즉, 사람은 자신의 이익을 위해서 허위와 협박, 그리고 기만 등의 행동을 꺼리지 않는다. 요컨대, 명백한 위법행위가 아닌 한 법망을 피한 행동으로 더 많은 이득의 기회를 전부 이용하려는 것이 인간의 본성인 것이다.

그렇다면, 거래상대를 발견하고, 계약을 교섭하고, 체결한다고 하는 거래의 사전적 프로세스는 협박과 기만이라는 기회주의에 노출되어, 결과적으로 서로 책략에 근거한 적대적 프로세스로 변질되고 만다. 마찬가지로 계약을 실행·확인하고, 불완전한 경우에는 재교섭의 사후적 프로세스도 서로의 책략에 근거한 적대적인 프로세스가 되고 만다. 바꾸어 말하면, 기회주의의 조건에서 거래를 실현하기 위해서는 사전적 프로세스에 관해서는 상대의 허위와 기만을 꿰뚫어볼 수 있는 정보비용과 교섭비용을 필요로 한다. 또한, 사후적 프로세스에 관해서는 감시비용과 재교섭비용을 필요로 한다. 그래서 기회주의적 행동이 커질수록 거래비용이 증가하게 된다. 반대로, 만약 거래 당사자가 기회주의적 행동을 하지 않는다면(서로 협력적으로 행동한다면), 이러한 거래비용이 없이도 거래 프로세스는 진행된다.

이때 기회주의라고 하는 인간적 요인은 동시에 거래의 환경적 요인과도 관련된다. 즉, 정보의 편재 혹은 정보의 비대칭성으로 당사자 간의 정보 격차를 이용해서 자기에게 유리한 정보를 전달하고 불리한 정보는 은폐하는 기회주의적 행동의 가능성이다. 반대로 정보의 비대칭성이 존재하지 않는 경우에는(동질의 정보가 널리 전달되고 있는 경우), 거짓말을 한다거나 기만적인 기회주의 행동이 전혀 도움을 주지 못한다. 이처럼 거래환경의 불확실성과 복잡성, 그리고 인간적인 요인으로서의 제한된 합리성이 상호 관련되고 있는 것과 마찬가지로 인간적 요인으로서의 기회주의와 환경적 요인으로서 정보의 비대칭성이 서로 관련되어 있다.

2) 거래 특수적 투자와 상호 의존

(1) 소수성으로의 전환

거래환경의 불확실성과 복잡성, 그리고 제한된 합리성의 제약이 커질수록, 그리고 정보의 비대칭성이 커질수록 거래의 사전 프로세스를 위한 탐색비용과 교섭비용, 그리고 계약비용은 증가한다. 마찬가지로 사후 프로세스를 위한 감시비용과 재교섭비용도 증가하게 된다. 그렇다면, 다음과 같은 문제가 발생하게 된다. 만약 이와 같이 거래비용이 커지게 된다면, 그럼에도 불구하고 왜 거래를 실현하려 하는 것일까. 거래를 방기하거나 파기하는 것도 당연히 생각해 볼 수 있기 때문이다.

여기서 거래비용을 발생시키는 가장 중요한 요인으로서 거래 특수적(transaction-specific) 혹은 관계 특수적(relation-specific) 투자라는 개념을 도입해 보자. 즉, 어떤 특정거래에서 구매자의 요구에 응한 판매자는 특정한 용도로 특화된 물적·인적 자산에 투자하는 경우가 있다. 이와 같은 투자가 어떤 특정한 거래관계로 특수화된다는 의미에서 거래 특수적 투자와 관계 특수적 투자라고 한다. 그렇다면, 그 투자는 다른 거래로의 전용(轉用) 가능성을 상실하고 '매몰비용(sunk cost)'이 되어, 판매자는 그 거래에 '록크 인(lock-in)'되고 만다. 마찬가지로 구매자도 그 공급을 특정 상대에게 의존하게 되어, 대체적인 거래상대를 상실하게 된다. 이러한 쌍방독점적인 상황이 발생하고, 서로의 기회주의가 지배하게 된다면, 그 거래는 시종일관 적대적인 교섭으로 전개된다.

물론, 거래 특수적 투자가 곧바로 쌍방독점으로 이어지는 것은 아니다. 오히려 구매자와 판매자는 의도적으로 거래상대를 복수화하여, 쌍방독점의 상황을 회피하려고 한다. 따라서 적어도 거래상대는 소수가된다. 즉, 대체적인 거래상대는 한정적이 되고, 이에 비례해서 기회주의적 행동의 여지가 발생한다. 반대로 대체적인 상대가 다수 존재하는 거래에서는 기회주의가 전혀 도움이 되지 않는다. 만약 상대가 기회주의적 행동을 한다면, 다른 거래상대를 찾으면 그만이다. 혹은 기회주의적으로 행동하지 않는다면, 거래상대가 소수라 하더라도 거래비용의 문제는 발생하지 않는다.

더욱이, 소수성은 사후적으로도 발생한다. 예를 들어, 다수의 대체적인 거래상대로부터 시작했다 하더라도 거래가 계속되는 과정에서 특정의 당사자에게 특별한 정보와 자원, 그리고 능력이 생기는 경우가 있다. 위에서 언급했던 '정보의 편재'와 '정보의 비대칭성'의 상황으로, 그 결과 당초의 다수성 거래는 특정한 정보와 자원을 축적한 소수성 거래로 바뀌게 된다. 즉, 계속적인 거래를 통해서 특별한 정보와 노하우와 자원을 축적함으로써 거래 특수적 투자가 된다.

(2) 상호 협력인가 상호 적대인가

이상과 같이 거래 특수적 투자의 결과 거래상대는 소수가 되고, 한편 기회주의적 행동이 지배하게 되면 거기서 바로 거래비용이 발생하게 된다. 그러나 반대로 거래 특수적 투자가 없다면 거래에는 다수의 대체적인 상대가 존재하게 되어 기회주의의 문제로부터 벗어날 수 있다.

여기서 지적할 수 있는 것은 거래 특수적 투자 그 자체가 당사자 쌍방의 상호 의존성을 의미하고 있다는 것이다. 즉, 구매자는 그 공급을 특정의 상대에게 의존하게 되고, 판매자는 투자비용의 회수를 특정한 상대에게 의존하게 되는 것이다. 그렇다면, 상호 의존에 의해 상호 협력이 이루어지는 것으로 생각하는 것이 오히려 적절할지도 모른다. 만약 그렇다면, 기회주의가 발생시키는 거래비용은 거래 특수적 투자가 만들어내는 상호 의존과 상호 협력의 관계에 의해 회피할 수 있게 된다.

그렇지 않고 여기서는 기회주의 때문에 상호 의존이 상호 적대로 바뀌는 것을 가정하고 있다. 이는 기회주의라고 하는 요인을 현재화시키기 위한 가정임과 동시에 협력이라는 관계 자체가 의도적으로 형성된

다는 것을 보이고자 한 것이다. 반대로 기회주의가 아니라 협력이라고
하는 행동이 인간의 본성, 즉 '인간적 요인'이라는 점도 지적할 수 있
다. 이에 대해 협력을 처음부터 전제로 하는 것이 아니라, 기회주의로
부터 출발해서 협력관계의 형성을 파악하는 편이 협력이라는 행동의
의미를 더 명확하게 드러낼 수 있다는 점에서 기회주의 개념을 이용하
는 것이다.

상호 의존을 상호 적대로 간주하는 것은 의존이 교섭상의 불리를
의미한다고 여기는 개인주의적 신념을 반영하는 것인지도 모른다. 이
와 같은 신념의 전제는 우위에 서는 측은 당초의 약속도 저버릴 수 있
다는 기회주의의 가정이기도 하다. 그렇다면, 여기로부터 '의존은 위
험'이라는 것이 거래의 모토가 된다. 따라서 상대에게 의존하는 것은
피해야만 하고, 늘 일정한 거리를 두어야 한다는 것이 거래의 모토가
된다. 이것이 'arm's length(적당한 거리)'라는 관계이다. 반대로 의존관
계가 성립하기 위해서는 그것을 기회주의로 바뀌는 것을 저지하기 위
한 메커니즘이 필요하다. 다음에서와 같이, 이것이 협력관계의 조직화
이다.

이상과 같이, 한편에서는 거래환경의 불확실성과 복잡성, 제한된 합
리성의 요인에 의해, 다른 한편에서는 기회주의와 정보의 비대칭성으
로부터 거래비용의 발생을 설명할 수 있다. 거래비용을 삭감 또는 절약
하기 위해서는 거래비용의 요인을 조절할 필요가 있다. 그 같은 조직화
가 '기업의 본질'이라는 것이 코스를 비롯하여 윌리엄슨에 이르는 '거
래비용 경제학'의 기본 발상이다.

※ **만족 원리와 최대화의 원리**: 제한된 합리성의 개념은 사이먼에 의해
서 제시되었다. 사이먼은 경제학이 가정하는 최대화 원리에 대해 경영학
의 만족 원리를 제창하였다(Simon, 1945). 즉, 경제학이 가정하는 최대
화 행동은 제한된 합리성의 인간에 대해서 의사결정의 과대한 부담을 강
요하는 것으로, 그 때문에 인간은 어느 정도의 타당한 수준에 이르게 되

면 '만족'하게 된다는 것이다. 이것이 바로 인간의 일반적인 행동이다. 즉, 습관과 관행에 따른 행동이다.

그렇다면 이러한 행동 자체가 거래비용의 절약과도 이어진다고 할 수 있을 것이다. 즉, 최대화 행동에 근거하여 거래할 때 이를 위한 탐색비용과 교섭비용이 요구된다. 이에 비해 만족의 원리를 따를 때에는 거래를 행할 때 위와 같은 비용은 필요치 않게 된다. 그 결과는 최대화 행동이 가정하는 효율성의 수준을 밑도는 것이라고 해도 거래비용의 절약이라는 관점에서 본다면 똑같이 효율적이라 할 수 있다.

관점을 달리하면, 제한된 합리성 때문에 거래비용이 발생한다는 측면과 제한된 합리성의 인간이 취하는 만족의 원리 때문에 거래비용이 절약되는 두 가지 측면으로 나누어볼 수 있다. 전자는 제한된 합리성의 인간이 동시에 최대화의 원리를 취한다는 의미에서 사이먼 자신의 가정에 반하는 것일지도 모른다. 이에 대해 다음 절에서 살펴보겠지만, 거래비용 삭감의 한 방법으로 룰에 근거한 거래의 조직화가 있다. 즉, 룰을 따름으로써 적대적인 교섭을 배제할 수가 있고, 그 이상의 교섭과 탐색은 불필요하게 된다. 그리고 동시에 기존의 규칙과 관행을 파기하고, 더욱 심도 있는 교섭과 탐색을 위해 새로운 행동을 추구하려는 행동도 당연히 가능하게 된다. 전자가 만족의 원리에 근거한 행동이라면, 후자는 최대화 원리에 근거한 행동이다. 이처럼 만족의 원리와 최대화의 원리는 각각 인간 행동의 두 가지 유형이다.

3) 시장의 윤리

(1) 이기적 개인과 기회주의

거래비용의 개념을 성립시키는 발견론적 가정으로서 기회주의라는 개념을 전제로 하더라도 거짓말을 하거나 협박을 한다거나 배반을 하는 기회주의적 행동은 어떤 의미에서 인간의 본성일까? 그것은 단순히 이기적 개인을 의미하는 것만은 아니다. 일반적으로 이기적 개인이라고 할 때에는 사람은 단지 자신의 이익을 우선하고 다른 사람의 이익

을 직접적으로 고려하지 않는다는 가정에 지나지 않는다. 즉, 이타주의
와 구별되는 범위에서 자신의 이익 추구이고, 타자에게 관여함이 없이
사람은 자신의 이익만을 추구한다고 하는 아담 스미스 이래의 이기주
의적 개인, 혹은 '자애심(self-love)'의 개념이었다. 그리고 이와 같은 상
호 무심한 자들과의 교환의 장이 시장인 것이다.

이에 대해 기회주의는 타자에 대한 무관심이 아닌, '타자를 희생시
켜' 자신의 이익을 추구하는 것을 의미하고 있다. 즉, 이기적인 개인은
익명자들과 그 장에 한정한 교환인 것에 대해, 기회주의 가정은 특정
상대에 대한 의도적인 배반과 책략에 근거한 비협력을 가정하는 것이
다. 여기서부터 '조직의 경제학'은 책략 혹은 전략을 중심으로 하는 게
임 이론 분석의 독무대가 되는 것이다.

(2) 도덕적 해이

더욱이, 기회주의는 도덕적 해이(moral hazard)로 표현되는 경우도 있
다. 즉, 의도적 배반이라는 의미에서의 기회주의는 '윤리의 결여'라는
의미에서의 도덕적 해이와 동일시하기 쉽다. 다만, 도덕적 해이의 본래
의미는 보험에 가입함으로써 주의 의무를 게을리 하는 것처럼 어떤 보
장에 의한 실수의 연발과 기대에 부응하지 못하는 행동을 일컫는 것이
다. 다만, 여기에서 좀더 강한 의미에서 도덕적 해이를 기대와 신뢰에
대한 의도적인 배반으로 간주한다면, 그것은 분명히 '논리적 결여'로
표현된다. 이러한 의미에서 의도적 배반으로서의 기회주의와 논리의
결여로서의 도덕적 해이가 동일시된다.

만약 '논리의 결여'로서의 도덕적 해이와 기회주의가 지배한다면,
거래 자체가 불가능할지도 모른다. 이와 같은 예로 아카로프의 레몬(중
고차) 시장을 들 수 있다(Akerlof, 1970). 즉, 품질정보의 비대칭과 그것
을 이용한 기회주의 때문에 결국에는 거래를 행할 수 있는 유인 자체
가 상실되는 것이다. 그리고 상대의 기회주의를 간파하여 그에 대응하

기 위해서는 과대한 비용이 소요된다. 이 비용이 지나치게 커졌을 경우에는 거래 자체가 무의미하게 된다. 다시 말해서 자신의 이익을 추구하는 시장거래는 상호 불신과 책략 때문에 거래 성립 자체가 위태로워지는 상황에 처하는 것이다.

(3) 시장을 지탱하는 '신뢰'

그러나 오히려 지적해야 하는 것은 시장이라는 제도가 성립하기 위해서는 시장의 윤리와 도덕이 없으면 안 된다는 것이다. 주지의 사실이지만, 베버는 '자본주의의 정신'으로서 '금욕의 논리'와 함께 '정직의 논리'를 들고 있다(Weber, 1920). 전자가 자본축적 행동이라는 의미에서 '자본주의 정신'을 이끌어낸다면, 후자는 익명의 사람들끼리의 거래를 가능하게 하는 '시장의 논리'를 이끌어낸다. 혹은 스미스가 가정하는 이기적 개인은 동시에 도덕 감정을 내재한 개인이기도 하다(Smith, 1759). 설령 이기적 개인이라 하더라도, 교환이 성립되기 위해서는 폭력과 서로 속이는 행동을 저지하는 정의의 룰에 대한 '공감'이 없으면 안 된다. 이와 같은 '도덕 감정'이 소유권이라는 시장의 법적 룰을 준수하고, 나아가 '공정(fair)'한 행동에 대해 '공감'하게 만든다. 따라서 공정이란 의식이 시장에서 정직과 공정이라는 행동을 이끌어내는 것이다.

반대로 말하면, 이와 같은 시장윤리와 도덕이 없다면 상호의 이익에 무관심한 사람들끼리의 교환은 기회주의로 전락할 뿐이다. 이러한 의미에서 시장이라는 제도 자체가 조직화되고 있다. 그것은 단지 법률에만 근거하는 것은 아니고 정의와 공정이라는 도덕 감정과 정직과 공정이라는 인간적이고 문화적 요인이 없다면, 시장이라는 제도 자체의 성립은 곤란하게 됨을 의미하고 있다. 그리고 법률에 근거한 신뢰만이 아닌 정직과 공정에 기초하는 신뢰가 시장이라는 제도를 지탱하는 것임을 의미하고 있다.

(4) 기회주의의 조절

그와 동시에 윤리와 도덕의 차이 혹은 법률의 한계를 노린 기회주의적 행동도 배제할 수는 없다. 혹은 거짓말을 한다거나 속이거나 하는 행동은 그 자체가 교섭이라는 게임을 분명하게 드러내는 행동이다. 혹은 교섭력 격차에 따라 전략과 책략에 기초한 파워의 행사도 불가피하게 한다. 그것은 의도적인 배반이라는 레벨에서 일상의 이기적 행동 레벨까지 여러 가지가 있을 수 있다.

이처럼 정직과 공정과 신뢰라는 인간적 요인과, 다른 한편으로는 기회주의라는 인간적 요인이 있다. 전자의 양태는 사회에 따라 각양각색이고, 이에 따르는 기회주의의 행태도 사회에 따라 가지각색이다. 그 결과, 기회주의를 조절하는 조직의 양태도 사회에 따라 상이하다. 예를 들어 기회주의적 행동이 더 강하게 나타나는 사회에서는 이를 억제하기 위해서 더 견고한 조직화가 요청된다고 생각할 수 있다.

어찌되었든, 기회주의가 지배하는 한 거래의 교섭 및 그 재교섭은 적대적 교섭으로 일관하게 된다. 특히, 정보의 비대칭성하에서 상대의 기회주의를 간파하고 그에 대항하기 위해서는 정보비용과 감시비용이 필요하다. 이와 같은 거래비용을 어떻게 삭감하는가, 이를 위해 시장거래를 어떻게 조직화할 것인가가 거래 다발로서의 기업의 과제이다.

4. 거래의 조직화

1) 거래의 구조

(1) 거래의 세 가지 차원

그렇다면, 거래비용은 어떻게 삭감되는가. 이를 위해 거래는 어떻게 조직화되는가. 이 점을 살펴보기 위해서 지금까지의 논의로부터 거래

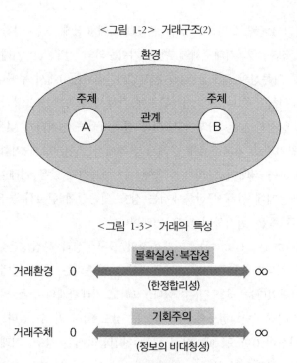

<그림 1-2> 거래구조(2)

<그림 1-3> 거래의 특성

의 특성을 다시 한 번 정리해 보자. 그 다음 거래비용의 발생과 삭감의 메커니즘을 검토해 보도록 하자.

거래의 구조는 앞서 설명을 했지만, 여기에서는 또 다른 거래구조를 제시하고자 한다. <그림 1-2>와 같이 거래의 구조로서 ① 거래환경, ② 거래주체, ③ 거래관계를 생각해 볼 수 있다. 각각이 어떠한 성질인가에 따라 거래의 성격을 달리한다. 여기까지의 논의에서 ① 거래환경은 불확실성과 복잡성에 의해서, ② 거래주체는 기회주의에 의해서, ③ 거래관계는 상호 의존에 의해서 특정화할 수 있다.

이 점이 <그림 1-3>으로 제시되어 있다.

<그림 1-3>을 설명하면, 각각은 ① 거래환경에 관한 불확실성과 복잡성의 정도, ② 거래주체에 관한 기회주의의 정도, ③ 거래관계에 관한 상호 의존성의 정도를 나타내고 있다. 범위는 0에서 무한대로 가정해서 표시하고 있다. 즉, 거래환경에 관해서 한쪽에서는 불확실성과 복잡성이 현저히 높은 거래이고, 다른 한편에서는 현저하게 낮은 거래이다. 마찬가지로 거래주체에 관해서 한쪽에서는 현저하게 기회주의적으로 행동하는 거래이고, 다른 한쪽에서는 현저하게 낮은 거래이다. 그리고 거래관계에 관해서 한쪽에서는 상호 의존성이 현저히 높은 거래이고, 다른 쪽은 현저하게 낮은 거래이다.

나아가 <그림 1-3>에는 거래환경의 불확실성과 복잡성은 제한된 합리성의 정도와 관련되고, 거래주체의 기회주의는 정보 비대칭성의 정도와 상관있다는 것을 알 수 있다. 그리고 거래관계의 상호 의존성은 투자의 거래 특수성 정도와 상관있다는 것도 역시 알 수 있다. 즉, 제한된 합리성이 0이 될 때, 다시 말해 완전합리적일 경우, 거래환경의 불확실성과 복잡성의 문제는 발생하지 않는다. 마찬가지로 정보의 비대칭성이 0이 될 때, 즉 동질의 정보가 공유되고 있을 때, 거래주체의 기회주의 문제 역시 발생하지 않는다. 그리고 투자의 거래 특수성이 0이 될 때에는 거래관계의 상호 의존성 문제도 발생하지 않는다.

(2) 거래비용의 요인

지금까지의 논의로부터 ① 거래환경의 불확실성과 복잡성이 크고, ② 거래주체의 기회주의가 크고, ③ 거래관계의 상호 의존성이 큰 거래에서 거래비용이 증가한다는 사실을 알았다. 즉, 설사 거래환경의 불확실성과 복잡성이 큰 거래라 하더라도 거래 당사자가 기회주의적으로 행동하지 않는다면, 거래의 실행과 실현이 곤란에 직면할 리는 없다. 또는, 설령 거래 당사자가 기회주의적으로 행동한다 하더라도 거래관계의 상호 의존성이 없다면, 즉 달리 대체적인 거래상대를 찾을 수 있다면, 기회주의적 행동은 효력을 잃고 만다. 마지막으로 설령 기회주의와 상호 의존성의 정도가 큰 거래라 하더라도 거래환경의 불확실성과 복잡성이 없다면, 거래의 실행과 실현이 곤란에 처할 염려는 없다. 그것은 정보의 비대칭성과도 제한된 합리성과도 무관한 거래이기 때문에 기회주의의 문제는 없어지고 상호 의존성이 발생시키는 기회주의 문제도 소멸하게 된다.

이처럼 ①, ②, ③의 요인이 겹쳐지는 거래에서 거래비용이 발생한다고 생각할 수 있다. 결국 ① 제한된 합리성의 제약하에서 거래환경의 불확실성과 복잡성이 커지고, ② 정보 비대칭성의 제약하에서 거래주체의 기회주의를 증가시키고, ③ 거래 특수적 투자에서 거래관계의 상호 의존성을 확대시키는 거래이다. 여기에서의 가정은 어디까지나 가설의 상황이다. 그리고 앞서 지적한 바와 같이, 상호 의존적 상황을 통해 기회주의가 아닌, 상호 협력적 행동을 낳는다고 생각할 수 있다. 하지만, 이와 같은 가설의 상황을 가정하는 것이 처음부터 상호 협력을 의미하는 것은 아니다. 협력이라는 행동 그 자체가 거래의 조직화를 통해서 이루어지는 것이고, 이것이 '기업의 본질'이라는 것을 말하기 위함이다.

(3) 삭감의 메커니즘

이상과 같이, 거래비용의 발생 메커니즘을 개념화할 수 있다면, 거래비용의 삭감을 위해서는 ①, ②, ③ 중의 어느 하나를 조정할 것인가가 문제가 된다. 형식적으로는 ①의 불확실성과 복잡성을 조정한다는 것은 제한된 합리성의 극복이다. 즉, 구체적으로 거래에 대한 인지능력과 판단능력과 계산능력을 고양시키는 것을 의미한다. ②의 기회주의를 조정하는 것은 정보 비대칭성의 극복이다. 즉, 동질의 정보를 공유하는 것을 의미하고 있다. 그리고 ③의 상호 의존성을 조정한다는 것은 거래 특수적 투자를 요하지 않는다는 것이다. 즉, 특정 용도에 특수화된 자

원이 필요치 않다는 것을 의미하고 있다. 결국, 어떤 방법이 선택되는
가의 여부로부터 기업 행동의 차이가 발생하게 된다.

2) 정보기술의 혁신

(1) 거래기술의 발달

거래비용의 삭감은 거래비용의 요인을 조절하는 것으로 귀착된다.
그렇다면, ① 거래환경의 불확실성과 복잡성, ② 거래주체의 기회주의,
③ 거래관계의 상호 의존성 등 이 세 가지 가운데 어느 것을 조절해야
하는가.

우선 ① 거래환경의 불확실성과 복잡성의 조절을 생각해 보자. 물론,
거래환경 그 자체를 바꿀 수는 없다. 만약 그럴 수 있다면, 거래환경을
독점화시켜 상대의 기회주의를 저지할 수 있다. 바꾸어 말하면, 오히려
자발적인 기회주의적 행동만이 유효하게 되고, 그 의미에서 거래는 완
전하게 조절된다.

이에 대해 또 다른 관점은 제한된 합리성의 극복이다. 이로 인해 불
확실성과 복잡성의 제약을 극복할 수 있는데, 이를 가능하게 하는 것이
정보기술(IT)의 발달이다(池田信夫, 2001). 즉, 정보수집과 정보처리, 그
리고 정보통신기술의 발달에 의해 거래주체의 예견능력과 인지능력의
한계를 극복할 수 있다면, 이에 따른 탐색비용과 교섭비용은 감소한다.
그리고 정보의 비대칭성도 극복 가능하게 된다. 이렇게 되면, 기회주의
는 저지되고 감시비용은 감소한다. 나아가 다른 시각으로부터는 정보
기술의 발달과 함께 부품과 제품의 '모듈화'가 진전되고, 그 결과 거래
특수성 투자 자체가 불필요하게 된다는 견해도 유력해진다.

이처럼 정보기술의 발달은 이른바 거래기술의 발달을 의미한다. 기술
의 발달에 의해 제한된 합리성과 정보 비대칭성의 제약이 극복된다면,
시장의 거래비용 문제는 기술에 의해 해결될 수 있다. 이렇게 되면, 거

래비용의 삭감을 위해 시장거래를 조직화할 필요성 그 자체가 없어진다. 그 결과 조직의 영역은 축소되고, 반대로 시장의 영역이 확대된다.

(2) 지식의 편재

그러나 정보기술의 발달과 거래기술의 발달이 제한된 합리성을 극복한다거나, 정보 비대칭성의 제약을 극복한다는 것은 과대평가일 것이다. 설령, 그러한 작용이 증가한다고 해도 그것에 의해 거래환경의 불확실성과 복잡성, 그리고 거래주체의 기회주의가 조절 가능할 리 없기 때문이다. 실제로 금융거래에서는 정보기술에 기초한 금융공학의 발달에 의해 제한된 합리성과 정보 비대칭성의 극복이 가능한 것처럼 보이기도 한다. 그 때문에 금융시장의 규제 철폐와 함께 금융의 시장거래는 일거에 글로벌 시장 레벨로 확대되었다.

설령 정보기술의 발달에 의해 거래환경의 불확실성을 확률적으로 처리할 수 있는 영역이 확대된다고는 해도, 거래환경 그 자체는 끊임없이 변화한다. 이와 함께 정보의 편재, 즉 정보의 비대칭성 역시 부단히 발생한다. 혹은 객관적인 자료로는 파악할 수 없는 지식의 편재가 있다. 이와 같은 지식의 편재가 정보기술의 발달에 의해 해소될 수는 없다. 이런 종류의 '지식의 편재', 다시 말해 고유 지식에 기초한 우위야말로 경쟁력을 결정짓는 것이다. 설령, 정보기술이 '정보의 편재'를 초래한다고는 해도 오히려 그에 반비례해서 '지식의 편재'는 커지게 된다. 그리고 지식의 편재가 자료의 왜곡과 조작을 가능하게 한다는 것도 쉽게 생각할 수 있다. 어쨌든 정보기술과 거래기술의 발달이 불확실성과 복잡성에 기인하는 거래비용의 문제, 바꾸어 말하면 기회주의에 근거한 거래비용의 문제를 해결하지는 못한다.

(3) 모듈화

이에 대해서 '기술'의 관점으로부터는 '모듈화'의 진전에 의해 거래 특수적 투자가 불필요하게 되는 경우를 생각해 볼 수 있다. 따라서 거래관계의 상호 의존성이 약화되고, 대체 가능성이 높아지는 것을 예상할 수 있다. 하지만 제4장에서 살펴보겠지만, 모듈화 그 자체가 대체 가능성을 높이는 것은 아니다. 따라서 모듈과 모듈 사이의 규격화가 필요하다. 아니면 오히려 모듈화를 내재한 가운데 거래관계의 상호 의존성을 강화하는 것도 가능하다(藤本隆宏·武石彰·靑島矢一, 2001). 이렇게 되면, 새로운 기회주의의 문제가 발생할 가능성이 있다. 예를 들면, 모듈 부품의 공급자가 교섭상의 우위에 섰을 때, 발생하는 기회주의를 어떻게 조절할 것인가 하는 문제이다.

확실히 정보기술과 모듈화의 진전은 조직으로서의 기업의 양태에 중대한 영향을 미친다. 다만, 이는 시장의 거래비용에 대한 영향보다는 기존의 조직이나 조직화 비용에 영향을 미친다고 할 수 있다. 앞서 2절에서 지적한 것처럼, 그 결과 기존의 조직화는 그 변화가 요구된다. 이는 바로 일본 기업 시스템이 직면하고 있는 과제이기도 하다. 이 점을 고려하기 위해서라도 거래방법으로서 어떠한 조직화가 가능한지 살펴볼 필요가 있다.

3) 시장적 해결과 조직적 해결

(1) 단기계약화

거래기술이 아닌 거래방법으로서 거래비용의 요인을 조절하는 방법에는 어떠한 것이 있을까. 우선, ① 거래환경의 불확실성과 복잡성을 조절하는 방법으로서 단기계약화가 있다. 앞서 살펴본 바와 같이, 장래의 사항을 현재 시점에서 계약한다고 하는 것이 거래의 구조이다. 여기에서 거래의 사전 프로세스로서 장래의 불확실성과 복잡성의 문제가 발생하는 데 대해 이를 조절하기 위해 장래(將來)라는 시간 자체를 단축하면 될 것이다. 단기계약, 즉 스폿 계약으로 거래환경에 대한 불확실성과 복잡성의 문제를 피할 수 있다. 혹은 예견 가능한 범위 내의 기간이라는 의미에서 합리성의 제약을 회피할 수 있다. 따라서 장래의 사항은 사전에 계약으로 명시할 수 있고, 혹은 명시할 수 있는 범위의 기간을 선택할 수 있다. 그리고 사후 프로세스에 대해서도 단기성으로 인해 사후에 발생할 수 있는 불확실성과 복잡성의 문제를 피할 수 있다. 혹은 사후 프로세스에서 발생할 수 있는 정보의 편재와 기회주의의 문제도 역시 회피할 수 있다.

다만, 이와 같은 단기계약화를 위해서는, 이에 따른 거래구조 그 자체의 변경이 필요하다. 즉, ③의 거래 특수적 투자의 필요성을 없애야만 한다. 구매자의 특정한 용도에 특화된 재화와 서비스의 공급은 이를 위한 거래 특수적 투자가 필요한 이상 단기계약과 스폿 계약은 발생하지 않는다. 반대로 ③에 관한 거래 특수적 투자가 불가결한 이상, ①에 대한 단기계약화 방법을 선택할 수는 없다. 그를 위해 장기계약 혹은 계속거래가 필요하게 된다. 단, 장기계약은 '조건부 청구권 계약'이지 않으면 안 된다. 장래의 불확실성과 복잡성 때문에, 그리고 제한된 합리성 때문에 이러한 종류의 계약이 불가결한 것이다. 이러한 점에서 거래비용의 문제가 발생하고, 다시 여기서 금지적(禁止的) 거래비용이 발생한다.

(2) 불완전 계약화

앞서 지적한 것처럼, 확실히 금융거래는 정보기술의 발달로 인해, 조건부 청구권 계약의 실행 가능성이 급속하게 확대되고 있다. 따라서 문자 그대로 글로벌한 시장거래가 성립하고 있지만, 그것은 금융이라는 표준화되고 분할화된 가장 용이한 거래에 기초하고 있는 것이다. 이에 대해 정의하기 어려운 복잡성 거래 역시 끊임없이 변화하는 거래환경과 합리성의 제약하에서 조건부 청구권 계약을 작성하고 실행하는 것이 매우 어렵다는 것은 여기서 밝힐 필요도 없다. 따라서 장기계약이나 계속계약은 불완전 계약(incomplete contract)의 형태를 취한다. 즉, 장래의 사항은 계약 시에는 정하지 않고 사후적으로 그 정도를 정하는 것이다. 이는 계약으로서는 '불완전'한 것이다. 그러나 이렇게 함으로써 거래의 사전 프로세스에 따른 거래비용의 문제를 회피할 수 있게 된다.

동시에 여기에서 ②의 기회주의 문제가 발생하게 된다. 즉, 거래의 사후 프로세스로서 기회주의적 행동이 발생하는 것이다. 예를 들어 구매자는 그 거래의 정지를 빌미로 구입가격의 인하를 요구하고, 반대로 판매자는 그 거래의 정지를 빌미로 판매가격의 인상을 요구할지도 모른다. 일단 행해진 투자는 매몰비용이 된 이상 구매자의 기회주의 여지는 확대되고 판매자가 불리한 입장이 되는 것은 당연하다. 이른바 홀드 업(hold up) 문제로서 만약 이러한 상황이 일상화된다면 거래 특수적 투자 자체가 철회된다(Milgrom and Roberts, 1992). 따라서 거래 특수적 투자를 전제로 해서 동시에 불완전 계약으로 거래비용을 삭감하기 위해서는 사후적 기회주의의 문제를 해결할 필요가 있다. 이것이 바로 조직의 문제이다.

(3) 거래비용의 조직적 해결과 시장적 해결

이러한 의미에서 거래비용에 대해 조직으로서 해결해야 하는 이유는 거래 특수적 투자의 필요성에 기인한다고 할 수 있다. 그것은 해당 기업에 특화된 재화와 서비스의 필요성으로 귀착된다. 그리고 그것은 특정 기업의 용도에 고유의 '능력'을 형성시킬 필요성으로 귀착된다. 이러한 의미에서 시장에 대신하는 거래의 조직화로서의 기업의 존재 이유는 기업의 고유한 능력의 형성과 같은 의미이다.

이에 대해 단기계약화의 방법을 선택하거나 거래 특수적 투자를 불필요하게 하는 방법을 선택하는 것은 조직으로서의 해결이 아닌, 시장으로서의 해결을 선택하는 것을 의미한다. 즉, 일시적 거래와 스폿 계약에 의해 기업을 조직화하는 것으로 그 최종적인 형태를 '버추얼 기업

(virtual corporation)'이라 할 수도 있을 것이다. 예를 들어, 인터넷상에서 고객에게 주문을 받아 인터넷상의 위탁기업에 생산을 발주하고, 인터넷상의 고객으로부터 대금을 회수하는 것과 같이 '인터넷 기업'을 가정할 수 있다. 이러한 점에서 정보기술의 발달과 모듈화의 진전에 의해 거래비용의 시장적 해결방향이 점점 증가하고 있다는 견해도 유력하다. 달리 말하면, 거래비용의 조직적 해결과 시장적 해결의 어느 쪽을 선택하는가가 오늘날 기업조직의 과제인 것이다. 이를 검토하기 위해서라도 거래비용의 조직적 해결을 검토해야 한다.

4) 권한과 규칙

(1) 거래의 거버넌스

지금까지의 논의를 정리해 보도록 하자. 우선 거래비용에 관한 기업의 과제를 ① 거래환경의 불확실성과 복잡성을 조절하는가, ② 거래주체의 기회주의를 조절하는가, ③ 거래관계의 상호 의존을 조절하는가 하는 세 가지 측면으로 파악할 수 있었다. 그 위에서 ①에 대해서 단기계약화의 방법을 선택하는 것과 ③에 대해서 거래 특수적 투자를 필요치 않는 방법을 선택하는 것을 거래비용의 시장적 해결로 간주할 수 있다. 즉, 단기계약과 스폿 계약의 선택이다. 물론 ①과 ③의 요인이 존재하지 않는다면, 처음부터 시장거래가 성립한다. 이에 대해 ③에 대한 거래 특수적 투자를 전제로 하고, 동시에 ①에 대한 불완전 계약을 선택한 가운데 ②에 대해서 사후적 기회주의를 조절하는 방법이 거래비용의 조직적 해결이다. 그러면, 사후적 기회주의는 어떻게 조절되는가.

이를 윌리엄슨은 '거래의 통치문제'라고 했다. 즉, 기회주의는 통치(governance)될 필요가 있다. 윌리엄슨은 그 방법으로 세 가지를 제시하고 있다. 하나는 '규칙(rule)'에 기초한 통치로서 '쌍무적 통치(bilateral governance)'라 한다. 또 다른 하나는 '통합된 통치(unified governance)',

즉 '소유권의 통합'에 기초한 통치이다. 이에 대해 다른 하나의 통치는 '협력'에 기초한 통치가 바로 그것이다.

(2) '규칙의 다발'로서의 기업

먼저, 규칙에 근거한 기회주의의 조절을 생각해 보자. 즉, 쌍방이 사전에 합의하고 서로를 구속하는 규칙에 따름으로써 서로의 기회주의적 행동을 저지할 수 있다. 혹은 기존의 규칙에 근거하고 조정함으로써 기회주의만이 아닌 합리성의 제약으로부터 벗어날 수도 있다.

이와 마찬가지로 가격을 개정할 때, 에스컬레이터 조항이 있다. 즉, 장기계약에서 가격개정이 필요하게 되면, 동시에 가격개정을 둘러싼 기회주의적 행동의 여지가 발생한다. 여기서 가격개정은 예를 들어, 물가상승률에 따라서 자동적으로 조정됨으로써 당사자 간의 세세한 교섭을 피할 수 있다. 이처럼 교섭이 아닌 규칙에 따른 개정으로 기회주의적 행동의 여지 자체를 원천적으로 봉쇄할 수 있다.

규칙의 중요성은 불완전 계약의 관점에서도 지적할 수 있다. 앞서 지적한 것처럼 불완전 계약에서 장래의 사항은 계약 시에는 아직 결정이 되지 않은 상태이다. 그것은 사후의 결정에 맡기는 것이다. 그러나 만약 단지 그것뿐이라면, 이는 너무나 '불완전'하다. 설령 장래의 교섭에 맡긴다 하더라도 장래의 교섭력은 불확실할 뿐만 아니라 그 자체가 불리하다는 가능성 역시 배제할 수 없다. 이러한 의미에서 당사자에 의한 불완전 계약은 그 위험이 매우 크다 할 수 있다.

만약 이것뿐이라면, 아마도 불완전 계약 자체는 성립하지 않는다. 하지만 장래의 결정 자체가 불확실하다 하더라도, 그 결정이 어떠한 방식으로 결정될지를 알고 있다는 사실이 불완전 계약의 전제가 된다. 이 결정 방식이 거래 규칙과 관행이라는 것이고, 그러한 의미에서 불완전 계약은 거래의 규칙과 관행을 빼놓을 수 없게 하는 것이다. 물론, 이는 공식적으로 명시된 것만은 아니다. 그 대부분은 암묵적인 규칙과 비공

식적인 관행이고, 이러한 의미에서 '거래의 다발'로서의 기업은 규칙과
관행의 다발이라 할 수 있다. 이하에서 보는 바와 같이, 그러한 것들은
고용의 규칙이나 기업 간의 거래 규칙이 된다. 그리고 이들 규칙과 관
행이 각 나라의 차이를 발생시키는 것이다.

(3) 권한에 기초한 통치

이에 반해, '통합'에 근거한 통치는 직접적으로는 '소유권의 통합'을
의미하고 있다. 즉, M&A처럼 거래 당사자의 한쪽은 다른 상대방을 매
수하여 소유권을 통합한다. 그 결과 거래는 대등한 자들 사이에 행해지
는 것이 아니라 통합된 측의 권한에 의해 거버넌스된다. 그 전형이 수
직적 통합이다. 즉, 기업 간 시장거래의 관계는 통합된 부문 간의 내부
거래 관계로 바뀐다. 이로 인해 전자에서 발생한 기회주의는 후자와의
권한관계에 의해 통치된다.

실제로 '시장과 조직'이라는 관점에서 시장의 가격 메커니즘과 조직
의 권한 메커니즘을 대치시켜, 시장의 가격 메커니즘으로부터 조직의
권한 메커니즘이 어떻게 발생하는가에 대한 문제를 설정하는 한, 그 대
답은 수직적 통합에 의해 가장 명쾌하게 설명될 수 있다. 사실 윌리엄
슨은 수직적 통합의 연구를 통해서 시장과 조직의 관계를『시장과 조
직(Markets and Hierarchies)』라는 제목의 책으로 제시했다. 즉, 시장과
구별되는 조직은 권한 메커니즘을 본질로 한다는 것이다.

이처럼 권한의 메커니즘으로서 기업을 파악하는 한 권한의 배분을
결정하는 메커니즘이 중요하게 된다. 이것을 '소유권 어프로치'라고 한
다. 하지만, 권한의 배분은 소유에 근거하지만은 않는다. 실제로 기업
간 관계에서는 소유권의 통합이나 분할이 중요하게 된다. 거래주체로
서의 기업 자체가 소유의 대상인 이상, 기업 간의 관계는 소유관계에
의존한다. 그리고 소유관계에 의해 권한관계나 지배관계가 형성된다.

하지만 수직적 통합과 복합기업(conglomerate)의 통합이 대상으로 하

는 기업 간의 관계와는 달리, 노동거래(사람)의 원리는 소유권 '통합'의
대상으로부터 제외된다. 만약, 소유권이 통합된다면, 그것은 노예거래
를 의미하기 때문이다. 그리고 동시에 시장을 대신하는 거래 조직화의
전형으로서 노동거래(고용관계)가 있다. 그리고 노동거래야말로 고용자
의 권한이 전면에 나타난다. 그러나 그 권한이 소유권에 근거하는 것은
아니다. 따라서 고용자의 권한만으로 통치할 수 없는 것이 노동거래이
다. 따라서 거기서 발생하는 것이 규칙에 근거한 통치이고, 나아가 통
치의 메커니즘이다. 이것이 '협력'의 조직화이다.

5) 협력의 조직화

(1) 권한의 한계

   기회주의를 조절하는 방법으로 '권한'과 '규칙'이 있다고 했지만, 그
외에도 협력의 조직화라는 중요한 방법이 있다. 기회주의라는 적대적
인 거래관계에 비해 권한과 규칙에 의해 조절·통치하고, 나아가 적대
에 대신해서 협력관계를 조직화하는 것이 필요하게 된다.[3] 히에라르키
에만 의존해서 기회주의는 조절할 수 없다. 그 집권적인 메커니즘은 설
사 정보의 집중과 의사결정의 집중을 꾀한다고 해도 정보전달에서의
기회주의를 낳게 된다. 예를 들어, 자기 부문에 유리하도록 경영정보의
전달을 조작하는 행위를 배제할 수는 없다. 여기서 발생하는 조직의 비
효율을 조직의 내부거래에 따르는 거래비용이라 할 수 있다. 또는 감시
비용을 히에라르키의 조직화 비용이라 볼 수도 있다. 그렇다면, 이런
종류의 거래비용과 조직화 비용을 삭감하기 위해서는 히에라르키의 내

---

3) 윌리엄슨은 기회주의와 대치되는 개념으로서 '순종(obedience)'이라는 용어
   를 사용하였다. 즉, 사람은 책략적으로 행동하든가, 아니면 얌전하게 복종하
   든가 둘 중 하나의 행동을 취하게 된다. 그 결과, 협력의 시점이 무시된다고
   생각했다.

부에서 권한을 대체하거나 보완하는 메커니즘이 필요하게 된다.

(2) 규칙의 한계

마찬가지로 규칙을 적용하는 것만으로 기회주의는 조절할 수 없다. 즉, 규칙의 빈틈을 찾아 노리는 기회주의의 발생을 배제할 수 없다. 그리고 규칙에 의해 기회주의의 조절만을 추구한다면, 앞서 에스컬레이터 조항에서 살펴보았던 것처럼 규칙의 적용은 기계적이거나 경직적이기 마련이다. 그리고 규칙 자체가 경직적이 된다. 규칙에 의한 교섭의 여지 자체를 배제하기 위해서는 규칙에 근거한 결정은 이른바 자동적이어야 할 필요가 있다. 하지만 그 결과, 환경조건의 변화에 대해서 당사자 쌍방이 유연하게 대응할 가능성 자체를 박탈하게 된다.

이에 대해 암묵적인 규칙과 비공식 규칙에 따라 환경조건의 변화 맞춰 유연하게 규칙을 적용하는 시스템도 있다. 혹은 규칙의 변경 그 자체를 유연하게 하는 시스템도 있다. 이를 일반화해 보면, 규칙의 본질은 어떤 기준과 수속을 결정해서 규칙에 근거한 교섭과 조정을 가능하게 하는 것이다. 그러기 위해서는 그 같은 '게임의 규칙'이 지켜질 필요가 있다. 이와 함께 그것이 암묵적이고 비공식적인 규칙인 이상, 그 해석과 관련한 기회주의적 행동의 여지가 발생하는 것도 배제할 수는 없다. 하지만 이것을 권한과 더욱 강력한 규칙에 의해 조절할 수는 없다. 따라서 규칙에 근거한 교섭과 조정이 가능하기 위해서는 서로 기회주의적인 행동을 억제하는 당사자 쌍방의 협력 혹은 상호 신뢰가 필요하다. 하지만 협력과 신뢰가 처음부터 갖춰질 수는 없다. 이러한 의미에서 협력과 신뢰관계가 조직화될 필요가 있는 것이다.

이처럼 권한과 규칙에 의해 기회주의를 봉쇄할 뿐만 아니라, 적극적으로 협력을 조직할 필요가 있다. 그러기 위해서는 인센티브(incentive)의 조직화와 상호 의존관계에 대한 커미트먼트(commitment)의 조직화가 필요하다. 혹은 정보의 비대칭성에 대해서는 정보의 공유를 도모하는 메커니즘이 필요하다. 이것이 거래비용의 문제에 관련해 가장 중요한 '조직으로서의 해결'이다.

이것은 노동거래만이 아닌 중간재의 거래에도 해당된다. '시장과 조직'이라는 윌리엄슨의 문제설정에 대해 일본 기업에서 관찰되는 계열거래의 관점으로부터 시장과 조직의 '중간' 형태의 거래가 상당히 일찍부터 지적되었다(今井賢一·伊丹敬之·小池和男, 1982). 수직적 통합의 관점에서는 가격 메커니즘과 조직의 권한 메커니즘으로, 한편에서는 시장의 스폿 거래와 조직의 내부거래로 나뉘는 것처럼 시장과 조직은 이분화되는 경향이다. 이에 비해 계열거래에서는 스폿 거래만이 아니라 계속적 거래가, 내부거래만이 아닌 시장거래가 있다. 즉, 거기에는 시장의 가격 메커니즘도 조직의 권한 메커니즘도 아닌 거래의 조직화가 성립한다. 이것이 중간조직으로서 개념화되거나 네트워크 조직으로서 개념화된다. 그리고 발견된 것은 가격 메커니즘도 권한 메커니즘도 아닌 비공식 거래규칙으로서 이를 지지하는 협력 메커니즘이었다.

6) 조직화 코스트와 조직 퍼포먼스

(1) 조직화 코스트

이상과 같이 거래비용의 문제는 최종적으로 거래의 통치 문제로 귀착된다. 그것은 '권한'과 '규칙', 그리고 '협력'의 조직화에 근거하고 있다. 이와 같은 관점에서 이하에서는 사람에 대한 노동거래와 물제에 대한 기업 간 거래, 그리고 자금에 대한 금융 및 자본거래에 대해서 살펴보도록 한다. 거래비용의 관점에서 각각 어떻게 조직화되고, 통치되는가 하는 것이 이후 논의의 중심이다.

본격적인 논의에 앞서 다음 사항을 지적해 두고자 한다. 즉, 거래를 통치하기 위해서는 조직화를 위한 비용이 필요하다. 권한에 근거하여 거래를 통치하기 위해서는 히에라르키(hierarchie) 조직을 형성하고 그 권한의 메커니즘을 유지할 필요가 있다. 그것은 집권적 의사결정에 근거한 조직의 효율성을 초래함과 동시에 조직의 비효율이라고 하는 의미에서의 비용 발생이 불가피하다.

마찬가지로 규칙에 근거하여, 거래를 통치하기 위해서는 규칙을 유지해야만 한다. 하지만, 그것은 규칙의 경직성 때문에 비효율성을 낳는 경우가 있다. 혹은 규칙의 준수로 인해 단기이윤을 희생시켜야 하는 경우도 있다. 마찬가지로 협력으로 거래를 통치하기 위해서는 그에 상응하는 인센티브 메커니즘을 유지할 필요가 있다. 특히, 공헌의 조직화를 위해서는 시장계약의 레벨을 넘어서는 인센티브의 조직화가 필요하다. 이로 인해 조직의 효율성이 달성된다 하더라도 이에 따르는 부담은 불가피하다.

이와 같은 비용을 일반적으로 조직화 비용이라 할 수 있다. 그렇다면, 시장의 거래비용 문제는 동시에 조직화 비용의 문제가 된다. 앞서 지적한 것처럼, 이것을 코스는 시장의 거래비용 삭감과 삭감을 위한 조직화 비용 증대를 비교의 문제로 보았다. 전자의 비용 삭감을 후자의 비용 증대가 상회할 때, 시장에 대신하는 거래 조직화가 불가피하게 된다.

(2) 조직 퍼포먼스

다만, 여기서는 시장거래의 조직화를 통한 생산조직의 효율성이라는 측면은 명시되어 있지 않다. 지금까지 살펴본 바와 같이, 거래비용에 대한 조직적 해결의 이유는 시장거래를 통해 생산효율성을 상회하는 효율성을 달성하는 데 있다. 그것을 조직 퍼포먼스라고 한다면, 조직화 비용의 문제는 동시에 조직 퍼포먼스의 문제가 된다.

이처럼 조직화 비용을 부담해서 시장의 거래비용을 삭감한다. 혹은 조직화 비용을 부담해서 시장거래를 상회하는 조직 퍼포먼스를 달성한다. 이것이 조직으로서 기업의 성립이다. 그렇다면, 남은 문제는 이와 같은 조직화가 어떠한 문제에 직면하고 있는가 하는 것이다. 여기서 다

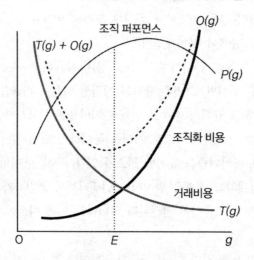

<그림 1-4> 거래비용, 조직화 비용, 조직 퍼포먼스

음의 논의를 위해 거래비용과 조직화 비용, 그리고 조직 퍼포먼스의 관계를 <그림 1-4>로 나타내 보자.

(3) 조직화의 레벨

<그림 1-4>에서 횡축 g는 '거래의 다발'로서 기업의 조직화 레벨을 나타내고 있다. 즉, 해당 기업과 관련한 각각의 거래 전부가 조직화되어 있는 것은 아니다. 바꾸어 말하면, g의 레벨이 상승하는 것은 조직화된 거래의 비율이 높아지는 것을, g의 레벨이 하락하는 것은 시장거래의 비율이 상승하는 것을 의미한다. 그리고 이와 같은 조직화에 따라 거래비용과 조직화 비용, 조직 퍼포먼스의 상태가 T(g), O(g), P(g)로 표시되어 있다. 즉, 시장거래의 조직화에 따라서 해당 기업에서의 시장 거래비용은 체감하고 조직화 비용은 체증한다. 그리고 조직화를 통한 생산효율성, 즉 조직 퍼포먼스의 현상이 그림과 같다고 해보자. 그렇다면 기업은 시장거래의 조직화에 의해서 실현된 전체적인 효율성, 즉 조직 퍼포먼스 P(g)와 그 밑에서의 거래비용 T(g), 조직화 비용

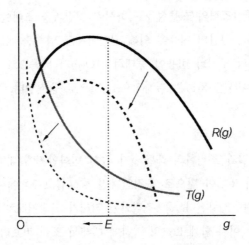

<그림 1-5> 조직화의 변동

O(g)의 합계의 차, [P(g)−{T(g)+O(g)}]가 최대가 되는 레벨의 조직화가 최적이 된다. 이것이 E로 표현되어 있다.

<그림 1-4>의 개념도는 최적의 조직화 레벨이 실제로 선택되었는가의 여부를 떠나서 시장거래를 조직화하는 기업행동이 거래비용과 조직화 비용, 그리고 조직 퍼포먼스의 상태에 따라 변화하고 있음을 나타내고 있다. 즉, 어떤 조직화의 상황에서 어떠한 이유에 의해 조직 퍼포먼스가 저하하거나, 조직화 비용이 증대하는 상황이 발생한다. 마찬가지로, 어떠한 이유에서 시장의 거래비용이 증대하거나, 저하하는 상황이 발생한다. 이에 따라 기존의 조직화 상태가 변화하는데, 이를 시각적으로 표현하면 <그림 1-5>와 같다.

<그림 1-5>에서 R(g)은 조직 퍼포먼스 P(g)와 조직화 비용 O(g)의 차이로서 나타내고 있다. R(g)=P(g)−O(g)이고, 이것과 거래비용의 차이{R(g)−T(g)}를 최대로 하는 조직화의 수준이 <그림 1-4>의 E에 대응한다. 이때 예를 들어, 모듈화의 진전에 의해 조직 퍼포먼스 P(g)는 아래 방향으로 움직이는 경우이다. 즉, 기존의 조직화가 거래 특수

적 투자를 내재한 생산조직을 전제로 하는 것이라면, 모듈화의 진전은 그와 같은 생산조직의 효율성을 저하시키는 결과를 초래할지도 모른다. 또는 내부의 조직상의 이유에 의해 권한관계와 협력관계를 조직화하기 위해서 기존의 조직화 비용이 증대하고 O(g)가 위쪽으로 상승하는 경우도 있다. 어쨌든 R(g)은 전체적으로 밑으로 움직인다.

(4) 조직화의 다이나미즘

다만, 그 결과 조직화의 레벨 g가 즉시 변화할지에 대해서는 알 수 없다. 확실히 R(g)이 밑으로 움직인다면 <그림 1-5>에서 최적의 조직화 레벨 E는 하향한다. 즉, 조직화된 거래가 시장거래로 치환될 것으로 예상된다. 이와 함께 R(g)의 저하에 대해서 조직 퍼포먼스를 상승시키거나 혹은 조직화 비용을 인하시킨다. 이를 위해서는 내부조직의 변혁을 도모하는 것도 생각해 볼 수 있다. 결국, 조직의 재편(restructuring)이며, 이는 반드시 조직의 영역을 축소하고 시장의 영역을 확대하는 것을 의미하는 것은 아니다.

이에 대해서 어떤 조직의 상태에 대해 만약 어떠한 이유로 시장의 거래비용이 저하한다면[T(g)가 하향한다면], 그 결과 조직화의 레벨의 저하가 예상된다. 즉, 조직화된 거래가 시장거래로 치환된다. 앞서 지적한 바와 같이 정보기술과 그 혁신의 진전이 이 같은 상황을 초래한다고 할 수 있다. 혹은 시장의 규제완화에 의해 T(g)가 아래쪽으로 움직였다고도 볼 수 있다. 어느 쪽이든 조직 퍼포먼스와 조직화 비용이라는 조직 내부의 요인만이 아니라 조직 외부의 요인에 의해서도 또한 조직화 상태는 변화한다. 이와 같은 관점에서 '거래의 다발'로서 기업이 어떻게 조직화되고 동시에 그 조직화를 어떻게 변경해 가는가를 파악하는 것이 가능하게 된다.

5. 요약

이 장에서는 '기업이란 무엇인가' 혹은 '왜 기업은 조직인가'라는 문제에 대해 생각해 보았다. 그것은 이후 논의의 기본 틀이다. 그 요점을 정리해 보면 다음과 같다.

우선, 시장의 거래비용을 절약 혹은 삭감하는 장치로서 기업조직이 형성되었음을 확인했다. 이것이 코스로부터 윌리엄슨에 이르는 '내부조직의 경제학'과 '거래비용의 경제학'의 기본 발상이고, 그 내용의 검토를 통해 어떠한 거래에서 거래비용이 발생하는가, 어떠한 방법에 의해 거래비용이 삭감되는가를 검토했다.

물론 이와 같은 문제 설정 자체가 경제학 고유의 것이고, 현실의 기업은 더욱 다양한 측면을 포함하고 있다. 다만, 이와 같은 문제 설정에 의해 시장 자체는 상대화된다. 이는 시장기능을 저해하는 것을 의미하지는 않는다. 시장에서 시장기능의 불완전을 보완하는 것으로 조직이 형성된 것이고, 그러한 의미에서 경제는 시장과 조직의 두 가지 작용으로 성립되어 있다는 사실이 분명해진다.

다음으로 시장에서 거래비용의 발생과 삭감 메커니즘을 살펴보기 위해 거래의 구조를 명시했다. 그것은 ① 거래환경, ② 거래주체, ③ 거래관계로부터 구성되어, 그 각각은 ① 불확실성·복잡성·제한된 합리성, ② 기회주의·정보의 비대칭성, ③ 상호 의존성·투자의 거래 특수성이었다. 그리고 ①, ②, ③의 요인이 겹치는 거래에서는 거래비용이 발생하는 것을 보았다. 그렇다면, 거래비용을 삭감하기 위해서는 ①, ②, ③ 중의 어느 한 요인을 조절하면 된다.

이와 같은 관점에서 ①에 관해서 단기계약화를 선택하거나, ③에 대해서 거래 특수적 투자를 불필요하게 하는 선택은 거래비용에 대한 '시장적 해결'이다. 이에 비해 ③에 관한 거래 특수적 투자를 선택하고, ①에 대해 불완전 계약을 선택한 뒤에 ②에 대해 기회주의를 컨트롤하

는 것이 '조직적 해결'이라는 것을 알 수 있었다. 그리고 기회주의를
조절하는 방법에는 '규칙'과 '권한', 그리고 '협력'이 있다는 사실을 알
았다. 그 각각은 거래를 '통치(governance)'하는 메커니즘이 발생하여,
시장을 대신해서 거래를 조직하는 것은 거래를 거버넌스하는 것으로
귀착됨을 보았다.

시장거래의 조직화는 최종적으로 특정 기업의 용도에 특화된 자원을
확보하는 것으로 귀결된다. 여기에서 거래비용이 발생하기 때문에 그
같은 거래의 조직화가 필요하다. 그러한 의미에서 거래비용의 문제는
거래 특수적 투자가 산출한 생산효율성의 문제로 귀결된다. 그것을 조
직 퍼포먼스라고 한다면, 이를 위해서 거래를 조직화하기 위한 비용이
소요된다는 사실을 지적할 수 있다. 따라서 거래비용과 조직화 비용,
조직 퍼포먼스의 관계는 거래를 조직화하는 기업행동을 결정한다는 것
을 알았다.

마지막으로 거래비용의 삭감은 기업의 조직으로서의 기능만이 담당
하는 것은 아니라는 사실이다. 거래 그 자체로 스스로 이익을 창출하기
위한 상업과 유통업에서도 시장의 거래비용은 절약된다. 즉, 거래중개
업자가 존재하며, 거래비용의 삭감으로 스스로 이익을 추구하는 활동
이기도 하다. 그것은 상업과 유통업자만의 활동이 아닌, 일반적으로 시
장거래를 중개하고, 이에 따른 시장정보를 생산하는 중개기관의 기능에
의해 시장 자체가 조직화된다. 동시에 중개라고 하는 활동은 그 활동을
위해 스스로의 조직화를 필요로 한다. 이러한 의미에서 시장은 어디까
지나 거래를 조직화하는 기업의 존재를 빼놓을 수 없는 것이다.

이상, 도입부에서 기업에 관해 고찰해 보았다. 여기까지의 논의는 기
업의 기초이론이었다. 말할 필요도 없이 기업의 행동은 다양하다. 그것
은 산업의 차이와 규모의 차이만이 아닌, 나라마다의 차이에서도 관찰
된다. 이때, 기업을 거래조직화로서 파악하는 관점은 미시 수준에서 거
래의 모든 제도와 거시 수준에서의 경제 시스템을 파악하는 시점을 시

사한다. 즉, 기업을 단위로 해서 거래의 여러 제도와 그들 제도로 구성된 경제 시스템이 교차한다. 이와 같은 관점에서 다음 장에서는 먼저 '거래의 다발'로서의 기업을 사람과 관련한 노동거래의 측면에서 검토하고자 한다.

제2장
고용 시스템

　기업의 조직으로서의 존재는 무엇보다도 우선 기업을 구성하는 사람의 조직이라는 점이다. 즉, 사람·물재·자금 등 경영자원을 이용한 기업의 활동은 최종적으로 사람의 활동에 의존한다. 이 때문에 사람들의 활동을 얼마나 활성화시키고, 상호 조절해서 하나의 전체로 결합시킬 수있는가가 시장을 대신하는 노동거래의 조직화이다. 그리고 사람의 활동은 과업을 수행하는 능력에 달려있다. 이 때문에 업무 능력, 즉 기능을 어떻게 형성하고 평가하는가의 여부가 노동거래의 과제가 된다.

1. 고용 룰

1) 거래비용

(1) 거래의 구조

　우선 거래의 다발로서 기업을 노동거래라는 측면에서 살펴보도록 하자. 기업의 조직으로서의 존재는 무엇보다도, 사람의 조직이다. 사람·물재·자금 등 경영자원을 이용한 기업활동은 결과적으로 사람의 활동인 셈이다. 기업으로서 가장 중요한 지식과 정보를 창출하는 것도 역시 사람 활동의 결과이다. 따라서 기업의 성과는 사람의 활동을 얼마나 활

성화시키고 상호 조정해서 하나의 전체로서 결합시킬 수 있는가에 달
려있다.

　말할 것도 없이, 기업은 사람이라는 인적 자원을 거래를 통해서 획
득한다. 그렇다면, 그 시장거래에서는 어떠한 거래비용이 발생하는 것
일까. 그리고 거래비용을 삭감하기 위해 기업은 그러한 노동거래를 어
떻게 조직화해야 하는가가 문제이다.

　여기서 우선 노동거래의 거래구조를 살펴보도록 하자. 앞 장에서 살
펴본 바와 같이, 그 과정은 거래상대의 발견으로부터 시작해서 일의 내
용과 보수를 교섭하여 고용계약을 체결한다. 그리고 실행을 확인하고
그 성과를 조사한다. 만약 문제가 있다면 다시 재계약을 필요로 한다.
이와 같은 노동거래의 과정은 거래상대를 발견하기 위한 탐색과 정보비
용, 계약을 체결하기 위한 교섭과 의사결정 비용, 그리고 거래 실행의 감
시와 강제비용이 발생한다는 사실을 쉽게 알 수 있을 것이다. 그것은 ①
거래환경의 불확실성과 복잡성이 커질수록 ② 거래주체의 기회주의가
커질수록, 그리고 ③ 거래관계의 상호 의존성이 커질수록 거래비용은
증가한다.

　우선 ① 거래환경에 관해서는 장래의 불확실성과 거래의 복잡성 때
문에 일의 내용을 세세하게 고용계약에 명기하는 것은 곤란하다. 장래
의 일과 그에 따른 보수를 현재의 시점에서 계약에 명기하는 것은 제한
된 합리성 때문에 불가능하다는 것이다. 만약, 그렇지 않다면 금지적 비
용이 발생하게 된다. 마찬가지로 ② 거래주체에 대해서는 기회주의 때문
에 계약 교섭은 더더욱 비용을 발생시킨다. 혹은 그 전제로서 거래상대
를 발견하는 데 탐색비용과 정보비용이 소요된다. 기업의 입장에서 거
래상대로서 개인이 보유하는 기능과 능력을 정확하게 파악하는 것은
곤란하고, 마찬가지로 개인의 입장에서도 기업 내부에 대해서 정확히
파악하는 것은 곤란하다. 이는 곧 정보의 비대칭성으로 여기에서 개인과
기업 모두가 자신에게 유리하도록 기회주의적으로 행동할 수 있다는

것을 충분히 예상할 수 있다. 이를 저지하기 위해서는 탐색비용과 정보 비용을 필요로 한다. 게다가, 일의 실행을 확인하는 것도 쉽지만은 않다. 일의 실행은 최종적으로 개인의 노력과 의욕에 달려있는 이상, 일을 게을리 하는 것도 당연하다. 이를 저지하기 위해서는 역시 감독과 관리비용이 발생한다.

(2) 거래 특수적 투자

더욱이, 가장 중요한 거래비용은 ③ 거래관계의 상호 의존성과 관련해서 발생한다. 즉, 노동거래는 업무의 수행 능력과 기능의 거래이다. 이러한 이유로 기능을 형성시키기 위해서는 투자가 필요하다. 후술하겠지만 그 기능이 특정 기업의 용도로 특화된 것이라면, 이는 기업 특수적 기능(firm-specific skill)이라 하고, 이를 위한 투자가 거래 특수적 투자 혹은 관계 특수적 투자라 한다. 그 기능적 가치는 특정 기업과의 고용관계에서 실현되고, 적어도 타 기업에서는 그 가치가 감소하고 만다. 그리고 그 기능형성을 위한 훈련비용의 회수는 해당 고용관계에 의존한다. 이에 대해 다른 기업에도 동일하게 통용 가능한 기능을 일반기능(general skill)이라 한다. 일반기능은 기능의 가치 실현에서 혹은 훈련비용의 회수에서도 특정 기업과의 고용관계에 의존하지는 않는다. 따라서 기업 특수적 기능형성의 결과, 거래구조는 ③의 거래관계로서 상호 의존성을 강화시킨다. 그리고 여기에 ①의 거래환경의 불확실성과 복잡성의 요인, 그리고 ②의 거래주체의 기회주의적 요인이 겹친다면, 거래비용이 중요한 문제가 된다.

물론 이것은 가설적 상황이다. 다만, 이와 같은 노동의 시장거래를 가정함으로써 거래비용의 발생 상황을 명시할 수 있고, 거래비용의 삭감이라는 관점으로부터 기업의 조직으로서의 메커니즘을 이해할 수 있다. 그렇다면, 이와 같은 거래비용을 삭감하기 위해서 노동거래는 어떻게 조직화되는가. 그 결과 어떠한 노동조직이 형성되는 것일까. 혹은 어떤 고용 시스템이 형성되는 것일까.

2) 정규고용과 비정규고용

(1) 시장적 해결과 조직적 해결

앞 장의 논의를 통해, 거래비용의 문제에 대처하기 위해서는 두 가지 방법이 있다는 것을 알 수 있었다. 하나는 거래환경의 불확실성과 복잡성을 단기계약을 통해서 조절하거나, 거래관계의 상호 의존성을 거래 특수적 투자를 필요치 않는 형태로 조절하는 것이었다. 둘째는 거래 특수적 투자를 필요로 하기 때문에 장기계약을 선택해서 거래주체의 기회주의를 조절하는 방향이었다. 그리고 전자를 거래비용에 대한 시장적 해결, 후자를 조직적 해결이라 한다.

(2) 비정규고용

이것을 노동 거래에 비추어보면, 우선 거래비용에 대한 시장적 해결을 이른바 비정규(non-standard) 고용, 조직적 해결을 정규(standard) 고용이라 할 수 있다. 시장거래를 전제로 해서 거래비용을 삭감하기 위해서 조직화한다는 것이 지금까지 논의의 틀이었다. 그렇다면, 이와 같은 관점에서 노동의 시장거래는 비정규고용을 의미하고, 조직화는 정규고용을 의미하는 셈이다.

형식적으로 비정규고용은 기간을 정한 고용, 정규고용은 기간을 정하지 않은 고용을 의미하고 있다. 즉, 전자는 기간을 정해서 장래의 불확실성과 복잡성을 조절할 수 있다. 이로부터 조절 가능한 범위에서 기간을 선택할 수 있다. 그런 의미에서 비정규고용은 필연적으로 단기계약이 된다. 단기이기 때문에 일의 내용과 임금은 계약에 명기할 수 있고, 그 실행은 쉽게 확인할 수 있다. 이것이 노동의 시장거래이며, 구체적으로는 아르바이트나 파견노동 혹은 계약사원 형태의 노동거래이다.

앞서 지적한 것처럼, 시장적 해결은 거래 특수적 투자와 관계 특수
적 투자의 포기를 의미하는 것이다. 즉, 단기계약에 의해서는 투자비용
을 회수할 수 없기 때문이다. 그러므로 기업 측은 '시장적 해결'을 선
택하는 한, 기업 특수적 기능을 필요로 하지 않도록 생산조직으로 바꿀
필요가 있다. 즉, 업무의 표준화를 도모하고 다수의 대체적인 거래상대
와 고용이 가능하도록 생산조직을 바꿀 필요가 있다. 물론, 처음부터
기업 특수적 기능과 이를 위한 투자가 불필요하다면, 거래비용은 발생
하지 않고 노동의 시장거래가 성립한다. 즉, 거래구조로서 ③ 거래관계
의 상호 의존성이 결여됨으로써 노동의 시장거래가 성립한다.

물론, 기업 특수적 기능이 필요치 않다는 사실이 기능형성 그 자체
를 필요로 하지 않는다는 것을 의미하는 것은 아니다. 유기계약(有期契
約)의 형태를 취하는 일부의 전문직은 고도의 기술과 직업능력을 구비
하고 있다. 이는 특정 기업의 용도에 특화된 능력과 기술을 의미하는
것이 아니다. 직종과 직업별로 정의된 기능이라는 점에서 특정의 거래
관계, 즉 고용관계로부터 자유로울 수 있게 된다.

(3) 정규고용

이에 대해서 생산조직의 요청으로서 기업 특수적 기능을 필요로 하
는 한, 단기계약에 근거한 '시장적 해결' 방법을 선택할 수는 없다. 결
국, 장기계약을 선택하게 되지만 기간이 표시되지는 않는다. 기간을 정
하지 않는다는 의미에서 '장기'이며, 이것이 정규고용이다. 장기계약은
장래의 업무와 임금을 계약에 명기한다는 것은 있을 수 없다. 이를 위
해서는 금지적 거래비용이 발생한다. 그리고 그러한 의미에서 거래비
용의 삭감 방법이 불완전계약의 선택이었다.[1] 즉, 정규고용의 고용계약

---

1) 단지, 업무 그 자체를 명시하는 것은 가능하다. 특히, 미국 기업은 상세한 직
   무 기술서(job description)를 갖추고 있다고 알려져 있다. 하지만 이것과 고용
   계약에 장래의 업무를 명시하는 것과는 전혀 다른 것이다.

에는 앞으로의 업무 내용과 임금은 명기되지 않는다. 이는 사후에 결정되는 것이다. 이로 인해 장기적인 거래는 그 사전 과정에 관한 거래비용을 회피할 수 있다.

다른 관점에서 말한다면, 기간을 정하지 않은 계약은 그 기간이 사후적으로 결정됨으로써 고용관계가 종료됨을 의미한다. 즉, 해고를 의미하는 것으로 이런 의미에서 볼 때, 기간 결정이 어떻게 이루어질 것인지 기간을 명시하지 않은 계약이 성립하기 위한 중요한 조건이 된다.

(4) 사후적 기회주의

이는 장래의 업무와 임금, 그리고 승진에 대해서도 적용할 수 있다. 이것들은 사후에 결정되는 것이지만, 앞 장에서 지적한 것처럼 만약 그뿐이라면, 이는 너무나도 '불완전'한 계약인 셈이다. 설령, 사후적인 교섭에 기초한다고는 하더라도, 사후 교섭에서 일반적으로 기업 측이 우위에 설 수 있기 때문이다. 만약, 기업 측이 해고를 무기로 임금의 인하를 요구하는 기회주의적 행동을 취한다면, 개인은 이에 대항하기가 어렵다. 개인에게 이직이라는 대항 수단이 있다고는 해도 이는 다른 하나의 조건, 즉 거래 특수적 투자에 의해 제약된다. 결국, 기능의 기업 특수성 때문에 해당 기업을 떠나서 새로운 고용을 찾는 것은 곤란하다.

물론, 기업 측의 기회주의만이 있는 것은 아니다. 업무를 게을리 하거나, 자신의 업적을 속이거나, 업무를 통해서 자신의 편의를 추구하는 개인의 기회주의도 있다. 따라서 정규고용은 이러한 기업과 종업원 쌍방의 사후적 기회주의를 어떻게 조절하는가가 과제이다. 이것이 거래비용의 '조직적 해결'이다. 그리고 앞 장에서는 기회주의를 조절하는 메커니즘으로 '권한'과 '룰,' 그리고 '협력'이 있다는 점을 지적했다. 그렇다면, 이들은 구체적으로 어떤 메커니즘을 통해 노동거래를 거버넌스(통치)하는 것일까.

3) 고용자의 권한

(1) 무관심권

노동거래 혹은 고용계약의 가장 큰 특징은 고용된 종업원이 일정 범위 내에서 고용자의 권한에 따른다고 합의한다는 점이다. 이미 사이먼은 이러한 범위를 무관심권(zone of indifference)이라 정의했다(Simon, 1945). 즉, 고용된 종업원에 대한 업무의 배치는 고용자의 권한에 의해 결정되지만, 이러한 고용자의 권한에 따른다는 점은 고용계약에 합의되어 있다. 따라서 기업은 필요에 따라 직무를 편성할 수 있다. 앞서 본 것처럼, 코스의 논의에서도 시장의 가격 메커니즘을 대신하는 거래의 조직화로서 지적된 것은 장기계약과 고용자의 권한이었다. 이 권한에 의해 시장계약 시마다 발생하는 거래비용이 삭감될 뿐만 아니라 거래환경의 변화에 따라 고용된 종업원의 적절한 내부 배치도 가능하게 된다.

고용자의 권한은 종업원의 직무 결정만이 아니라 종업원의 능력 심사와 업적평가, 보수와 승진의 결정 그리고 해고에 이르기까지 고용 관계의 전반에 걸쳐 있다고 할 수 있다. 물론, 그 과정에는 당사자 간의 교섭이 있다. 그러나 최종적인 결정은 역시 고용자의 권한이다. 물론, 권한은 톱 경영자가 독점하는 것은 아니다. 그것은 상급관리자로부터 중간관리자 그리고 현장 관리자로 순차적으로 이양된다. 요컨대 히에라르키의 형성으로, 이 조직의 형성을 위한 의사결정의 집중과 정보 집중이 꾀해진다. 만약, 이대로 권한이 실현된다면 생산조직의 효율적인 운영은 확실히 가능하게 된다. 이것이 시장을 대신해서 거래를 조직화하는 경제적 효율성이다.

(2) 불완전 계약

불완전 계약의 관점에서는 '불완전'이 고용자의 권한에 의해 메워질 수 있다는 것을 의미한다. 불완전이란 계약에서 '공백'을 확실히 메울 수 있는 것이 고용자의 권한이다. 다만, 권한의 범위가 계약에 명시되어 있는 것이 아니라는 것이다. 이러한 의미에서도 고용계약은 역시 '불완전'하게 된다.

또한, 동시에 이로부터 고용자의 기회주의 문제가 발생한다. 예를 들어 그 범위를 '무관심권'이라고 해도, 고용자의 권한이 어떻게 행사되는지에 대해서까지도 '무관심'일 수는 없다. 이는 고용자의 기회주의 혹은 권한의 남용이라 간주할 수 있을지도 모른다. 혹은 '무관심권'으로 암묵적으로 합의된 범위를 넘어서는 권한이 행사된다면 그것은 부당하다고 볼 수 있을지도 모른다. 하지만, 고용계약에는 고용자의 권한 범위를 확정하는 경우는 없다.[2]

(3) 권한 행사의 거버넌스

일반화시켜 보면, '무관심권'이라는 형태로 고용자의 권한이 제도화되는 한 불완전 계약은 효율적일 수 있다. 문제는 그 범위가 명시될 수 없다는 점이다. 그것은 암묵적으로 합의된 것이라고는 해도, 그렇기 때문에 그 범위를 넘어서는 권한 행사를 저지하는 것은 곤란하다. 이는 고용자의 의도적인 기회주의적 행동과 자의적 행동 때문만은 아니다. 고용자의 권한이 제도화된 이상 오히려 효율성이 요구된다. 또는 '경영의 자유'로서 권한의 행사가 주장되는 경우도 있다.

문제는 고용자의 권한 행사를 조절하는 메커니즘이 존재하지 않는다는 점이다. 그 결과, 현실의 권한 행사가 고용자의 기회주의로 간주되거나 권한 남용으로 간주될 가능성도 배제할 수 없다. 그 결과, 권한을 둘러싼 대립상황이 발생하는 것도 피할 수 없게 된다. 만약, 이러한 상

---

2) 이를 보완하는 것으로 노동협약과 취업 룰이 있다. 이는 고용자의 권한 범위를 명시하고, 이로 인해 고용자의 권한을 한정함과 동시에 고용자의 권한을 정당화하는 것으로 볼 수 있다. 다만, 집단으로서 협약이므로, 여기에서 문제로 하는 개인별 계약 문제와는 대비되는 것이다.

황에서 고용자가 권한을 행사한다고 해도 이는 이미 생산조직의 효율성으로 이어지는 것은 아니다. 오히려 종업원의 저항을 촉발시켜 종업원의 노동의욕을 삭감시킬 뿐이다.

이처럼 '무관심권' 형태로 고용자의 권한을 제도화함으로써 불완전계약은 생산효율을 실현하는 제도가 된다. 동시에 그 범위를 확정할 수 없음으로 인해서 불완전 계약이 비효율성에 처할 가능성도 있다. 그렇다면, 불완전 계약이 생산효율성을 달성하기 위해서는 고용자의 권한을 조절하는 메커니즘을 필요로 한다. 즉, 불완전 계약에 기초한 노동거래는 고용자의 권한을 제도화함과 동시에 그러한 권한 행사를 거버넌스하는 메커니즘을 필요로 한다. 이것이 **고용의 룰**과 관행이다.

4) 고용 룰

(1) 결정의 룰

지금까지의 논의는 ① 불완전 계약에 의해 거래비용이 삭감된다. ② '불완전'은 고용자의 권한에 의해 해결된다. ③ 이로 인해 생산조직의 효율성이 실현된다는 것이었다. 하지만 이것뿐이라면 고용계약은 개인에게 위험이 너무나 크다. 거기에는 고용자의 권한 행사가 기회주의화하는 것을 조절할 수단은 아무것도 없다. 설령, 그 범위가 암묵적으로 합의된다 할지라도 그 합의를 넘어서 고용자의 권한을 저지하는 것은 곤란하다. 하물며, 이와 같은 계약을 개인은 받아들일 수 있을까.

확실히 불완전 계약의 의미는 계약 당시 장래의 결정은 알 수 없다는 것이다. 하지만 이는 앞으로도 어떻게 결정될 것인지도 모른다는 것까지 의미하는 것은 아니다. 만약 그렇다면, 그것은 너무나도 '불완전'한 것이다. 따라서 어떠한 기준과 수속에 의해 결정될 것인지 하는 결정 방법에 대해서는 알 수 있다. 만약 그것마저도 알 수 없다면, 불완전계약 그 자체가 성립할 수 없다. 그리고 이와 같은 결정 방법을 제도화하는 것이 고용의 룰과 관행이고, 이른바 게임 룰이라는 것이다.

물론, 이는 공식적으로 명시된 룰만을 말하는 것은 아니다. 그 대부분은 비공식적 관행이고, 이렇게 해서 고용의 제도와 관행이 성립한다. 즉, 어떤 기준에 따라 임금이 결정되는가, 어떤 방식으로 승진과 승급이 결정되는가, 그리고 어떠한 수속과 기준에 따라 해고와 고용조정이 이루어지는가가 규칙화된다. 물론, 룰에 따르는 것은 이로 인해 개개인의 결정 자체가 확정되는 것은 아니다. 룰에는 결정을 위한 기준과 수속으로서의 룰이 있다. 그 위에 승진과 승급을 목표로 하는 개인의 행동이 있고, 교섭과 계략, 그리고 조정이 있다. 그리고 최종적으로는 고용자의 권한에 기초하여 결정된다. 다만, 적어도 룰에 따름으로써 그것이 고용자의 자의적 결정이나 일방적 결정을 저지할 수 있다. 이러한 의미에서 룰과 관행의 존재를 전제로 해서 불완전 계약이 성립한다.

(2) 암묵적 계약

이처럼 불완전 계약은 한편으로 고용자의 권한을 제도화함과 동시에 다른 한편으로는 고용자의 권한이 기회주의화하는 것을 저지하는 룰을 제도화한다. 물론 기존의 룰과 관행을 파기하거나 변경하는 고용자의 행동도 존재한다. 그것은 고용환경의 변화에 따라서 불가피하다고 할 수도 있다. 다만, 만약 그것이 고용자의 기회주의라고 한다면 고용관계는 대립적 상황이 불가피하다. 만약 이와 같은 기회주의가 일상화한다면 불완전 계약과 이에 준하는 고용관계 자체가 성립할 수 없다.

룰과 관행을 겸한 거래는 일반적으로 암묵적 계약(implicit contract)이라 한다. 즉, 거래는 장래의 기대에 기초하고 있다는 것이다. 물론, 기대의 실현이 보증되어 있는 것은 아니다. 그것은 '암묵의 기대'인 것이다. 다만, 그 실현이 장래의 결정에 따르는 것뿐이라면 기대 그 자체가 성립하지 않는다. 그 결정이 어떠한 룰에 따르고 있는지가 암묵적으로 합의됨으로써 장래를 기대할 수 있는 것이다. 이러한 의미에서 암묵의 기대는 암묵의 룰에 근거하고 있다. 만약, 이러한 룰과 관행이 부정된다면 장래를 기대하는 근거 자체가 없어지고 만다.

사실 이와 같은 룰과 관행은 나라마다 그 차이가 현저하다. 즉, 임금의 룰과 승진의 룰, 그리고 해고의 룰에서 나라들 간의 차이가 있다. 그리고 이와 같은 고용 룰이 각국의 고용 시스템을 형성한다. 이상의 관점에서 각국 고용 시스템의 비교가 가능하게 된다.3)

(3) 협력의 조직화

나아가, 기회주의를 조절하는 것은 이와 같은 룰과 관행만은 아니다. 이들과 더불어 협력이 있다. 기회주의를 룰에 의해 억제하는 것이 거래를 거버넌스하는 방향이라면, 다른 한편으로 협력을 조직화해서 거래를 거버넌스하는 방향도 있다. 특히, 노동거래는 실현하는 업무의 성과와 일을 행하는 종업원의 의욕과 동기에 달려있다. 이는 고용자의 권한으로 명령할 수 있는 것도 아니고, 룰에 따라 자동적으로 실현될 수 있는 것도 아니다. 이를 위해 종업원의 협력과 조직화가 필요하다. 이로 인해 고용자의 권한과 고용 룰에 의해 실현되는 레벨을 넘어서는 생산효율성의 실현이 협력관계 조직화의 근거이다. 그렇다면, 협력은 어떻게 조직화되는 것일까.

※ Good job과 **고용관료제**: 고용 룰과 관행은 적어도 그 자체로는 해당 고용관계에 대해 시장경쟁의 압력이 직접적으로 작용하는 것을 저지하는 것을 의미하고 있다. 즉, 임금과 고용결정은 그때그때 시장의 수급관계에 따라 변동하는 것이 아니라 조정 그 자체가 룰로 규정된다. 이와 같은 고용이 **good job**과 양호한 고용기회라 한다.

---

3) 게임 이론은 이와 같은 룰과 관행 자체를 게임 플레이어의 행동으로부터의 균형해(均衡解)로 해석한다. 단지, 플레이어에 대해 지정된 이득 상황은 그 자체가 실제로 존재하는 제도와 관행을 암묵적으로 전제로 하고 있다는 것이다.

이는 경쟁시장의 가격 메커니즘 관점에서 보면, 노동자원의 이용과 배분에 관한 비효율을 의미하고 있다. 하지만, 지금까지 논한 바와 같이 노동거래를 조직화한 결과, 시장거래를 통해 실현되는 것보다도 높은 생산효율성이 달성된다는 점에서 고용 룰과 관행을 제도화하는 근거가 된다. 그것은 시장경쟁 압력을 완화해서 고용의 안정과 상대적으로 높은 임금이 실현되기 때문만은 아니다. 임금과 승진 룰에 의해 기업 내부의 개인 간 경쟁압력을 완화하거나, 억제할 수 있다. 이로 인해 경쟁압력을 이용해서 고용자의 기회주의를 조절할 수 있게 된다. 이와 같은 고용 룰에 의해 고용자의 자의적 권한을 규제한 고용관계의 형성을 자코비는 **고용관료제**(employment bureaucracy)로 개념화시켰다(Jacoby, 1985).

다만, 여기서는 고용관계에서의 집단 룰이라는 것이다. 이에 비해 고용관계의 개별화가 진행되고 있다. 성과주의로 대표되듯이 개인마다의 업적평가에 근거한 임금과 승진의 결정은 개별 교섭만으로 이루어진다. 개별 교섭에서 기업 측이 우위에 선다는 것이 명백한 이상, 기회주의 문제가 발생하는 것도 불가피하다. 이러한 의미에서 개별 교섭에 관한 룰이 필요한 것이다.

5) 협력의 조직화

(1) 경직적 룰의 비효율

지금까지의 논의를 정리해 보면, ① 고용계약은 고용자의 권한의 제도화를 통해 생산조직의 효율성을 실현한다. ② 이를 위해서는 고용자의 기회주의를 조절할 필요가 있다. ③ 기회주의의 조절을 위해서는 임금과 승진, 그리고 해고에 관한 룰과 관행이 제도화되어야 한다는 것이다. 이때 고용관계의 룰과 관행은 고용자의 권한을 제약한다는 것을 의미한다. 이에 대해 그 제약을 넓히는 것 또한 풀어야 할 과제이다. '무관심권'의 관점에서 제약의 범위를 한정하는 것이 종업원의 요구였던 것에 비해 그 범위를 확대하는 것이 기업 측의 과제이다. 이를 위해 종업원의 협력을 조직화할 필요가 있다.

다른 관점에서, 고용자의 기회주의 억제를 룰에만 의존하려 한다면 룰은 경직화되기 쉽다. 그 대표적인 예가 미국의 공장노동에서의 선임권 룰이다. 이는 승진과 레이오프(layoff)의 결정이 고용자의 자의로 일방적으로 이루어지는 것을 저지하기 위해 종업원 측이 재직연수라고 하는 객관적 기준으로 할 것을 요구했다. 즉, 좀더 상위의 직무로 승진하는 것은 재직연수가 긴 순서로, 반대로 레이오프는 재직연수가 짧은 순서로 이루어진다는 식으로 승진과 레이오프가 자동적인 결정되도록 한 것이다. 이로 인해 확실히 고용자에 의한 차별과 자의적인 결정은 저지되었지만, 그 결과 능력평가 자체가 부정되었다. 나아가, 선임권을 지키기 위해서는 그 단위가 되는 직무의 변경과 이동을 거부하는 것이 종업원의 일상적인 행동이 되었다. 즉, 직무편성은 경직되고, 생산조직은 비효율성에 직면한 것이다.

(2) 조직 커미트먼트

이처럼 기회주의의 억제를 룰에만 의지하는 것은 룰의 적용을 경직화시키고, 룰에 근거한 생산조직의 운영마저도 경직화시킨다. 이것이 1980년대 미국의 고용 시스템이 직면한 문제였다. 여기에서 생산조직의 유연성과 양립하는 고용의 룰은 무엇인가라는 문제가 대두되었다. 이와 같은 관점에서 발견된 것이 일본 기업의 임금과 승진 룰이었다. 일본 기업의 고용 룰에 관한 논의는 다음 장에서 살펴보기로 하고 여기서는 '협력'에 대해 검토해 보자. 즉, 업무의 배치와 임금의 결정, 승진의 결정에 관한 룰이 생산조직의 유연성과 양립하거나, 유연성을 촉진하는 룰이기 위해서는 룰에 따라 실제로 직무의 변경을 수용하고 새롭게 습득하는 종업원의 행동을 필요로 한다.

이와 같은 협력은 계약으로 명시되지도 않고, '무관심권'으로서 자동적으로 주어지지도 않는다. 그것은 시장계약에서 가정될 수 있는 레벨을 넘어서는 조직활동에 대한 종업원의 적극적인 관여라는 것으로,

이른바 **조직 커미트먼트**(organizational commitment)라 한다.

이러한 조직 커미트먼트의 존재는 일본적 고용관계의 특징으로 자주 지적되어 왔다. 일본 기업의 집단주의와 기업 충성심의 상징으로 해석되는 경우도 있다. 하지만, 이는 잘못된 생각으로 오히려 종업원의 행동자체가 조직화되는 것이고, 이를 위해서는 협력을 이끌어내기 위한 인센티브가 조직화되어야 한다. 반대로 협력의 조직화가 곤란한 경우에는 협력을 필요치 않는 고용 룰의 조직화가 필요하다.[4]

(3) 커미트먼트의 교환

앞서 살펴본 암묵적 계약의 관점에서 종업원의 조직 커미트먼트는 해당 고용관계에 대한 기대에 기초하고 있다고 간주할 수 있다. 기대의 실현, 또는 실현의 기대가 계약으로 명시된 레벨을 넘어선 커미트먼트를 발생시킨다고 생각할 수 있다. 그렇다면, 기대와 기대에 부응하는 기업 측의 커미트먼트가 필요하게 된다. 결국, 기업 측의 커미트먼트가 확신할 수 있는 범위 내에서 종업원의 조직 커미트먼트를 이끌어낼 수 있다. 이러한 의미에서 고용관계는 기업과 종업원 쌍방의 **커미트먼트 교환**(exchange of commitment) 관계가 된다.

이와 같은 관계를 설명하기 위해서 **관계적 계약**(relational contract)과 **의무적 계약**(obligational contract) 또는 **사회적 교환**(social exchange)이라는 개념이 사용되어 왔다. 또는, 기대라는 종업원의 심리적 요인에 고용관계가 의존한다는 의미에서 **심리적 계약**(psychological contract)이라

---

4) 제1장에서 지적한 바와 같이, 커먼즈는 거래를 trans-action으로 개념화시켜, 거래를 통한 관계가 구축된다는 점, 이를 위해서는 거래에서 '행동의 룰(working rule)'이 필요하다는 점을 지적했다. 그렇다면, 관계를 구축하는 룰인지 아니면 오히려 관계의 구축을 방해하는 룰인지가 문제가 된다. 관계가 상호의 기대에 기초하고 있는 이상, 관계의 구축을 위해서는 서로의 기대를 조정하는 룰일 필요가 있다.

는 개념이 사용되는 경우도 있었다. 이들은 고용계약이 '매매계약(sales contract)'과는 다르다는 것을 표현하고자 하는 것이다. 즉, 종업원의 기대에 대한 기업 측의 커미트먼트는 종업원 행동에 대한 기업의 기대에 기초하고 있다는 점이다. 이 기대가 충족됨에 따라 기업 측의 커미트먼트가 작동한다. 그렇게 되면 기업 측의 커미트먼트에 대해 그 기대에 응하는 종업원의 행동은 '의무'가 된다. 마찬가지로, 종업원 측의 커미트먼트에 대해 그 기대에 부응하는 기업의 행동도 '의무'가 된다. 이러한 의미에서 커미트먼트의 교환은 상호 기대와 의무의 교환이 된다.

(4) 정규고용의 조직화

이와 같이 고용관계에서 협력관계를 파악하기 위해서 여러 개념이 개발되어 왔다. 이들 다수는 일본 기업 시스템의 연구를 통해 발견되었다. 이처럼 일본 기업 시스템의 특징은 고용관계만이 아니라 기업 간 관계와 금융관계를 포함하는 거래 당사자 쌍방의 높은 레벨의 커미트먼트 교환에 있다고 여겨진다. 단, 여기서 주의해야 할 점은 이 같은 관계 자체가 의도적으로 조직화되는 것이 아니라는 것이다. 이러한 의미에서 이른바 '일본형'이라는 특징이 처음부터 존재했던 것은 아니라는 것이다. 또한, 집단주의와 기업의 충성심에 의해 협력관계가 구축되었던 것도 아니다. 설령, 기업의 충성심을 인정한다고 해도 그 같은 관계 자체가 조직화되는 과정에서 조직화를 위한 조직화 비용이 필요하다는 점이다. 즉, 종업원의 커미트먼트에 대해서 기업 측은 서로 합의된 커미트먼트를 요구받는다. 만약, 그 비용이 증가하거나 협력관계가 발생시킨 조직 퍼포먼스가 저하한다면 기존의 조직화는 변경되어야만 한다. 다음 장에서 살펴보겠지만, 이와 같은 점이 현재 일본 고용 시스템이 직면하고 있는 문제이기도 하다.

이상과 같이, 노동거래는 고용자의 권한과 고용 룰에 의해, 그리고 협력관계에 의해서 거버넌스된다. 이들 각각이 어떻게 조직화되는가에

의해 고용 시스템의 차이가 발생한다. 이처럼 조직화된 고용을 '정규'
라 하고, 조직화되지 않은 고용을 '비정규'라 한다. 후자는 시장의 가
격 메커니즘에 의해 거버넌스되는 고용이고, 그것이 '시장'형 고용 시
스템이다. 그러한 의미에서 '거래의 다발'로서 기업은 정규와 비정규고
용으로 성립되어 있다. 그렇다면, 일본의 고용 시스템은 어떻게 정규와
비정규로 성립되는 노동관계를 조직화하는가.

2. 기능형성

1) 정규고용의 생산효율

(1) 왜 정규고용인가

　고용에 관한 거래비용의 '시장적 해결'과 '조직적 해결'에 의해서 정
규고용과 비정규고용이 구별된다는 것을 알았다. 그 이유 가운데 하나
는 거래환경의 불확실성과 복잡성이다. 여기서 발생하는 거래비용에
대해 단기계약으로 대처할지, 불완전 계약으로 대처할지에 따라 비정
규고용과 정규고용을 구분할 수 있었다. 그리고 후자의 선택은 거래 특
수적 투자의 필요에 기초하고 있다. 즉, 해당 기업의 용도에 특화된 기
능형성의 필요이고, 이와 같은 기능을 필요로 하는 한 정규고용 형태로
노동거래의 조직화가 요구된다.

　물론, 정규고용의 형태는 기업 특수적 기능 때문만은 아니다. 다음에
서 살펴보는 것처럼 기능의 기업 특수성 그 자체는 상대적인 개념이고,
본질적인 문제는 기능형성의 시스템을 기업이 조직화할 수 있는지 여
부에 달려있다. 이로 인해서 훈련비용을 기업이 부담하는 한 그 회수를
위해서는 정규고용으로서의 조직화가 필요하다. 반대로 개인에 의해서
기능형성이 전개된다면, 정규고용의 조직화가 반드시 필요한 것은 아

니다. 그 전형이 유기계약(有期契約) 형태의 전문직 고용이다.

(2) 비정규고용으로의 대체

한편, 비정규고용의 형태가 선택되는 것도 단기계약에 의한 장래의 불확실성과 거래의 복잡성 문제를 해결하려는 의도만은 아니다. 정규고용과 비정규고용을 구별하는 또 다른 한 가지 이유는 단적으로 노동비용의 차이에 있다. 한 가지는 **임금비용의 차이**이고, 다른 하나는 **조직화 비용의 차이**이다. 전자에 대해서, 특히 일본에서는 정사원과 파트타이머 사이의 임금 격차를 지적할 수 있다.[5] 한편, 정규고용은 임금 룰과 승진 룰에 따라 비용이 발생한다. 그리고 해고 룰에 따르는 비용과 사회보장제도와 관련한 비용 부담도 발생한다.[6] 이에 대해서 비정규고용은 이와 같은 비용을 회피할 수 있다는 의미에서 더 저렴한 고용일 수 있다. 특히, 해고를 계약의 종료라는 형태로 대응할 수 있다. 그리고 거래환경의 불확실성과 복잡성은 더욱더 높아지고, 비정규고용에 대한 규제는 철폐되는 경향이다. 그렇게 되면, 조직화 비용의 절약으로 비정규고용의 영역이 확대되는 것도 피할 수 없을 것이다.

그렇다면, 정규고용은 비정규고용으로 바뀔 수 있을 것인가. <그림

---

5) 지금까지는 속성과 직무를 조절한 후의 격차는 큰 폭으로 저하한다는 점이 지적되어 왔다. 이에 대해 유통 서비스업에서 파트타임의 고용 증대와 함께 유사 혹은 동일한 업무에 대해서 정사원과 파트타이머 간의 임금 격차가 크다는 점도 지적되었다. 이것이 이른바 '균등대우'의 문제이다.

6) 기업 부담의 사회보장비는 사회보험 방식의 나라에서 높아지고, 과세방식의 나라에서는 낮아진다. 전자의 대표적인 나라로서는 독일·프랑스·스웨덴이 있고, 후자에는 덴마크가 있다. 일본과 미국은 그 중간적인 형태이지만, 기업 부담의 종업원 복지는 일본 기업보다도 미국 기업이 크다고 할 수 있겠다(宮本光晴, 2002). 제1장의 '복지자본주의' 칼럼에서 지적한 바와 같이, 미국 기업은 공적인 사회보장에 대해서 억제를 주장함과 동시에 그 대가로 사적인 기업연금과 단체의료 보험에 대한 기업지출을 늘리고 있다.

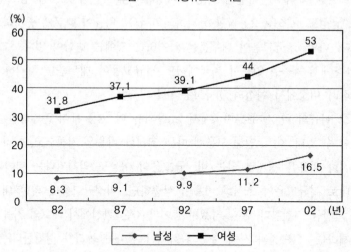

<그림 2-1> 비정규고용 비율

주: 임원은 제외.
자료: 「就業構造基本調査」.

<표 2-1> 고용형태

일본(2002년: %)

	정사원	파트	아르바이트	파견	계약·촉탁	그 외
남성	83.5	2.1	7.2	0.7	4.5	1.9
여성	47.0	33.3	9.9	2.4	5.4	1.9

미국(1997년: %)

	정사원	임시	파트	파견	독립계약	자영
남성	70.7	4.7	7.5	2.6	8.4	6.0
	(75.2)	(5.0)	(8.0)	(2.8)	(8.9)	(－)
여생	62.3	4.4	21.9	2.1	4.8	4.3
	(65.1)	(4.7)	(22.9)	(2.2)	(5.0)	(－)

자료: 일본: 「就業構造基本調査」(2002). 비농림 자영업·민간기업의 임원을 제외.

미국: Kalleberg(1999) 하단은 자영을 제외한 수치임.

임시: short-term temporary, day labor, on call.

파트: regular part-time.

파견: temporary help agency, contract company.

독립계약: independent contractor(self empolyed).

2-1>에서와 같이, 확실히 여성은 비정규고용 비율의 50%를 넘고 있다. 남성도 요즈음 고용상황이 악화되면서 그 비율이 빠르게 증가하고 있다. 다만, 정규고용이 대부분을 차지하는 것에는 변함이 없다. <표 2-1>에서 볼 수 있듯이 미국에서도 정규고용이 대부분을 차지하고, 오히려 미국에서 여성의 정규고용 비율이 높다.[7)]

그 이유의 한 가지로 미국에서 '고용자유'의 고용 룰이 존재함을 지적할 수 있다. 이로 인해 고용에 따른 조직화 비용은 저하되고, 따라서 조직화 비용을 평계로 하는 비정규고용의 이용도 억제된다는 것이다. 반대로 정규고용의 조직화 비용이 상승하면, 비정규고용에 의한 대체가 그만큼 진전한다. 후술 하겠지만 이와 같은 관점에서 해고의 자유를 억제하는 고용 룰과 사법 룰을 완화해야 한다는 논리가 성립한다. 또한, 정규와 비정규의 구별 자체를 폐지해야 한다는 의견도 있을 수 있다. 실제로 정규와 비정규의 구별 자체를 없앤다고 한다면 조직화 비용을 둘러싼 격차는 존재하지 않는다. 정규고용에 대한 다양한 고용 룰을 폐지한다면 이 두 가지는 확실히 '균등'하게 된다.

(3) 정규고용의 조직화 이유

하지만, 지금까지의 논의가 제시한 것은 정규와 비정규의 구별은 제도로서 전제된 것이 아니라 노동의 시장거래 조직화의 결과라는 것이다. 노동의 시장거래라는 의미에서는 비정규고용이 전제된 것이고 거기에서 시장 거래 조직화의 결과로서 정규고용의 제도화가 도출된다. 이것이 거래비용 관점에서 본 정규고용과 비정규고용의 구별이다. 따라서 문제는 비정규고용의 증대 여부보다는 오히려 정규고용으로서의

---

7) 미국의 특징으로 남성은 독립계약자(independent contractor)의 형태가 많다는 점을 지적할 수 있다. 예를 들어, 구조조정된 IT 기술자가 이른바 SOHO의 형태로서 IT 관련의 업무를 개인 계약으로 하청을 받은 고용의 형태라 할 수 있다. 이 업무는 높은 레벨의 업무이면서 보수도 높다고 한다.

노동거래의 조직화가 불필요하게 되는가의 여부에 달려있다. 그리고 왜 정규고용의 형태에서 노동거래가 조직화되는가에 있고, 그 이유는 노동거래 비용의 삭감과 동시에 노동거래의 조직화를 통한 생산조직의 효율성에 있다. 즉, 생산조직의 효율성이 노동의 시장거래를 통해서 실현되지 못한다는 것이 정규고용 조직화의 근거이다. 이러한 의미에서 정규고용이 비정규고용으로 대체될 수는 없는 것이다. 만약, 그러한 사실이 가능하다고 하면, 정규고용의 조직화를 통한 생산조직의 효율성 저하나 조직화 비용의 증대 또는 이 두 가지 때문이라고 할 수 있다. 사실 이 점이 일본 고용 시스템의 문제이다.

그렇다면, 정규고용의 조직화에 의한 생산효율성이란 무엇일까. 이를 기능형성과 생산조직의 두 가지 측면으로 살펴볼 수 있다. 생산조직의 효율성은 종업원의 능력에 의존한다는 점은 두말할 필요도 없다. 그것은 업무에 대한 능력, 즉 기능이 어떻게 형성되고 어떻게 발휘되는가에 달려있다. 그것은 고용자의 권한이 아닌 종업원의 의욕과 동기에 의존한다. 따라서 어떻게 효과적으로 기능을 형성하고 발휘시킬 것인가, 이를 위해서 어떻게 임금과 승진, 그리고 훈련 시스템을 형성할 것인가 하는 점이 생산조직의 과제이다. 이러한 의미에서 기능형성과 생산조직의 형태는 동일한 문제이다. 여기서 우선 기능형성의 문제를 살펴보도록 하자.

2) 두 가지 기능형성

(1) '만들' 것인가, '살' 것인가

고용한 노동이 실현하는 생산효율성이 그 기능에 좌우되는 것은 두말할 필요도 없다. 문제는 이 기능이 어떻게 형성되는가에 있다. 앞서 지적한 것처럼 기능형성은 개념으로서 기업 특수적 기능과 일반기능의 형성으로 구별된다. 그것은 또한 기능형성이 특정 기업과의 고용관계

를 통해 형성되는지, 아니면 특정 고용관계와는 무관하게 형성되는지
의 차이이기도 하다. 전자는 기업 내부에서 업무에 필요하다고 여겨지
는 기능의 형성이고, 이것이 업무를 통해서 훈련되는 OJT(on the job
training)이다. 그렇다면, 각각의 업무는 그 특정 기업의 고유한 것인 이
상, 그 기능은 어느 정도는 기업 고유의 것이다. 이것이 기업 특수적
기능의 형성이다. 이에 비해 후자의 기능형성은 특정 기업과 고용관계
와는 무관한 의미에서 일반기능의 형성이다.

　이와 같은 기능형성의 차이는 고용에 앞서 기능형성이 이루어졌는지,
아니면 고용 후에 이루어졌는지의 차이로 이해할 수 있다. 기업에서 전
자는 특정의 업무를 수행하는 기능과 능력 소유자의 고용을 의미하고
있다. 그 기능은 특정의 업무에 대해서는 고유하다고 해도 특정 기업과
는 별개의 것이라는 의미에서 일반기능의 성격을 갖는다. 다음에서 볼
수 있는 것처럼 이를 위해서는 기업 외부의 기능형성 시스템을 조직화
하는 것을 필요로 한다. 이에 비해 후자는 기업이 필요로 하는 기능의
소유자가 아닌 오히려 비소유자의 고용을 전제로 한다. 그 전형적인 예
가 일본 기업이 신규 졸업자를 채용하는 것이다. 인문계는 교육 내용을
문제시하는 일은 거의 없다. 따라서 신규로 고용한 종업원에게는 기업
의 내부훈련을 통해서 기능형성을 꾀하는 것이 필요하다. 이에 비해 중
도채용은 일본 기업에서도 개인의 경력과 경험을 요구한다.

　다른 관점에서 보면, 양자의 차이는 기업이 필요로 하는 노동자원을
만들 것인지(make), 살 것인지(buy)의 차이이기도 하다. '만든다'는 선택
을 위해서는 고용 후 기업의 내부훈련 시스템의 제도화가 필요하다. 그
것은 기업의 필요에 따른 기능형성이라는 의미에서 기업 특수적 기능
형성이다. 이에 비해 '산다'는 선택을 위해서는 기업 외부에 기능 풀이
존재해야만 한다. 결국, 특정 기업의 필요와 동떨어져 있다는 의미에서
일반 기능 풀이고, 이와 같은 기능 풀이 어떻게 주어지는가에 의해 '산
다'라고 하는 행동도 달라진다. 다음 절에서 살펴보겠지만, 한편으로는

일반 기능 풀 자체를 기업이 '만드는' 시스템이 있다. 그리고 이 풀로부터 '산다'는 행동이 가능하게 되는 것이다. 이에 비해 한편으로는 다른 기업의 인재를 고용하는 '산다'는 시스템도 있다. 이에 비해 어떤 방법으로도 곤란한 경우에는 각각 기업들이 별도로 '만든다'는 선택이 필요하게 된다.

(2) 기능형성과 고용 방식

이처럼 기능형성의 방식을 기업 특수적 기능인지, 일반기능인지, 기업 내부의 훈련인지, 기업 외부의 훈련인지, 고용 후의 훈련인지, 고용 전의 훈련인지, 그리고 필요로 하는 노동자원을 '만드는지' 아니면 '사는지' 등등의 관점에서 고용 시스템의 차이를 파악할 수 있다. 하지만, 이에 앞서 이상의 사실로부터 노동의 거래비용에 관해서 다음의 사항을 지적해 두고자 한다.

우선, 만약 일반기능 풀이 존재한다면 거래상대의 발견과 관련한 탐색을 위한 거래비용은 삭감된다. 또는, 기업 외부의 기능훈련에 대해서 어떤 자격이 주어진다면 기능에 관한 정보의 비대칭성 문제는 극복되고, 마찬가지로 탐색을 위한 거래비용은 삭감된다. 그 결과 '산다'고 하는 노동시장의 거래 영역이 확대된다.

이에 비해 '만든다'라는 선택의 경우에는 고용 후의 내부훈련에 의해 목적을 달성할 수 있을지에 대한 잠재능력이 탐색된다. 하지만, 정보의 비대칭성이나 한정합리성 때문에 탐색비용과 정보비용은 증가하게 된다. 따라서 잠재능력을 판단하기 위해 지표를 이용한다. 이것이 학력과 학벌의 이용이다. 다만, 이와 같은 시그널 정보의 가치는 채용 후에는 저하한다. 만약, 고용 후에도 시그널로서 학력과 학벌이 이용된다면, 그것은 경제적 효율성 이외의 이유에 의한 것이다. 그것은 단순히 생산조직의 효율성에 반하는 것으로 간주할 수도 있다.[8]

나아가, '산다'고 하는 기업행동은 이 행동을 통해서 일반기능의 가치를 높이는 것이다. 그 결과, 개인도 일반기능의 형성을 선택하게 된다. 그리고 일반기능은 개인기업 간 이동 가능성을 높임과 동시에 이동을 촉진한다. 그 결과, 기업 측의 '산다'고 하는 행동은 더욱더 강화된다. 그 결과, 일반기능 풀의 형성이 촉진된다.

이에 비해 '만든다'는 행동은 기능의 기업 특수적 가치를 높이게 된다. 그 결과, 종업원은 해당 기업에 대한 정착 경향을 강화함과 동시에 기업 측도 기업 특수적 기능을 보유한 종업원의 정착을 요구한다. 그 결과, 장기고용이 성립한다.

더욱이, 기업 특수적 기능의 가치는 종업원의 기업 간 이동 가능성을 감소시키는 것을 의미한다. 따라서 개인의 입장에서 기업 특수적 기능의 습득을 꾀하는 것은 고용 계속의 전제가 된다. 그리고 기업의 입장에서 그 훈련비용을 회수하는 것은 종업원 정착의 전제가 된다. 이러한 의미에서 또한 장기고용이 성립한다.

이에 대해서 일반기능 풀의 존재는 그 같은 풀로부터 일시적인 고용 혹은 단기적인 고용을 가능하게 한다. 다만, 이와 같은 풀이 존재하지 않는 경우에는, 설령 일반기능이 있다고 해도, 기업은 '만드는' 것을 필요로 한다. 이처럼 기능형성의 방식과 고용방식은 표리일체가 되어 하나의 시스템을 형성한다. 이와 같은 사실은 마지막에 제시하도록 한다.

---

8) 거래상대가 내부훈련으로 적당한지의 여부는 훈련비용의 회수 가능성의 관점에서도 판단할 수 있다. 여성은 조기 은퇴의 가능성이 높은 까닭에 채용에서 불리할 수 있다. 즉, '통계적 차별'이지만 나아가 고용 후에도 일의 배치에서 불리하게 될 때도 있다. 훈련은 업무의 기회에 의존하는 이상, 불리한 업무의 배치는 불리한 기능형성으로도 이어진다. 여기에 존재하는 것은 정보의 불완전성에 의한 '통계적 차별'은 아니다. 불합리와 차별이 시정된다면, 이는 스스로가 생산조직의 효율성에 반하는 의식에서 비롯된 것이라 할 수 있다. 바꾸어 말하면, 그와 같은 점을 의식하지 않는 한 여성 지위의 개선은 요원하다고 할 수 있다.

3) 기능의 두 가지 성격

(1) OJT와 Off-JT

기능이 업무를 수행하는 능력인 이상, 특정 기업의 특정 업무에 대한 지식과 경험이 중요하다는 것은 두말할 필요도 없다. 이런 의미에서 기업의 고유한 기능형성이 생산효율성을 좌우한다.

물론, 기업의 내부훈련이 전부 기업 특수적 기능형성일 수는 없다. 특정 기업이 고유의 기능을 습득하기 위해서는 업무에 관련된 일반적인 지식과 경험을 필요로 한다. 그 일부는 고용 관계가 성립하기 전에 학교 교육을 통해 습득되는 것이라 하더라도 그 대부분은 실제의 업무를 통해서 습득된다. 또한, 특정 기업의 내부훈련은 OJT에 의존하는 것은 아니다. 업무와 별개의 훈련으로 Off-JT도 중요하다. 업무를 통해 경험을 더욱 넓은 견지에서 업무의 이해로 연결시키기 위해서는 이론적 지식과 전문적 학습이 필요하다. 이러한 의미에서 업무를 수행하는 능력으로서 기능은 일반적 요소와 기업 특수적 요소로 이루어진다. 그 위에 특정한 업무에 대한 훈련이 강화될수록 기업 특수적 기능의 요소가 강화된다고 할 수 있다.

(2) '지적 숙련' 이론

한편, 고이케(小池)는 지적 숙련(intellectual skill) 이론으로 기능의 중요성을 오래전부터 지적해 왔다. 이것은 기능의 레벨을 ① 서포트가 필요, ② 지시가 필요, ③ 혼자서 가능, ④ 문제의 발견이 가능, ⑤ 문제의 해결이 가능, ⑥ 일에 대한 궁리와 개선이 가능, ⑦ 지도가 가능이라는 일곱 단계로 구분했다. ④ 레벨 이후 기능의 넓이와 깊이가 생산효율을 좌우하는 것으로 여겨지고, 그 습득을 위해서는 업무의 경험뿐만이 아니라 업무에 대한 고도의 이해와 이론적 지식이 필요하다. 이와 같은 의미에서 '지적 숙련'이 개념화되었다.

문제 발견과 문제 해결능력의 중요성 또는 업무에 대한 궁리와 개선
능력의 중요성은 일반적으로 화이트칼라, 특히 관리적 노동에 대한 지
적이다. 이에 비해 생산노동은 직무가 자동화되고, 표준화되기 때문에
지적 숙련의 요소는 존재한다 하더라도 극히 일부로 간주할 수도 있겠
다. 하지만, 설령 직무의 표준화와 매뉴얼화가 발전한다고는 해도, 그
의도대로 업무가 진행될 리는 없다. 실제로 업무에는 생산방법의 변화
와 예상할 수 없는 문제의 발생이 불가피하고, '변화와 이상에 대처하
는 능력'의 우열이 생산효율을 좌우한다. 이와 같이 고이케는 생산노동
에서 지적 숙련의 중요성을 지적하였다.

이와 같은 지적 숙련은 해당 업무에 정통했다는 의미에서도 기업 내
부에 그같이 정통한 업무의 영역을 넓힌다는 의미에서도 기업 특수적
이라 할 수 있다. 이와 동시에 문제의 발견과 해결능력, 그리고 타인에
게 교육할 수 있을 정도의 일에 대한 지식은 그 수준이 높아짐에 따라
특정한 상황을 벗어나서도 통용될 수 있다고 할 수 있을 것이다. 그리
고 최종적으로는 전혀 다른 상황에서나 새로운 상황에서도 문제의 발
견과 해결을 도모할 수 있는 능력이 최고의 지적 숙련이라 할 수 있다.

(3) 암묵지의 중요성

업무에 대한 지식은 폴라니가 말한 암묵지(暗默知, tacit knowledge)로
개념화하는 경우도 있다(Polanyi, 1958). 즉, 해당 업무에 정통했다고 하
는 의미에서 당사자는 업무의 지식을 익히고 있고, 이는 업무를 어떻게
수행할 것인가를 알고 있다는 의미에서 노하우라 할 수 있다. 노하우의
대부분은 문장화나 매뉴얼화되기 어렵다는 의미에서 '암묵'적인 것이
다. 혹은 그 개인만이 알고 있다는 의미에서 개인적 지식(personal knowl-
edge)이라 할 수도 있을 것이다. 이는 한편으로는 개인이 처한 특정 상
황과 문맥(context)에 의존한 지식이라는 의미에서 기업 특수성을 갖는
다. 동시에 다른 한편으로는 개인에 체화되어, 개인적으로 휴대 가능하

다는 의미에서 일반성도 갖는다. 사실 고도의 노하우를 체득한 개인을 두고 그 기업 간의 이동 가능성을 제약할 수는 없다. 이런 의미에서 기능 레벨이 고도화됨과 동시에 오히려 일반기능의 성격이 강해진다고 할 수 있다.

물론 여기에서의 일반성은 특정한 업무와 직종을 단위로 하는 것이다. 즉, 특정 업무와 직종을 단위로 한 개인적 지식과 지적 숙련의 형성이고, 이렇게 해서 기업 특수성과 함께 일반기능으로서의 성격이 강화되는 것이다. 그렇다면, 이러한 개인의 정착을 어떻게 촉진하고 개인 지식을 어떻게 활용할 것인지가 기업의 과제가 된다. 그 해답은 개인의 인센티브에 의존하는 것이지만, 어떠한 인센티브를 줄 것인가에 대해서는 나라마다 차이가 크다.

(4) 기능형성 프로세스

이상의 사실로부터 기업 내부에서 기능형성의 실태를 <그림 2-2>와 같이 개념화해 보자. 종축은 기능의 레벨, 횡축은 기능의 기업 특수성과 일반성의 비율을 표시하고 있다. 그림 가운데 A의 영역은 신규로 고용된 종업원의 기능 상태를 표시하고 있다. 설령, 학교 교육의 일반적 지식이 높은 레벨이라고 해도, 기업 내부 업무에 필요한 지식이라는 의미에서는 낮은 레벨의 기능 수준으로 표시된다. 또한, 초보의 기초적 기능이라는 의미에서는 일반성의 요소가 커진다. 그리고 기업의 내부 업무를 통해서 훈련이 이루어짐에 따라 기능 레벨이 상승하고, 기업 특수적 요소의 비중도 높아진다. 그것이 B의 영역으로 표시되어 있다. 나아가 기능형성이 이루어짐과 동시에 그 기능의 적응 가능성과 응용 가능성이 높아진다는 의미에서나 일반원리의 이해와 일의 지식 자체가 추상화된다는 의미에서 다시 한 번 일반성 요소가 높아진다고 생각할 수 있다. 그것이 C의 영역으로 표시되고 있다.

A에서 B로의 기능형성을 '현장기능'의 의미에서 중간기능(intermediate

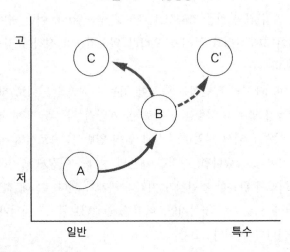

<그림 2-2> 기능형성

skill)의 형성이라 할 수 있다. 두말할 필요도 없이 이 레벨 기능의 폭과 깊이가 현장의 생산효율성을 좌우한다. 다음 장에서 살펴보겠지만, 현장 기능형성의 폭과 깊이에서 일본 기업과 미국 기업 간에는 상당한 차이가 발생한다.

이에 대해서 B에서 C로의 기능형성이 현장 레벨을 넘어선다는 의미에서 관리직 레벨의 기능형성과 대응시킬 수 있다. 그것은 현장의 기능형성과 연속하는 것으로 묘사된다. 즉, A에서 B로, B에서 C로의 이른바 장기 기능형성이다. 이에 대해 C 레벨의 기능형성을 A에서 B로의 기능형성과 분리해서 전개하는 방식도 있다. 다음 단락에서 살펴보겠지만, 이것이 전문직형의 기능형성이다. 이에 비해 일본 기업은 기업 내부의 장기 기능형성으로서 A에서 B, B에서 C로의 기능형성을 조직화해 왔다.

(5) 기능평가 문제

이 장기 기능형성을 일본 기업은 내부승진 제도를 통해서 조직화해 왔다. 기능형성을 위해서는 기능의 평가가 필요하다. 다음 장에서 살펴보는 바와 같이, 일본 기업은 기능의 평가에 근거한 승진과 승격, 그리고 승급제도로 조직화해 왔다. 이로 인해 기능형성의 인센티브가 높아진 것만은 아니다. 기능형성이 실제의 업무를 통해서 이루어진 이상, 기능형성의 인센티브를 높이는 것은 업무의 인센티브를 높이는 것을 의미하고 있다. 그런 의미에서 내부승진과 내부훈련제도는 표리일체가 되는 것이다.

다만, 다음과 같은 점을 지적할 필요가 있다. 즉, B에서 C로 기능 레벨이 상승하는 것은 기능 그 자체로서는 일반적 성격을 강화하는 것으로 볼 수가 있다. 이에 대해 기능평가는 기업별 승진과 승급제도이다. 그것은 문자 그대로 기업 특수성을 의미한다. 이러한 점이 <그림 2-2>에서 B에서 C'의 궤적으로 표시된다. 즉, B에서 C로의 기능형성과 함께 기능 그 자체는 일반적 성격이 강해지는 데 비해, 그 평가에 대해서는 B에서 C'로 내부승진함에 따라 기업의 특수적 성격을 강화하게 되는 것이다.

이처럼 일본 기업은 장기의 기능형성을 조직화하여, 기능 레벨의 고도화를 추구한다. 그 때문에 고용관계의 조직화를 이른바 일본적 경영으로 간주할 수 있다. 다만 그 결과, 기능 그 자체로서는 일반기능의 성격을 강화한다고 해도 그 평가에 대해서는 기업 특수적 성격을 강화하는 셈이다. 이런 의미에서의 일반성과 기업 특수성 간의 갭이 관리직 레벨의 중고령 종업원의 재고용을 곤란하게 한다고 할 수 있다. 즉, 평가가 기업 특수적이기 때문에 기능에 따라 고용을 발견하는 것이 곤란하게 된다. 그리고 이는 기능의 평가와 임금 사이의 괴리와 임금과 업무 사이의 괴리를 초래한다. 이러한 문제점을 인적 자본 형성의 관점에서 살펴보도록 하자.

4) 훈련비용과 이익

(1) 일반기능의 경우

기능형성 또는 좀더 일반적으로 인적 자본의 형성은 이를 위한 훈련비용의 부담과 그 이익의 귀속 문제를 제기한다. 훈련비용은 장래의 이익, 즉 소득에 의해 회수되어야 한다. 만약, 훈련비용의 회수가 곤란하다면, 기능형성에 대한 투자는 이루어지지 않는다. 여기서 훈련비용을 누가 부담하고, 그 이익은 누구에게 귀속되는가 하는 문제가 발생한다.

훈련비용의 부담과 그 이익 관계에 대해서는 베커의 인적 자본 이론에 따라 다음과 같이 지적할 수 있다(Becker, 1964). 즉, 타 기업에 대해서도 동등한 가치를 갖는 일반기능에 대해서는 그 훈련비용을 기업이 부담하지 않는다. 왜냐하면 그 개인이 이직할 경우, 기업은 훈련비용을 회수할 기회를 박탈당하기 때문이다. 이는 일반기능이기 때문에 해당 개인의 이직을 저지할 수는 없다. 따라서 그 훈련비용은 종업원이 부담하고, 그 이익은 기능형성에 따른 생산성의 증대와 그에 따른 임금의 상승이라는 형태로 종업원이 획득한다. 결국, 종업원은 훈련비용을 회수하게 되는 것이다.

이는 <그림 2-3>으로 제시되어 있다. 직선 AA는 훈련을 받지 않고 일을 하게 된 경우의 임금을 표시하고, 곡선 P=W는 훈련을 통한 생산성의 추이와 그 개인이 받는 임금을 표시한다. 결국, 일반기능이기 때문에 임금은 그 기능이 발생시키는 생산성에 따라 결정된다. 따라서 훈련 기간 중에는 낮은 생산성에 따라 낮은 임금을 받고, 생산성의 상승과 더불어 높은 임금을 획득하는 형태로 훈련비용을 회수한다. <그림 2-3>에서 ① 면적은 훈련의 기회비용을 표시하고, 그 면적이 개인이 부담하는 훈련비용이 된다. 이에 대해, ② 면적이 훈련에 의한 수익이고, 훈련비용의 회수이다. 이와 같은 기능형성의 대표적인 실례가 고전적인 장인이다. 훈련 기간 내에는 도제라 하여 스승에게 훈련비를 지

<그림 2-3> 임금곡선(1)

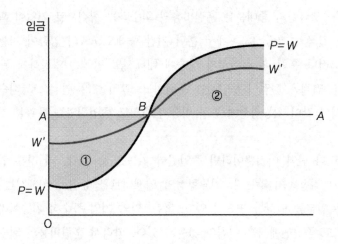

불하거나 수당 정도의 임금을 받지만, 장인이 되고서는 완전한 임금을 받는다. 또 다른 예로서 비즈니스 스쿨로 대표되는 전문직 대학원 교육이 있다. 그 교육비용은 본인이 부담하고, 졸업 후 고수입의 형태로 그 비용을 회수한다.[9]

(2) 기업 특수적 기능의 경우

이에 대해서 기업 특수적 기능은 그 훈련비용을 종업원이 부담하지 않는다는 점을 지적할 수 있다. 그 기능은 해당 기업에만 가치가 있는 이상, 도산과 해고로 그 직장을 잃는다면, 훈련비용의 회수 기회는 상

---

9) 일반 훈련의 전형으로서 학교 교육이 있다. 그렇기 때문에 그 훈련비용은 개인이 부담하고, 그 이익은 개인이 획득한다. 다만, 의무교육에 대해서는 국민으로서 기초능력의 개발이 사회적으로 불가결하다는 외부적인 이유에서 보조금이 지급된다. 나아가 대학교육에 대해서도 보조금이 지급되고 있다. 다만, 그것이 외부적인 이유로 행해진다면, 그 근거는 타당하지 않다. 이는 개인의 교육 대출에 의해 해결되어야만 하는 문제이다.

실하므로 그 훈련비용은 기업이 부담한다. 그리고 그 기능형성이 발생시키는 생산성의 증대분은 훈련비용의 회수라는 형식으로 기업이 획득한다. 결국 <그림 2-3>에서 훈련 기간 중에도 AA의 임금이 지불된다. 그러나 훈련 후 생산성의 상승에 대해서도 임금은 일정하게 된다. 즉, ① 면적은 기업이 부담하는 훈련이고, 그것은 ② 면적으로 회수된다. 이와 같이 기능형성에 관한 비용과 수익도 종업원과는 무관한 것이다.

그러나 만약 이것뿐이라면 종업원이 기능을 습득하는 데 따른 인센티브가 작용하지 않는다. 기능형성의 인센티브를 높이기 위해서는 훈련 후 임금을 인상할 필요가 있다. 혹은, 만약 기업 특수적 기능이라고는 해도 종업원에게는 이직의 자유가 있다. 따라서 훈련비용의 회수를 위해서는 종업원의 정착을 유도할 필요가 있다. 이를 위해서는 마찬가지로 훈련 후의 임금을 높일 필요가 있다. 이러한 의미에서 기능형성이 발생시킨 이익은 종업원에게도 분배된다. 이에 따르는 훈련비용은 종업원도 부담해야만 한다. 결국 <그림 2-3>에서 훈련 후의 임금은 AA보다도 인상되고, 이에 비해 훈련 기간 중의 임금은 AA보다 낮아진다. 이것이 W'W'의 임금곡선이다.

이처럼 기업 특수적 기능형성에 관해서 훈련비용은 기업과 종업원 간의 공동 부담이 되고, 훈련이 발생시킨 수익은 공동으로 분배된다. 즉, 훈련비용에 관해서는 ABW'의 면적이 개인 부담, W'BW 면적이 기업의 부담이고, 그 수익에 대해서는 PBW' 면적이 기업으로, W'BA 면적이 개인에게 귀속됨을 나타낸다. 나아가 일반기능에 대해서도 이와 같은 관계가 적용된다. 즉, 그 훈련이 기업 내 훈련으로 인식이 되는 한, 그 훈련비용의 일부를 기업이 부담한다. 이에 따라 훈련에서의 수익도, 그 일부를 기업 측이 획득한다. 그러한 의미에서 훈련비용의 부담과 그 회수 관계는 기업 특수적 훈련과 동일한 결과를 낳는다.

<그림 2-4> 임금곡선(2)

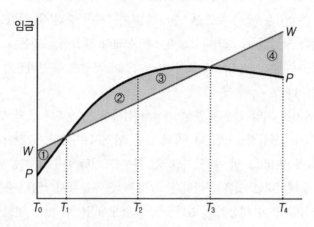

(3) 연공임금곡선의 해석

여기서 훈련비용과 그 회수의 관계를 <그림 2-4>와 같이 그리도록 하자. 이는 일반적으로 일본 기업에서 성립하는 것이다. 곡선 PP는 생산성 곡선이고 곡선 WW는 임금곡선을 나타낸다. 결국, 입사 직후의 얼마간은 일의 성과보다도 임금이 상회하고, 그 후에 숙련공으로서 생산성보다도 임금이 밑돈다. 그리고 일정 근속연수를 넘어서게 되면, 생산성을 상회하는 임금을 획득한다. 이와 같이 임금곡선이 연령에 따라 상승한다는 의미에서 연공임금곡선이라 한다.

<그림 2-4>에서 우선, 초기훈련 기간에 기업 측의 훈련비용 부담이 ① 면적으로 표시된다. 초기훈련 기간 중에는 일의 레벨도 낮고 일의 성과도 낮다고 할 수 있다. 그러나 이와 같은 초기 레벨에서 훈련에 대한 종업원의 인센티브를 높이기 위해서는 어떤 적정 수준의 임금을 지불할 필요가 있다. 특히, 학력 수준이 상승함에 따라 또는 젊은 노동자의 부족에 따라 그 임금은 훈련 기간 중의 생산성보다도 높아질 수 있다. 결국 제구실을 할 수 있게 되기 이전에는 '기업부담'의 시기이고, 이것이 초기 기능형성에 대한 기업의 부담이다.

이에 비해 ②와 ③의 영역에서 임금은 실제 생산성을 밑돈다. 이 영역에서 종업원은 앞서 보았던 '현장기능'과 '지적 숙련'을 익히고, 일의 성과를 달성한다. 그러나 그 임금은 실제의 생산성을 밑돈다. 이때 ②의 부분은 ①의 면적으로 표시되는 기업이 부담한 훈련비용의 회수로 간주된다.

여기까지는 기업 특수적 훈련 가설의 설명이다. 그러나 ③의 부분에서도 임금은 생산성을 밑돈다. ②와 ③을 합해서 이른바 '중간이 완만한' 임금곡선이라고 할 수 있지만, ③ 부분을 기업 특수적 기능형성의 관점에서 해석하는 것은 곤란하다. 그것은 ④ 부분에서 생산성을 상회하는 임금 부분과 대응하고 있다. 즉, 그림에서 볼 수 있는 것처럼 고령자의 생산성은 낮을지도 모른다. 하지만, 이에 따라 임금이 낮아지는 일은 없다. 오히려 생산성을 상회하는 임금이 지불되고 있다. 종업원에게 이 부분이 ③ 면적으로 표시된 생산성을 밑도는 임금에 대응하고 있다.[10]

이처럼 <그림 2-4>로 표시된 임금곡선과 생산성 곡선은 전자가 의미하는 기업으로부터 종업원에 대한 지불, 후자가 의미하는 종업원으로부터 기업에 대한 공헌이 전체적으로 균형을 이루고 있음을 의미한다. 바꾸어 말하면 $\sum Pt = \sum Wt(t:T_0 \text{ to } T_4)$라는 조건하에서 생산성 커브로부터 이탈해서 임금곡선을 설계하는 것이 가능함을 의미한다. 이것이 내부 임금제도이다. 그렇다면, 일본 기업에서 그 임금곡선은 어떠한 의도로 설계된 것일까.

---

10) 앞서 보았던 기능 레벨의 관점에서는 T_1은 혼자서 업무를 할 수 있다는 의미에서의 익숙해진 시기, T_1에서 T_3까지는 이른바 전성기, 그리고 T_3 이후는 고령자의 시기로 나눌 수 있다. 대졸 노동자는 대체적으로 T_1이 입사 후 3년에서 5년의 20대 후반 시기, T_2는 40세 전후, 그리고 T_3은 50세 전후의 시기로 구분할 수 있다.

5) 효율 임금

(1) 왜 연공곡선인가

<그림 2-4>로 표시된 것과 같이, 임금곡선은 일본 기업의 독특한 연공임금곡선이다. 그러나 다만, 다음에서 보는 것과 같이, 연공적인 임금곡선이 단지 일본 기업에만 한정되는 것은 아니다. 그리고 또한 '연공'에 의해 임금이 결정된다는 것만을 의미하지도 않는다. 그렇다면, 왜 이와 같은 임금곡선이 성립하는 것일까. 그 유력한 설명으로 효율 임금(efficiency wage) 가설이 있다. 이에 대해 검토해 보도록 하자.

<그림 2-4>의 임금곡선에 대해 이를 기능형성의 관점에서 설명하려 해도, ③과 ④의 부분을 훈련비용의 부담과 그 회수로 설명하는 것은 곤란하다. 따라서 이와 같은 임금곡선을 종업원의 기회주의를 저지하기 위해서라는 해석이 제시되었다(Lazear, 1998). 즉, 업무의 성과는 개인의 노력에 의존하는 것이지만, 개인의 노력을 가늠하는 것은 쉽지 않다. 오히려 개인이 의도적으로 일을 게을리 할 수도 있지만, 이를 상시 감독하는 것도 곤란하다. 이를 저지하기 위해서는 그 발각 시 페널티를 크게 하면 된다. 이러한 의도가 <그림 2-4>와 같은 연공임금곡선으로 해석된다.

(2) 연공임금의 인센티브 효과

여기에서 연공임금곡선은 젊었을 때에는 생산성 이하의 임금, 나이가 들어서는 생산성 이상의 임금으로 구성되는 것으로 간주할 수 있다. 전자에서 임금과 생산성의 차액은 종업원의 입장에서 젊었을 때의 강제저축이라고도 할 수 있는 것으로, 그 보답으로 고령 시에 생산성을 상회하는 임금을 지불받는 것이다. 한편, 연공임금의 가장 정통적인 이해로서는 생활급으로 간주하는 시각이다. 단, 그 경우에도 임금과 생산성의 관계는 동일하다. 즉, 어느 쪽이든 종업원은 고령에서의 보상을 기대하고, 젊었을 때에 일에 진력할 수 있다. 반대로 만약 근무를 태만히 하고, 그것이 발각된다면 해고가 기다리고 있다. 결국, 장래의 보상은 몰수된다. 따라서 이와 같은 페널티를 두려워해서 종업원은 태만하지 않고 일에 매진한다는 해석이 성립할 수 있다.

확실히 연공임금은 만약 그것이 '연공'에 근거한 임금 결정을 의미하는 것뿐이라면, 종업원의 일에 대한 노력을 촉진하는 것보다도 오히려 일에 태만하게 하는 인센티브를 강화하는 것으로 여겨지게 된다. 이에 비해 상기의 관점에서는 연공임금 제도하에서 왜 개인은 태만하지 않고 적극적으로 노력하는가 하는 점이 설명된다. 즉, 태만에 대한 페널티를 크게 하는 임금이고, 이와 같은 임금이 개인의 노력을 강화시키고 나태함을 저지한다는 의미에서 효율성을 높이는 임금제도로 간주된다.

더욱이, 강제 해고로서 정년제가 불가피하다는 것도 설명할 수 있다. 왜냐하면, 고령자의 임금이 실제의 생산성을 상회하는 이상, 어느 시점에서는 강제 해고가 필요하게 된다. 이와 같이 연공임금에도 불구하고 왜 일본 기업의 종업원은 열심히 일하는 것일까3. 혹은 종신고용임에도 불구하고 왜 정년제가 제도화되는 것일까. 이 점에 대해서는 앞서의 관점에서 설명된다.

(3) 동태적 효율성

그러나 생산조직의 효율성은 최종적으로 종업원의 기능 레벨에 의존한다. 그것은 기능 레벨을 어떻게 높일 것인가, 즉 기능형성을 어떻게 촉진할 것인가에 의존한다. 그리고 실제로 기능을 습득하고 높이는 것은 종업원의 의욕과 동기에 달려있다. 그렇다면, 기능형성에 대한 종업원의 인센티브를 높이는 임금이나, 생산조직의 효율적 운영을 가능하게 하는 임금이 '효율 임금'이라 할 수 있다. 다음에서 보는 바와 같이, 이와 같은 임금제도를 일본 기업은 직능자격 제도로 정착시켜 왔다.

이에 대해 종업원의 태만을 저지하기 위한 의미로서 '효율 임금'은 오히려 기능형성과 분리된 고용에서 성립한다고 할 수 있다. 사실 이에 대한 설명은 기능 레벨이 일정해도 성립한다. 만약, 기능과 능력이 일정하다고는 해도 노력 수준에 따라 생산성은 다르다는 것이 그 기본적인 발상이고, 그것은 기능을 준비하는 노동자원을 '만든다'기보다는 '산다'는 고용에서 타당하다고 하겠다. 결국, 일정한 기능을 갖춘 개인을 고용해서 그 태만을 저지하기 위한 임금과 근무를 독려하기 위한 임금이 '효율 임금'이다. 여기에서 시간이 소요된 기능형성과 그 결과로서의 효율성을 동태적 효율성(dynamic efficiency)이라고 하고, 기존의 기능에 근거한 효율성을 정태적 효율성(static efficiency)이라 한다. 이와 같이 구분하면, 전자의 의미에서의 효율 임금과 후자의 의미에서의 효율 임금을 구별할 수 있을 것이다.

(4) 성과급의 의미

실제로 후자의 의미에서의 효율 임금이 이른바 성과급이라 할 수 있다. 다음 장에서 보겠지만, 일본 기업은 연공임금의 비효율을 극복하기 위해 일의 성과에 따른 임금제도의 도입을 고려해 왔다. 그것은 업무달성에 동기를 부여하고, 개인의 노력과 능력을 발휘시킨다고 하지만, 이와 같은 의도가 성공할지의 여부에 앞서 성과급을 도입한 기업에 대한 앙케트 조사가 있었다. 즉, 종업원은 스스로 능력형성 기대가 충족되는 한 성과급 도입에 긍정적인 데 비해, 이와는 반대로 능력형성의 기대가 충족되지 않을 때는 결과에 대해 부정적인 반응을 보인다. 이것은 매우 당연한 일이고, 일의 성과를 달성하기 위해서는 그 전제가 되는 기능형성의 기회가 주어져야 한다. 그리고 적어도 일본 기업은 기업의 내부훈련이 기능형성의 중심인 이상, 능력을 발휘하여 일의 성과를 높이고, 종업원의 인센티브를 높이기 위해서도 능력형성에 따라 인센티브를 높여야만 한다. 그리고 능력형성이 일을 통한 훈련에 근거한 이상 능력형성의 인센티브는 일의 인센티브에 의존한다. 일본 기업은 이와 같이 직무능력의 형성과 평가 시스템을 형성해 왔다.

6) 고용보장

(1) 고용보장의 필요성

<그림 2-4>로 표시된 임금과 생산성의 관계는 기업에 대한 종업원 공헌과 종업원에 대한 기업의 임금 지불이 균형을 이루고 있음을 나타내고 있다. 이를 기능형성의 관점에서 본다면, 훈련비용을 기업과 종업원이 공동으로 부담하고, 그 이익을 공동으로 회수하는 관계이다. 이러한 의미에서 기업과 종업원의 상호 의존관계가 성립한다. 하지만 거래비용의 관점에서 본다면, 상호 의존관계는 기회주의 때문에 상호의 협력만이 아닌, 상호 적대관계를 낳을 수도 있다.

다른 관점에서 보면, 상기와 같은 의존관계가 성립하기 위해서는 <그림 2-4>에서 T_4로 표시된 정년까지의 **고용보장**이 전제가 된다. 결국, 일에 태만한 종업원의 기회주의를 억제하기 위해서 고용의 후반기에는 생산성을 상회하는 임금이 설정되고, 그 결과 정년제의 도입이 불가결하기에 앞서 정년까지의 고용이 보장될 필요가 있다. 이러한 고용보장이 없다면, <그림 2-4>와 같이 임금곡선이 종업원의 기회주의를 억제하고 업무 능력을 향상시키는 인센티브로 작용하지 않는다. 하지만, 지금까지의 종신고용과 같은 고용보장을 유지하는 것은 곤란하게 되었다. 그렇다면, 그 결과 <그림 2-4>의 임금과 생산관계는 어떻게 변화하게 될까.

(2) 고용보장의 배신

만약, 고용보장의 부정을 기업 측의 기회주의로 간주한다면, 그 의미는 매우 간단하다. 결국, 중년 종업원이 정리해고에 의해 T_3 이후의 고용이 부정된다면, 기업은 ③ 부분의 이익을 그대로 획득하게 된다. 정리해고를 정당화하는 경영상의 여러 이유가 열거된다고 해도, 그것은 정보의 비대칭성을 이용한 허위와 왜곡일 수도 있다. 이와 같은 노골적인 기회주의적 행동이 아니라 해도 해고와 고용유지를 빌미로 임금 인하를 강요하는 행동 등이 당연히 있을 수 있다.

나아가 T_3 이후의 고령자뿐만 아니라, T_2에서 T_3에 이르는 종업원에 대해서도 마찬가지로 고용보장을 빌미로 임금 인하를 요구할 가능성도 있다. 이 영역의 종업원은 그 '현장기능'과 '지적 숙련'의 기업 특수적 요소가 크기 때문에 기업 간의 이동 가능성이 제약된다. 혹은 이와 같은 기능에 대해 일반기능을 의미하는 '시가'와 '시장평가'라는 용어로 임금을 의도적으로 인하할지도 모른다.

(3) 현장 기능형성의 위기

이처럼 만약 기업 측의 기회주의가 지배한다면, 적어도 그 같은 일을 당한다면, 종업원의 일에 대한 의욕이 감소하는 결과가 발생한다. 더불어 다음과 같은 행동을 예상할 수도 있다. <그림 2-4>에서 ④ 부분의 획득이 부정된다면, ③ 부분의 회수 기회가 박탈된다. 이렇게 되면, 종업원은 T_1에서 T_2까지의 시기에 전직을 하려고 한다. T_1까지 초기훈련에 의해 숙련된 이상, 전직의 기회는 상대적으로 많다. 이른바 35세까지가 전직 찬스라고도 한다.

만약 T_1에서 T_2까지 전직이 빈번해지면 기업은 초기훈련비용을 의미하는 ① 부분의 회수 기회를 상실함으로써 이 부분의 부담을 거부하려는 기업 측의 행동이 나타난다. 즉, 초기훈련 자체가 철회된다. 적어도 초기훈련은 한정적이 될 수 있다.[11] 또는, 훈련 기간 중의 임금은

---

11) 그 결과, 초기 레벨에서도 경험자의 중도채용이 이루어질지도 모른다. 그렇다면, 신규 졸업자의 고용기회는 좁아지게 된다. 결국, 중장년의 고용 유지

매우 낮은 수준으로 설정될 것이다. 이렇게 되면 잠재능력을 갖춘 종업원의 획득 자체가 어려워질 것이다. 결과적으로 '현장 기능' 자체가 손상된다.

(4) 보상의 필요성

이처럼 기업이 취한 기회주의의 결과, 기업이 필요로 하는 기능형성 자체가 손실된다. 물론 T_3 이후의 고용 중단이 바로 기업의 기회주의를 의미하는 것은 아니다. 완전한 고용보장이 불가능하다는 것은 명백하다. 따라서 기업은 현실의 고용조정이 기회주의로 직결되지 않는다는 것을 밝혀둘 필요가 있다. 예를 들어, 전출의 형태로 고용이 중단되는 경우에는 임금의 보상이 이루어지고, 희망퇴직에 대해서는 상당액의 할증 퇴직금이 지불된다. 그것은 일면 기업 측의 과대한 부담임과 동시에 T_3 이후 소득의 포기에 대한 보상이므로 희망퇴직과 전출도 수용할 수 있는 것이다. 오히려 그 같은 보상 가능성에 대한 의구심은 희망퇴직자의 급증 현상을 낳기도 한다.

하지만 고용조정은 더욱 진행될 것으로 예상된다. 사실, 일본 기업에는 유례없는 규모의 고용조정이 이루어지고 있다. 이는 고용보장의 관념 자체를 부정하는 것처럼 보일지도 모른다. 과연 어떻게 해야 고용조정과 고용보장의 관념을 양립시킬 수 있을까.

7) 고용 룰

(1) 고용조정의 룰

고용조정 자체가 불가피한 이상, 문제는 기업 측의 기회주의가 아니

를 위해서 청년 고용이 희생된다는 주장과는 달리, 중장년의 고용유지를 부정한 결과, 청년 고용은 중도 채용의 경험자로 대체될지도 모른다.

라는 것을 어떻게 제시하는가에 달려있다. 앞서 검토한 바와 같이 기회
주의를 컨트롤하는 한 가지 방법은 룰을 제도화하는 것이다. 즉, 어떤
기준과 수속에 따라 고용조정을 행할 것인지를 룰로 정할 필요가 있다.
이것은 일본 기업에만 해당되는 문제는 아니다. 모든 나라의 기업 시스
템이 해고와 고용조정에 관한 룰을 제도화하고 있다. 일반적으로 해고
라는 고용관계의 대립적 상황은 파업을 유도하는 경우도 있고, 부당함
을 재판에 호소하는 경우도 있다. 그렇다면, 여기서 발생하는 거래비용
을 회피하기 위한 메커니즘이 해고 혹은 **고용조정의 룰**이 된다.

일본 기업에서 고용조정은 다음과 같이 규칙화되어 왔다. ① 적자이
거나 혹은 2분기 연속 적자가 예상되면, 고용조정을 시작한다. ② 고용
조정에 앞서거나 혹은 동시에 경영자의 보수와 배당을 삭감한다. ③ 고
용의 조정 수단으로서 잔업을 축소하고 신규채용을 정지한다. ④ 나아
가 배치전환과 전출 등의 수단에 의해 고용 유지를 꾀한 후에 최후의
수단으로 인원을 삭감한다. ⑤ 그 경우에도 할증금으로 보상하는 희망
퇴직자를 모집한다. ⑥ 이상의 과정은 조합원과 협의를 통해 진행한다.

이와 같은 룰 때문에 일본 기업의 고용조정 속도는 늦어진다. 4분기
를 단위로 하는 구조조정이 미국의 고용조정의 룰이라면, 일본 기업이
발표하는 구조조정 계획의 대부분은 그 절반이 자연감소에 의한 것이
고, 나머지는 절반은 배치전환과 전출에 의한 것이며, 그 마지막이 희
망퇴직이라 할 수 있다. 따라서 그 계획은 2년이나 3년을 소요하게 되
고, 이러한 과정에서 고용조정의 속도는 늦어진다.[12]

---

12) 고마키(小牧義弘, 1998)의 고용조정 계수 추산에 의하면(1991~1996년, 제
   조업), 2분기 연속 적자기업의 조정 속도는 다른 경우와 비교해서 0.37에서
   0.61로 상승했다. 이 수치에서 90% 수준의 조정이 완료되는 연수를 구해보
   면, 5.0년에서 2.44년으로 단축되었음을 알 수 있다.
   예를 들어, 1998년 12월 30일자 ≪일본경제신문≫은 A 상사의 1,000명
   인원 감축과 B 증권 구미 현지 법인의 650명 인원 감축을 전하고 있다. 전

그 결과, 일본 기업은 과잉 고용을 떠안게 되어, 낮은 생산성과 저수익 구조로 전락한다는 비판이 있다. 과잉 고용으로 기업 내부에서 유용하게 활용되지 않는 노동자원은 해당 기업의 비효율뿐만 아니라 노동자원의 배분 측면에서 보더라도 비효율적이기 때문에 경제 전체로서 비효율의 원인이 된다. 또는, 미국 기업은 단기간에 고용조정을 완료해서 업적의 회복과 고용의 증대를 꾀하는 것에 비해 일본 기업은 고용 유지에 집착한 결과, 기업업적은 더욱 악화되고, 재차 고용조정이 불가피하게 된다는 지적도 있다.

(2) 사법의 룰

다만, 이와 같은 고용조정의 룰과 관행은 기업 스스로 행한 행동의 결과이다. 이에 비해 이러한 기업행동의 원인이 사법에 의한 해고 규제 때문이라는 주장도 있다. 즉, 해고의 정당성이 재판에서 가려질 경우, 일본의 판례 법리는 '해고의 필요성'과 '해고의 회피의무', '인선(人選)의 타당성', 그리고 '협의의무'의 기준을 들어, 그 기준을 충족시키는 해고는 합법, 그렇지 않으면 위법이라는 결정을 내린다.[13] 이른바 해고권 남용의 법리이다. 확실히 이것만을 본다면, 해고는 재판에 의해 엄격하게 제약되어 있다는 인상이 강하다. 예를 들어, <표 2-2>는 정규고

_____

자는 2002년 3월 말까지(3년에 걸쳐) 자연감소 500명, 남은 500명을 조기 퇴직시키려고 하고 있다. 이에 비해 후자는 1999년 3월까지, 즉 4분기에 걸쳐 완료하려는 계획이다. 더구나, 다음 해 1월 22일자 ≪일본경제신문≫은 B 증권이 2001년 3월 말까지(2년에 걸쳐) 국내의 인원 2,000명의 자연감소를 계획하고 있음을 전하고 있다. 즉, 같은 B 증권에서도 국내에서는 일본 기업의 고용 룰을, 해외에서는 미국 기업의 고용 룰을 적용시키고 있다.

13) 다만, 요즈음의 판례는 해고의 정당화를 위해 4가지 조건을 전부 충족시켜야 한다고 한다. 즉, 4가지 조건을 감안해서 정당성을 판단하는 쪽으로 변화하고 있다.

<표 2-2> 정규고용의 고용 보호와 강도 지표

(스코어: 0~6) 1990년대 후반

	프랑스	독일	네덜란드	영국	미국	일본
해고 수속의 불편	2.8	3.5	5.0	1.0	0.0	2.0
해고 예고 기간, 수당	1.5	1.3	1.0	1.1	0.0	1.8
해고의 곤란성	2.8	3.5	3.3	0.3	0.5	4.3
전체적 강도	2.3	2.8	3.1	0.8	0.2	2.7

자료: OECD, Employment Outlook(1999).

<표 2-3> 사법 룰과 고용 룰

사법 룰	고용 룰
(1) 해고의 필요성 　　재무 상황·경영 상황	적자(2분기 연속 적자의 위험) 배당 삭감 경영자 보수 삭감
(2) 해고의 회피의무	잔업규제(임금 삭감) 비정규고용(파트, 파견)의 중지 신규고용·중도채용의 정지(자연감소) 배치전환, 전향, 전적(轉籍)
(3) 인선의 타당성 　　비정규고용자 　　청년층, 장년층, 독신	희망퇴직(할증 수당)
(4) 협의의무	노사협의제

용에 관해서 각국의 '고용보호(employment protection)'의 강도를 비교한 OECD의 보고서 내용이다. '해고 수속의 불편함'과 '해고의 예고 기간과 수당'은 그에 대응하는 법제(legislation)의 강도로 측정할 수 있는 데 비해, '해고의 곤란성'은 재판을 통한 해고의 곤란도로서 판단할 수 있다. <표 2-2>로 알 수 있듯이, 일본에서 해고의 수속과 예고의 의무, 그리고 해고 수당 등 법제를 통한 해고의 규제는 결코 강하다고 할 수 없다. 해고 규제의 대부분은 재판을 통한 것이다. 여기에서 일본의 기업 시스템은 재판에 의해서 해고의 자유를 박탈하고 과잉고용으로 전락하게 된다. 그것은 기업경영에 사법이 부당하게 개입한 것이어서, 이와 같은 해고규제는 폐기되어야만 한다는 주장이 유력하다. 하지

만, 이와 같은 논의와 관련하여 염두에 두어야 하는 것은 기업의 **고용룰**과 사회의 **사법 룰**의 관계이다.

확실히 일본의 기업 시스템은 해고의 자유를 내세우지는 않는다. 그리고 4분기를 단위로 한 고용조정을 행하지도 않는다. 그렇다면, 이러한 것이 재판을 통한 해고의 규제 때문일까. 해고권 남용의 법리로 4가지 조건을 사법 룰이라고 한다면 <표 2-3>에서 볼 수 있듯이, 앞서 지적했던 기업의 고용조정 룰과 대응한다. 즉, '해고의 정당화'라는 사법 룰은 상기의 고용조정 룰에서 ①과 ②의 조건을 그 판단 기준으로 한다. 그리고 '해고의 회피의무'라고 하는 사법 룰은 마찬가지로 고용조정의 룰에서 ③과 ④의 조건을 그 판단 기준으로 한다.

요컨대, 재판은 기업의 고용조정 룰을 무시한 해고를 부당하다고 하는 데 지나지 않는다. 바꾸어 말하면, 고용조정의 룰에 따른 해고는 정당하다고 여겨진다. 즉, 우선 고용조정의 룰에 따라 인원 삭감이 이루어지고, 그 인원수가 계획을 만족시키지 못하는 경우에는 강제 해고가 이루어진다. 그리고 그 정당성이 재판에서 가려진다면 사법은 그 해고가 해고조정의 룰에 따르는지 여부를 판단하게 된다. 그러나 고용조정 룰을 무시하고 있다면 재판은 이를 부당하다고 판단하는 것이다.

(3) 권리의 남용

일반적으로 해고에는 정당한 이유가 필요하다는 것이 사법 룰이다. 이에 비해 민법에서 '계약의 자유'를 주장한다면, 해고의 자유 그 자체를 주장하는 것도 당연하다. 확실히 시장경제는 계약의 자유에 근거하고 있다. 따라서 자유로운 계약에 근거해서 권리를 행사하고, 해고의 자유를 주장하는 것 자체도 부정될 수 없다. 하지만, 그 결과 계약에 의해 조직된 시장경제의 질서가 파괴되는 경우도 있다. 그렇기 때문에 이러한 의미에서 계약의 자유와 권리의 행사를 '남용'으로 보고 저지할 필요가 있는 것이다. 특히, 고용 계약에서 권리가 남용될 염려는 매우 크다. 당사자 간의 교섭력의 격차는 명백하고, 이로부터 발생하는 분쟁이 사회질서를 불안정하게 할 것이라는 사실도 당연히 예상할 수 있다. 이러한 의미에서 자유로운 계약에 근거한 시장경제를 유지하기 위해서도 권리의 남용을 억제할 필요가 있다.

하지만 이런 작용은 계약법에 의해 발생하는 것은 아니다. 따라서 이미 뒤르켕은 이러한 작용을 계약의 비계약적 요소라 하였다(Durkheim, 1950). '비계약적 요소'의 작용을 담당하는 것이 바로 사법이다. 다만, 권리를 남용하는 객관적인 기준이 있을 리 없다. 사법이 제시하는 기준은 어디까지나 일반 룰이고, 따라서 해고에 관해서는 현실의 일본 기업에서 성립된 룰을 기준으로 정당함과 부당함을 판단하는 것이다. 따라서 만약 일본의 재판에서 해고를 정당화하는 사법 룰이 엄격하다고 한다면, 그것은 일본 기업에서 고용조정의 룰이 엄격하다는 것을 반영하는 것이다. 그것은 개별 기업의 고용관계 범위 내에서 형성되는 것이고, 사법 룰에 의해서 형성되는 것이 아니다.

(4) 해고 룰의 필요성

이에 비해 해고의 자유를 제도화하는 것이 미국 기업의 고용 룰이라 할 수도 있다. 확실히 일시적 해고(레이오프) 그 자체는 기업 측의 결정이다. 그와 동시에 공장노동에 관해서는 누가 레이오프 될 것인지에 대해 선임권이 룰로 되어있다. 그것은 '인선의 자유'를 빼앗는 것이고, 이러한 의미에서 엄격한 룰을 전제로 레이오프가 전개된다는 점에는 변함이 없다. 마찬가지로, 독일 기업도 해고 그 자체는 기업 측의 결정이라는 점이다. 다만 제6장에서 살펴보는 것과 같이, 그 결정은 감사회의에서 노사 공동의 결정하에서 이루어지고 있다. 이러한 의미에서 룰을 전제로 한 결정인 것에는 변함이 없다. 나아가, 그 '인선'은 경제적 타격이 적은 청년층부터라고 규정되어 있다. 만약 이에 반하는 것이라면, 노동재판소에 재소되기 때문에 역시 엄격한 룰에 의해서 해고가 이루어지고 있다는 점에는 변함이 없다.

일반화해 본다면, 기업에 의한 해고 결정 그 자체는 사법적 판단의 대상에서 제외된 시스템에서는 그 '인선'에 대해 강한 제약이 부과된다. 이에 대해 해고 결정에 대한 사법적인 판단이 이루어지는 시스템에서는 '인선'에 대해 제약이 약해진다. 전자가 미국과 독일의 시스템이라면, 후자는 일본의 시스템이다.[14] 해고의 '필요성'과 '회피의무'의 룰을 부과함으로써 해고의 '인선'에 대한 제약을 완화시킬 수 있는 것이 일본 시스템이라 할 수 있다.

그렇다면 이와 같은 사법 룰을 부정한다는 것은 기업 스스로가 고용조정의 룰을 무시한다는 것을 재판에서 정당하다고 인정한다는 것을 의미한다. 그러나 문제는 과연 사법이 그와 같이 행동을 하는가 하는 점보다도 일본 기업이 스스로의 룰을 부정하고 있는가에 달려있다. 기업 스스로의 룰에 의해 고용조정이 곤란하게 된다면, 확실히 기업은 룰의 파기를 추구한다. 하지만 결과적으로는 고용조정의 룰에 따름으로써 현실적으로 유례없는 고용조정이 이루어지고 있고, 동시에 심각한 대립 없이도 진행할 수 있는 것이다.

---

14) 미국의 화이트칼라에 대해서는 선임권 룰의 부재에 의해 문자 그대로 해고의 자유가 인정되고 있는 것으로 간주될지도 모른다. 하지만 그 정당성에 관하여, 구체적으로는 '차별'을 둘러싸고 소송이 행해지고 있는 점에서는 변함이 없다. '소송사회'를 전제로 해서 사법에 의한 해고 규제는 일본보다도 강하다고 볼 수 있다. 다만, 일본의 경우에는 고용조정에 관련된(정리해고를 제외하고) 개인적인 이유에 의한 보통해고도 재판에 의해서 엄격한 제약을 받는 경우도 있다(宮本光晴, 2002). 이런 의미에서는 앞서 연공임금에 관해서 지적한 것처럼 일을 게을리 하는 페널티의 효과는 의문시될지도 모른다. 다음 장에서 살펴보겠지만, 오히려 연공임금의 기능형성과 일의 인센티브를 높이는 효과가 지적돼야만 할 것이다.

(5) 기회주의의 회피

기회주의의 관점에서 '해고 필요성'의 룰은 주주, 그리고 경영 측의 부담을 전제로 한 후에야 종업원 측의 부담으로 고용조정이 시작되는 것을 의미한다. 이와 같은 수순에 따름으로써 현실의 고용조정은 기업 측의 기회주의로부터 벗어날 수 있다. 마찬가지로, '해고의 회피의무' 룰에 따름으로써 고용 유지를 위한 수단을 다한 후에 인원 삭감이라는 의미에서 기회주의로부터 벗어날 수 있는 것이다. 그리고 '인선의 타당성' 룰에 따르고, 앞서 지적한 대로 그것이 소득 보상을 동반한 인원 조정이라는 점에서 기회주의라는 비난으로부터 자유로울 수 있다. 마지막으로 '협의의무'의 룰을 포함해서 만약 이와 같은 룰을 무시해서 고용조정이 행해진다면, 그리고 일방적으로 해고가 이루어진다면, 법정에서의 분쟁 이전에 고용관계는 심각한 대립에 빠질 수밖에 없다.

(6) 룰의 변경

오히려, 현실에서 관찰되는 것은 고용조정의 룰 그 자체의 변화이다. 예를 들어, '해고의 회피의무' 룰로서 신규채용의 정지가 절대적인 조건이 되지 못한다. 혹은 '해고 필요성'의 룰로서 적자가 절대적인 조건이 되는 것은 아니다. 사업 전환을 꾀하기 위해서는 기존 분야의 고용조정과 동시에 신규 분야에서의 신규채용이 필요하며, 그것은 경영 악화를 이유로 하는 것은 아니다. 그리고 이와 같은 행동이 저지되는 것도 아니다. 그것은 사법 룰이 파기되었기 때문이 아니다. 고용관계 내에서 룰이 완화 혹은 변경에 의해서 진행되는 것이다. 이와 같이 기업 내부의 고용 룰이 변화하고, 새로운 룰로 정착하는 한에서 사법 룰도 변화한다는 데 지나지 않는 것이다.[15]

---

15) 현행의 재판 문제는 해고의 정당성과 부당함을 다투는 것으로, 만약 노동 측이 승소한다고 해도, 복직이라는 형태만으로 해결을 보게 된다. 오히려,

이처럼 상황에 따라 룰의 적용을 유연하게 하는 것이 일본 기업 시스템의 특징이라 할 수 있다. 아마도 더 본질적인 문제는 이와 같은 룰의 변경과 완화의 결과, 룰 그 자체에 대한 신뢰가 손상되는 점일 것이다. 상황에 따라 룰의 적용을 유연하게 한다는 점은 일본 고용관계의 장점이라고는 해도, 그것은 어디까지나 룰에 대한 신뢰를 전제로 하고 있다. 만약 룰에 대한 신뢰가 손상된다면, 룰의 변경과 완화 그 자체가 거부될 수도 있다. 적어도 룰에 근거한 조정은 곤란하게 되어, 심각한 대립과 분쟁이 발생할 것이다.

나아가, 현실의 고용 룰 변경에는 임금 룰의 변경이 있다. <그림 2-4>와 같은 임금곡선을 유지하는 한, 고용의 후반부에서의 조정이 곤란해지는 것도 피할 수 없다. 혹은 그림 가운데 ③ 부분과 ④ 부분은 기능형성의 관점으로부터도 설명이 곤란한 임금이고 이 부분의 변경은 어쩔 수 없다고 할 수 있다. 그리고 T_2와 T_3 이후의 고용보장을 특정 기업이 아닌 이동을 통한 고용의 획득이라는 의미에서 시장에서 구하고자 하는 움직임도 유력해질 것이다. 다음 장에서 논하겠지만, 이것이 취업 능력(employ ability)의 문제이다. 어쨌든, 일본의 고용 시스템은 중대한 제도 변경에 직면해 있다. 이를 검토하기 위해서도 다른 고용 시스템과 비교하는 시점이 유익하다. 다음 장에서 검토하도록 하자.

화해와 조정에 의해, 그리고 할증금을 동반한 희망퇴직이라는 형태의 해결을 꾀하는 것이 현실적이다. 실제로 재판도 그 대부분은 화해와 조정이라는 해결을 보고자 한다. 이러한 의미에서 재판과는 다른 개별 분쟁 조정기관의 확충이 필요하다.

3. 고용 시스템의 다양성

1) 각국의 패턴

(1) 임금 패턴

앞 절에서는 기능형성과 노동거래의 관계를 살펴보았다. 노동거래가 업무를 행하기 위한 것인 이상, 일을 행하기 위한 기능이 어떻게 형성되어 있는가에 따라 노동거래의 조직화 방법도 달라진다. 그리고 노동거래가 임금과 고용의 결정인 이상, 노동거래에서 조직화의 차이는 임금과 고용 결정의 차이로서 관찰된다. 이처럼 결정되는 임금과 고용을 집계한다면, 이로부터 나라별의 특정한 패턴을 볼 수 있을 것이다. 그것이 나라별 고용 시스템의 특징으로서 개념화된다. 우선, 나라별 임금과 고용 패턴을 확인해 보도록 하자. 임금에 대해서는 <그림 2-5>, 고용 기간과 실업 기간에 대해서는 <표 2-4>와 <표 2-5>로 제시된다.

<그림 2-5>의 나라별 임금곡선 패턴으로부터 다음과 같은 사실을 지적할 수 있다.

① 화이트칼라에 대해서는 일본, 미국, 유럽 각국에서 공통적으로 연령과 함께 임금이 상승하는 연공곡선이 관찰된다. 다만, 미국에서는 화이트칼라와 블루칼라의 구별이 없다.

② 블루칼라 역시 마찬가지로 일본, 프랑스, 미국에서 '연공곡선'이 관찰된다. 다만, 미국은 상기의 데이터를 사용하고 있다. 한편, 독일, 스웨덴, 영국의 임금곡선은 30대에서 절정을 이룬다. 즉, 비연공곡선이 관찰된다.

③ 이상으로부터 고이케(小池和男, 1999)는 일본에서 임금곡선의 특징을 '블루칼라의 화이트칼라화'라 표현했다. 결국, 일본과 구미 제국을 포함하여 화이트칼라의 특징인 임금의 '연공곡선'이 일본에서는 블루칼라에서도 관찰된다. 이 설명원리로서 앞서 살펴보았던 '지적 숙련'

<그림 2-5> 임금곡선의 패턴

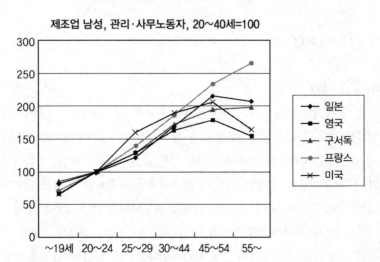

제조업 남성, 관리·사무노동자, 20~40세=100

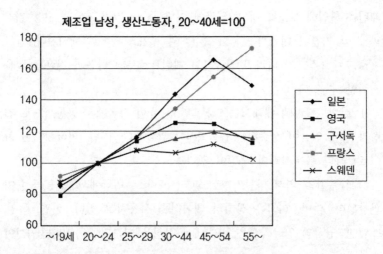

제조업 남성, 생산노동자, 20~40세=100

주: 일본: 2000년, 프랑스: 1994년, 기타: 1995년
    미국의 수치는 가계소득(15~24=100, 25~34, 35~44, 45~54, 55~64)
자료: 『データブック, 國際勞働比較 2002』(日本勞働研究機構).
    US Census Bureau, *Money Income in the US 2001*.

<표 2-4> 근속연수 분포

근속연수(남녀 %)	일본	독일	프랑스	영국	미국
1년 미만	9.8	12.8	15.7	18.6	28.8
1~5년	27.6	28.2	26.3	36.3	32.9
5~10년	19.7	17.8	16.2	16.1	11.7
10~20년	23.6	24.5	25.6	19.3	17.8
20년 이상	19.3	16.7	15.8	9.6	8.8
평균근속연수(남성, 년)	12.5	12.1	10.6	9.2	7.5
근속연수 중위치(남성, 년)	10.1	9.5	7.9	5.3	3.5

자료: OECD, Employment Outlook(1993).

<표 2-5> 실업 기간(1999, %)

구분	1개월 미만	6개월 미만	1년 이상
일본	12.8	55.3	22.4
미국	43.7	87.7	6.8
영국	13.9	54.6	29.7
독일	6.8	32.8	51.7
프랑스	14.3	47.2	38.6

자료: 총무성 통계국 「勞動力調査特別調査」.
Bureau of Labor Statistics, Employment and Earnings EUROSTAT, Labour Force Survey.

개념이 사용된다. 즉, 일본의 블루칼라 기능에는 문제발견과 해결 능력이라는 화이트칼라적인 기능요소가 포함되어 있기 때문에 화이트칼라와 유사한 임금곡선이 성립되는 것으로 여겨진다.

④ 다만, 블루칼라에서 '연공곡선'은 프랑스와 미국에서도 관찰된다. 실제로 생산 노동자에 관한 일본, 프랑스, 미국의 '연공곡선'과 독일, 스웨덴, 영국의 '비연공곡선'의 배후에는 고용 시스템의 차이가 있다. 후술하겠지만 전자는 '내부 노동시장'형 고용 시스템이고, 후자는 '직업별 노동시장'형 고용 시스템으로 개념화된다.

(2) 고용과 실업의 패턴

다음 <표 2-4>의 고용 기간 패턴과 <표 2-5>의 실업 기간 패턴에서 다음과 같은 점들을 지적할 수 있다.

① 미국에서 근속 1년 미만의 고용 비율이 현저하게 높다. 남녀 합계 4명 가운데 1명의 비율이다. 근속연수를 5년 이하로 하면, 60%를 넘는다. 이에 비해 일본·독일·프랑스는 근속 10년 이상의 비율이 남녀 합계 40% 이상을 차지한다. 근속연수의 중위치(中位値)에서도 일본은 남성 노동자의 약 반수 정도가 10년 이상의 근속임에 비해, 미국에서는 약 반수가 4년 미만임을 알 수 있다.

② 이는 일본·독일·프랑스가 장기고용과 계속고용을 특징으로 하는 데 대해, 미국은 단기고용과 유동적 고용을 특징으로 한다고 할 수 있다. 다만, 미국에서도 약 4분의 1 정도의 노동자가 근속 10년 이상이다. 이는 예상외로 높다고 할 수 있다. 그러나 역시 일본·독일·프랑스와 비교하면, 미국의 고용 패턴은 단기고용을 특징으로 한다고 지적할 수 있다.

③ 유동적 고용이라는 미국의 고용 패턴은 실업 기간에서도 관찰된다. 실업자의 반 정도는 1개월 미만의 실업인 것처럼 실업 기간은 매우 짧다. 즉, 미국의 고용 시스템을 유동적이라고 표현한다면 그것은 단기고용과 단기실업으로 이루어져 있음을 시사한다.

④ 고용의 유동성은 다른 한편 고용의 불안정을 의미하고 있다. 그와 동시에 미국에서는 실업 기간이 짧은 것이 고용의 불안정을 없애기 위한 것으로 여겨지고 있다. 이에 비해 독일과 프랑스에서는 1년 이상의 장기실업자 비율이 현저히 높다. 그 장기고용 패턴은 동시에 장기실업의 패턴이고, 이것이 노동시장 경직성의 문제로 이어진다.

이와 같이 임금과 고용에 관한 각 나라의 패턴을 살펴볼 수 있었다. 물론, 이러한 점은 임금과 고용이 어떻게 결정되는가를 나타내는 것은 아니다. 즉, '연공'적 형태의 임금곡선이 '연공'에 의해 임금이 결정되는 것을 의미하지 않는다. 그것은 개별적으로 결정되는 임금을 데이터로서 집계한 것이다. 그 위에 임금의 형태와 근속연수의 분포에 대한 각국의 패턴이 관찰된다. 각국의 고용 시스템의 특징은 우선은 이러한 패턴에서 관찰 가능하고, 만약 어떠한 패턴도 관찰되지 않는다면 원래 시스템 자체가 존재하지 않는다는 의미이기도 하다.

다음 문제는 임금과 고용이 어떻게 결정되느냐에 달려있다. 그 하나는 시장의 수급관계를 통해서 결정된다. 즉, 시장을 통한 노동거래의 조직화이며, 이는 비정규고용의 영역이다. 따라서 정규고용의 영역은 시장거래의 조직화를 통해 성립된다고 보는 것이 지금까지의 논의였다. 그리고 노동거래의 조직화를 임금과 고용의 결정이 어떤 룰로 규정되는가 하는 관점으로 파악하게 되면, 각각의 룰과 관행의 복합체로서 각국의 고용 시스템이 성립된다는 발상이었다. 이와 같은 관점으로부터 일본의 고용 시스템을 검토하기 전에 고용 시스템의 두 가지 유형을 살펴보도록 하자. 즉, 내부 노동시장(internal labor markets)과 직업별 노동시장(occupational labor markets)이 그것이다. 이 두 가지는 노동거래의 시스템이면서도 동시에 기능형성의 시스템이기도 하다. 임금과 고용을 결정하는 노동 거래 시스템과 기능형성 시스템은 상호표리의 관계로서 고용 시스템을 형성한다.

2) 내부 노동시장

(1) 관리의 룰

우선, 내부 노동시장에 대해 설명해 보도록 하자. 일반적으로 노동자원의 배분(allocation)과 가격결정(pricing)이 노동시장의 기능이라면, 고용된 노동자는 기업 내부에서 각각의 업무에 종사하고, 기업 내부에서 임금이 결정된다. 이런 의미에서 기업 내부가 하나의 노동시장으로 기능한다. 이와 같은 관점에서 기업 내부에서 노동자원의 배분과 가격결정 메커니즘이 내부 노동시장으로 개념화되었다.

다만, 그 메커니즘은 '시장'과는 다르다는 것이다. 시장의 의미가 자유로운 경쟁인 것에 비해 내부 노동시장은 일정한 관리 룰(administra-tive rules)에 의해 성립한다. 결국 그 가격결정으로서 임금 결정은 그 기준과 순서가 룰로 규정된다. 또한, 업무의 배분과 승진 결정에 대해서도 기준과 순서가 룰로 규정된다. 물론 최종적인 결정은 고용자의 권한과 권한을 위임받은 각각의 단계에서 관리자가 결정한다. 그 과정에서 담당자 간의 교섭과 조정도 당연히 존재한다. 다만 그 전제로서 고용자의 결정이 어떤 기준을 따르고 있는지, 당사자 간의 교섭이 어떤 룰에 따르고 있는지가 제도화되어야 한다.

그러나 내부 노동시장을 규정하는 것은 그 내부 노동자원에 대한 '관리의 룰'만은 아니라는 사실이다. 지금까지 검토한 것처럼 그 전에 기업 내부의 훈련이 있다. 결국, 고용한 노동자를 기업 내부에 배치시켜 업무의 훈련을 하는 것이 내부 노동시장의 특징이다. 따라서 내부 노동시장이라는 개념을 최초로 제시한 도린저와 피오레는 내부 노동시장의 구성요인으로서 기능의 기업 특수성과 직장 내 훈련(on-the-job train-ing) 그리고 직장의 관행(customary law)을 들었다(Doeringer and Piore, 1971). 이와 같이 조직화된 노동거래를 정규고용이라 한다.

(2) 일본과 미국의 유사점과 차이점

고용된 노동자는 기업 내부에서 각각의 업무에 종사하고 각각의 임금이 결정된다. 그리고 업무에 대한 훈련을 받는다. 나아가 기능의 습득에 의해 상위 업무로 승진하고 승진을 통해 임금의 증액, 즉 승급을 획득한다. 이와 같은 현상은 많은 경우 일본 기업의 특징으로 지적되어 왔다. 이에 비해 내부 노동시장 개념은 도린저와 피오레에 의해 미국 기업에 대한 관찰을 통해 도출되었다. 결국, 내부 노동시장형 고용 시스템에서 일본 기업과 미국 기업은 유사한 시스템으로 이해할 수 있다.

물론, 일본과 미국의 고용 시스템에는 커다란 차이점이 있다. 다만, 그 전에 지적해야 하는 것은 내부 노동시장으로서의 일본과 미국의 공통점이다. 일반적으로 일본과 미국의 경제 시스템과 기업 시스템은 커다란 차이가 있는 것으로 이해되어 왔다. 하지만 고용 시스템에 관해서 양국은 내부 노동시장형 시스템을 공유한다. 그 위에서 양자의 차이점을 이해해야 한다.[16)

일본과 미국의 고용 시스템이 공유하는 요인으로서는 우선, 일반 교육 중심의 학교 시스템을 들 수 있다. 즉, 학교 교육에서 직업훈련의 요소는 별로 없고, 이러한 의미에서 직업상의 미경험자를 고용하는 것이 일본과 미국의 신규 졸업노동자의 특징이다. 그렇다면, 고용 후에 일에 필요한 기능형성이 필요하다. 이것이 기업 내 훈련(in-house training)이다.

다만, 미국에서는 이와는 별도로 전문직 고용 시스템이 존재한다. 다음에 보는 바와 같이, 그것은 대학원 교육을 중심으로 하는 고용 전 직업교육 훈련의 제도화를 전제로 한다. 이에 비해 일반직에 대해서는 고용 전 직업교육 훈련이 없다는 점이 일본과 미국의 특징이다. 다만, 일본에는 공업고등학교로 대표되는 일찍부터 중등교육에서 직업교육의 요소를 강화한 경우가 있다. 이것이 현장의 '중간기능' 형성에 기여했다고 할 수 있다.

(3) 역사적 요인

한편, 역사적 요인으로서 일본과 미국에 공통되는 급속한 공업화를 들수 있다. 즉, 20세기 전반 중화학공업화와 함께 종래의 수공적(craft) 숙

---

16) 다르게 말하면, 비교를 할 경우에는 적어도 3국의 비교가 유효하다. 앞서 살펴본 바와 같이, 예를 들어 임금곡선에 관해서는 독일에 대한 일본과 미국의 유사성이 지적된 데 비해서, 고용 기간에 관해서는 미국에 대한 일본과 독일의 유사성을 지적할 수 있다. 양국의 비교만으로는 차이점의 지적이나 공통점의 확인으로 끝나기 쉽지만, 다른 세 나라를 서로 비교함으로써 어떤 면에서 두 나라가 유사하고, 어떤 면에서 두 나라가 다른지 파악할 수 있다.

련을 대신하는 새로운 숙련이 요구되었다. 하지만, 일본과 미국은 신흥 산업국가로서 필요한 새로운 타입의 숙련을 공급하는 산업기반과 노동시장을 구비하지 못했다. 이에 비해 일반적으로 유럽 여러 나라들은 종래의 도제제도를 근대적인 공업적 숙련제도로 전환할 수 있었다. 이것이 다음에 살펴보는 직업별 노동시장의 형성이다.

이에 비해 미국과 일본에서는 기업 스스로가 필요로 하는 노동자원을 '만들' 필요성에 봉착했다. 미국에서는 1920년대 일부 선진기업에서 시험적으로, 내부에서 양성한 숙련 노동자의 정착을 꾀하기 위해 기업 내의 복지를 확충해 나갔다. 마찬가지로 일본에서도 제1차세계대전 이후 급속한 공업화와 더불어 내부 양성과 기업 내 복지제도의 도입이 전개되었다. 그리고 이와 같은 방식이 이른바 포디즘(Fordism)이라 불리는 전후 고도성장과 함께 규격화된 대량생산 시스템이면서, 동시에 대량고용과 대량훈련 시스템으로 확립되었다. 즉, 교육 내용과 이력에 상관없이 대량의 노동자를 채용하고, 고용한 노동자를 내부훈련을 통해 대량의 기능노동자로 양성해 내는 것이다. 이것을 가능하게 한 것이 실제의 일을 통한 훈련으로서 OJT 방식이었다.

(4) 내부훈련과 내부승진

확실히 OJT 방식은 내부 노동시장형 기능형성의 기본이다.17) 즉, 고용된 종업원은 미경험자로서 기능 레벨이 가장 낮은 직무에 배치되어 실제의 업무를 통해 필요한 지식과 경험을 습득한다. 나아가, 기능의 습득과 함께 상위 레벨의 직무로 이동해서, 마찬가지로 업무에 필요

---

17) 미국에서 OJT 방식이 확립된 것은 제2차세계대전 중이었다(Jacoby, 1985). 즉, 대량 군수생산의 필요에서 훈련 효율성이 추구되었다. 이를 위해 채용된 것이 일을 분할하고, 단순화시키는 과학적 관리방법이었다. 즉, 작업의 효율성과 더불어 훈련의 효율성이 추구되고, 그를 위해 직무의 단순화와 매뉴얼화가 추구되었다. 후술하겠지만, 이와 같은 점에서 OJT와 차이점이 있다.

한 지식과 경험을 습득한다. 이 같은 기능형성의 과정은 직무의 계층화와 병행해서 내부승진의 프로세스가 된다. 그리고 승진과 함께 임금이 상승하게 된다. 이러한 의미에서 OJT가 매개로 하는 내부훈련과 내부승진의 제도화가 내부 노동시장의 기본이다. 그리고 그 결과가 앞의 <그림 2-4>로 제시된 '연공곡선'이 된다.18)

(5) 고용보장

이와 같이 내부 노동시장을 형성하는 것이 내부훈련과 내부승진의 제도화라면, 이에 더하여 고용보장의 제도화가 내부 노동시장의 전제가 된다. 앞 절에서 논했던 것처럼 내부훈련이 기업 특수적 기능형성의 요소를 강화할수록 기업의 입장에서는 종업원의 정착이, 종업원의 입장에서는 고용의 계속이 전제가 된다.

그리고 내부훈련과 내부승진의 결합은 이 두 가지로부터 만들어지는 종업원의 경력을 기업 특수적으로 만든다. 그것은 종업원의 신분 자체를 기업 특수적이게 하는 것이다. 하지만 이와 같은 시스템을 종업원이 받아들이기 위해서는 고용의 계속이 전제되어야 한다. 그렇지 않다면 내부 노동시장형 고용은 종업원에게는 그 위험이 매우 높다. 반대로 종업원의 정착이 부정된다면 기업의 입장에서는 내부훈련 비용의 회수가 곤란하게 된다. 그러한 의미에서 내부 노동시장의 형성은 기업에 매우 높은 위험을 떠안게 한다.

(6) 제도적 보완성

이처럼 내부 노동시장의 구성요소로서 내부훈련과 내부승진, 그리고

18) 생산노동자에 관해서는 일본과 미국, 프랑스에서 '연공곡선'이 관찰된다. 하지만 유럽에서는 프랑스와 이탈리아가 내부 노동시장형 고용 시스템으로 유형화되어 있다.

고용보장이 각각 제도로서 상호 보완하고 있다. 즉, 내부훈련과 내부승진은 표리의 관계이고, 이와 함께 고용보장이 제도적으로 보완하고 있다. 상위의 직무를 내부자가 담당하는 내부승진의 룰이 부정된다면, 내부훈련의 필요성은 없어진다. 그 결과, 고용의 계속도 불필요하게 된다. 또한 내부훈련이 부정된다면 내부승진도 고용의 계속도 불필요하게 된다. 그리고 고용에 대한 지속적인 보장이 부정된다면 내부훈련과 내부승진 시스템 자체가 성립하지 않는다.

물론, 고용의 절대적 보장은 있을 수 없다. 앞서 논한 바와 같이, 미국 기업에서는 레이오프가 제도화되어 있고, 일본 기업에서는 고용조정이 제도화되어 있다. 동시에 그 방법과 과정이 룰로 규정되어 있다. 예를 들어, 미국 기업에서는 재직 연수의 역순으로 레이오프가 행해지는 선임권 룰에 의해 적어도 공장노동자에 관해서는 장기 근속자의 고용은 실질적으로 보장되어 있다. 화이트칼라의 경우, 적어도 일반직은 내부승진이 제도화되어 있어, 장기 근속자의 고용은 실질적으로 보장되어 있다. 마찬가지로, 일본 기업은 전술한 것처럼 고용의 유지를 꾀하면서 최종적으로 희망퇴직이 제도화되어 있다. 이는 룰에 의해 오히려 고용보장의 개념이 강화되어 왔다고 할 수도 있다.[19]

이와 같이 일본과 미국은 내부 노동시장을 공유하면서도 다음 두 가지의 차이가 있다. 동시에 최근 미국 기업이 내부 노동시장형 고용 시스템 자체를 파기하려는 움직임이 일고 있다고 한다. 기업 측에서 고용

---

19) 다만, 고용조정으로서는 정규고용의 삭감을 꾀하고, 다른 한편으로는 파트타이머와 파견 등의 비정규고용의 증대를 꾀하는 것이 최근의 경향이다. 그리고 배치전환과 전근이라는 형태의 고용 계속은 어렵게 되어, 조기퇴직제의 도입이 정착되고 있다. 즉, 지금까지의 룰은 파기라고까지는 할 수 없지만, 크게 변경되고 있다고 할 수 있다. 그 결과, 종업원의 고용불안 의식이 높아지게 되었다. 즉, 기존의 룰과 관행이 불안정한 결과, 고용관계 자체가 불안정화된다.

보장이 부정되고, 종업원 측에서는 기업 정착이 부정된다면, 내부 노동시장은 해체될 것이다. 그리고 좀더 근본적으로는 내부훈련과 내부승진을 통한 기능형성의 필요성이 부정된다면 내부 노동시장의 부재 자체가 문제시될 수 있다. 사실 이는 정보기술 혁신에 따른 '새로운 숙련'의 문제이기도 하다. 그러한 숙련은 기업 내부에서 '만들어질' 필요가 있는가, 아니면 시장을 통해서 '사야' 하는가. 자세한 논의는 다음 장에서 하기로 하고, 우선 내부 노동시장과 상이한 다른 한 가지의 기능형성 시스템을 살펴보도록 하자. 그것이 직업별 노동시장과 전문직 노동시장이다.

※ 직접고용과 간접고용: 앞서 지적한 것처럼, 내부 노동시장의 형성은 역사적으로 급속한 공업화에 따라 '새로운 숙련'의 필요에 대응한 것이었다. 하지만, 그것은 또한 20세기 전반까지의 **간접적 고용관리**에서 그 후 **직접적인 고용관리**로의 전환에 대응한 것이기도 했다. 결국, 20세기 전반까지 기업은 생산노동자를 직접 고용하는 것이 아니라, 생산 자체를 보스(십장)에게 위탁하고, 생산을 하청 받는 형식의 보스가 생산노동자를 고용하는 청부방식이 주류였다. 이는 기업의 입장에서 거래비용의 절약을 의미했다. 하지만, 청부이익을 획득하기 위해 보스는 산하의 노동자를 일에 '몰아넣는(drive system)'것이 일상적이었다(Jacoby, 1985). 여기에서 보스와 노동자 사이, 즉 노동자 간의 심각한 대립도 피할 수 없었다. 그 결과, 이직과 태업이 빈발하고, 생산조직은 효율성이 저하하게 되었다. 여기에서 기업이 생산노동자를 직접 고용하는 방식으로 전환하였다. 이것이 간접적 고용에서 직접적 고용으로의 전환 과정이었다. 그리고 이 과정은 앞서 '새로운 숙련'의 기업 내 양성의 필요성과 궤적을 같이하는 것이었다.

이러한 관점으로부터 오늘날 **파견노동**의 이용은 직접고용에서 간접고용으로 재차 전환하고 있다고 할 수 있다. 직접고용으로 생산을 조직화하기 위한 비용, 즉 노동거래의 조직화 비용이 증대하면, 이를 삭감하기 위해서는 간접적 고용방식으로 전환하면 된다. 이에 비해 종래의 간접적인 고용 형태와 가까운 것으로 구내 청부와 업무 청부가 있다. 다만 그러한 노동형태에 대해서 기업의 직접적인 컨트롤은 미치지 못한다. 이에 비해 파견노동은 직접 고용관계를 피하여 기업이 직접적으로 컨트롤할 수 있다. 이러한 의미에서도 또한 파견노동의 이용은 기업에 적합하다. 다만 파견노동자는 파견을 보내는 곳과 파견을 받는 곳에 대해 각각 기회주의적인 행동을 취할 가능성이 있다. 이러한 행동이 어떠한 결과를 초래할 것인지는 불분명하다. 정리해 보면, 비정규고용의 간접적 고용형태로서 파견노동과 구내청부가 있다. 그리고 비정규고용의 직접적 고용형태로서 파트타이머와 계약사원이 있다. 그렇다면, 정규고용과 비정규고용 사이의 대체 관계와 동시에 비정규고용 사이의 대체관계를 가정할 수도 있겠다.

3) 직업별 노동시장

(1) 전문직의 고용 시스템

다음은 직업별 노동시장에 대해 살펴보도록 하자. 앞서, 기능형성 시스템으로서 고용 후에 기능훈련을 전개하는 시스템이 있는 반면, 고용 전에 기능훈련을 행하는 시스템이 존재한다고 지적했다. 전자가 기업 특수적 기능요소를 확대하는 것이고, 후자는 일반적 기능형성으로 간주할 수 있다. 그리고 전자가 내부 노동시장 시스템인 데 대해 후자는 지금부터 검토할 직업별 노동시장 시스템이다.

그 전형이 전문직(professionals) 고용 시스템이다. 이는 각각의 전문 영역에서 직업교육 훈련을 받은 후에 기능자격과 직업자격이 인정된 후에 고용관계가 성립한다. 고전적으로는 직업교육 훈련의 기간은 도제(apprentice)라 하고, 인정 후에는 장인으로서 고용된다. 그리고 장인으로서 평가를 높여, 고용하는 측이 되었을 때 보스라 한다.

이러한 전문직형의 고용 시스템으로서 목수와 이용사 등의 장인(craft)형 직업과 의사와 변호사 등의 엘리트 전문직이 있다. 그리고 가장 현대적인 형태로는 미국의 투자은행과 경영자문, 그리고 법률사무소 등 이른바 프로페셔널 폼에 위치하는 비즈니스로서의 전문직이 있다. 결국 교육 훈련기관으로서 비즈니스 스쿨과 로 스쿨이 존재하고, 그 수료자 는 학위를 취득하여 어소시에이트(associate)로서 고용된다. 그리고 그 업적을 인정을 받으면 파트너(partner)로 승진한다. 그렇지 않으면 해고 가 기다린다. 이것을 업 오어 아웃(up or out) 시스템이라고 한다. 즉, 여 기서는 고용보장의 관념은 존재하지 않는다. 그리고 고용 전 일반기능 의 형성에 있어 그 훈련비용과 이익은 전부 개인에게 귀속된다.

물론, 이러한 비즈니스 전문직 가운데도 업무를 통한 기능형성과 능 력형성은 당연히 존재한다. 실제로 대학원 수준의 교육이 전문직으로 서 실제의 업무에 필요한 기능을 제공하는 것은 아니다. 업무능력은 업 무를 통한 기능형성에 의존하게 된다. 그리고 고용보장의 관념이 부정 된 이상, 고용 확보는 개인의 능력에 달려있다. 그렇기 때문에 기능형 성과 능력형성의 기회를 제공하는 것이야말로 매우 중요하다. 다음 장 에서 살펴보는 것처럼, 이러한 개인의 '고용되는 능력'의 형성이 취업 능력(employ ability)으로 개념화된다. 다만, 그 출발점은 대학원 교육을 중심으로 하는 전문직의 직업교육 훈련이 제도화된다. 이로 인해 각각 의 자격에 대응하는 취업이 제도화된다.

(2) 미국과 독일의 유사점과 차이점

이와 같은 직업별 노동시장 시스템을 고전적인 장인직과 전문직, 그 리고 엘리트적인 비즈니스 전문직으로 구별할 수가 있다. 전자는 모든 나라에 공통되는 것이라 할 수 있다. 이에 비해 후자는 특히 미국적 특 징이다. 앞서, 미국 기업은 내부 노동시장형 고용 시스템을 형성해 왔 다고 지적했다. 그것은 일반적으로 미국의 대기업에 해당한다. 동시에 미국 기업은 직업별 노동시장형 고용 시스템, 특히 엘리트적인 비즈니 스 전문직 분야에서 형성해 왔다.

이에 비해 또 하나의 직업별 노동시장이 존재하고 있다. 그것은 독일의 고용 시스템이다. 일반직에 관해서 공장노동과 사무노동 전부를 포함하는 직업별 노동시장을 형성한다. 즉, 내부 노동시장에서 일본과 미국이 공통되는 것에 비해 직업별 노동시장에서는 독일과 미국이 공통된다. 동시에 직업별 노동시장에서는 독일과 미국의 차이가 발생한다. 즉, 미국형이 대학원 수준의 고등교육을 직업훈련의 제도로 하는 것에 대해 독일형은 의무교육 종료 후에 중등교육을 직업교육 제도화했다. 전자는 엘리트적인 전문직 고용 시스템을 형성하고 있고, 후자는 일반직에 관한 직종별로 전문화된 고용 시스템을 형성한다(宮本光晴, 1999).

(3) 듀얼 시스템

독일로 대표되는 직업별 노동시장은 우선 의무교육의 단계에서 대학 진학을 예정하는 일반 교육 코스와 취직을 예정으로 하는 직업교육 코스로 구별하고 있다. 후자는 의무교육 종료 후에 3년이나 3년 반에 걸쳐 직업교육 가운데 기업 내부훈련과 학교 교육을 혼합한 것이다. 즉, 주중 하루 혹은 이틀이 직업학교에서의 교육 훈련에 해당하고, 그 외에는 기업 내부에서의 실제 훈련에 해당된다. 이러한 두 종류의 훈련으로 구성되어 있기 때문에 독일의 직업훈련제도는 듀얼 시스템이라 한다. 그리고 훈련 종료 시에는 시험을 치고 합격하면 기능자격이 인정되어 각 해당 기업에 고용된다. 그리고 기능자격 취득자는 더 상위의 직업훈련과 기능자격을 취득해서 자격에 걸맞은 직업상의 지위를 획득한다.

이처럼 독일의 직업별 노동시장에서 고용 전의 훈련, 그 자체는 실제로 그 대부분이 기업 내 훈련이다. 다만, 이 단계에서 기업과의 고용관계가 성립하는 것이 아니라 도제계약과 훈련계약이 성립한다. 개별 기업은 계약에 기초해서 훈련의 장을 제공하는 것이고, 훈련 내용은 지역별로 상공회의소를 통해서 커리큘럼이 통일된다. 그리고 전국적으로 일률적으로 시험이 치러진다. 합격자에게는 직종에 따라 공식적인 기능자격이 주어지고, 자격에 걸맞은 기업과의 정규고용관계가 성립한다.

바꾸어 말하면 기능자격의 미보유자는 비정규고용인 셈이다.[20]

(4) 초기훈련의 제도화

이처럼 독일의 직종별 노동시장은 그 실태로서는 기업 내부의 훈련과 제도로서는 직업별로 표준화되어 있다. 앞서, 미국의 전문직과 마찬가지로 고용 전의 초기훈련(initial training)이 그 후의 실제 업무에 필요한 기능을 형성하는 것은 아니다. 그것은 취직을 제도화하고, 훈련과 고용을 연계시키는 것이다. 이로 인해 기업 내부훈련이 제도로서 일반훈련이 된다.

그 결과, 훈련 기간 중에 임금은 낮게 유지되고, 훈련 후의 임금은 기능자격에 따라 결정된다. 그리고 매년 임금 개정과는 별도로 기능자격에 의해 상위의 자격으로 상승하지 못한다면, 임금상승은 없다. 그 결과, 앞의 <그림 2-5>에서 검토한 것처럼 생산노동자의 임금곡선은 '비연공적'이 된다. 이것은 직업별 노동시장을 견고하게 제도화한 독일과 스웨덴에서 뚜렷하게 관찰된다. 그리고 임금결정은 산업별로 횡단화되고, 산업별 조합과 경영자 단체와의 전국적 차원의 교섭이 성립한다.

앞서, 내부 노동시장의 형성은 기업에 의한 기능형성의 조직화로 시작한다고 지적했다. 이와 마찬가지로 독일의 직업별 노동시장도 기업에 의한 기능형성의 조직화에 기초하고 있다. 다만, 개별 기업 차원의 조직화가 아닌, 듀얼 시스템으로서 기업 횡단적 조직화이다. 그것을 매개로 하는 것이 경영자 단체이고, 기능형성을 기업 시스템 전체의 공동행동으로 의도된다.[21] 따라서 직업과 직종마다 기능 풀이 생성된다. 이

---

20) 고교 졸업 시에 아비튀어(abitur, 대학입학자격)를 획득하고, 대학 진학이 아닌 취직을 선택하는 경우에도, 그 일에 알맞은 직업훈련을 받고, 기능자격을 획득해야 한다. 그렇지 않으면, 미자격자가 된다. 또한, 화이트칼라 업무에서는 직업훈련 자격으로서 상기의 고학력이 요구되는 경향이 강하다.

러한 제도화에 근거해서 필요로 하는 기능노동을 '사는' 노동거래가
가능하게 된다. 하지만 그것은 이상과 같은 기업 시스템 전체로서 조직
화된 직업훈련제도에 기초하고 있다. 직업별 노동시장이 공장의 업무
에서 은행의 외환 업무에 이르기까지 모든 직업을 포함해서 형성된 것
이 독일의 고용 시스템이다.

4) 외부 노동시장

(1) 고용 룰의 부재

이상과 같이, 노동거래의 조직화로서 내부 노동시장 시스템이 있고,
한편으로는 직업별 노동시장 시스템이 있다. 이에 비해 시장거래 시스
템으로는 외부 노동시장(external labor markets)이 있다. 3자의 관계는
다음에 살펴보도록 하고, 여기서는 외부 노동시장 개념을 분명히 해보
도록 하자.

지금까지 설명해온 것처럼, 거래비용이 발생하지 않을 때, 시장의 가
격 메커니즘에 의해 조정되는 거래가 성립한다. 즉, 거래환경에 대한
장래의 불확실성과 거래의 복잡성이 없고, 거래관계에 대한 다수의 대
체적 거래상대가 존재하는 거래, 따라서 거래주체에 대해서 기회주의
적 행동이 저지되는 거래이고, 이와 같은 '거래구조'에서 노동의 시장

---

21) 참고로 일본에서도 일부 기업에서는 제2차세계대전 전부터 1960년대 전반
까지 의무교육 수료자에 대하여, 3년 정도의 양성공제도(養成工制度)가 있었
다. 다만, 이것은 고용 후 기업별 훈련이고, 그 수료자는 기간공으로서의 정
착이 전제되었다. 그리고 훈련비용의 회수 관점에서도 상호 스카우트를 암
묵적으로 금지하고 있었다. 마찬가지로 독일의 듀얼 시스템에서도 그 훈련
을 받아들이지 않고, 기능자격자의 스카우트가 횡행하면, 기업 횡단적인 조
직화 자체가 붕괴한다. 따라서 스카우트 혹은 프리라이더를 저지하는 것이
집단으로서의 경영자 단체의 역할이다.

거래가 성립한다. 이것이 외부 노동시장이다. 거래비용의 발생이 없는 이상, 거래비용을 삭감하기 위한 거래의 조직화가 불필요하게 된다. 따라서 거래의 룰과 협력관계의 조직화도 불필요하다.

물론, 외부 노동시장은 단지 거래비용이 없기 때문에 성립하는 것은 아니다. 거래비용의 '시장적 해결'의 결과로서 외부 노동시장이 성립한다. 그러기 위해서는 거래관계에 관한 거래 특수적 투자가 불필요해야 한다. 즉, 일반기능으로서 충분하도록 업무 자체의 표준화가 필요하다. 그리고 더 근본적으로는 기능형성에 대한 기업의 관여를 삭제할 필요가 있다. 즉, 기업의 훈련비용 부담을 없애는 것이고, 이로 인해 훈련비용의 회수와는 관계없이 다수의 대체적인 거래상대와의 시장거래가 성립한다.

이를 통해 노동시장은 비정규고용이 된다. 비정규고용의 의미는 기간을 명시하는 것이기 때문에 필연적으로 단기간이 된다.22) 결과적으로 고용이 계속된다고 하더라도, 각각은 일회성의 고용으로 계약된다. 이로 인해 노동거래의 내용은 계약으로 명시되고, 시장의 가격 메커니즘을 통해서 조정되는 것이다. 이러한 의미에서도 역시 임금과 고용결정에 관한 룰은 불필요하게 된다.

(2) 고용과 기능형성의 분리와 결합

이에 비해 내부 노동시장과 직종별 노동시장은 고용의 룰과 관행의 제도화로 성립한다. 또한, 그 전제로서 기능형성의 제도화가 필요하다. 즉, 어떻게 기능을 형성하고, 어떻게 기능을 평가하는지가 제도화된다. 이것을 전자는 고용 후의 내부훈련과 내부승진 시스템으로 하고 있고,

---

22) 지금까지는 노동자 보호의 관점에서 계약 기간은 1년을 한도로 하는 규제가 있어왔다. 즉, 불확실한 미래에 대해서 1년을 넘게 구속하는 고용계약은 노동자에게 불리하다고 여겨져 왔다.

후자는 고용 전의 직업훈련과 기능자격을 시스템으로 하고 있다. 전자는 필연적으로 개별 기업에 의해서 조직화되는 데 반해, 후자는 독일의 듀얼 시스템에서 알 수 있듯이 기업 전체로서 조직화되어 있다. 이처럼 기능형성 시스템을 포함한 고용 시스템이 내부 노동시장과 직업별 노동시장이다. 이에 대해 기능형성 시스템과 고용 시스템을 분리시킨 것이 외부 노동시장이다.

이 점에 대해서 미국의 전문직 고용 시스템은 직업훈련 시스템에 기업이 직접적으로 관여하지는 않고, 고도의 유연성 때문에 외부 노동시장형 시스템으로 간주하는 경우도 많다. 사실, 대학원 교육을 중심으로 하는 직업훈련기관이 기업의 외부에 자생적으로 형성된다. 그것은 대학 간 경쟁으로 나타나는데, 대학 간 경쟁은 교육자격이 실재적인 표준으로서(de facto, standard), 기능자격과 직업자격으로 제도화되어 있음을 전제로 한다. 앞서 지적한 바와 같이 그 교육자격은 고용을 보장하지는 않는다 하더라도 적어도 취직은 보장하고 있다. 그리고 그것은 기업에서 그 같은 교육 자격자를 전문직으로서 채용하는 행동이 제도화되어 있어야만 한다. 이와 같은 제도화에 따라 개인의 교육 훈련 투자가 촉진된다.[23] 이러한 의미에서 미국의 전문직 고용 시스템도 기능형성 시스템과 일체화된다.

다만 외부 노동시장에서 고용 시스템과 일체화된 기능형성 시스템이 부재하다는 점이 기능형성 자체가 부재하고 있음을 의미하는 것은 아니다. 앞서 <표 2-1>에서 알 수 있듯이, 미국에서는 독립계약자(indepen-dent contractor)로서 유형화된 높은 레벨의 기능노동의 존재를 지적할

---

23) 이에 대해 일본의 기업 시스템은 학부 교육과 고용을 제도적으로 연계시키는 것이었다. 따라서 개인의 교육 훈련 투자가 촉진되었다. 풀이하면, 고용 전의 교육 훈련은 어떠한 형태로든, 고용과의 결합을 제도화할 필요가 있었다. 그렇지 않으면 고용 전의 훈련은 개인에게 위험 부담이 큰 것이어서 필연적으로 과소투자가 이루어진다.

수 있다. 다만, 해고된 엔지니어가 계약사원과 개인청부, 소호(SOHO) 형태의 업무를 시작하는 것과 마찬가지로, 그 기능형성 자체는 내부 노동시장과 직업별 노동시장을 통해서 전개되는 것이다. 그리고 여기에서 전출의 형태로 기능의 노동 풀이 형성된다. 이에 비해 파견과 파트타임 형태로 직업상의 경력을 시작한다면, 그 단기고용이 기능형성으로 이어지는 것을 기대하기는 어렵다. 다음에서 임플로이 어빌리티의 관점에서 논하겠지만, 이와 같은 비정규고용에 관해서야말로 사회적인 직업훈련 시스템의 조직화가 필요하다.

(3) 네덜란드 모델

더욱이 제도화된 고용 룰이 부재한 가운데 외부 노동시장이 유형화되는 한 임금과 복리후생 혹은 사회보장에 관해서 정규고용과 비정규고용 간의 격차는 불가피하게 된다. 이에 대해서 정규고용과 비정규고용 사이의 균등한 대우를 실현하고 있는 고용 시스템이 이른바 네덜란드 모델이다. 모델은 단지 파트타임 노동에 대해서 그 임금은 전국 레벨의 단체 교섭의 대상이 됨으로써 균등 대우를 위한 사회적 룰에 의해 지지되고 있다. 혹은 정규고용에 대한 룰을 기업 내에서 균등하게 적용하도록 사회적인 룰로 제도화하고 있다. 이런 의미에서 네덜란드 모델은 그 자체가 조직화된 노동 거래 시스템이다. 이에 비해 외부 노동시장 그 자체는 어디까지나 시장의 가격 메커니즘에 의해 조직화된다. 이를 위해서는 채용과 해고(hiring and firing)의 규제 철폐가 필요하다. 혹은 채용과 해고의 자유만 있으면 된다. 이러한 규제 철폐에 기초한 외부 노동시장과 사회적 룰로 규정된 외부 노동시장은 명확하게 구별될 필요가 있다.

5) 전직시장

(1) 전직시장의 불완전성

이상과 같은 의미에서 외부 노동시장은 그 자체가 유형화된 것이다. 이를 고용 룰이 제도화되지 않은 고용 시스템으로 유형화한다면, 외부 시장은 내부 노동시장과 직업별 노동시장의 대립이 아닌 오히려 보완관계에 있다고 할 수 있다. 즉, 내부 노동시장과 직업별 노동시장의 조직화가 강화될수록 정규고용의 조직화 비용의 삭감을 위한 비정규고용으로서 외부 노동시장이 확대된다. 사실, 파트타임 고용에 대해서는 지금까지 규제의 대상 외로 여겨왔던 일본의 고용 시스템은 높은 수준을 나타내고 있다. 이에 대해서 독일의 직업별 노동시장은 파트타임에 대해서 사회적인 규제를 부과해 왔다.

이에 대해 전직시장의 의미로서 외부 노동시장이라는 단어를 사용하는 경우도 있다. 이런 경우에는 당연히 내부 노동시장형 고용 시스템에 한정된다. 내부 노동시장이 고용의 계속과 정착을 전제로 해서 성립하는 고용 시스템인 이상, 전직시장이라는 의미로서 외부 노동시장의 영역이 한정된다는 것도 당연하다. 이에 대해 직업별 노동시장은 기능자격과 직업자격의 제도화로 인해 전직시장의 기능을 그 내부에 조직화시켰다고 할 수 있다. 그 전형적인 예가 미국의 전문직 고용 시스템이다. 이에 대해서 독일형 직업별 노동시장은 다음에서 살펴보는 것처럼 그 강고한 조직화로 인해 오히려 전직을 저지하는 결과를 낳고 있다고 할 수 있다.

그리고 전직시장의 의미로서 외부 노동시장은 전직정보의 불완전성에 의해서도 한정된다. 즉, 전직과 관련해서 개인이 필요로 하는 정보는 임금수준과 사업 내용, 그리고 그 외의 노동조건에 관한 정보만이 아닌, 승진과 승급 전망에 대한 개략적인 정보와 사업의 장래성, 그리고 직장 분위기 등의 정보이다. 전자가 기업의 외부로부터 파악할 수 있는 외부정보라면, 후자는 내부 관계자만이 알 수 있는 내부정보인 것이다. 그리고 전직이 성공하기 위해서는 내부정보가 중요하다. 하지만 내부 정보는 시장에 편재된 정보가 아니다. 마찬가지로 기업의 입장에서 개인의 기능과 능력에 관한 정보가 필요하다. 나아가 잠재능력과 의욕, 그리고 동기라는 내면의 정보도 중요하다. 이와 같은 내면의 정보도 역시 시장에 편재하는 정보는 아니라는 것이다.

(2) 인적 유대의 중요성

이상과 같은 관점에서 그라노베터는 전직 정보를 전달하고 중개하는 역할로서 인적 유대(personal tie)의 중요성을 지적하고 있다(Granobetter, 1974). 그라노베터는 전직정보의 불완전성에서 사람들은 현재의 일을 그만두고, 자발적으로 이직해서 전직 정보의 획득에 전념한다고 하는 잡 서치(job search) 이론을 제시했다. 앞서 <표 2-5>의 실업 기간 데이터에서 알 수 있듯이 미국의 단기실업은 실업과 잡 서치를 거의 구분할 수 없음을 의미하는 것이다. 하지만 현실에서 성공하는 전직이란 이직해서 전직 정보를 획득하는 것이 아니라, 업무를 계속하면서 '인적 유대'라고 하는 인간관계와 교우관계를 통해서 전직 정보를 입수한다는 것이 면밀한 조사를 통해 드러났다.

그렇다면 내부 노동시장형 고용 시스템에서는 전직을 위한 내부정보의 불완전성이 더욱 커지기 때문에 전직의 기회는 인적 유대에 더욱 의존하게 된다고 할 수 있다. 그라노베터 자신은 미국의 전문직 노동자를 대상으로 연구한 결과, 인적 유대가 약하다는 사실, 즉 왕래가 빈번하지 않고 가끔 만난다는 사실을 알았다. 따라서 친밀하기는 하지만 좁은 교제범위를 넘어서는 정보 입수가 가능하다는 점에서 인적 네트워크로서 약한 유대의 의의가 있음을 지적했다. 이에 비해 일본의 전직 행동의 연구에서는 빈번한 왕래가 있어, 강한 유대가 있음을 제시하고 있다(渡辺深, 1999).

(3) 인적 네트워크로의 의존

전직 행동의 인적 유대 가설이 실리콘벨리의 IT 엔지니어와 월가의 금융전문가, 할리우드의 미디어 관계자 등 '뉴 이코노미' 분야에서 뚜렷하게 관찰되는 것은 조금도 이상한 것이 아니다. 전문직으로서의 지식은 앞서 지적한 '개인적 지식'의 성격을 한층 강하게 한다. 따라서 그러한 지식과 능력을 평가하고, 그에 걸맞은 업무의 존재를 전달하는 과정은 전문직으로서 유사한 지식을 공유하는 사람들의 인적 네트워크에 의존한다(Saxenian, 1996). 이는 전문직으로서의 공통의 지식과 경력을 기반으로 해서, 정보 범위를 넓히기 위해서는 '약한 유대'인 편이 유리하다.

이에 대해서 일본형 내부 노동시장은 내부정보에 대한 의존을 더욱 강하게 한다고 할 수 있다. 그렇기 때문에 전직의 기회는 '강한 유대'에 더 크게 의존한다. 한편, 독일형 직업별 노동시장에서 전직의 인적 유대 작용은 그다지 뚜렷하게 검증되지 못하고 있다. 즉, 그 고용 시스템은 공식적인 기능자격을 제도화한 것이어서 전직 정보의 전달이 인적 네트워크에 의존할 필요성은 그만큼 낮아지게 된다.

(4) 전직시장의 조직화

이처럼 내부 노동시장형 고용 시스템에서 전직시장의 기능이 좀더 강한 인적 네트워크에 의존하는 것은 반대로 인적 유대와 인적 네트워크가 부족하기 때문에 전직시장 기능이 더욱 한정된다는 것을 의미한다. 그렇기 때문에 직업소개와 인재소개 기관이 필요하게 된다. 이는 전직정보를 중개하는 데 그치는 것이 아니라 기업과 개인의 쌍방에 관련되는 새로운 전직정보를 제공하는 기능을 담당하게 된다.

금융시장이 그 전형적인 예이다. 즉, 정보 중개와 정보 생산을 담당하는 기관의 존재에 의해 시장기능이 향상된다. 내부 노동시장이 본질적으로 기업 간의 이동 가능성을 축소시키는 이상, 전직시장의 조직화

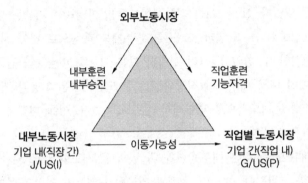

<그림 2-6> 노동시장의 유형

가 중요하다. 그것은 기업과 개인, 쌍방의 외부정보만이 아니라 내부정
보를 전달하고 중개하는 조직화를 필요로 한다. 그리고 나서 가장 적절
한 것이 인적 네트워크이고, 시장기능을 위해서는 인간관계와 사회적
관계가 중요하다는 점을 인식해야만 한다. 이러한 의미에서 그라노베
터가 지적한 것처럼 시장 기능은 '사회 구조 속에 묻혀있다'고 할 수
있다.

6) 고용 시스템의 유형

(1) 세 시스템의 상호 관계

마지막으로 위와 같이 유형화된 내부 노동시장과 직업별 노동시장,
그리고 외부 노동시장의 상호 관계를 개념화해 보면, <그림 2-6>과
같다. 시장에 대신한 노동거래의 조직화라는 관점에서 보면, 외부 노동
시장이 그 중심이 된다. 그리고 이것과 대비되는 조직화된 노동 거래
시스템으로서 내부 노동시장과 직업별 노동시장의 두 가지를 끌어낼
수 있다.

우선, 외부 노동시장에 대해서는 가격 메커니즘에 의해 조직화된 노
동 거래 시스템으로 유형화할 수 있었다. 그것은 거래비용이 부재한 거

래구조 또는 거래비용의 '시장적 해결'로서 성립하는 시스템으로 개념화할 수 있었다. 또한, 이는 기능형성에 기업이 관여하지 않는 시스템으로 개념화된다. 그 결과, 고용 룰의 부재를 특징으로 하는 시스템으로 개념화할 수 있었다. 그리고 이와 같은 고용은 비정규라 간주할 수 있다. 이에 대해 내부 노동시장과 직업별 노동시장은 고용과 기능형성의 시스템을 제도적으로 결합해서 성립하고 있다. 이에 대해서 정리해 보면 다음과 같다.

① 내부 노동시장은 내부훈련과 내부승진을 제도화함으로써 외부 노동시장과 구별된다. 즉, 기능형성과 기능평가 제도가 기업 내부에 형성된다. 일본형(J)과 미국형[US(I)]의 두 가지 타입이 존재한다.

② 나아가, 미국의 내부 노동시장은 화이트칼라형과 블루칼라형으로 구별된다. 다음 장에서 살펴보겠지만 전자는 일본의 내부 노동시장과의 유사성이 있고, 이에 비해 후자는 미국 기업 고유의 내부 노동시장이라 할 수 있다.

③ 직업별 노동시장은 직업훈련과 기능자격을 제도화함으로써 외부 노동시장과 구별된다. 그리고 기업 횡단적 기능형성과 평가 시스템을 제도화한다. 마찬가지로 독일형(G)과 미국형[US(P)]의 두 가지 타입이 존재한다.

④ 고전적 전문직의 직업별 노동시장은 각국에서 공통적으로 발견된다. 이에 비해 미국은 엘리트적인 비즈니스 전문직을 직업별 노동시장으로 조직화한다. 한편, 독일은 일반적인 직업을 직업별 노동시장으로 조직화한다. 전자가 다양한 전문직에서 비공식적으로 조직화되는 데 비해, 후자는 일반적인 직업을 망라해서 공식적인 제도로서 조직화된다.

⑤ 그렇다면, 일본과 독일의 차이는 일반적인 직업을 내부 노동시장으로 조직화하는지 혹은 직업별 노동시장으로서 조직화하는지에 달려있다고 할 수 있다. 이런 의미에서 두 가지는 서로 대조적인 시스

템이다.

⑥ 내부훈련과 내부승진의 제도화는 임금의 단계적 상승을 초래한다. 이것이 내부 노동시장의 '연공적' 임금곡선이다. 이에 대해 직업훈련과 기능자격은 자격에 걸맞은 직종별 임금을 제도화한다. 이것이 직업별 노동시장에서의 '비연공적' 임금곡선이 된다.

(2) 이동 가능성

더욱이, 이동 가능성의 관점에서 내부 노동시장과 직업별 노동시장을 비교해 보면 다음과 같다.

① 내부 노동시장은 내부훈련을 통해서 기업 특수적 기능의 요소를 강화한다. 그 결과, 종업원의 기업 간 이동 가능성은 감소한다. 동시에 내부승진을 통한 기업 내부의 이동 가능성이 조직화된다. 다음에서 알 수 있듯이, 이 점 때문에 일본과 미국의 내부 노동시장의 차이점이 발생한다.

② 내부 노동시장에서는 기업 간의 이동 가능성이 제약되기 때문에 고용보장의 관념이 강화된다. 만약 고용보장의 관념이 부정된다면 적어도 개인 레벨에서는 일반기능을 지향하게 된다. 즉, 전문직형 고용 시스템으로의 지향을 예상할 수 있다.

③ 한편, 직업별 노동시장은 그 직업훈련을 커리큘럼화해서 일반기능의 요소를 강화하고 기능자격을 부여해서 기업 간 이동 가능성을 높인다. 이와 함께 기능형성과 기능자격은 직종과 산업별로 특수화되어 이동 가능성은 해당 직종과 산업 내부로 한정된다.

④ 일반기능의 요소는 미국의 전문직형 고용 시스템에서 최대화된다. 그것은 고용보장의 관념이 최소이기 때문이다. 기능형성에 기업이 관여하지 않고, 개인의 선택이 기초한다. 이에 비해 독일형 직업별 노동시장은 훈련비용의 부담에서 기능자격의 인정, 그리고 임금 결정에 이르기까지 운영 자체가 경영자 단체를 매개로 한 기업 시스템 전체에

의해 조직화된다.

(3) 기업의 경계를 넘어서는 커리어

기업 간 이동 가능성을 높인다는 것은 직업별 노동시장이 시장형 고용 시스템과 동일시된다는 것을 의미한다. 특히, 미국의 전문직은 높은 유동성 때문에 기업의 경계를 넘어선 커리어(boundaryless career)로 개념화되기도 한다(Arthur and Rousseau, 1997). 하지만 지금까지 논의해 왔던 것처럼 그것은 외부 노동시장이라는 의미에서 유동성과는 구별되어야 하고, 제도화된 직업훈련과 기능자격에 의해 이동 가능성 자체가 제도화되어 있다. 그리고 '경계를 넘어서는 경력'이라고 해서 전혀 '경계'가 없는 것도 아니다. 전문직으로서의 교육 자격이 경계가 되거나, 전문직으로서의 경력을 공유하는 사람들끼리의 인간관계 혹은 사회관계가 그 경계가 된다. 기업의 경계를 넘어서는 커리어의 흥미 있는 집단은 실리콘벨리의 IT 기술자와 월가의 금융전문가, 그리고 할리우드의 미디어 관계자들이다. 즉, 이들 집단의 '지역'이 바로 '경계'가 된다. 그리고 앞서 지적한 것처럼, 각각의 커뮤니티에서 그 내부의 인적 네트워크가 전직 정보를 매개한다. 이처럼 미국의 전문직형 직업별 노동시장은 그 자체가 사회적으로 조직화되어 있다고 할 수 있겠다.

(4) 일본과 독일의 대조성

이에 대해 일반 직업에 관해서 공식적인 기능자격과 직업 자격을 제도화한 독일의 직업별 노동시장에서는 다른 직종으로 이동을 한다는 것은 미자격자가 된다는 것을 의미한다. 이러한 의미에서 직종 간의 이동은 제도적으로 저지되어 있다고 하겠다. 그 결과, 고용 정세의 악화는 장기실업을 낳게 된다. 또는, 직종 간 이동의 제약 때문에 대기의 의미로서 장기간의 실업 급부가 제도화된다. 그 결과, 노동시장의 경직성은 더욱 강화된다.

다른 관점으로 설명을 하자면, 독일형 직업별 노동시장이 제도화한 이동 가능성은 현실의 기업 간 이동을 발생시키기보다는 노동자 조직의 교섭력을 높이는 수단이다. 개별 기업의 기회주의에 대항하는 수단으로서 이동 가능성에 근거해서 기업 횡단적인 조직을 추구하는 것이 고전적인 크라프트의 전통이었다. 그것은 현재의 독일 노동자 조직의 사고와도 일맥상통한다. 따라서 독일의 조합은 기업 특수적 요소를 강화하는 기업 내 훈련에 대해서는 소극적이거나 경계한다. 이러한 의미에서도 일본과 독일의 시스템은 대조적이다.

이에 비해 내부 노동시장형 시스템에서는 그 기능의 기업 특수성 때문에 이동 가능성이 저하한다. 더불어, 고용 기회가 존재하는 한 이동을 방해하는 제도적인 요인은 없다. 이처럼 이동 가능성은 고용 시스템의 제도화의 차이에 따라 달라진다.

(5) 고용의 계속성

마지막으로 고용의 계속성은 일본과 독일에서 발견되는 장기고용을 특징으로 한다. 양국은 전혀 상이한 고용 시스템을 제도화했음에도 불구하고 고용 계속성에서는 공통된다. 일본형의 기업 특수적 기능형성, 독일형의 직종 특수적 기능형성은 각각 이동 가능성을 좁힌 결과, 고용의 계속성을 전제로 한다.[24] 이러한 점에서 두 시스템은 유사하다고 할 수 있다. 동시에 그렇기 때문에 독일 시스템은 직종과 산업을 단위로 하는 노동 측의 교섭력을 강화한다. 하지만, 일본 시스템은 개별 기업을 단체로 해서 고용의 계속과 협력관계의 조직화가 표리일체가 된

---

24) 독일 기업의 '긴급피난형' 워크 셰어링에 대해, 일본 기업은 '긴급피난'적인 의미에서의 고용조정을 행한다. 더불어, 후자의 고용조정방식 자체가 '긴급 피난형'의 워크 셰어링으로서 기능한다. 이런 의미에서도 상호 유사성을 갖는다.

다. 이러한 의미에서도 또한 일본과 독일은 대조적인 시스템이다.

(6) 미국 고용 시스템의 특질

이상과 같이 고용 시스템을 유형화시킬 수 있다면, 미국의 고용 시스템은 외부 노동시장과 내부 노동시장, 그리고 직업별 노동시장의 세 가지로 구성되어 있음을 알 수 있다. 이에 비해 일본은 직업별 노동시장이 부재한 반면, 독일은 내부 노동시장이 존재하지 않는다. 외부 노동시장에 관해서는 미국에서 그 규제가 가장 약하고, 일본과 독일에서도 규제 완화가 급속히 진행되고 있다.

나아가 최근 미국에서는 화이트칼라의 내부 노동시장의 해체와 쇠퇴 경향이 점차 표면화되고 있다고 한다. 그것은 스카우트와 전직의 일상화(日常化) 때문이다(Cappelli, 1999). 다른 기업으로부터 스카우트가 일상화하면 각각 기업의 훈련비용 회수는 곤란하다. 따라서 개별 기업은 내부훈련을 억제하게 된다. 또한, 스카우트는 내부승진의 거부를 의미한다. 그리고 내부승진이 부정되면 종업원은 좀더 유리한 기회를 위해 전직을 의식하게 된다.

이처럼 스카우트와 전직이 만연하게 되면, 내부훈련과 내부승진을 제도화한 내부훈련시장은 해체되거나 적어도 영역이 축소된다. 그렇게 되면 결과적으로 외부 노동시장과 직종별 노동시장의 영역이 확대된다. 즉, 한편으로는 비정규고용의 영역이 확대되고 다른 한편으로는 전문직 영역이 확대된다. 이것이 미국 고용 시스템의 상황이라면 과연 미국의 고용 시스템은 어떠한 방향으로 나아갈 것인가. 이를 검토하기 위해서도 내부 노동시장에서 일본형과 미국형의 차이점을 이해할 필요가 있다.

4. 요약

이 장에서는 노동거래에 관해서 그 거래비용의 발생을 명시하고, 이를 삭감하기 위한 노동거래의 조직화를 검토하였다. 조직화는 노동거래를 두 가지의 형태로 구별한다. 그 하나는 거래비용의 '시장적 해결'로서의 비정규고용의 조직화이고, 다른 하나는 '조직적 해결'로서의 정규고용의 조직화이다. 시장거래의 조직화라는 관점에서 보면 비정규고용이 오히려 노동거래의 원형이다. 이에 비해 왜 정규고용의 형태로 노동거래가 조직화되었는지가 노동거래를 둘러싼 시장과 조직의 문제 설정이다.

거래비용의 관점에서 '시장적 해결'을 선택하지 않은 이유가 거래특수적 투자의 필요성에 있는 이상, 이것이 의미하는 기능형성이 노동거래 조직화의 가장 중요한 요인이다. 마찬가지로 불완전 계약을 선택하는 것이 사후적 기회주의에 대한 '조직적 해결'을 필요로 하는 이상, 이를 위한 고용 룰의 실태가 노동거래 조직화의 가장 중요한 요인이다. 그리고 기능형성과 고용 룰의 형태에서 각국의 차이가 현저하게 나타난다. 이에 따라 각국의 고용 시스템에 차이가 발생한다. 이와 같은 관점에서 볼 때 고용 룰과 고용 시스템의 관계가 다음 장의 과제이다.

노동거래에서 거래되는 것은 기능으로서 정의된 노동서비스인 이상, 기능이 어떻게 형성되고 평가되는지가 노동거래 조직화를 결정짓는 가장 중요한 요인이다. 그것은 두 가지의 시스템으로 유형화시킬 수 있었다. 즉, 내부훈련과 내부승진제도에 의한 기능형성을 조직화한 시스템이다. 전자를 내부 노동시장, 후자를 직업별 노동시장으로 개념화할 수 있었다. 전자의 유형으로 일본과 미국의 일반직 고용 시스템이 포함되고, 후자는 독일의 일반직 고용 시스템과 미국의 전문직 고용 시스템을 들 수 있다.

이 두 가지에 비해 기능형성과 고용 시스템이 분리된 노동시장으로

서 외부 노동시장을 개념화할 수 있었다. 기능형성이 제도화되는 한 이
에 대응하여 고용 룰이 제도화된다. 이에 비해 기능형성으로부터 분리
됨으로써 외부 노동시장은 고용 룰이 결여된 노동 거래 시스템이 된다.
이것이 시장의 가격 메커니즘에 의해 조직화된 노동 거래 시스템이다.

   그렇다면 내부 노동시장형 고용 시스템으로서 일본 기업은 스스로의
노동거래를 어떻게 조직화시켰는가. 이를 고용 룰의 관점에서 검토하
도록 하자. 그리고 현재, 일본 기업은 기존 고용 룰의 변경이 불가피하
게 되었다. 이런 의미에서 시스템 변동의 실태를 이해하기 위해서라도
기존의 고용 룰은 무엇이고 어떻게 변경되어야 하는지를 정확히 이해
할 필요가 있다.

제3장

일본 기업

일본 기업은 어떻게 노동거래를 조직화하고 생산조직의 효율성을 달성해 왔을까. 이 점은 특히 비교의 관점을 필요로 한다. 각 나라마다 상이한 제도와 시스템이 어떻게 구분되는지를 논리적으로, 그리고 다른 한편으로는 역사적으로 고찰할 필요가 있다. 일본 기업이 구축한 종업원의 능력형성과 평가제도를 국제비교의 관점에서 이해하는 동시에 그것이 직면하고 있는 여러 문제를 이해할 필요가 있다. 이를 위해서는 우선, 일본 고용 시스템의 변혁 과제를 정확히 이해하고, 그 형성사에 대해서 구체적으로 이해할 필요가 있다.

1. 일본적 경영

1) 임금 룰

(1) 시스템으로서 일본적 경영

일본의 고용 시스템에 대해서 논의해 보도록 하자. 2장 3절에서 살펴본 바와 같이, 노동거래의 조직화가 내부 노동시장과 직업별 노동시장의 두 가지로 구분된다고 한다면, 일본 기업은 내부 노동시장으로서 스스로의 노동거래를 조직화해 왔다. 그러기 위한 임금과 승진 룰을 이른바 일본적 경영이라고 일컬어왔다. 1970년대~1980년대를 통해 일본적 경영은 높은 생산효율성을 달성한 시스템으로 간주되어, 그 메커니즘에 대해 국내외적으로 주목의 대상이 되어왔다.

물론 일본적 경영이라 불리는 기업 시스템은 고용 시스템과 생산 시스템만으로 구성되어 있는 것은 아니다. 다음과 같이, 기업 간 거래 시스템, 그리고 금융거래 시스템을 포함해서 사람·물재·자금의 거래를 통합한 경영 시스템이다. 그것을 일본 기업은 고용 시스템으로서 장기고용 혹은 종신고용, 기업 간 거래로서는 계열관계, 금융거래로서는 메인뱅크(main bank) 관계로 조직화해 왔다.

하지만, 현재 이러한 일본적 경영이라고 불리는 기업 시스템은 급속한 변화에 직면하고 있다. 계열관계와 메인뱅크 관계에 대해서는 다음 장에서 논하기로 하고, 여기서는 고용 시스템의 변화와 변동에 대해 생각해 보도록 하자. 고용 시스템은 현재, 어떠한 문제에 직면하고 있는가. 그리고 어떠한 시스템으로 바뀌려고 하는가. 이 점을 지금까지의 논의의 틀에 맞추어 살펴보도록 하자.

(2) 고용 룰

노동거래의 조직화는 필연적으로 고용 룰을 형성한다는 것이 지금까지의 논의였다. 이를 시스템의 관점에서 설명해 보면, 고용 시스템은 그 내부 관계를 조정하고, 조직화하는 작용에 의해 유지된다. 그리고 거기서 발생하는 것이 종업원과 기업의 관계 및 종업원 상호 간의 관계이고, 이들 관계를 조정하는 것이 임금과 승진, 그리고 해고에 관한 고용 룰이다.[1] 이것을 시스템 구조라고 해도 무방하다. 이와 같은 의미

---

1) 일반적으로 시스템을 '요소와 요소 간의 관계가 만들어내는 하나의 전체'로 파악한다면, 고용 시스템을 가장 미시경제학적인 차원으로 보면 개개의 노동

에서 고용 시스템의 실태는 고용 룰의 형태로 귀착된다. 그렇다면 고용 룰의 변경은 고용 시스템의 구조변화와 변동을 의미하게 된다. 그리고 현재 일본의 고용 시스템은 임금의 결정방법으로부터 승진, 그리고 해고의 결정방법에 이르기까지 지금까지와는 다른 고용 룰의 변화에 직면해 있다.

이와 같은 논의를 전개하기 위해서도 기존의 고용 룰에 관한 정확한 이해가 필요하다. 이를 먼저 임금 룰에 대해 살펴보도록 하자. 앞 장에서 살펴본 것처럼 내부 노동시장형 고용 시스템에서 임금 룰은 승진 룰과 중복되고, 그것은 또한 내부훈련을 통한 기능형성과 평가 룰과도 중복된다. 그리고 임금 룰의 변경은 승진 룰의 변경과 기능평가 룰의 변경으로 이어진다. 이러한 의미에서 내부 노동시장에서 임금 룰은 매우 중요하게 된다. 그렇다면 일본 기업은 어떠한 임금 룰을 형성해 왔던 것일까? 그리고 현재 어떻게 변경하려고 하는 것일까?

(3) 효율성과 실행 가능성

논의에 앞서, 일반적인 관점으로부터 고용 룰에 대해 다음과 같은 사항을 지적할 수 있겠다. 즉, 어떤 룰에 따라 임금과 승진이 결정된다고 할 때, 룰은 **효율성**(efficiency)과 **이행 가능성**(enforceability)의 조건에 정합해야만 한다(Marsden, 1999). 즉, 룰에 따른 결정이 효율성을 저해한다면 룰의 존속은 불가능하게 된다. 즉, 기존의 룰은 변경되어야만 하는 것이다. 한편, 룰은 종업원이 수용할 수 있는 것이어야만 한다. 설령, 룰이 효율성의 조건에 부합하는 것이라고 하더라도 대립 발생의 여지가 있다면, 룰의 이행이나 실행은 곤란하게 된다. 그렇다면, 마찬가

자원이 된다. 즉, 개개의 종업원을 가리키는 것으로 종업원과 기업의 관계, 그리고 종업원 상호의 관계가 고용 시스템을 구성하는 요소 간의 관계가 된다. 그리고 이들 관계를 조정하는 것이 임금과 승진, 해고에 관한 고용 룰과 관행이다.

지로 기존의 룰이 변경돼야만 한다. 이를 룰의 **실행 가능성** 조건이라고 하자. 효율성의 조건이 기업 측의 요청이라면, 실행 가능성 조건은 종업원 측의 요청이라고 간주할 수 있다. 그렇다면, 임금 룰에 관해 두 조건은 어떻게 실현되는 것일까.[2]

(4) 효율성의 조건

먼저, 효율성의 관점에서 임금 룰의 조건은 종업원의 인센티브를 높이는 것이다. 적어도 종업원의 인센티브를 손상시키는 임금 룰은 존속할 수 없다. 이때 종업원의 인센티브는 업무의 수행과 성과를 높이는 것만으로 역할을 다하는 것은 아니다. 앞 장에서 효율 임금으로서 지적했듯이 생산조직의 효율성이 종업원의 기능과 능력에 의존하는 이상, 기능형성의 의욕을 높이는 임금이 효율성의 조건에 맞는 룰이다. 나아가 임금 룰은 직무편성의 형태와도 밀접하게 관계된다. 즉, 직무편성의 유연성과 양립하는 임금 룰이 효율성의 조건과 부합하게 된다. 이와 같은 임금을 효율 임금이라 한다.

(5) 실행 가능성의 조건

한편, 실행 가능성의 관점에서 임금 룰은 그 기준이 명확해야만 한다. 반대로 그 기준이 복잡하거나 애매하다면 그것은 룰이 될 수 없다. 거래비용의 관점에서 본다면 고용자의 자의적 결정과 기회주의를 허용하는 룰이 되고 만다. 더욱이, 실행 가능성의 조건은 **공정함**이다. 특히, 임금 룰이 종업원에게 수용되기 위해서는 공정하다고 인식되어야만 한다. 물론 공정의 조건은 다양할 수 있다. 각 개인의 업적에 따라 변동하는 임금이 공정하다고 인식되어 종업원의 인센티브를 높이는 경우도

---

2) 마스덴은 직무 배분율을 근거로 그 효율성의 조건과 실행 가능성 조건의 관점에서 고용 시스템의 형태를 기술하고 있다.(Marsden, 1999).

있는 반면, 변동을 회피하는 임금과 능력에 따른 임금 또는 생계비를 보장하는 임금이 공정하다고 여겨지는 경우도 있을 수 있다. 혹은 개인 간의 격차를 명확히 하는 것이 공정하다고 인식되는 경우가 있는 반면, 격차의 억제가 공정하다고 인식되는 경우도 있을 수 있다. 그 때문에 효율과 공정 사이의 딜레마와 맞교환(trade-off)의 문제가 발생하기도 한다. 따라서 효율과 공정을 어떻게 양립시키는가가 조직의 가장 중요한 과제이다.

어느 쪽이든 만약 룰 그 자체가 불명확하거나, 종업원의 인센티브를 저해하는 것이라면 혹은 공정의 의식에 반하는 것이라면, 그런 룰에 근거한 생산조직의 운영은 곤란하게 된다. 그것은 존속하기 어렵고 변경되지 않으면 안 된다. 그렇다면 일본 기업은 어떠한 임금 룰을 형성해 왔고, 그리고 그것은 어떠한 문제에 직면하고 있는 것일까.

2) 연공임금의 오해

(1) 연공의 룰

임금에는 다양한 명칭이 있다. 연공급, 연령급, 직무급, 능력급, 직능급, 성과급 등등이 그것이다. 이들 각각은 무엇을 기준으로 해서 임금이 결정되는가를 나타내고 있다. 그럼에도 불구하고, 일본의 임금은 대부분의 경우 연공임금이다. 실제로 앞의 <그림 2-5>에서 볼 수 있듯이, 일본에서 임금의 특징으로는 연령과 함께 임금이 상승하는 '연공곡선'이 관찰된다. 하지만 그것은 일본 임금만의 특징이 아니라 일반적으로 사무직의 특징이고, 내부 노동시장형 고용 시스템의 특징이기도 하다. 그렇다면, 내부 노동시장은 '연공'을 기준으로 한 임금 룰을 제도화했다고 할 수 있을까.

이에 대해 앞서의 효율성과 실행 가능성 관점에서 본다면, '연공' 룰은 그 자체로서 불명확하다고 할 수 있다. '연공'을 정의하고 확정하는 것이 곤란하다는 것은 두말할 필요도 없다. 만약 명확하게 할 수 있다면 그것은 연령과 근속을 기준으로 한다는 것이다. 그렇게 되면, 연공임금은 연령급 혹은 근속급이 된다.

확실히 연령을 기준으로 한 임금의 결정과 근속을 기준으로 하는 임금 결정은 명확하다고 할 수 있다. 어쩌면 그 정도로 명확한 룰은 없다고 해도 좋을 것이다. 다만, 그것은 효율성의 조건에 반한다. 만약 임금이 연령과 근속에 따라 결정된다면, 그것은 노동비용 측면에서의 비효율적일 뿐만 아니라 개인의 인센티브와도 양립할 수 없다. 나아가 그것은 공정의 조건과도 어긋난다고 할 수 있겠다.

(2) 생계비의 룰

이에 비해 연공 룰에 대한 또 다른 하나의 해석으로서는 생계비 룰이 있다. 이는 생활급(pay-for-cost of livings)의 개념으로, 생계비가 연령과 관련된 이상 연령급과도 일치한다. 참고로 생활급의 개념은 '전산형(電産形)' 임금으로서 전후 부흥기에 도입되었다. 즉, 전후의 궁핍한 시대에 노사에 의해 생계를 유지하기 위한 임금이 '생활보장급'으로서 합의되었다. 이는 기본임금의 약 7할을 차지하는 것으로, 평등주의를 주장했던 전후의 전투적 조합운동의 결과였다. 그리고 마르크스 경제학의 임금이론, 즉 노동력의 재생산비설의 관점에서도 생계비 임금이야말로 노동자계급의 요구와 부합한다고 할 수 있다. 다만, 1950년대 중반 고도성장의 개시와 함께 생계비 임금은 수정되었다. 그리고 1960년대를 통해 직위와 직급에 기초한 임금제도가 일반화되었고, 한편으로는 직무에 기초한 임금제도의 도입도 추진되었다. 지금부터 살펴보겠지만, 이와 같은 경위를 거쳐 1970년대 이후 직능을 기준으로 하는 임금 룰이 도입된다.

다만, 이와 같은 임금제도의 변화과정에서 생계비와 생활급의 개념은 계승되었다는 것이다. 그 하나는 '직위'와 '직능'의 등급에 근거한 임금제도가 실제로는 정기승급의 형태로 운영되었다는 점이다. 또 다른 하나는 어떠한 이유에서도 생계를 유지하기 위한 임금은 정당하다고 간주된다는 것이다. 해당 기업에서 직업적 생애(career)를 마친다는 것이 자명한 이상, 라이프 사이클에 따라 생계비를 충족시키는 임금이 공정하다고 의식되는 것은 전혀 이상한 것도 아니다. 이런 의미에서 현재에도 임금 가운데 일정 부분은 생계비의 개념으로 이루어져 있다. 이것을 나타내는 것이 연령급이다.

(3) 숙련급과 정기승급

나아가 연공 룰을 말 그대로 '연(年)의 공(功)'이라고 해석하는 경우도 있다. 즉, '해(年)'를 거듭하면서 '공'이 증가하고, 그에 따라 임금도 상승한다는 것이다. '공'이라는 것은 경험을 통한 숙련, 즉 '연공적 숙련'으로 여겨지고, 이것이 숙련급이라 불리는 것이다. 연령급과 마찬가지로, 현재에도 임금의 일정 부분은 이러한 개념으로 성립되어 있다. 아니 어쩌면 중요 부분을 차지하고 있다고 해도 좋을 것이다. 이를 구체화한 것이 정기승급제도이다.

이처럼 만약 일본의 임금제도를 연공 룰이라 간주한다면, 그것은 생계비를 의미하는 연령급과 숙련급을 의미하는 정기승급의 부분으로 결정된다고 할 수 있다. 그리고 이 두 가지는 연령 혹은 근속과 함께 증액된다는 의미에서 연공임금의 곡선이 성립한다. 다만, 그것은 임금 총액의 일정 부분을 차지하는 데 지나지 않는다. 또는, 정기승급 부분은 그 자체가 '직위'와 '직능'의 등급과 연동한다. 이에 비해 임금 전체가 생계비와 연령급 혹은 정기승급에 의해 결정된다고 하면 잘못 이해하고 있는 것이다. 그러나 이와 같은 실수로 해석된 연공임금에 대해 다른 임금 룰이 대치하고 있다. 그것이 직무급(pay-for job)이다.

(4) 직무급

실제로 직무급의 룰은 명확하다. 즉, 임금 결정은 직무의 평가를 기준으로 한다. 그렇기 때문에 직무가 정의되고 그 가치가 계측된다. 이를 위한 직무분석과 직무평가의 수법이 도입되고 이것을 과학적 관리라고 한다. 그렇다면, 종업원은 각각의 직무를 수행하고 직무에 따른 임금을 획득한다. 그리고 좀더 상위의 직무로 승진함으로써 좀더 높은 임금을 획득한다.

이와 같은 직무급의 임금제도가 일반적으로 구미 제국의 것으로 간주되어 왔다. 그리고 이들과 비교해서 일본 임금제도의 '특수성'과 '후진성'이 지적되어 왔다. 즉, 전자가 직무의 가치라고 하는 명확한 기준에 근거하고 있다면, 후자는 연공이라고 하는 애매한 기준을 기초로 하고 있다는 것이다. 전자는 동일한 직무에 대해서 동일한 임금이라는 의미에서 공정한 룰이지만, 후자는 동일한 직무라고 하더라도 임금은 다를 수 있다는 의미에서 불공평하고 불합리한 룰이라는 것이다.

이런 이유는 일본의 임금제도가 이른바 속인급(屬人給)의 형태를 취하고 있기 때문이라고도 할 수 있다. 즉, 사람의 속성에 따라 임금이 결정되고, 그렇기 때문에 연령과 성별, 학력 등이 임금을 결정하는 기준으로 여겨졌다. 이에 비해 업무의 가치로 결정되는 임금이 합리적인 임금이기 때문에 직무급이야말로 정당하다고 할 수 있다. 그리고 직무급 제도에 의해 직무의 과학적 관리도 가능하게 되고, 이로 인해 생산조직의 효율성도 실현 가능하게 된다. 반면, 속인급의 임금제도는 직무의 개념 자체를 불명확하게 한다고 지적되어 왔다. 요컨대, 직무급의 임금제도야말로 실행 가능성, 공정성, 효율성의 조건을 충족시키는 임금 룰이기 때문에 구미형의 직무급제도를 도입하는 것이 일본 임금제도의 과제라는 것이다.

(5) 능력급

그러나 다음에서 살펴보는 것처럼, 일본의 임금제도는 능력급(pay-for-ability)으로 이해하는 것이 올바르다고 할 수 있다. 즉, 종업원의 능력을 기준으로 임금이 결정된다는 것이다. 그리고 능력의 평가에 따라 더 높은 임금을 획득한다. 이것은 사람에 대한 임금이다. 다만, 사람의 속성에 기초하는 것이 아니라 능력에 기초한 임금을 룰로 한다는 것이다. 따라서 사람의 능력이 정의되고 평가된다. 즉, 직무급이 직무의 정의와 평가에 기초하는 것에 비해, 능력급은 종업원 능력의 정의와 평가에 기초하고 있다. 다만, 능력의 정의와 평가가 곤란하다는 것은 틀림이 없다. 그것은 사정(查定)에 기초하고 있는 이상, 주관적인 것도 피할 수 없을 것이다.

이와 같은 능력급의 임금제도를 일본 기업은 직능급(competence- related pay)으로서 형성해 왔다. 구미형 직무급의 제도와 다른 일본형의 임금제도가 존재한다고 한다면, 그것은 연공임금이 아닌 직능임금이라 할 수 있다. 그렇다면, 임금 룰은 실행 가능성과 공정성, 효율성의 조건을 어떻게 실현할 수 있었는가. 그리고 성과급(pay-for-performance) 임금제도의 도입 움직임이 있다. '직능'으로서 정의된 종업원의 능력만이 아닌 각 개인의 성과와 업적을 기준으로 한 임금 결정을 주장하고 있다. 과연 그 결과 일본의 임금제도는 어떻게 바뀔 것인가.

3) 직능자격제도

(1) '직능'의 개념

우선, 직능자격제도를 설명해 보도록 하자. 직능이라는 용어는 '직무수행능력'을 의미한다. 결국, 능력의 개념을 '직무능력(competence)'으로 정의하고, 직무능력에 기초한 임금제도를 형성한다. 그것은 다음과 같이 구성된다. ① 해당 기업의 직무능력 등급(competence-rank)이 정

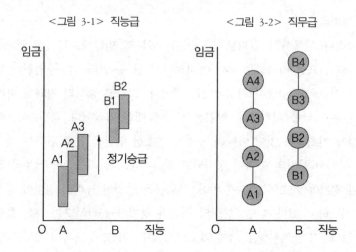

<그림 3-1> 직능급   <그림 3-2> 직무급

의된다. ② 각각의 등급별로 임금이 정의된다. 이것이 **직능급과 자격급**(rank-based pay)이다. ③ 종업원은 각각의 직능등급에 순위가 매겨져 해당 순위에 따라 임금을 획득한다. ④ 그리고 직무능력의 평가에 따라 더 상위의 직능등급으로 승격하고 임금의 상승, 즉 승급을 얻는다.

이와 같이 종업원의 직무능력이 평가되고 그 임금이 결정된다. 말할 필요도 없이 그 배경에는 직무능력의 형성이 있다. 즉, 일을 통한 기능형성이고, 그 평가제도가 직능자격제도이다. 이상의 사실을 정리해 보면 <그림 3-1>과 같다. 이와 비교되는 직무급의 개념도가 <그림 3-2>이다.

(2) 직능 시스템과 직무 시스템

<그림 3-1>에서 A는 일반직의 직능등급(A1, A2, A3), B는 관리직의 직능등급(B1, B2)을 나타내고 있다. 각각의 등급에 대응해서 직능급이 설정된다. 한편, <그림 3-2>에서 A, B는 각기 다른 직무를 나타낸다. 그리고 직무의 등급(A1~A4, B1~B4)에 대응해서 직무급이 설정된다. 즉, 직능의 순위가 매겨지는 한편, 직무의 순위가 매겨진다. 어느

쪽이든 상위의 순위를 획득함으로써 임금 상승이 이루어진다. 이것이 한편으로는 직능순위의 승진이고, 다른 한편으로는 직무순위의 승진이다. 이러한 의미에서 각각의 임금제도는 동시에 내부승격과 내부승진제도가 된다.[3]

이처럼 직능이라는 개념에 근거한 내부 노동시장을 형성하는 한편, 직무(job)의 개념에 근거한 내부 노동시장을 형성한다. 전자를 직능 시스템, 후자를 직무 시스템이라고 한다면, 전자의 조직화가 일본 내부 노동시장, 후자가 미국의 내부 노동시장이다.

(3) 기능형성의 차이

여기에서 다음과 같은 점을 지적할 수 있다. 즉, 직능급 시스템은 임금을 직능등급에 대응시킴으로써 임금과 직무를 구별한다. 이에 비해 직무급 시스템은 임금과 직무를 1대 1로 대응시킨다. 그 결과, 기능형성에서 중요한 차이가 발생한다. 즉, 직무급 시스템에서 종업원은 개개인의 직무에 부여되고 일을 통한 기능형성은 해당 직무에 한정된다. <그림 3-2>를 통해 보자면, A1의 직무 종업원은 A2의 직무로의 승진한 다음에야 비로소 그에 따른 기능형성이 가능하게 된다.

이에 비해 직능급 시스템에서는 임금과 직무를 분리시킴으로써 <그림 3-2>의 A1에서 A4까지의 직무를 하나로 할 수 있는 것이다. 이렇게 넓게 정의된 직무에서 종업원의 로테이션이 가능하게 된다. 이로 인해, 예를 들어 A1에서 A2로의 직무 상승을 기다릴 필요도 없이 A2 업무의 습득 기회가 주어진다. 이러한 의미에서 직능급 시스템은 개개 종업원의 기능형성 레벨을 끌어올린다. 그 후 개개 종업원의 직무능력이 평가되는데, 그것이 <그림 3-1>에 나타나는 것처럼 직능등급에

---

3) 직무와 직능 랭크의 상승을 '승격(upgrading)'이라고 하고, 과장과 부장 등 관리직 위치로 상승하는 것을 '승진(promotion)'이라고 할 수 있다.

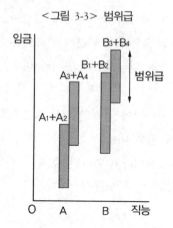

<그림 3-3> 범위급

기초한 임금이다.

(4) 범위급

다만, <그림 3-2>와 같이, 직무의 등급과 임금이 1대 1로 대응하는 직무급 시스템은 미국의 공장직 내부 노동시장을 전형으로 한다. 1대 1 대응으로 인해 직무의 정의는 엄밀화되고, 그 범위는 필연적으로 좁아진다.

이에 비해 사무직은 <그림 3-3>에서와 같이 직무 범위는 크게 구분되고, 기준이 되는 임금에 대한 상하의 폭이 범위급(range rate)으로 설정된다. 그것은 마치 <그림 3-2>의 A1과 A2, A3과 A4의 직무를 결합한 것과 같아 보인다. 그렇다면, 이 범위 내에서 각 개인의 임금이 직무능력과 업적에 따라 결정된다. 이러한 의미에서 범위급은 능력급에 가까워진다. 다만, 승격과 승진의 단위가 직무와 직종에 있다는 점에서는 직능을 단위로 한 일본형 내부 노동시장과는 구별된다.

(5) 직능 플러스 연공

한편, 일본 기업에서 종업원의 임금 전체가 직능급에 의해 구성되어

<그림 3-4> 직능곡선

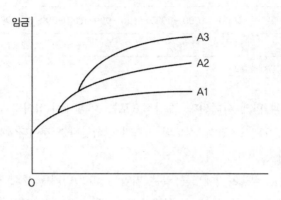

있는 것은 아니다. 앞서 지적한 것처럼, 직능급에 연령급 부분이 더해져 있다. 더욱이, 정기승급으로서 동일 직능 순위의 따라 임금이 증가한다. 개략적으로 표현해 보면 <그림 3-4>와 같다. A1, A2, A3은 각각의 직능 순위에서 임금의 궤적을 나타낸다. A1의 곡선은 그 직능임금에 연령급과 정기승급이 가산된 것이다. A1에서 A2 곡선으로 상승하는 것이 직능 순위의 승격에 기초한 승급을 나타낸다.

정기승급의 본래 의도는 숙련급이며, 능력사정에 기초한 것이다. 다만, 실태로서는 근속과 함께 이른바 자동적으로 증액되는 임금이고, 이러한 의미에서 연령급과 정기승급 부분을 연공임금이라 한다. 그 비율은 개략적으로 일반직의 직능순위에서 약 40~50%, 관리직 직능순위에서 약 30~40%를 차지하고 있음을 알 수 있다. 이 비율은 예상외로 높을 수도 있고, 차차 살펴보는 바와 같이 이 부분의 축소와 폐지가 사실은 바로 성과급의 도입 목적이다.

다만, 정기승급의 바탕이 되는 직능순위에 기초한 임금이라는 의미에서 이를 단순히 연공임금으로 간주하는 것은 반드시 정확한 것은 아니다. 더욱이 직능순위의 승격과 승급은 각 개인의 평가에 기초하고 있고 그 격차는 연령과 함께 확대된다. 그 결과 동일 연령에서의 임금 격

<표 3-1> 직능자격제도 도입 기업의 비율(규모별)

종업원 수(명)	~5000	1000~4999	300~999	100~299	30~99	전체
도입 기업(%)	93.4	86.5	72.7	46.0	22.1	31.9

자료: 「雇用管理調查」(1999).

차는 연령과 함께 확대된다. 개략적으로는 35세에서 상하로 10%, 45세는 15%, 55세는 20% 정도의 격차가 발생한다는 것이다(都留康·守島基博·奧西好夫, 1999).

이와 같은 직능자격제도를 일본 기업은 1970년대를 통해 형성시켜 왔다. <표 3-1>에서 알 수 있듯이, '직능'으로서 개념화된 능력급의 임금제도가 대기업뿐만 아니라 중견기업도 포함해서 넓게 도입되었다. 이러한 의미에서 일본의 임금제도를 단순히 연공급이라고 하는 것은 잘못된 것이다.

(6) 노동급

이에 비해 또 하나의 능력급 제도로서 독일의 직업별 노동시장이 있다. 즉, 직업훈련과 기능자격을 제도화해서, 마찬가지로 '능력(competence)'에 기초한 임금을 제도화한 것이다. 단, 기업 내부의 능력을 등급화하려는 것과는 다르며 이러한 점에서 일본형의 능력급과도 상이하다. 더 상위의 능력순위는 그 자체가 기업 외부의 직업훈련과 기능자격에 의해 제도화된다. 그리고 기능자격에 따라 업무가 결정되고, 그 업무의 가치에 따라 임금이 결정되기 때문에 이를 노동급(pay-for-work)이라고 할 수 있다. 다만, '직무급'이 개개의 직무 범위를 확정하는 것으로부터 시작하는 데 비해 '노동급'은 숙련의 범위를 확정하는 것에서 시작된다. 그 다음에 숙련에 따른 업무(일)가 결정된다.

이에 비해 미국의 전문직 임금은 '성과급'제도이다. 전문직으로서 노동의 범위를 확정한 후에 매분기의 업적에 따라 각 개인의 임금을

<표 3-2> 임금의 유형

구분	직무의 정의	능력의 정의
능력·업적의 평가	성과급	직능급
직무·노동의 평가	직무급	노동급

결정한다. 한편, 일본의 '직능급'은 직무능력에 따라 일의 범위를 결정하기 때문에 노동급과 유사하다. 하지만, 노동의 가치가 아닌 직무능력에 따른 임금 결정이라는 의미에서 노동급과는 구별된다.

(7) 임금의 유형

이상을 <표 3-2>와 같이 정리해 볼 수 있다. 즉, 임금의 결정이 종업원의 능력과 업적평가에 기초할지, 아니면 직무와 노동의 평가에 의거할지에 따라 임금 룰이 구별된다. 다른 한편으로는 종업원에 대해서 직무와 노동의 범위 를 확정해서 시작할지 아니면 능력의 범위를 확정함으로써 시작할지에 따라 임금 룰이 구별된다.

<표 3-2>에서 두 개의 열은 직무 확정 혹은 능력 확정으로부터 시작되는지를 나타내고 있다. 그리고 직무를 확정하고, 직무 가치에 따른 임금제도가 직무급이다. 그리고 능력을 확정하고, 능력에 따르는 임금제도가 직능급이다. 한편, 직무 확정 이전에 능력 확정이 선행하는 임금이 노동급이 되고, 직무의 확정 이후 업적평가에 따른 임금이 성과급이다. 이러한 점이 두 행으로 표시되어 있다. 상단의 성과급은 업적평가에 직무평가가 겹치는 것으로, 하단의 업무급은 업무평가에 능력의 정의가 겹치는 것으로 나타나고 있다.

이처럼 임금 룰이 의미하는 것은 생산조직을 어떻게 편성하는가라는 것이기도 하다. 직능이라는 개념을 단위로 해서, 내부 노동시장을 형성시키는 것이 지금까지 일본의 고용 시스템이었다. 하지만 그것은 현재, 성과급의 도입이라는 형태로 중대한 제도 변경에 직면해 있다. 각 개인

의 업적에 따른 임금이라는 의미에서 성과급을 도입하기 위해서는 업무의 범위를 명확히 할 필요가 있다. 그 결과, 직무형 시스템과 가까워진다고 생각할 수도 있다. 이를 검토하기 위해서도 직능 시스템과 직무 시스템의 차이를 원리적으로 확인해 둘 필요가 있다.

4) 직능제인가, 직무제인가

(1) 직무급의 시도

'직능' 개념에 기초한 임금제도는 1970년대부터 시작되었다고 알려져 있다. 다만, 당시의 또 다른 주장은 '직무' 개념에 기초한 임금이고, 사실 1960년대를 통해서 직무급의 도입이 시도되었다는 것이다. 그 후에 최종적으로 직능급의 도입이 시작되었다.

사실 그때에도, 문제시되었던 것은 연공임금의 극복이었다. 앞서 지적한 바와 같이, 1950년대 생활급 임금은 1960년대에는 직위제 혹은 직계제라는 임금제도로 대체되었고, 주임과 과장이라는 직위순위에 기초한 임금이 제도화되었다. 요컨대, 임금은 순위를 매긴 이상 그 기준을 명시할 필요가 있었다. 이는 우선 직위의 순위로서 제도화되었다. 그리고 직위순위의 승격은 학력과 근속을 기준으로 하고, 그 후에는 연령급과 정기승급이 부가되었다. 이것이 당시의 연공임금이었다.

이처럼 직위제 혹은 직계제라는 임금제도를 가능하게 했던 것이 1960년대의 고도성장이었다. 즉, 기업규모의 확대와 함께 직위 등급도 증가하고, 이에 따라 승진과 승급 기회는 많아졌다. 이러한 의미에서 직위에 기초한 임금 룰은 개인의 인센티브를 충족하는 것이었다. 하지만, 1970년대 초반 오일쇼크와 함께 1960년대의 양적 확대가 종료하고, 일본 기업은 기존의 임금제도 혁신이라는 과제를 떠안게 되었다. 고도성장의 종언과 함께 직위(post) 부족에 직면하였고, 인센티브의 의미에서도 직위순위의 제도는 그 유지가 곤란하게 되었다. 혹은 1960년대 중반부터 자본자유화의 본격화를 앞두고, 국제 경쟁력의 강화를 내세운 경영혁신이 일본 기업의 과제가 되었다.

(2) 직능급의 선택

어쨌든, 과제는 연공임금의 극복이었고, 연공임금을 부정하는 가장 손쉬운 임금 형태가 직무급이라는 점도 자명했다. 실제로 직무 승진이 행해지지 않는 이상, 임금의 증액은 배제할 수 있다는 의미에서 연공임금을 부정하기 위해서는 직무급을 도입하는 것이었다. 그러나 여기서 제기되었던 것은 능력주의 임금이고, 그것이 직능자격제도로서 형성되었다.

직무급의 도입이 후퇴한 가장 큰 이유는 직무가 불필요하면, 그 담당자도 불필요하다는 점이었다. 반대로 말하면, 직무급제도에 의해 레이오프 제도도 용이하게 된다. 하지만 이는 고용보장이라는 노사의 합의에 반하기 때문에 당시 인사담당자는 이를 수용할 수 없었다. 1950년대 전반 대량해고와 그로 인한 적대적 노사관계의 기억은 아직까지도 선명하게 남아있고, 더구나 칼럼에도 기술되어 있다시피 직무급과 일체화된 과학적 관리에 대한 불신과 이론(異論)도 있었다. 이와 같은 경로를 거쳐, 최종적으로 직무급이 아닌 직능급이 선택되었다. 이른바 구미 모델로서 제시된 것이 직무급의 임금제도라면, 이에 대신해서 자생적인 것이 직능급의 임금제도이다. 따라서 직능급 임금은 일본 모델이라고 할 수 있겠다.

(3) 다시 직무급의 시도

하지만 현재 성과급의 도입과 함께 또다시 직무급 도입이 주장되고 있다. 물론, 문제시되었던 것은 연공임금의 극복이고, 일본 기업의 경영혁신이다. 이를 위해서 성과급의 도입은 업적평가의 전제로서 노동의 범위를 명확하게 할 필요가 있다. 그리고 직능이라는 능력 등급을 대신해서, 업무의 등급화가 도입되게 되었다. 이러한 의미에서 성과급의 도입은 직무 시스템과 가깝다고 할 수 있다. 연공임금의 문제점이 지적되고, 이를 대신할 임금제도가 요구되었을 때, 항상 등장하는 것이 직무급의 임금제도라고 할 수 있다.

확실히 직무급과 직무 시스템을 지지하는 견해는 많다. 직능급 시스템에서 능력평가는 상사의 사정에 기초함으로 주관적이고 애매하다. 하지만 직무급 시스템에서는 직무평가로부터 개인의 사정은 배제할 수 있다는 점이다. 다만, 직무급 시스템에서도 종업원을 어떤 직무에 배치하는지는 종업원의 평가에 기초하고 있다. 만약 이를 배제한다면 직무의 배치 자체를 룰로 규정할 필요가 있다. 즉, 직무급 시스템에서는 어떠한 직무에 배치되는지가 종업원의 입장에서 가장 중요한 관심인 것이다. 이를 기업 측이 결정하지 않고, 종업원 측의 룰로 결정하는 것이 구미 제국에서 노동조합의 가장 큰 역할이었다고 할 수 있다.

(4) 직무 배치의 룰

대표적인 예로서 지금까지 지적해 왔던 미국 공장직의 내부 노동시장의 선임권 룰이 있다. 즉, 상위 직무로의 승격에 관해서는 재직연수의 순서로 하고, 반대로 직무의 상실, 다시 말해 레이오프에 대해서는 재직연수의 역순으로 하는 직무 배분이 룰로 규정되었다. 마찬가지로 독일의 직업별 노동시장은 기능자격이라는 형태로 직무의 배분을 룰로 제도화했다고 할 수 있다. 앞서 <표 3-2>에서 직무와 업무평가에 따른 임금결정의 룰에서는 직무와 직무 배분의 룰을 확립하는 것이 노동자 집단의 가장 중요한 과제이다.

이와 같은 업무의 배분 룰은 고용자의 기회주의를 저지하기 위함과 동시에 조합의 중심 멤버인 장기 근속자의 승진과 기득권을 보호하기 위해서였다. 사실 선임권에서 장기근속자의 승진과 고용은 우선적으로 보장되고, 마찬가지로 기능자격자의 노동과 고용은 미자격자에 비해 우선적으로 보장된다. 이것이 직무급과 업무의 임금 룰에서는 공정한 룰에 합치하는가의 여부보다는 선임권과 기능자격의 확립이 노동자 집단의 당연한 행동이다. 이 결과, 직무의 배치는 고정화되고 경직화된다. 이에 비해 직무의 배분은 기업 측이 결정한다는 것이 일본 내부 노동시장이다. 이와 같은 형태로 직능급 시스템이 형성되었다.

(5) 현장의 룰

일반적으로 고용자의 권한이 기회주의로 바뀔 위험이 있다면, 이는 역시 직무 배치와 관련해서 발생한다. 따라서 직무 배치를 룰에 의해 조절할 필요가 있다. 이것이 노동거래 조직화의 한 방향이라면, 다른 한편으로는 협력관계의 조직화에 의해 직무 배치를 컨트롤하는 방향이 있다. 전자를 추구하는 것이 구미 제국의 노동자 조직이라면, 후자는 일본의 노동자 조직이라 할 수 있다. 적어도 일본의 노동자 집단은 직무의 배치에 대해서 명시적으로 관여하는 존재는 아니었다.

다만, 양자의 차이는 조합과 노동자 집단에서 행동의 차이라기보다는 직무급 시스템과 직능 시스템의 차이에서 발생한 것이다. 즉, 일본 기업에서 직무의 배치가 명확하게 룰로 규정되어 있지 않다는 것은 경영의 필요에 따라 직무의 배치와 편성이 유연함을 의미한다. 하지만, 바로 이러한 점이 고용자의 기회주의를 의미하는 것은 아니다. 오히려 지적할 수 있는 것은 직무의 배치가 현장의 관행에 맡겨진다는 점이다(小池和男, 1999). 즉, 직장을 단위로 해서 직무의 배치가 로테이션된다. 그리고 로테이션 그 자체가 직장의 관행으로서 룰로 규정되어 있다. 그리고 사실은 로테이션을 가능하게 하는 것이 앞서 살펴본 직능급의 임금 룰이었다. 이로 인해 더 넓게 정의된 직무와 직장을 단위로 한 기능형성이 가능하게 된다. 이것이 현장주의라면, 직능급 시스템은 경영의 필요에 의한다기보다는 현장의 필요를 직무 배치의 룰로 규정했다고 할 수 있다. 이러한 일본의 직능급 시스템은 1980년대를 통해 직무급 시스템보다도 우위에 설 수 있게 되었다.

※ 직무급과 과학적 관리: 직무급의 제창 그 자체는 전후개혁의 일환으로 GHQ(연합국 총사령부)의 노동자고문단의 권고로부터 시작되었다(楠田丘, 2002). 이는 과학적 관리의 제창과 궤적을 같이하는 것으로 과학적 관리와 직무급이 구미 선진국의 제도라는 점에서 전후 일관되게 주장되었다.

하지만, 결과적으로 과학적 관리의 도입은 직무급의 도입으로 연결되지 못했다. 그 이유는 두 가지로 살펴볼 수 있다. 한 가지는 당시의 일본 기업은 과학적 관리가 제창하는 규격화된 대량생산 단계에 이르지 못했다는 것이다. 그리고 '계획과 실행의 분리'라는 과학적 관리의 사상을 단순하게 받아들이지 못했다는 점이 또 다른 이유이다. 전자에 대해서는 직무를 명확하게 정의하고, 각각의 직무에 노동자를 배치하고, 직무에 따라 임금을 지불하는 방식이 성립하기 위해서는 직무가 고정적으로 유지될 필요가 있다. 하지만 일본은 이를 가능하게 하는 규격화된 대량생산의 단계에 이르지 못했다.

후자는 현장의 관리자와 기술자의 지시에 의해 실행되기 위해서는 직무는 매뉴얼화되고 단순화되고 세분화될 필요가 있다. 이에 비해 일본 기업의 현장 기술자와 관리자가 추구했던 것은 직무의 확대, 다능공(多能工)화이고, 이를 위한 기능훈련이었다. 물론 직무를 분석하고 표준작업을 측정하는 과학적 관리 '수법' 자체가 부정되었던 것은 아니다. 참고로 테일러의 '과학적 관리법'은 이미 1920년대에 그 초판이 번역되었던 것처럼(奧田健二, 1985), 생산효율을 위해서는 과학적 관리법이 필요하다는 인식은 GHQ의 권고가 아니더라도, 현장의 기술자들에게는 공유되고 있었다. 하지만, 그러한 '수법'에 근거해서 오히려 직무의 확대와 다능공화를 꾀했던 것이 일본 기업의 현장 기술자들이었다. 이러한 필요성은 규격화된 대량생산시장의 부재 때문이었으며, 이러한 상황에서 도요타 생산 시스템이 출현하게 된 것이다.

5) 생산조직의 유연성

(1) 직능 시스템의 우위성

일본 기업의 경쟁우위 조건으로서 생산조직의 유연성을 꼽을 수 있다. 직무의 범위를 넓히고, 잡 로테이션에서 볼 수 있듯이, 직무 변경을 유연하게 하는 것이 일본 생산조직의 특징이라고 할 수 있다. 앞서 지적한 것처럼, 이러한 유연성을 가능하게 한 것이 직능급 시스템이다.

앞서, <그림 3-1>에서처럼 직능급의 특징은 직능순위가 직무와 직종별로 정의된 것이 아니라, 기업 내 모든 직무를 포함해서 일률적으로 정의된다는 점이다. 따라서 다른 직무라고 하더라도 직능 순위가 같다면 동일한 직능급이 된다. 또는 동일 직무라고 하더라도 직무능력의 평가에 따라서 직능 순위가 승격하고 승급을 획득할 수 있게 된다. 이와 같이 임금 변경을 동반하지 않고 직무의 변경이 가능하고 이에 따라서 직무편성의 유연성이 높아진다.

한편, 직무급 시스템에서 직무 변경은 임금의 변경을 불가피하게 한다. 따라서 상위 직무로의 변경 이외에는 직무의 변경에 대한 종업원의 저항은 강해진다. 나아가, 직무의 정의와 평가를 엄격하게 하는 것은 직무의 범위를 좁게 한정하는 경향이다. 그 결과, 생산조직의 경직성이 직무 시스템의 귀결이다. 이와 함께 각각의 직무 순위에 필요한 사람수가 확정된다. 따라서 상위의 직무에서 결원이나 공석에 의해서 비로소 하위 직무로부터의 승격 기회가 발생한다. 이 때문에 상위 직무가 다른 누군가에 의해 채워진다면 승격의 기회는 박탈당하고 만다. 이러한 의미에서 직무급 시스템은 승격과 승급 기회를 한정한다고 할 수 있다. 그리고 승진의 전망을 상실하면 전직하고자 하는 의식이 강해지는 것도 당연하다.

이에 대해 직능 시스템에서는 이러한 제약으로부터 자유롭다. 직능 순위는 직무와 분리되어 정의되고, 그 인원수가 확정되지 않는다. 해당 순위의 평가에 따라 상위 순위로 승격할 수 있고, 이에 따른 승급도 가능하게 된다. 이러한 의미에서 직능급 시스템은 승격과 승급 기회가 많아진다. 덧붙여 말하자면 이미 미국의 래디컬 경제학은 직무의 순위가 경제적·기술적 이유에 근거하는 것으로 보지 않는다. 오히려 직무의 순위는 그에 한정된 승진의 기회를 추구하는 노동자를 서로 경쟁시키고 경쟁에 의해 노동자를 회유하는 수단이라는 것이다. 이와 같은 관점과 대비시키면, 직능 순위는 래디컬한 의미에서의 노동자 상호의 경쟁과 대립을 회피할 수 있다. 후술하겠지만, 오히려 종업원 상호의 협력을 발생시킨다는 점에서 직능 시스템의 중요한 의의가 있다.

(2) 직무편성의 경직성과 고용조정의 경직성

이상과 같이 직능 시스템은 생산조직의 유연성을 강화하고, 직무 시스템은 그 경직성을 강화한다. 앞서 살펴본 것처럼 이로 인해 직능 시스템은 직무편성의 유연성만이 아닌 노동을 통한 기능형성의 폭과 깊이를 더할 수 있는 것이다.

다만, 직무 시스템에서 생산조직의 경직성은 규격화된 대량생산을 전제로 하는 한, 그것이 제약이라고 의식되는 일은 없었다. 오히려 순환적인 시장 변동에 대처하기 위해 고용조정의 유연성이 추구되었다. 이것이 선임권에 근거한 레이오프의 제도화이고, 장기재직자의 고용을 실질적으로 보장하는 이상 고기능자의 정착과도 모순되지 않았다. 나아가 조합의 중심 멤버의 고용을 보장함으로써 노사 관계의 안정과도 일치했던 것이다.

그러나 1970년대~1980년대를 통해 다품종 생산체제로의 전환은 경직적인 생산조직의 경쟁열위 상황을 발생시켰다. 종래 직무급 시스템의 변혁이 1980년대 미국 기업의 과제였다. 이때 제시된 모델이 일본형의 생산조직이고, 직무편성의 유연성과 양립하는 직능급 시스템이었다. 여기에서 직무의 범위를 아우르는 범위급이 도입되기 시작했다고 할 수 있다.

이에 대해 직능 시스템에서 생산조직의 유연성은 **고용의 계속성**을 전제로 한다. 직능으로서 정의된 종업원의 직무능력형성은 기능의 기업 특수성만이 아니라 기능평가의 기업 특수성을 강화한다. 즉, 직능순위야말로 가장 기업 특수적이 되는 것이다. 그렇다면 이런 두 가지 의미에서의 기업 특수성 때문에 고용보장의 관념은 한층 강화된다. 그 결과가 요컨대 **고용조정의 경직성**이다. 앞서 살펴보았듯이 적어도 미국 기업과 비교한 일본 기업의 고용조정이 뒤처짐을 지적할 수 있다.

(3) 생산조직의 유형

이상의 사실로부터 직무편성의 유연성과 경직성을 각각의 **내부유연성**과 **내부경직성**이라고 하고, 고용조정의 유연성과 경직성을 각각 **외부유연성**과 **외부경직성**이라고 할 수 있다(Streeck, 1992). 또는 내부유연성(경직성)을 기능적(functional) 유연성(경직성), 외부유연성(경직성)을 기능적(functional) 유연성(경직성)이라 표현할 수도 있다.[4] 그렇다면, 이상의 사실로부터 각각의 관계를 <그림 3-5>와 같이 나타낼 수 있다. 즉, 내부유연성을 획득하기 위해 외부유연성을 방기하는 것이 일본형 내부 노동시장이 된다. 한편, 외부유연성을 획득하기 위해서 내부유연성을 방기하는 것이 미국형 노동시장이 된다.

고용한 종업원에 대해서 직무편성의 자유도와 고용조정의 자유도를 함께 높이는 것이 경영의 자유라고 한다면 <그림 3-5>를 통해서 알 수 있듯이, 일본과 미국의 내부 노동시장은 함께 어느 한편의 자유를 제약하는 것이었다. 즉, 경영에서 한쪽의 자유를 획득하기 위해서는 다른

---

4) 이것에 더해서 **금전적**(financial) 유연성(경직성)이 있다(Atkinson, 1987). 즉, 임금 이외의 노동비용의 유연성(경직성)이고, 이를 위한 비정규고용과 단기고용을 통한 노동비용의 변동비화를 도모한다. 그리고 또 다른 하나가 다음에서 보는 성과급의 도입이다.

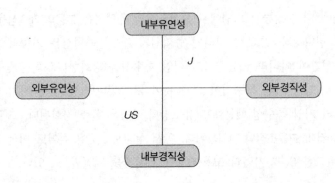

<그림 3-5> 내부유연성과 외부유연성

한쪽의 자유는 양보하기 때문에 노동과 자본 사이의 거래가 성립했다. 이에 비해 두 자유를 함께 높이는 것이 '자본주의기업'의 요구라고 할 수 있다.5) 혹은 경쟁시장의 압력으로부터 '유연한 기업 시스템'이 요구된다는 것이다.

그렇다면, 미국 기업은 고용조정의 자유도를 전제로 해서 직무편성의 자유도를 높이려고 하는 데 비해, 일본 기업은 직무편성의 자유도를 전제로 해서 고용조정의 자유도를 높이려 한다고 이해할 수 있다. 그러기 위해서 미국 기업은 범위급의 형태로 직무편성의 유연성과 양립하는 임금 룰을 도입하려고 한다. 그렇다면 일본 기업은 고용조정의 자유도를 높이기 위해서 어떤 제도 변경을 추구하려는 것일까. 그것은 미국 기업을 모델로 해서 해고의 자유를 주장하게 될 것인가. 그리고 과연 이것이 성공할 수 있을까.

(4) 생산조직의 유연성과 조건

실제로 직무편성의 유연성을 확보하기 위해서는 직무급이 아닌 직능급 혹은 범위급의 임금 룰을 필요로 한다. 하지만 그것만이 아니라, 생

---

5) 이에 비해 고용조정과 직무편성의 자유를 함께 방기하는 것이 '사회주의기업'이었다고 하겠다.

<그림 3-6> 직능자격제도의 구조와 기능

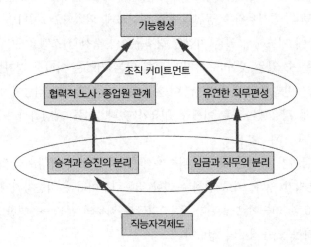

산조직의 유연한 운영을 위해서는 그에 따른 종업원의 행동도 필요로
하게 된다. 즉, 업무의 변경을 받아들이고, 새로운 노동에 필요한 지식
과 기능을 습득하는 행동이다. 이러한 종업원의 협력 행동을 어떻게 조
직화하는지가 과제이다. 사실 미국 기업에서도 이를 위한 종업원의 레
이오프가 필요하다. 즉, 고용조정의 자유를 제약하는 것이다. 이런 의
미에서 유연한 생산조직은 일본 기업이 추구하는 방향이다. 적어도 이
것이 '내부 노동시장'형 기업의 조건임에 비해 일본 기업은 고용조정
의 자유를 높이는 것이 과제인 셈이다. 과연 그것은 생산조직의 유연성
과 양립할 수 있을까. 이를 위해서도 일본 기업에서 협력관계가 어떻게
조직화되어 있는지를 살펴볼 필요가 있다.

6) 조직 커미트먼트

(1) 직능자격제도의 기능연관

지금까지 살펴본 것처럼, 일본 기업은 그 내부조직을 직능자격제도에 기초해서 조직화했다. 그리고 1970년대~1980년대를 통해 일본 기업 시스템의 경쟁우위를 공통적으로 인식하게 되었다. 그렇다면 직능자격제도에 기초해서 일본 기업은 경쟁우위의 생산 시스템을 구축했다고 이해할 수 있을 것이다. 하지만 현재 일본 기업은 이러한 평가를 상실하고 그 변혁에 직면해 있다. 이를 검토하기 위해서도 직능자격제도가 어떻게 작용했는지를 이해할 필요가 있다. 이를 개념화시켜 보면 <그림 3-6>과 같다.

① 지금까지 살펴본 것처럼 직능자격제도의 구조적 특징으로 임금과 직무의 분리가 있다. 이로 인해 유연한 직무편성이라는 직능자격제도의 가장 중요한 기능이 도출된다. 즉, '임금과 직무의 분리→유연한 직무편성'이라는 기능경로의 성립이다.

② 또 다른 직능자격제도의 구조적 특징으로는 직능순위의 자격과 관리직 포스트 승진의 분리이다. 관리직 포스트의 승진은 그에 따르는 직능순위의 승격을 전제로 한다. 전자는 그 인원수가 한정되어 있기 때문에 승진은 공석에 대한 선발이 된다. 한편, 후자는 그 인원수가 처음부터 확정되어 있는 것이 아니기 때문에 직능순위의 승격을 위한 능력평가는 선발의 의미가 아니라 달성도의 평가가 된다.

③ 선발의 의미에서의 관리직 포스트의 승진은 종업원 간의 라이벌 관계를 강화한다. 라이벌의 업적과 연관될 듯한 업무의 협력과 정보 전달은 회피하려는 행동이 예상된다. 이에 비해 직능순위의 승격은 달성도 평가이기 때문에 라이벌 관계가 형성되지 않는다. 그 결과, 종업원의 상호 협력과 정보공유가 유지된다. 즉, '승진과 승격의 분리→협력적 종업원 관계'라는 기능적 경로가 성립한다.

④ 한편으로는 유연한 직무편성과, 다른 한편으로는 협력적인 종업원 관계가 OJT의 형식에 의해 기능형성의 촉진으로 이어진다. OJT에 기초한 기능형성은 한편으로는 직무 범위의 넓이와 다양성에 의존하고, 다른 한편으로는 직장 혹은 팀 내부의 협력관계에 의존한다.

⑤ 이처럼 직능자격제도는 두 가지 경로를 따라 생산조직의 효율성을 발생시킨다. 그 하나는 유연한 직무편성이며, 이에 의해 시장 환경과 기술 환경의 변화에 따른 생산조직의 편성이 가능하게 된다. 다른 하나는 협력적인 종업원 관계이며, 이에 의해 팀으로서의 협력 혹은 정보의 공유가 가능해진다. 그리고 이 두 가지가 최종적으로 기능형성을 촉진하게 된다.

(2) 조직 커미트먼트에 대한 의존

이와 같은 직능자격제도의 기능 연관에서의 열쇠는 '유연한 직무편성'과 '협력적 종업원 관계'이다. 그리고 이 두 가지는 종업원의 행동에 달려있다. 즉, 전자가 성립하기 위해서는 직무의 변경을 수용하고 새로운 직무에 대한 학습 의욕을 높여, 업무의 달성과 개선에 적극적인 자세가 종업원에게 필요하다. 마찬가지로 후자가 성립하기 위해서는 경영방침을 이해하고 업무의 진행과정에서 동료와 협력해야만 한다. 그리고 서로 정보의 공유와 전달을 긴밀히 함으로써 직장에서의 교육훈련을 적극적으로 수용하는 행동이 필요하다.

이와 같은 종업원의 행동은 단순히 직무의 수행을 넘어서는 것이다. 즉, 위와 같은 행동은 고용계약에 명시되는 것도, 고용자의 권한에 의해 유도되는 것도 아니다. 앞서 지적한 것처럼, 이와 같은 행동이 종업원의 조직 커미트먼트가 되는 것이다. 다만, 이는 종업원의 기업 충성심과 집단주의로부터 발생하는 것도 아니다. 이러한 행동의 동기를 유발하는 것이 직능급 시스템이고 직능자격제도였다. 이들은 직무능력의 평가에 기초한 임금과 승진제도이기 때문에 종업원의 기능형성 인센티브를 높이는 것만으로 성공하는 것은 아니었다. 직능순위에서 능력평가를 달성도로 평가함으로써 능력평가의 공정성을 확보하는 것이었다.6) 관리직 포스트의 승진은 선발의 의미에서 상대평가라고는 해도, 임금 룰로서는 능력달성도 의미에서의 절대평가가 의도되었다. 다음에서 살펴보는 것처럼 이러한 점에서 제도 변경을 피할 수 없게 되었다. 하지만 적어도 지금까지는 직능급의 임금 룰은 능력형성에 대한 종업원의 인센티브를 높인다는 의미에서도, 공정의 조건에 부합한다는 의미에서도 효율성과 실행 가능성의 조건에 부합하는 것일 수 있었다. 그리고 능력형성의 인센티브는 그것이 실제의 업무를 통한 능력형성인 이상, 업무의 인센티브 향상과도 이어지는 것이었다.

(3) 종업원 신분의 보장

앞서 지적했던 심리적 계약의 관점으로부터 협력과 조직 커미트먼트라는 종업원의 행동은 해당 고용관계에 대한 기대에 근거한 것이었다. 그리고 지금까지는 일본 기업에서 종업원의 기대는 승진과 승격, 그리고 승급에 집중되었다. 또는 그 전제가 되는 능력형성의 기대에 집중되었다. 이는 일본 기업뿐만 아니라 일반적인 내부 노동시장형 고용 시스템에서 발생시키는 기대이기도 하다. 이는 최종적으로 종업원 신분의 보장이라는 기대로 귀착된다. 적어도 지금까지는 이러한 기대를 충족시키는 것으로서 직능자격제도가 기능해 왔다. '자격'이라 표현하는 것처럼 획득한 직능순위는 기업 내에서 종업원 지위를 보장하는 것으로 기능했다. 하지만 현재 이와 같은 조건을 상실하고 있다. 그렇다면, 그 결과 일본의 고용 시스템은 유연한 생산조직의 조건을 상실할 수밖에 없는 것일까.

---

6) 다만, 관리직 레벨에서는 달성도의 평가에서 분포의 틀에 기초하는 상대평가 형식이 된다. 다만, 이 경우에도 평가의 기준 그 자체는 달성도의 형식이다.

7) '근면' 시스템

(1) 문화 요인

지금까지의 논의에서 일본 기업에 대한 이른바 문화적 설명과 사회적 설명을 의도적으로 배제해 왔다. 다만, 이는 문화적 요인과 사회적 요인의 작용을 부정하는 것은 아니다. 한 쌍의 제도와 룰의 복합으로서 기업 시스템을 파악하려는 관점에서는 왜 A가 아닌, B라는 제도와 룰이 선택되었는가는 사람들의 생각과 가치관이라는 문화적 요인과 무관한 것은 아니다. 설령, 그 선택이 사람들의 합리적 행동을 통해 이루어진 것이라 해도, 무엇을 목적으로 하는가가 사회와 문화적 요인과 관련되어 있기 때문이다. 이것을 금전적 이득이라 간주해도 그 강약은 사회와 나라마다 차이가 있다는 것도 당연하다.

이와 같은 관점으로부터 일본의 고용 시스템에 관련한 문화적 요인과 사회적 요인을 찾아본다면 근면(diligence)이라는 노동관을 지적할 수 있다. 일본의 기업 시스템을 설명하고 이해하는 개념으로서 이미 기업 충성심과 집단주의라는 용어들이 사용되었다. 하지만 지금까지 검토한 것처럼 그러한 개념에 의존하지 않고 일본의 고용 시스템과 기업 시스템을 설명할 수 있었다. 이에 대해 근면이라는 개념은 다시 한 번 검토해 볼 만한 가치가 있다.

근면이 '힘든 노동(hard work)'을 의미한다면, 일본 기업의 장시간 노동은 근면이라는 일본인의 노동관에 그 원인이 있다는 '문화적 설명'이 가능하다. 하지만 장시간 노동만이라면 '경제적 설명'으로도 충분하다. 현재의 불황은 일본의 연간 총 노동시간을 미국보다 낮게 하고 있으며, 숨겨진 '서비스 잔업'의 존재는 역시 노사 간 교섭력의 우열을 반영하는 것에 지나지 않는다.

(2) 근면혁명

이에 대해 근면 관념의 성립을 에도 시대의 농업생산에서 찾아볼 수 있다. 그것은 서양의 '산업혁명(industrial revolution)'과 대비시켜, 근면혁명(industrious revolution)이라고 해석하는 견해도 있다. 즉, 노동을 절약해서 자본을 투입하는 것이 서양의 '산업혁명'이라면, 일본 에도 시대의 농업에서는 노동을 절약한다는 의식은 없었다는 것이다. 전자가 광대한 농지와 우마를 이용한 대규모 농업인 데 비해, 후자는 쟁기와 괭이 등의 도구를 이용하고, 더 많은 노동을 투입하여 토지 단위당 수확량 증대를 도모한다는 것이었다. 그것은 희소하지만 상대적으로 비옥한 토지에 걸맞은 소농경영의 농업이며, 아침부터 밤까지 행하는 노동은 농업생산의 비약적 확대를 가져왔다. 그리고 이러한 공업화 이전의 경제발전이 메이지 이후 일본의 '산업혁명'을 준비했다는 의미에서 일본 에도 시대 농업노동의 형태를 '근면혁명'이라 칭하는 것이다(速水融·宮本又郎, 1988).

하지만 에도 시대의 농업을 '근면혁명'이라 칭하는 의미는 이로부터 지금에 이르는 '힘든 노동'의 원형이 형성되었다기보다는 이러한 역사상의 경험을 통해서 일본인들의 노동의식이 형성되었다는 것을 의미한다. 그것은 노동하는 것이 자연에 의해 보답을 받는 것이고, 일의 개선에 대해 여러 궁리를 의식하게 된다. 즉, 단순히 힘든 노동이 아니라 철저히 준비하고 계획을 세워 세심한 주의를 가지고 일한다는 것이 벼농사였다. 자연환경의 변화에 크게 좌우되는 것이 벼농사인 이상, 자연환경에 대처하고 그 지식에 기초하여, 궁리하는 노동을 필요로 하는 것이 일본의 농업생산이었다. 더욱이 쌀 이외에도 놀랄 정도로 많은 농작물이 재배되었고, 일 년 동안 그 노동은 단조로운 반복과는 거리가 멀었다. 다양한 농업서를 통해서 알 수 있듯이 에도 시대의 농업은 실로 지식에 의해 '궁리하는 노동'이었다. 그리고 이러한 노동이 자연의 섭리에 의해 보상받는 노동이었다. 따라서 노동을 절약한다는 의식이 생기지 않았다는 것도 그리 이상하지 않다. 이와 같이 '궁리하는 노동'과 '보상받는 노동'의 성립이 '근면혁명'이라면 다음과 같은 주장도 할 수 있다. 만약 '궁리하는 노동'이 '보상받는 노동'이 아니라면 그것은 과연 부당한 것일까?

(3) 근면의 계승

이와 같은 '근면혁명'이 만약 일본인 노동의 원형이라면 그것은 어떻게 계승되어 왔을까. 물론 에도 시대의 근면과 현재 일본 기업에서 관찰되는 근면이 직결되는 것은 아니다. 그 사이에는 말할 필요도 없는 '산업혁명'이 존재하고 있다. 따라서 가장 중요한 점은 메이지 이후의 '산업혁명'에서 '근면혁명'의 유산이 어떻게 계승되었는가, 그리고 오늘날의 기업 시스템에 어떻게 받아들여졌는가에 있다.

다음 두 가지를 지적할 수 있다. 우선 첫째로 '산업혁명'에 의한 공업화는 단순히 기계의 사용과 노동의 절약만으로 실현된 것은 아니었다. 그것은 두 가지 성질을 겸비한 노동을 필요로 했다. 하나는 기계가 요구하는 기능을 갖춘 노동(skilled labor)이고, 다른 하나는 공장이 요구하는 규율을 갖춘 노동(disciplined labor)이었다. 이 두 가지를 갖춘 노동을 '근면'이라고 한다면, 공업화에 성공한 모든 나라에는 '근면'의 유산이 있다고 할 수 있다. 그 이후에 '기능'을 갖춘 노동과 '규율'을 갖춘 노동을 기업 내부에서 '만든다'라는 것이 일본 공업화의 경로였다. 이것이 내부 노동시장의 형성이고, '궁리하는 노동'을 가능케 한 것이 내부훈련이라면, 다시 그것을 '보상받는 노동'으로 변형한 것이 내부승진제도였다. 메이지 말기부터 다이쇼(大正, 1912~1926) 시대에 걸쳐서 이를 제도화한 것이 '도제(徒弟)' 제도로서 확립되었다.

둘째, 상기와 관련해서 '산업혁명'에 의한 공업화는 일반적으로 노사의 대립이 불가피하다는 점이다. 이는 메이지(明治, 1868~1912) 산업혁명에서도 바뀌지 않았다. 다만 흥미로운 것은 서양의 노사분쟁이 노동시간과 표준작업량을 둘러싸고 대립했던 것과는 달리 일본에서는 전혀 다른 양상이 벌어졌다(Smith, 1988). 노동자의 요구는 정당하게 보상받아야 할 요구이고, 그리고 그 정당함이란 능력의 격차를 인정하고, 그에 따르는 처우를 요구하는 것이었다.

그것은 노사대립의 관점으로부터 업무에 관련된 권리를 요구하는 것이거나, 혹은 노동자의 평등이라는 이념으로부터 개인 간의 경쟁을 부정하는 서양의 노동운동이 아니었다. 오히려 현대적인 의미에서의 능력주의를 주장하고 능력의 정당한 평가를 요구하는 노동자의 모습이었다. 사실, 사정을 거부하는 것이 서양의 노동운동이었다면 능력평가를 위한 사정을 받아들이는 것이 일본 생산노동자의 특징이었다. 서양을 기준으로 하면, 그것은 일본노동운동의 '뒤처짐'과 일본 노동자 의식의 '뒤처짐'이라고 할 수 있을지 모른다. 그러나 이것을 '근면혁명'의 유산이라고도 할 수 있다. 노동이 보상받는 것이라는 점과 이를 위해 궁리하는 노동이었다는 점, 그 결과로 표준시간의 요구보다도 장시간 노동을 마다하지 않았다는 점을 '근면' 시스템이라고 할 수 있다면, 그것은 메이지 산업혁명에도 계승되었다.

(4) 근면 시스템

이와 같은 '근면' 시스템을 전후 일본적 경영에서 찾아보는 것은 그리 어렵지 않다. 그 대표적인 예로서 이른바 도요타 생산 시스템을 들 수 있을 것이다. 그 원형이 형성된 것은 1950년대 후반이었다. 당시의 생산은 절대적으로 소량다품종이어서, 요컨대 미국형의 표준화된 대량 생산과는 전혀 다른 조건에서의 생산이었다. 이러한 제약하에서 얼마나 생산효율을 달성할지를 목표로 해서, 개발된 시스템이 도요타 생산 시스템이었다. 꼼꼼하게 조정된 생산과정의 와중에서 복수의 업무를 받아들이고 계획을 세워, 상호 관련에 세심한 주의를 갖고 노동을 한다면, 이것이 실로 '근면혁명'이라고 할 만하다.

나아가 '궁리하는 노동'이 '보상받는 노동'이라는 점에서 '근면혁명'
이 성립한다면, 이것을 기능의 형성과 평가 시스템으로 제도화한 것이
직능자격제도였다. 또는 이것이 일본적 경영이었다. 어쨌든 '근면' 시스
템은 힘든 노동을 의미하는 것이 아니다. 노동의 개선을 궁리하고 준비
하고 계획하여 노동의 능력을 높이는 것이 '근면'의 의미이고, 이러한
노동이 최종적으로 보상받는 노동이다. 이러한 근면 시스템이 1970년
대~1980년대 일본 기업의 경쟁우위 시스템이었다.

이에 대해 현재 '능력'보다도 '성과'를 중시한다고 하는 관점에서 성
과급의 도입이 급속하게 진행되고 있다. '능력'형성이 없이는 '성과'의
달성이 없다는 사실은 명백하다고 하더라도, 능력급에서 성과급으로의
전환이 이루어진다면 그것은 '근면' 시스템에 중대한 영향을 미칠 것
이다. 결과적으로 그것은 '궁리한 노동'과 '보상받는 노동'이라는 의미
에서의 근면 시스템과 어떻게 합치될 수 있을까.

※ 프로테스탄티즘의 윤리: 근면을 프로테스탄티즘의 윤리로서 해석하는
것이 실로 '문화적 설명'이다. 주지하는 바와 같이, 그것은 베버의 생각
이고, 동일한 관점에서 일본에서도 이시다 바이간(石田梅岩)의 심학(心
學: 에도 시대 유·불·선 3교를 융합해서, 그 뜻을 평이한 용어와 통속적
인 예로서 설명한 서민 교양, 특히 이시다는 상인의 역할을 강조했다. ─
역자 주)과 같이, 근면의 도덕을 설파하는 종교가 존재했다는 점을 지적
할 수 있다. 하지만, 종교의 가르침이 근면을 유도했다는 것은 어쩐지 본
말이 전도된 듯하다. 지금에 와서는 베버의 생각 자체가 비판되듯이, 종
교의 가르침 때문에 사람들이 근면하게 되었다고 보기는 어렵다. 사적인
이익을 추구하는 한 무리의 인간이 그때까지의 상식을 깨고 열심히 일하
게 됐다는 것이 본질적일 것이다. 그리고 기존의 종교, 즉 가톨릭은 그러
한 '힘든 노동'을 그리스도의 가르침에 반한다고 보았다. 따라서 이러한
한 무리의 사람들은 스스로의 행동이 그리스도의 가르침에 어긋나지 않
았음을 주장할 필요가 있었다. 이것이 프로테스탄트의 교의(敎義)였다는

것이 현재의 유력한 견해이다(Macfarlane, 1987). 그리고 그 위에 그러한 열심히 일하는 사람을 교화시키고 관대하게 대하여 질서를 지키게 하는 역할을 담당했던 것도 종교였다. 그것이 빅토리아 시대의 종교이고, 그 결과 영국에서는 종교와 문화의 요인에 의해서 산업정신 그 자체가 쇠퇴했다는 설마저 유력하다(Wiener, 1981).

2. 일본 고용 시스템의 과제

1) 고용 시스템의 구조와 기능

(1) 직면한 문제

일본 기업은 직능자격제도에 기초해서 노동거래를 조직화하고, 이를 통해 효율적인 생산조직을 실현시켰다고 생각할 수 있었다. 하지만, 현재 이러한 일본의 고용 시스템은 제도 변경의 요구에 직면해 있다. 이를 제1장에서 제시했던 구도로 파악해 본다면 다음과 같다. 즉, 시장거래를 조직화함으로써 기업은 조직으로서의 효율성을 추구하지만, 그러기 위해서는 조직화 비용을 필요로 하게 된다. 그렇다면 전자의 효율성이 저하하든지, 아니면 후자의 조직화 비용이 증가하게 되면 기존의 조직화는 더 이상 유지할 수 없게 된다. 전자를 조직 퍼포먼스라 한다면, 기존의 조직화 상태는 그 하위의 조직 퍼포먼스와 조직화 비용의 관계에 달려있다.

그렇다면 일본의 고용 시스템이 직면한 문제는 직능자격제도가 초래한 조직 퍼포먼스의 저하 혹은 그 조직화 비용의 증대 또는 이 두 가지 모두에 기인하게 된다.7) 어쨌든 이 둘 가운데 어느 쪽이든 그 결과 직

---

7) 제1장 <그림 1-5>에 나타나 있는 것처럼 기존의 조직화에 영향을 미친 요인으로서는 또 다른 시장거래 비용의 상태가 있다. 즉, 시장의 거래비용이 어

능자격제도는 변경을 피할 수 없게 된다. 따라서 과제는 조직 퍼포먼스를 끌어올릴 것인가 혹은 조직화 비용을 낮출 것인가 아니면 이 둘 전부를 문제로 할 것인지에 달려있다. 이를 위해서 재조직화가 진행된다. 그 결과 직능자격제도는 수정되거나 혹은 새로운 고용 시스템으로 전환하게 된다.

이것은 고용 시스템만의 문제는 아니다. '거래 다발'로서의 기업은 사람과 물자, 그리고 자금의 시장거래와 관련한 조직화를 통해서 조직으로서의 효율성을 추구한다고 볼 수 있다. 그러기 위해서 특정의 조직화가 선택되지만, 그 조직화는 실현하는 조직 퍼포먼스와 그를 위한 조직화 비용의 상태에 의존한다. 그리고 현재 일본의 기업 시스템은 각각의 조직화에 관련해서 조직 퍼포먼스의 저하와 조직화 비용의 증대라는 문제에 직면해 있다. 이로부터 시스템으로서 일본 기업의 제도 변경이 진행되는 것도 불가피하게 된다.

(2) 직능자격제도의 기능저하

이러한 이해에 입각해서, 여기서는 직능자격제도의 조직화 비용에 대해서 생각해 보도록 하자. 이는 다음과 같은 두 가지 비용으로 구분할 수 있다. 하나는 승격과 승진에 따른 승급비용, 그리고 다른 하나는 고용유지 비용이다. 이 둘은 직능자격제도를 현실적으로 운영하기 위한 비용이다. 즉, 전자는 임금과 승진 룰에 따른 비용, 후자는 고용조정의 룰에 따른 비용으로 이러한 비용으로 직능자격제도를 유지하는 것이 조직 퍼포먼스의 달성이라고 하는 것이 일본 고용 시스템의 형태였다.

물론 특별한 비용을 발생시키지 않고 성립하는 시스템도 있다. 그것

___

떠한 이유에 의해서 증대(감소)한다면, 그에 따라서 조직화(시장화) 작용이 상승하게 된다. 예를 들어, 고용규제 완화에 의해 거래비용을 낮추는 고용거래가 파견이다.

<그림 3-7> 고용 시스템의 구조와 기능

을 '저렴(cheap)'한 시스템이라고 한다면 그것은 아마도 조직 퍼포먼스(performance)를 저하시킬 것이다. 이와 대해서 승급비용과 고용유지의 비용을 투입한다는 의미에서 '비싼(expensive)' 시스템이 성립한다면, 그것은 당연히 그 시스템이 산출하는 고(高)퍼포먼스에 상응한다고 할 수 있을 것이다.

하지만 이러한 의미에서의 비용과 퍼포먼스의 고위균형(高位均衡)에 대해 1990년대 이후 일본 기업은 조직화 비용의 증대와 조직 퍼포먼스의 저하라는 문제에 직면해 있다. 조직화 비용은 연령급과 정기승급을 통한 승급비용이 증대한다. 그것은 종업원의 연령구성이 고령화되면서 이른바 연공적으로 증대하기 때문이다. 이와 더불어 직능순위의 승격에 따른 승급비용의 증대가 있다. 본래 직능자격제도의 의도는 종업원의 능력평가에 기초한 승격이다. 그러나 다음에서 보는 것처럼 직능순위의 승격은 현실적으로는 재직 연수를 기준으로 연공적인 승격이 되기 쉽고, 그 결과 연공적인 승급비용이 증대하게 된다. 나아가 고용조정의 필요성은 고용조정의 룰에 따른 것으로 지금까지 살펴본 것처럼, 조정에 시간이 소요됨으로써 고용유지 비용의 증대를 유발한다.

(3) 고용 시스템의 변동

한편, 조직 퍼포먼스는 앞서 <그림 3-6>과 같이 직무편성의 유연성과 협력적인 종업원 관계, 그리고 그 두 가지에 기초한 기능형성의 촉진이 직능자격제도가 발생시키는 조직 퍼포먼스라 할 수 있었다. 그렇다면 이러한 조직 퍼포먼스가 저하한다는 것은 직능자격제도 자체가 기능저하에 빠졌기 때문이든가, 아니면 시장 환경과 기술 환경의 변화에 대해 적합하지 않기 때문에 혹은 이 둘의 문제가 복합적으로 작용한 결과로 파악할 수 있다.

위의 문제를 좀더 알기 쉽게 '시스템의 구조와 기능'이라는 시점에서 파악해 보도록 하자(富永健一, 1995). 즉, 시스템은 환경과의 관계에서 스스로의 기능을 유지하고, 환경조건의 변화에 따라 스스로의 기능을 유지하기 위해 시스템 구조를 바꾼다. 이를 개념화시켜 보면, <그림 3-7>과 같다.

① 시스템은 시스템을 구성하는 내부환경과 시스템을 둘러싼 외부환경으로 구축되어 있다. 고용 시스템에서 그 내부환경은 자본과 노동에 대응해서, 외부환경은 시장과 기술로 구성되어 있다.

② 자본과 노동의 내부환경을 구조화하는 것이 노사관계 또는 고용관계가 되고, 일본 기업은 이들을 직능자격제도에 기초해서 조직화시켰다. 한편, 시장과 기술의 외부환경에 대해서 시스템을 유지하는 힘이 생산조직의 기능이 되고, 일본 기업은 이들을 직능자격제도가 발생시킨 조직 퍼포먼스에서 찾고자 하였다.

③ 시장은 다품종소량생산형 시장, 고기능·고품질의 비가격 경쟁형 시장과 기술은 엔지니어링형 혹은 정밀가공형 기술이 일본 기업의 외부환경이었다. 이러한 외부환경에 대해서 직능자격제도에 기초해서 OJT형의 기술형성과 직무편성의 유연성이 유효하게 기능했다.

④ 경제의 글로벌화와 함께 시장에서는 가격 경쟁형의 시장이, 기술에서는 디지털형의 정보기술과 모듈형의 생산기술이 새로운 외부환경으로 자리 잡았다. 그리고 고부가가치형의 시장은 정보기술 분야에 집중되고 엔지니어링형의 기술 분야는 가격경쟁형 시장에 침식당하는 경

향이다.

⑤ 가격경쟁형 시장은 비용을 투입해서 유지되는 생산조직을 비효율적인 시스템으로 전락시켜 조직화 비용 삭감의 압력을 높이게 한다. 한편, 디지털형 기술은 경험을 축적하는 형태로 기능형성의 유효성을 저하시킨다. 더욱이 생산 프로세스의 모듈화는 부분과 부분을 분리시켜 결과적으로 팀을 단위로 하는 유연한 직무편성보다는 개인별의 업적달성에 의존하게 된다.

⑥ 내부환경에 대해서는 자본행동의 변화이다. 제6장에서 밝히겠지만 변화란 코퍼레이트 거버넌스의 변화이고, 그것은 자본 이익의 추구 압력을 강화한다. 그 결과 기존 고용 룰의 변경이 불가피하게 된다. 한편 노동 행동은 이른바 '회사형 인간'에서 탈피하게 된다. 특정 기업 내부의 경력형성을 지향하는 '회사형 인간'과 달리 기업의 경계를 뛰어넘는 경력형성을 지향하게 되고, 이에 따라 내부 노동시장의 형태 자체도 변하게 된다.

이처럼 내부환경과 외부환경의 변화에 의해 기존 고용 시스템에 제도 변경이 진행된다. 직능자격제도가 파생시킨 조직 퍼포먼스의 저하에 대해서는 그 상승을 꾀하고, 직능자격제도에 수반된 조직화 비용의 증대에 대해서는 그 삭감을 꾀한다는 것이 일본 기업 시스템의 과제가 된다.

물론 이상의 사실은 일본 기업 전체로서 진행하고 있는 것은 아니다. 일본의 고용 시스템의 과제를 명확하게 하기 위해 오히려 문제점을 과장한 것이다. 사실 고기능·고품질의 제품시장과 정밀가공형의 기술 분야에서 정보기술과 모듈화를 도입하여 경쟁력을 구축한 일본 기업은 많다. 마찬가지로 조직화 비용의 증대를 억제하고, 조직 퍼포먼스의 상승에 성공한 기업도 역시 많다. 그러나 위와 같은 외부환경과 내부환경의 변화에 따라 일본의 고용 시스템과 나아가 기업 시스템의 과제를 검토할 필요가 있다. 기업 간의 거래관계와 금융거래에 관해서는 다음

장 이후에서 살펴보기로 하겠다. 그렇다면 고용 시스템에 대해 일본 기업은 어떤 제도 변경을 시도하고 있는가. 그리고 그 결과 일본의 고용 시스템은 어떻게 제품생산이 바뀌었는가.

2) 성과급의 도입

(1) 조직화 비용의 삭감과 조직 퍼포먼스의 인상

조직화 비용의 삭감과 조직 퍼포먼스의 상승을 일본 기업은 어떻게 추구하려 하는 것일까. 조직화 비용의 삭감에 관해서 하나의 방향은 고용조정이고, 그에 따른 비정규고용의 확대라는 점은 쉽게 예상할 수 있다. 즉, 내부 노동시장이 축소되고 그 결과 외부 노동시장의 영역이 확대된다. 그리고 또 한 방향이 임금제도의 변경이고 성과급의 도입이다. 그러나 문제는 이로 인해 조직 퍼포먼스를 높일 수 있겠는가 하는 것이다. 과대해진 조직화 비용을 인하한다고 해도 동시에 조직 퍼포먼스가 저하한다면 생산조직의 효율성은 저하된 그대로이다.

앞의 <그림 3-5>에 입각해 보면, 고용조정의 강화와 비정규고용의 확대는 고용의 외부유연성 추구를 의미하고 있다. 그렇다면 만약 고용의 내부유연성이 유지된다면 고용에 관한 경영의 자유도는 비약적으로 상승하게 된다. 만약 예상대로 실현된다면 확실히 고용 시스템의 퍼포먼스는 상승한다. 하지만 당연한 일이겠지만 고용의 유지가 부정된 가운데 기업이 요구하는 내부유연성과 기능적 유연성에 순순히 따르는 종업원이 있으리라고 보기는 힘들다. 오히려 조직 커미트먼트의 저하가 예상된다. 고용관계에 대한 기업 측의 커미트먼트가 철회된다면 이에 따라 종업원 측의 커미트먼트도 철회되는데, 이것이 '커미트먼트 교환'의 측면에서는 당연한 귀결이다. 따라서 쌍방의 커미트먼트가 존재하지 않는 관계가 유도된다. 사실 이것이 시장거래를 통한 기업의 조직화이다. 하지만 그렇게 해서는 생산조직의 효율성이 달성되기 어렵기

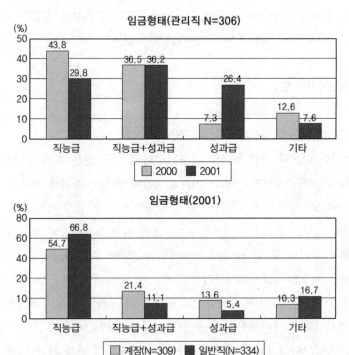

<그림 3-8> 성과급의 도입상황

자료: 社會生産性本部, 『日本的人事制度の課題と現狀』(2004).

때문에 시장거래의 조직화 이유가 존재하는 것이다. 만약 효율성의 조건에 맞는다 해도 아마도 실행 가능성의 조건에서 곤란에 직면하게 된다.

(2) 성과급의 목적

이에 대해 현실적으로 고찰되는 것이 성과급의 도입이다. 한정된 데이터이지만, <그림 3-8>에서 볼 수 있듯이 관리직을 중심으로 성과급의 도입이 급속히 진행되고 있다. 그 의도 자체는 명확하다. 승급비용의 삭감과 조직 퍼포먼스의 상승이다. 각 개인의 업적에 따라 임금을 결정해서 각자의 업적 달성에 동기를 부여하기 위한 의도이다. 이것은 높은 업적자의 임금을 인상하는 한편, 낮은 업적자의 임금을 인하해서 높은 업적자의 업적달성 인센티브를 더욱 높이면서 낮은 업적자의 노력을 촉진시킨다는 의도이다. 다만 후자의 효과는 의문이다. 명확하게 의도한 것인지의 여부는 차치하더라도 낮은 업적자의 자발적 퇴진 압력이 작용하는 것은 분명하다.

더욱이 성과급의 도입으로 승급비용의 삭감이 의도된다. 즉, 임금을 성과급만으로 구성한다면 연령급과 정기승급은 당연히 폐지될 것이다. 이에 따라 이른바 연공적으로 증대하는 승급비용은 삭감된다. 혹은 직능순위에 기초한 임금이라는 생각을 부정한다면, 승격에 따른 승급비용도 삭감될 수 있다. 이와 같이 승급비용을 삭감하고, 개인 업적 달성에 동기를 부여하는 것이 성과급 도입의 목적이다. 문제는 과연 성과급의 도입이 그 의도대로 결과가 실현될 수 있는지의 여부에 달려있다.

(3) 실태로서의 연공주의

확실히 직능급의 임금제도에 대해서는 다음과 같은 문제점을 지적할 수 있다. 우선, 직능으로서 정의된 종업원의 능력평가는 현실적으로는 곤란하다는 것이다. 공장노동에 대해서는 '직무표'(小池和男, 1999)라는 형태로 직무능력의 요건이 구체적으로 명시될 수 있다고 하더라도, 사무직에 관한 평가의 기준은 애매하고 추상적이기 쉽다. 이러한 사실은 평가가 주관적이고 자의적으로 이루어질 위험이 높아진다는 것을 의미한다. 이러한 위험을 피하기 위해서 '경험'이 평가되거나, '더딘 승진'이라는 형태로 좀더 장기간의 평가를 통해서 평가의 주관성과 자의성을 피하려 한다. 그리고 내부이동을 통해서, 즉 다른 상사의 사정을 통해서 평가의 객관성을 도모하고 있다. 또는, 좀더 단순하게 상사는 부하에 대한 평가를 높이기 위해 엄격한 사정을 피하는 경향이 있다. 이러한 이유에서 직능 시스템하에서의 승격과 승진은 현실적으로, 연공적으로 되기 쉽다.

나아가 직능자격에 기초한 임금은 실제의 성과 달성에 동기를 부여하는 인센티브가 결여된 경우도 있다. 그 평가의 형식은 능력의 평가로서, '……을 할 수 있다'라는 것이고, 현실적인 성과로 '……을 했다'라는 것은 아니었다. 더욱이 승진과 승격을 구별한 결과, 실제 관리직 포스트로 승진이 이어지지 않는 승격도 많다는 것이다. 그 결과, 라인에서 벗어난 중년 관리직의 증대를 초래하고 업무의 명확한 목표가 결여될 수도 있다. 혹은 현실의 연공적인 승격과 승진은 중년의 경력을 충족시키는 한편, 청년층의 기대를 좌절시키는 일도 있다. 그 결과 설령 중년의 의욕은 높아진다고는 해도 청년층의 의욕은 저하된다는 지적도 있다.

(4) 효율성과 실행 가능성의 조건

물론 승격과 승진이 말 그대로 연공적으로 이루어질 리가 없다. 만약 연공적이라면, 이미 지적한 것처럼 그러한 시스템은 효율성의 조건에서 존속이 불가능할 수밖에 없다. 오히려 다음과 같이 해석할 수 있다. 즉, 직능자격제도와 직능급의 임금 룰은 기능형성의 촉진과 직무편성의 유연성이라는 관점에서 **효율성의 조건**에 정합한다는 것이다. 하지만 그것은 능력평가가 곤란하다는 문제가 있다. 직능의 정의의 추상성은 능력평가의 주관성과 기회주의 문제를 발생시키고, 이것은 룰의 실행 가능성 조건을 저해하게 된다. 따라서 이러한 점을 피하기 위해서 능력평가를 달성도로 평가하고, 나아가 그것을 경험으로 평가하고자 하였다. 그 결과 연공적인 평가 경향을 더욱 강화시켰다는 해석이 가능하다. 이처럼 직능급의 임금 룰은 능력형성의 의미에서의 효율성 조건에 정합적이기 위해서는 능력평가에서 실행 가능성의 조건에 정합적인 것을 필요로 한다. 이 결과가 연공적인 평가의 도입이었다고 할 수 있다. 따라서 평가의 기준으로 개인 업적의 달성이 이용되는 경우는 적었다.

그렇기 때문에 명시적인 업적 달성의 인센티브가 작용하는 경우도 적었다고 할 수 있다.

그렇다면 이 결과가 효율성의 조건을 해친다고 한다면, 여기에서 기존 룰의 변경이 불가피해진다. 그것이 성과급의 도입인 셈이다.

(5) 연공주의의 극복

다만, 성과급의 임금 룰에 대해서도 효율성의 조건과 실행 가능성의 조건을 어떻게 충족시키는지가 문제이다. 설령, 그 의도가 효율성의 조건을 충족시키는 것이라고 해도 실행 가능성의 조건을 무시한다면, 그 의도대로 결과가 실현될 리는 없다. 아니, 효율성의 조건이 문제시될지도 모른다.

성과급으로서 각 개인의 업적을 명시하기 위해서는 노동의 목표를 명시할 필요가 있다. 그것은 직무의 범위와 노동의 가치를 명시하는 것이다. 그 결과, 지금까지의 '직능' 개념에 근거한 시스템이 '직무' 개념에 근거한 시스템으로 전환된다는 견해도 유력하다. 하지만 그 결과, 생산조직의 유연성이라는 직능급의 임금 룰이 파생시킨 효율성의 조건이 상실될지도 모른다. 다음에서 보는 것처럼 실행 가능성의 조건에서 심각한 문제에 직면할지도 모른다.

어찌되었든 연공임금의 극복이 과제이다. 1970년대의 직능급 도입에서도 연공임금의 극복이 과제였다. 그때에도 한편의 주장은 직무급의 도입이었고, 직무급을 폐지함으로써 직능급의 도입이 이루어졌다. 이와 마찬가지로 현재의 성과급 도입에서도 문제시되는 것은 연공임금의 극복이다. 이러한 의미에서 일본의 고용 시스템에서 제도 변경의 과제는 항상 연공제도의 극복이었다. 이럴 때마다 항상 등장하는 것은 직무제도의 주장이다. 그렇다면 성과급의 도입 결과 일본의 고용 시스템은 직무 시스템의 방향으로 전환될 것인가.

3) 점진적 변화

(1) 고용의 프로페셔널화인가

성과급이 의미하는 업적 연동형의 임금(performance-related pay)은 확실히 직능자격에 기초한 능력임금(competence-ranked pay)과는 전혀 상이한 것이다. 그 전형이 앞서 지적했던 업 오어 아웃이라는 미국의 전문직 고용 시스템에서 발견할 수 있다. 즉, 성과의 달성(up)이 아니라면 보수의 삭감만이 아니라 해고(out)가 기다리고 있다. 또는 성과 목표의 전제가 되는 업무가 불필요하게 되면 그 업무에 종사하고 있던 사람들도 모두 불필요하게 되는 것이다.

확실히 이러한 고용관계를 미국의 투자은행과 컨설턴트 회사 등, 프로페셔널 펌(professional firm)이라는 기업에서 찾아볼 수 있다. 혹은 벤처기업 분야로부터 기업의 법무와 재무, 그리고 마케팅에서 연구개발 분야에 이르기까지 고용의 프로페셔널화로 볼 수 있다. 그리고 고용자, 즉 경영자가 이러한 고용 시스템의 전형이 된다. 즉, 스톡옵션에 의해 기업업적에 따른 업이 있는 동시에 아웃의 압력에 노출되어 있다. 그리고 이러한 '프로페셔널화'에 의해 미국 기업은 경쟁력을 구축했다고 여겨진다. 이에 비해 직능자격제도의 일본 기업은 극도의 업적저하에 빠져있다. 여기에서 미국 기업을 모델로 해서 성과주의 임금과 승진 룰을 채용해야만 한다는 논의가 힘을 얻게 된다.

하지만 오히려 여기에서 주의해 하는 것은 성과주의 임금이 미국 기업에서도 전문직형의 고용 시스템을 그 전형으로 하는 것으로, 이른바 미국 기업 일부에서 이루어지고 있는 것에 지나지 않는다는 것이다. 분명히 미국의 고용 시스템은 앞 장에서 지적한 것처럼 고도로 발달한 전문직 시스템을 형성하고 있다. 다만, 일반적인 내부 노동시장형 고용 시스템에 관해서는 성과급이 지배적이지는 않다. 앞서 <그림 3-3>에서 알 수 있듯이 종래의 직무급을 대신해서 범위급의 임금을 도입하는 것이다.

(2) 내부 노동시장과의 접합

이에 대해 일본에서는 내부 노동시장에서 성과급의 도입이 시험적으로 이루어지고 있다. 따라서 문제는 내부 노동시장형 고용 시스템에서 성과주의 임금을 어떻게 도입하는지에 달려있다. 내부 노동시장을 유지하는 한, 즉 내부훈련과 내부승진 제도를 유지하는 한, 직무능력의 형성과 평가를 위한 제도로서 직능급 임금은 불가결하다. 직무를 통한 기능형성을 위해서는 직무 범위를 확정하는 직무급 임금제도는 결코 효과적이지 못하다. 그 위에 업무의 성과에 기초한 임금을 어떻게 도입하는지가 문제시된다.

(3) 성과급의 문제점

만약, 완전한 성과급이 지배한다면, <그림 3-6>과 같이 기능연관의 성립도 곤란하게 될 것이다. 개인의 업적만으로 평가된다면, 스스로의 성과 달성에 불리할 것 같은 행동은 피하고, 다른 사람의 성과 달성에 유리할 것 같은 행동 역시 피할 것이다. 요컨대 서로 라이벌 관계가 된다. 그 결과 직장을 단위로 하는 정보의 공유와 교육 훈련에 대한 협력도 저하하게 될 것이다. 혹은 직무의 변경에 대해서도 성과 달성에 불리한 이상, 저항의 발생도 예상할 수 있다. 요컨대 조직 커미트먼트는 저하하게 된다.

확실히 성과급의 최대 이점은 개인목표가 명확하게 제시되어 일에 대한 의욕을 높이는 데 있다. 다만, 그러기 위해서는 각 개인의 목표와 그 성과의 측정이 가능하다는 것을 전제로 해야 한다. 이에 더해서 목표의 달성을 향해 자기 자신의 노력 수준을 조절할 수 있는, 즉 업무 진행에 대한 재량이 있다는 것이 전제가 된다. 아마도 이러한 조건을 충족시키는 직무는 관리직과 연구직, 그리고 영업직 등으로 한정된다.

오히려 성과급의 현실은 업적평가가 단기주의 경향을 강화시켜, 목표 자체가 낮게 설정되는 것이다. 혹은 결과주의에 치우친 나머지 뚜렷한 업적과 연계되지 않는 일상 업무는 하찮게 취급되는 경우도 있다. 이에 대해 만약 각 개인의 목표관리를 엄격하게 한다면 개인의 인센티브를 저해할 뿐만 아니라 목표의 설정과 평가를 둘러싼 기회주의 행동이 발생할 것이다.[8]

(4) 성과급의 현실

아마도 이러한 이유에서 현실의 성과급 도입은 직능급에 부수적인 연령급과 정기승급 부분을 축소하거나 폐지하고, 이 부분을 성과급으로 대체하는 형태가 될 것이다. 연령급과 정기승급 부분을 연공임금으로 간주한다면, 앞서 지적한 것처럼 그 비율은 임금 총액에 대한 평균 40% 전후 정도로 그 비중이 확실히 크다. 그 때문에 이 부분을 삭제하고 성과급으로 대체한다는 의도도 당연하다고 할 수 있다.

그렇다면 새로운 임금은 직능 랭크에 따른 임금에 대해, 상하의 변동이 있는 성과급 부분이 추가되는 형태이다. 앞서 <그림 3-4>에 따라서 설명하면, 연령급과 정기승급 형태의 승급을 폐지하거나 축소하면 A1과 A2의 곡선은 더욱 수평이 되고 동시에 성과급 부분이 부가되

---

8) 알기 쉽게 말하면, 만약 매분기별 백지 상태, 즉 제로베이스로 목표의 교섭과 그 성과의 교섭이 개인별로 이루어진다면, 이를 위한 거래비용이 커질 것은 명백하다. 그것이 가능한 경우는 '프로페셔널 펌'과 같이, 대상자가 소수이고 기본적으로 동질의 멤버로 구성되어 있는 경우라고 할 수 있다. 이에 대해 다수의 이질적인 종업원으로 구성되어 있는 경우에는 개개인을 카테고리화할 필요가 있다. 그 한 가지 방법이 직무와 노동의 등급화(직무급)이고, 다른 하나가 능력의 등급화(직능급)이다. 그리고 이러한 카테고리를 정한 후에 각 개인의 업적을 측정하는 것도 가능하게 된다. 이것이 성과급의 도입이라면, 그것은 기존의 임금 룰에 부가되는 것으로 이해할 수 있다.

어 위아래로 격차가 발생한다. 그리고 A1에서 A2로의 승격과 승급은 유지된다. 이는 결과적으로 미국의 사무직과 같이 '범위급'의 임금제도에 가까워진다. 즉, 전자는 직능 랭크에 따른 임금을 기준으로, 후자는 직무 랭크에 따른 임금을 기준으로, 각각 위아래로 격차가 있는 임금이다. 그 폭을 메우는 것은 업적평가 혹은 능력평가 등 다양할 것이다. 어쨌든 둘 중 어느 쪽이든 모두 유사한 임금제도에 가까워진다고 볼 수 있다.

(5) 능력급과 성과급의 접합

이처럼 현실의 성과급 도입은 직능급 플러스 연공급의 임금제도로부터 직능급 플러스 성과급의 임금제도로 이동하고 있다. 직능자격제도 그 자체는 직무능력의 형성과 평가를 위한 제도인 이상, 단계적인 직무능력의 형성에 근거한 승격과 승급제도가 없어지지는 않는다. 또한, OJT 형식에 의한 직무능력의 형성은 노동을 통한 경험의 축적으로 이루어지는 이상, 관리직 이전 단계에서는 정기승급제도도 유지되는 경우가 많다. 따라서 <그림 3-8>과 같이, 현실에서 성과급의 도입은 관리직을 중심으로 하는 것이고, 그 위에 직능 랭크의 승격을 위한 능력평가를 엄격하게 실시한다. 혹은 관리직은 직능 랭크의 승격을 폐지하고, 그 대신에 관리직으로서의 직무의 등급을 도입하려는 시도가 있다. 그리고 등급마다 다른 임금을 담당급(役割給)과 직책급으로 도입한다. 나아가 보너스 부분에서 지금까지 이상으로 업적평가를 강화하려는 시도가 있다.

즉, 성과급의 도입은 점진적으로 시도되고 있다. 1970년대를 통한 직능급의 도입 또한 기존의 연공주의적 임금에서 능력주의적 임금으로의 점진적 변화를 꾀하고자 하는 움직임이었다. 그렇기 때문에 연공급의 요소가 부분적으로는 남아있다. 그것은 능력주의가 발생시킨 개인 간의 격차를 연령급과 정기승급으로 완화하려는 조치였다고 할 수 있다. 이처럼 기존의 요소를 남겨서 새로운 요소의 도입이 가능하게 되었다고 생각할 수 있다.

이와 마찬가지로 기존의 직능급 요소를 남겨둔 채로 능력주의적 임금에서 성과주의적 임금으로의 점진적 변화가 시도되고 있다. 그것은 성과주의가 파생시킨 개인 간의 격차를 직능 랭크에 따른 임금으로 완화하거나, 매분기의 변동을 직능 랭크에 따른 임금으로 완화한 것으로 간주할 수 있다. 성과주의 그 자체로는 임금의 변동에 따른 리스크를 개인에게 돌리는 것이다. 동시에 그러한 변동을 완화하는 임금의 존재에 의해 성과급의 도입이 가능하게 된다. 이처럼 기존의 요소 위에 새로운 요소를 더해 기존 제도의 점진적 변화를 의도하고 있는 것이다.

(6) 고용보장과의 접합

이와 같은 점진적 변화는 고용보장의 관념에서도 살펴볼 수 있다. 만약 완전한 성과급이 지배한다면 미국의 전문직을 전형으로 하는 것과 같이 고용보장의 관념은 성립하지 않는다. 이에 반해서 일본 기업에서의 성과급 도입은 기업업적의 회복을 꾀하고 고용의 유지도 가능하게 된다. 적어도 현재 성과급의 도입이 고용보장의 관념을 부정하는 것이 아니라 오히려 고용의 지속을 유지하기 위한 수단으로 간주되고 있다.

다른 관점에서 보면, 높은 업적자의 임금을 인상하고 낮은 업적자의 임금은 인하하는 성과급인 이상, 성과급의 도입에 대해서는 종업원으로부터 저항이 발생할 것이다. 혹은 심리적 계약의 관점에서 기존의 임금제도와 승진제도하에서 종업원은 스스로의 경력을 기대하고, 그 실현이 기대되는 한에서는 조직 커미트먼트의 담당자가 된다고 생각할 수 있었다. 그렇다면, 성과급의 도입에 의해 지금까지의 종업원의 기대는 손상되고, 적어도 기존의 경력에 대한 기대는 중대한 변화에 직면하게 된다. 그 결과 업무의 달성의욕이 꺾일 뿐만 아니라 조직 커미트먼트도 저하하게 될 것이다.

이에 비해서 적어도 현재, 심각한 대립과 혼란이 없이 성과급이 도입되고 있다면 그 이유는 기존의 직능급과 접합시키는 형태의 부분적인 도입이기 때문일 것이다. 이와 더불어 기존의 고용보장 관념을 전제로 해서 도입하기 때문이라고도 생각할 수 있다. 혹은 내부 노동시장의 본질은 기업 내부의 경력형성에 대한 기대가 있다면, 이 기대에 부응하는 형태의 도입이기 때문으로 생각할 수 있다. 그렇기 때문에 결과적으로는 기업 내부의 기능형성과 능력형성의 기대가 정합하지 않으면 안 된다. 노동의 성과라는 차원에서의 **능력 발휘**를 촉진하는 것을 목적으로 하는 성과급이 도입된 이상, 그 전제로서 **능력형성**에 대한 기대가 충족되는 것이 필요하다. 이러한 의미에서 능력형성의 인센티브를 높이기 위한 능력급과 업무의 성과로서의 능력 발휘의 인센티브를 높이기 위한 성과급이 전후로 접합된다.

※ **경로의존성의 애로점**: 성과급의 도입을 시작으로 일본 기업이 추진하려고 하는 제도 변경을 관찰해 보면, **점진적 변화**(gradual change)라는 것을 알 수 있다. 이에 비해 이른바 **경로의존성**(path dependency)의 관점에서(靑木昌彦·奧野正寬, 1996) 시스템의 변화와 변동은 **전면적인 변화**(entirely change)이거나 **주변적인 변화**(peripheral change)의 어느 한 쪽의 형태를 상정하는 경향이 있다. 즉, 기존의 경로에 속박되어 시스템은 변화를 배제하든가, 변화가 있다고 하더라도 주변적인 것에 그친다는 편견이다. 또한 어떤 임계점을 넘어서면 기존의 시스템은 붕괴되고, 전면적인 변화에 직면한다는 또 다른 견해도 있다. 변화를 배제하는 전자의 관점과 전면적인 변화에 돌진하는 후자의 견해는 동전의 양면과 같은 관계이다.

이에 대해 일본의 기업 시스템 혹은 경제 시스템은 전면적 변화도, 주변적 변화도 아닌, 이른바 '점진적 변화'를 추구해 왔다. 그 의미는 기존 시스템에 새로운 요소를 투입해서, 신구의 이질적인 요소를 조합시켜 시스템을 '점진적'으로 바꾸어간다는 것이다. 이로 인해서 지금까지의 경험과 접속할 수 있는 시스템으로의 변화를 추구한다. 이미 무라카미(村上

泰亮, 1992)는 시스템에 맞서는 자아의 형태로서 '초월론적 반성'과 '해
석학적 반성'을 구별했다. 전자는 초월적인 이념의 관점에서 그 대상을
파악하는 사고법이다. 이에 비해 후자는 대상의 전체를 다른 부분과 연관
시켜, 그리고 전체와 연관해서 파악하려는 사고법이다. 따라서 전자는 이
념의 관점에서 기존의 시스템의 전면적인 개혁과 어느 한 점에서의 돌파
형의 개혁을 지향하는 데 비해, 후자는 전체인 관련 속에서 전체를 유지
하는 형태의 부분적이고 점진적 개혁을 지향한다. 다음 장에서 살펴보는
것처럼 후자의 사고법이 **통합형 아키텍처**(architecture)의 구성원리이다.

4) 임플로이 어빌리티

(1) 취업 능력

성과급의 도입도 고용의 계속을 전제로 하는 것처럼 일본의 고용 시
스템에서 **고용보장**의 관념은 불가결한 조건임에는 틀림없다. 하지만 고
용의 유지가 점차 곤란해지는 것도 명백하다. 고용의 계속과 안정의 관
념 자체가 부정되지는 않는다고 하더라도, 유래 없는 규모의 고용조정
이 진행되고, 사실로서 고용의 계속이 중단되는 것은 어쩔 수 없게 되
고 있다. 대기업의 도산도 예외가 아니게 되었다. 더욱이 고용 계속의
전제가 되는 내부훈련과 내부승진의 제도 자체가 축소될 것이다. 특히
시장과 기술의 급속한 변화에 대해 내부훈련을 통해 노동자원을 '만드
는' 것이 아니라 필요한 노동자원을 '사는' 형태의 선택이 더 많아지는
경향이다. 어쨌든 내부 노동시장형에 고용 시스템에 불가결한 고용보
장의 관념은 그 기반 자체를 급속히 상실하고 있다.

이 같은 사정을 배경으로 해서, 고용의 안정을 어떻게 꾀하느냐가
일본 고용 시스템의 가장 중요한 과제가 되고 있다. 그렇기 때문에 '고
용될 능력', 즉 '취업 능력'이라는 의미에서 **임플로이 어빌리티**(employ
ability)라는 개념이 제시되었다. 즉, 특정 기업에 의지하는 고용의 안정
은 점점 곤란한 이상, 개인은 스스로 '고용될 능력', 즉 임플로이 어빌

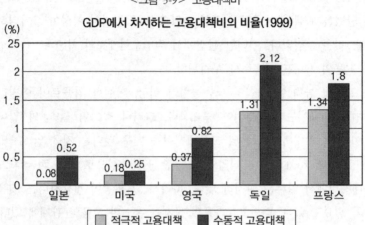

<그림 3-9> 고용대책비

GDP에서 차지하는 고용대책비의 비율(1999)

적극적 고용대책: 공공직업소개·교육 훈련·청년대책·급여조성·장애자대책
수동적 고용대책: 실업급여·조기퇴직
자료: OECD, Employment Outlook(1999).

리티를 높일 필요가 있다. 그를 위해서는 타 기업에 의해 평가되거나 시장에서 평가되는 기능을 높일 필요가 있다. 이에 의해 기업에 의존하는 고용의 안정이 아닌, 시장을 통한 고용의 안정이 가능하게 된다. 그 결과 고용의 유동화도 진전한다는 논의가 공론화하게 되었다.

(2) 고용의 세이프 넷

실제로 개인 직업생활의 안전은 최종적으로 개인의 '고용될 능력'에 달려있다. 물론 스스로 사업을 일으킨다거나, 개인적으로 청부를 받는 선택도 있을 수 있다. 전자에 해당하는 벤처기업자와 후자의 독립계약의 자영업자가 발달된 곳이 미국의 경제 시스템이다. 미국의 경제 시스템을 일본은 본받아야만 한다는 의견이 유력시되고 있다.9) '고용될 능

---

9) 다만, 벤처의 활성화에 필요한 것은 개개인의 리스크 테이크의 의욕과 그 보

력'이든 '스스로를 고용하는(self-employed) 능력'이든 어느 것이든 고용
의 안정을 위해서는 개인의 직업 능력과 노동 능력의 형성이 불가결하
다는 것은 틀림없다. 이러한 관점에서 직업훈련제도의 확충과 그 조성
이 고용의 세이프 넷으로서 부각된다.

'고용될 능력'이 개인의 노동능력인 이상, 확실한 임플로이 어빌리
티기를 위해서는 직업훈련이 중요하다. 그러나 <그림 3-9>와 같이
GDP에서 차지하는 일본의 고용대책비는 매우 낮다는 것을 알 수 있
다(樋口美雄, 2001). 특히 직업의 교육 훈련을 중심으로 하는 적극적 고
용대책비에서 일본은 현저히 낮다. 따라서 그 확충이 필요하다는 것은
말할 필요도 없다. 다만 그 다음의 문제는 훈련과 고용의 관계에 있다.
설령 직업훈련제도가 확충되었다고 하더라도, 훈련이 실제적으로 고용
과 연결되지 않는다면 임플로이 어빌리티를 높이는 것은 불가능하다.
그리고 훈련과 고용의 관계는 고용 시스템의 형태에 의존한다.

(3) 세 가지 종류의 훈련

다르게 설명하면, 직업훈련에는 세 종류가 있다고 할 수 있다. 고용
전의 초기훈련(initial training)과 고용 후의 내부훈련(in-house training),
그리고 고용과 고용 사이의 재훈련(retraining)이 그것이다. 셋 중의 어느
것이든, 훈련이 고용으로 이어지기 위해서는 훈련 내용이 적절해야 하
고, 인재 평가 또한 적절해야 한다. 그러기 위해서는 훈련이 실제의 업
무를 통해서 이루어지는 것이 중요하다.

수를 높이는 것만이 아니다. 그리고 벤처 캐피탈에 의한 자본의 제공만도 아
니다. 벤처의 활동을 인적 자원의 면에서 지탱하는 시스템이 필요하다. 또는
SOHO의 형태로 자영과 독립계약을 위해서는 노동의 정보에서 계약에 관련
된 법적 수속까지 개인을 지탱하는 사회적 네트워크가 필요하게 된다. 요컨대
개인 활동의 활성화를 위해서는 이를 지탱하는 사회적인 인프라가 필요하다.
이러한 제도 형성에서 미국의 시스템은 참조할 만한 모델이다.

사실 이러한 것을 일본 기업은 '내부훈련'을 통해서 실행해 왔다. 이것이 내부 노동시장의 형성이고 기업 내부의 훈련을 통해서 기업 내부의 다양한 고용과 결합이 전개되어 왔다. 이러한 의미에서 내부 노동시장의 고용 시스템은 내부 임플로이 어빌리티를 제도화한 시스템으로 작용했다. 하지만 그 결과, 어떤 특정 기업을 떠나서 '시장에서 고용될 능력'이라는 의미에서의 외부 임플로이 어빌리티를 상실하게 된다. 이것이 그동안 고용조정을 통해서 밝혀진 중장년 종업원의 현실이고, 이러한 점에 일본 고용 시스템의 근본적인 딜레마가 있다.

이에 대해 독일의 직업별 노동시장과 미국의 전문직 노동시장은 고용 전의 '초기훈련'을 제도화한다. 전자는 중등교육 수준, 후자는 대학원 수준이라고 하는 것처럼 그 내용은 전혀 다른 것이라고 해도 둘 다 공식·비공식의 기능자격과 직업자격을 제도화함으로써 기업을 넘어서는 훈련과 고용 사이의 결합을 꾀한 것이다. 특히, 독일의 훈련 시스템은 실태로서의 기업 내부훈련을 공식 자격에 의해 기업횡단적 훈련으로서 제도화한다. 그리고 이러한 틀에서 고용대책으로 '재훈련'도 유효하게 된다.

그리고 또 다른 훈련이 있다. 경력형성을 위한 **향상훈련**(further training)이다. 독일의 직업별 노동시장은 고용 후의 상급훈련 코스와 그에 따른 기능자격으로서 제도화한다. 혹은 미국의 전문직 노동시장은 대학 졸업 후 수년간 일하여 학자금을 모은 후 비즈니스 스쿨에 입학하여 금융 공학 학위를 취득하고 투자은행의 펀드매니저직에 종사하는 커리어 패스를 제시한다. 그리고 앞 장에 보았듯이 후자의 개인은 기업의 경계를 넘어선 커리어(boundaryless career)를 구축한 개인으로 간주된다. 이에 비해 일본 기업은 경력형성의 향상 훈련을 '장기의 기능형성'으로 여긴다. 그것이 기업의 내부 커리어(boundary career)의 형성이고 그러한 개인이 '회사형 인간(company man)' 혹은 '조직형 인간(organization man)'이라 불리게 되었다.10)

(4) 고용 시스템과 임플로이 어빌리티

이처럼 노동시장의 유형에 따라서 임플로이 어빌리티가 유형화되고, 그 후에 각각의 임플로이 어빌리티의 과제가 발생한다. 즉, 내부 노동시장형 고용 시스템은 내부 임플로이 어빌리티를 제도화한다. 하지만 그 결과, 타 기업에서 고용된다는 의미에서 외부 임플로이 어빌리티가 박탈당한다. 그리고 고용의 계속이 중단되면 내부 임플로이 어빌리티로서의 경력도 중단된다. 이것이 내부 커리어 시스템을 가장 강하게 조직화했던 일본 기업의 딜레마이다.

다만, '고용될 능력'과 분리한 '고용될 가능성' 그 자체는 외부 노동시장에 의해 제공된다. 즉, 비정규고용의 형태로서 임플로이 어빌리티이고, '고용될 가능성' 그 자체는 파견과 유기계약(有期契約)의 자유화에 의해 증대한다. 이러한 의미에서 내부 노동시장형의 임플로이 어빌리티가 쇠퇴한다면 이를 대신해서 등장하는 것이 우선 외부 노동시장형의 임플로이 어빌리티이다. 동시에 비정규고용 형태의 임플로이 어빌리티가 '고용될 능력'의 임플로이 어빌리티로 이어질 리 없다는 사실도 명백하다. 따라서 외부 노동시장에서의 직업훈련이 임플로이 어빌리티를 위한 과제가 된다.

(5) 외부 임플로이 어빌리티

이에 대해 독일에서 전형적인 직업별 노동시장형의 고용 시스템은 기업의 경계를 넘어선 외부 임플로이 어빌리티를 제도화한다. 이와 동

---

10) '회사형 인간'과 '조직형 인간'이라는 표현은 경력형성을 위한 향상훈련이 기업의 내부훈련으로서 이루어지고 있다는 것에 지나지 않는다. 다만, 그것이 개인의 선택과 자기책임이라는 개인주의의 신조로 대치된다면, '내부경력'을 구축한 인간은 조직 내에 매몰되고 조직에 동조하는 인간유형으로 정리될 수 있다. 이러한 테마는 이미 1950년대 미국에서 사회학의 형태로 다루어져 왔다.

시에 견고하게 조직화된 직업훈련제도에서 탈락한 층은 '취업 능력' 그 자체를 상실하게 된다. 그리고 기능자격 때문에 다른 직종으로 이동하는 데 방해를 받는다. 이것이 장기실업자와 저학력 청년층과 이민노동자 들을 둘러싼 사회문제이다. 이들 층을 포괄적인 직업훈련제도로 어떻게 편입시킬 것인지가 '사회적 포섭(social inclusion)'의 과제이다. 앞의 <그림 3-9>에서 보았듯이, 일반적으로 유럽의 제국들은 적극적 고용대책비의 지출이 높다. 그것은 견고하게 조직화된 직업훈련제도의 틀에 따라서 고용정책이 실시될 가능성이 높다는 것을 반영하는 것이기도 하다. 그와 동시에 그러한 틀이 노동시장의 경직화의 원인이고, 임플로이 어빌리티 문제의 발생을 의미하고 있다.

한편, 미국의 전문직형 고용 시스템은 '시장에서 고용될 능력'이라는 의미에서의 임플로이 어빌리티를 가장 강하게 제도화한다. 이를 위한 훈련과 투자, 그리고 보수는 모두 개인의 소유이고, 그것은 고용보장 관념의 제도화에 부정적인 입장과 일맥상통하는 것이기도 하다. 그리고 이러한 고용이 '업 오어 아웃'으로 표현되는 전문직 영역만이 아닌, 앞서 지적한 것처럼 기존의 내부 노동시장에서도 프로페셔널화로서 진행한다. 그리고 한편으로는 비정규화의 진행이다. 즉, 외부 노동시장형 임플로이 어빌리티의 배출이고, 이러한 의미에서 미국의 내부 노동시장은 '프로페셔널화'와 '비정규화'의 방향으로 분해되고 있다고 할 수 있다.

(6) 내부 노동시장의 분해

여기서 앞 장의 <그림 2-6>을 바탕으로 내부 노동시장의 분해를 <그림 3-10>과 같이 나타낼 수 있을 것이다. I, O, E는 각각 내부 노동시장, 직업별 노동시장, 외부 노동시장을 나타낸다. 미국의 고용 시스템에서 내부 노동시장(I)은 '프로페셔널화'를 통한 직업별 노동시장(O)의 방향성과 '비정규화'를 통한 외부 노동시장(E)으로 나뉘는 경

<그림 3-10> 내부 노동시장의 분해

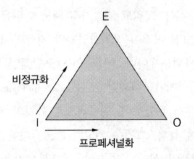

향을 나타낸다. 다만, 그 외부 노동시장형의 임플로이 어빌리티는 파견과 임시 형태의 고용만은 아니다. 독립계약과 같이 자영(self-employed) 형태의 고도 기술 수준의 고용을 포함하는 것이기도 하다. 그것은 또한, 내부 노동시장으로부터 배출되는 것만이 아니라 직업별 노동시장 혹은 전문직 노동시장으로부터 유입된 것이기도 하다.

이에 비해 일본의 고용 시스템은 직업별 노동시장과 전문직 노동시장의 부재에 의해 '프로페셔널화'를 지향하는 임플로이 어빌리티는 없다. 내부 노동시장의 축소와 쇠퇴는 '비정규화' 성격을 강화할 뿐이고, 그것은 정규와 비정규, 내부와 외부, 중심과 주변이라는 격차를 더욱 확대할 뿐이다.

그렇다면 일본의 고용 시스템은 임플로이 어빌리티의 과제에 어떻게 대응해야만 할 것인가. '내부 임플로이 어빌리티'라는 의미에서의 고용의 계속이 곤란한 이상 일본의 고용 시스템은 기업의 경계를 넘어선 '외부 임플로이 어빌리티' 형성을 목표로 해야만 하는가. 그러기 위해서는 내부 노동시장형으로부터 직업별 노동시장형으로 전환해야만 할 것인가.

5) 내부 노동시장의 변혁

(1) 일본 고용 시스템의 딜레마

조직화 비용의 삭감과 조직 퍼포먼스의 개선에 더하여, 임플로이 어빌리티의 관점에서도 일본의 고용 시스템은 유례없는 변화에 직면하고 있다. 다만 임플로이 어빌리티의 과제는 일본의 고용 시스템과 본질적인 모순관계라고 할 수 있다. 즉, 일본의 고용 시스템은 내부훈련의 이점을 최대한으로 활용한 것이었다. 그 의미는 기업의 필요에 따라서 훈련을 조직화할 수 있었다는 것이고, 그런 점에서 일본 기업의 경쟁우위의 조건이었다. 또한 그 대가로 고용의 계속이 제도화되었다. 그것이 제도적 전제였을 뿐만 아니라 이를 가능하게 한 것이 훈련의 폭을 넓게 하고, 기업 내부의 업무능력을 높여서 고용의 계속을 꾀하는 '내부 임플로이 어빌리티'의 시스템이었다.

이에 비해 '시장에서 고용되는 능력'이라는 의미에서 '외부 임플로이 어빌리티'를 위해서는 기업의 경계를 넘어선 훈련의 조직화가 필요하다. 그것은 내부훈련의 이점을 방기하는 것을 의미한다. 즉, 기업의 필요에 따라 훈련을 조직화하는 것은 제약되고, 기업을 넘어선 훈련 내용의 공통화와 표준화가 필요하게 된다. 이는 일본의 고용 시스템과 본질적으로 모순되는 과제임에 틀림이 없다.

그러한 의미에서 임플로이 어빌리티의 과제는 일본의 고용 시스템에 대해 전면적이고 근본적인 변화가 필요하다는 견해도 가능하다. 다만 앞서 지적했던 대로 일본의 고용 시스템의 현실적인 변화는 어디까지나 '점진적'일 것이다. 내부 노동시장형에서 직업별 시장형으로의 전환이 '근본적' 또는 '전면적' 변화라면 과연 '점진적' 변화는 어떤 방향으로 진행될 것인가.

(2) 전문직화의 가능성

한 가지는 내부 노동시장과 평행하거나 혹은 그 가운데 전문직형의 고용 시스템을 도입하는 것을 생각할 수 있다. 그리고 또 다른 한 가지는 내부 노동시장의 축소와 외부 노동시장의 확대이다. 전자가 어떻게 진전하는지는 현재로서는 불확실하다고 해도 후자의 방향은 거의 확실하다. 더구나 프로페셔널형의 임플로이 어빌리티의 가능성으로서 전자의 방향을 고려한다면 두 가지의 가능성을 상정해 볼 수 있다. 하나는 기업 외부로부터, 또 다른 하나는 기업 내부로부터의 전문직화이다. 전자는 기존의 직종이 기업 외부의 전문직형 고용 시스템으로 대체된 결과, 후자는 기존 직종에서 기업 내부의 전문직화가 진행된 결과라고 생각할 수 있다.

전자는 특히 금융과 정보 분야에서 그 직종의 전문화가 진전하고, 이에 따라 내부훈련과 내부승진의 고용 시스템이 아닌, 미국형의 프로페셔널화가 진행될 것으로 예상된다. 다만 금융 분야에서도 프로페셔널화는 증권분석가와 펀드매니저 등의 직종에 집중해 있다. 그것도 현재는 외자계 금융기관에 집중하고 있다. 즉, 내부 노동시장형 고용과 분리되어 전문직형의 고용이 침투하고 있다. 요컨대 두 가지가 병존하는 형태의 '점진적 변화'가 진행되고 있다.

한편 후자는 성과급의 도입과 함께 기업 내부의 전문직화가 진전한다고 생각해 볼 수 있다. 성과급의 도입은 업무영역을 명시하고, 동시에 업무 그 자체의 가치를 명시할 필요가 있다. 그 결과 관리직으로의 승진과는 제도적으로 구별된다. 전문직으로서의 경력이 제도화된다고 생각할 수 있다. 그렇다면 개개의 기업을 단위로 하는 전문직의 형성은 기업 간의 비교를 통해서 결과적으로 직종별로 표준화와 공통화로 나아간다고도 예상할 수 있다. 그리고 그 연장선상에서 기업의 경계를 넘어선 '외부 임플로이 어빌리티'의 성립을 생각해 보는 것도 불가능한 것은 아니다.

(3) 직능자격제도의 변혁

물론 이것은 예측의 영역을 넘어서는 것은 아니다. 다만 이것이 직능자격제도 변혁의 한 방향이라는 것은 충분히 예상할 수 있다. 앞서 지적한 바와 같이 '직능'으로서 정의되는 종업원의 업무능력이 직무와 직종에 상관없이 일률적으로 정의된 결과 직무능력의 평가가 곤란하게 된다는 점이 직능자격제도의 문제인 이상, 직종과 업무영역별로 '직능'을 정의하는 것이 직능자격제도에서도 필요하다.

다만, 이는 '직능'의 개념으로부터 '직무'의 개념으로 즉시 바뀌는 것을 의미하는 것은 아니라는 것이다. 일본 고용 시스템의 특징으로 여겨지는 유연한 직무의 변경도, 현실에서는 주로 직장과 직종 내부의 변경이라는 점을 지적할 수 있다(小池和男, 1999). 더욱이 그 내부에서 장기 기능형성의 결과, 기능 그 자체로서는 일반적 요소를 강화하는 것도 지적할 수 있다. 그리고 그러한 기능형성에서 직능자격제도가 유효하게 기능한다. 그러나 그 기능의 평가가 기업별 직능 랭크에 기초하는 것이라는 점에서 실체로서의 일반기능은 이른바 평가로서 기업 특수적 성격을 강화하는 것이다.

앞의 2장 2절에서 지적한 것처럼, 실체로서의 일반성과 평가로서의 기업 특수성 사이에 간극이 발생한다. 이 간극이, 특히 장기 기능형성을 거친 중장년 종업원의 재고용을 곤란하게 한다. 그렇게 되면 이 간극을 메울 대책이 필요하게 된다. 그 방법으로서 장기 기능형성을 기업 내부의 전문직 경력으로 제도화하는 것이 가능하다. 그리고 그것은 기능형성의 프로세스에서는 직능급 시스템을 주체로 하고, 그 후에는 성과급 시스템을 주체로 하는 임금제도의 '점진적 변화'와도 일치한다. 다시 말해 임금제도의 변화는 변화와 일치하는 경력제도의 '점진적 변화'를 필요로 한다.

다만 이러한 점진적 변화는 예측의 범위를 벗어나지 않는 것에 비해 확실히 예측되는 것은 외부 노동시장의 확대이다. 경로의존성의 관점에서 볼 때, 일본의 고용 시스템에서 전문직형 고용 시스템의 형성이 곤란하다는 것은 의심할 나위가 없다. 이에 대해 '경로'를 따르는 변화는 외부 노동시장의 확대와 내부 노동시장의 축소이다. 하지만 그 때문에 외부 노동시장형 고용에 대해서야말로 직업훈련의 확충이 필요하게 된다. 그러나 훈련이 고용으로 이어지기 위해서는 훈련에 대한 기업의 관여가 필요하다. 실제로 이 점이 일본 기업 시스템 변혁의 과제이다.

(4) 직업훈련의 과제

앞서 지적한 것처럼 임플로이 어빌리티를 위한 훈련이 유효하기 위해서는 업무를 통한 훈련이어야 하기 때문에 기업의 관여가 필요하다. 동시에 고용 전의 훈련이라는 의미에서 기업의 경계를 넘어서는 조직화도 필요하다. 즉, 기업의 외부에 제도화된 훈련을 기업이 수용하는 관계가 필요하다.

그 전형으로서 독일의 직업훈련제도가 있다. 그뿐만 아니라 미국의 직업훈련도 초기훈련과 재훈련에 대한 기업의 관여가 있음을 볼 수 있다. 예를 들어 초기훈련에서는 인턴십이 대표적이다. 하지만 일본에서의 도입과 비교해서 질적·양적으로 충실하다는 점을 지적할 수 있다. 기업의 입장에서 그 목적이 인재의 획득이라 하더라도 기업 측은 훈련 내용에 대한 책임을 지고, 대학 측도 인턴십을 도입한 커리큘럼에 대해 책임이 갖는다. 혹은 재훈련에 대해서는 업계 전체가 개입해서 각 기업이 훈련희망자를 인수하는 방식도 볼 수 있다. 훈련희망자에 대해서는 훈련비용을 징수하고, 동시에 업무를 통한 훈련이라는 점에서 업무에 대한 수당을 지불하고 있다. 이처럼 엘리트 전문직뿐만 아니라 일반직 직업에 대해서도 직업별 노동시장의 제도화가 시도되고 있다.

물론 이와 같은 시도는 미국 기업의 일부에서 관찰되는 것에 지나지 않지만, 초기훈련과 재훈련에 기업이 관여하고 있다는 점에서는 시사하는 바가 크다. 초기훈련의 필요는 청년층의 고용악화에 대처하기 위해서만은 아니다. 훈련에 의해 직업의식을 높이는 것이 학습의욕을 높이기도 하고, 그러한 점에서 초기훈련의 과제는 교육개혁과도 관련된다. 마찬가지로 재훈련의 필요는 중년층의 고용악화에 대처하면서 초기훈련과 재훈련에 기업이 관여해서 업계 전체와 산업 전체에서 인재를 형성한다는 의미를 지닌다. 즉, 이용 가능한 인재 풀을 두텁게 하기 위한 것이기도 하다. 그리고 그러한 점이 개인의 입장에서 임플로이 어빌리티의 보장이기도 하다.

(5) 임플로이 어빌리티의 책임

이에 비해 일본의 기업 시스템은 내부훈련에 한해서 기업이 관여해 왔다. 하지만, 그것이 보장하는 내부 임플로이 어빌리티의 범위는 점점 축소되고, 외부 노동시장형 고용이 증대하는 것도 불가피하게 되었다. 따라서 초기훈련과 재훈련이 확충되어야 한다. 그리고 그것이 실제로 유효하기 위해서는 기업이 관여해야 한다. 그것이 임플로이먼트(고용)의 보장에 대신하는 기업의 임플로이 어빌리티 책임이라 할 수 있을 것이다. 아마도 이러한 점이 일본의 고용 시스템과 기업 시스템이 직면한 가장 중요한 '개혁'의 과제일 것이다.

6) 내부 노동시장의 행방

(1) 내부 노동시장의 과제

일본의 고용 시스템은 내부 노동시장형의 전형이라 할 수 있다. 그 내부훈련과 내부승진 시스템은 기능형성과 유연한 직무편성을 통해서 생산조직의 효율성에 크게 공헌하였다. 동시에 지금까지 지적한 바와 같이 일본의 고용 시스템은 급속한 변화를 보이고 있다. 다만 그것이 내부 노동시장형의 고용 시스템 자체를 부정하는 것이 아닌 경계를 극복하고 혹은 보완하기 위해서는 새로운 요소를 도입하는 형태이다. 내부훈련을 통한 기능형성의 필요성이 없어지지 않는 한 내부 노동시장 형의 고용 시스템은 유지될 것이다. 나아가 조직화 비용의 삭감과 조직 퍼포먼스의 상승을 위해, 또는 기업의 경계를 넘어서는 임플로이 어빌리티를 형성시키기 위해 다양한 제도 변경을 시도하고 있다.

물론 이러한 '점진적 변화'가 성공할 수 있을지의 여부는 불분명하다. 예를 들어 전문직형 고용 시스템을 기존의 내부시장형 고용 시스템과 분리한 형태로 도입한다든지 혹은 내부 전문직의 연장선상에서 형성시킬 수 있는지는 현시점에서는 불분명하다고 할 수 있다.

(2) '내부 노동시장의 해체'인가

이에 대해 앞서 <그림 3-10>에서 제시된 내부 노동시장의 분해가 더욱 진행되어 내부 노동시장 자체가 해체, 쇠퇴하는 것도 생각해 볼 수 있다. 이것이 최근 미국의 고용 시스템이라고 한다면 이는 다음과 같은 단순한 사실에 근거하고 있다. 다시 말해 내부훈련과 내부승진의 부정이고 카페일이 지적하는 것처럼, 1990년대 이후의 '뉴 이코노미'를 중심으로 하는 미국의 기업 시스템이기도 하다(Cappelli, 2001). 즉, 기업에 불필요한 인재는 구조조정을 하고, 필요한 인재는 다른 기업의 전문 기능자를 영입하면 된다는 것이다. 그 결과 내부훈련이 불필요하게 될뿐더러 인력을 빼앗긴 기업의 입장에서 훈련비용의 회수는 불가능하게 되어 내부훈련 그 자체가 없어진다. 그 결과 내부훈련의 형태로서 기능형성이 쇠퇴하게 된다.

그렇다면 종업원은 어떻게 행동하게 될까. 지금에 와서는 스스로를 지킬 수 있는 것은 타 기업에서 고용될 수 있는 능력인 임플로이 어빌리티이다. 이를 위해 타 기업에서 통용되고 시장에서 평가받을 수 있는 기능을 보유할 필요가 있다. 그러기 위해서는 특정 기업의 노동에 필요하다고 여겨지는 기능의 습득에 전념한다든지, 기업의 필요에 따라 직무를 변경하는 등의 행동은 올바른 선택이 아니다. 그러한 노력에 의해 기업에 필요한 고유한 기능을 보유했다고 하더라도 고용의 계속은 보장되지 않는다. 오히려 그 결과, 타 기업에서 통용되는 임플로이 어빌리티를 상실하게 된다. 또는 외부 인사의 영입으로 인해 내부승진의 기회는 점점 더 적어지기 때문에 종업원들은 임플로이 어빌리티를 높여타 기업으로의 전직 기회를 추구하려는 행동을 취하게 된다.

(3) 임플로이먼터빌리티

여기서 결과적으로 스카우트와 전직이 일상화되고, 이것이 '시장에서 고용되는 능력'의 임플로이 어빌리티와 연결되는 고용관계가 된다. 즉, 기업 측도 종업원 측도 상대에 대한 관심은 없다. 다만 기업 측이 양질의 종업원을 구하려는 것에는 변함이 없다. 그러기 위해서 임플로이 어빌리티 계약의 도입이라는 것도 있다. 즉, 기업 측은 고용보장 파기의 대가로 종업원이 기업 외부의 직업훈련기관에서 배울 수 있는 시간과 비용을 약속한다. 이러한 제도를 인재획득의 수단으로 삼으려는 의도이다. 혹은 타 기업에서도 평가된 능력이라는 의미에서의 임플로이 어빌리티의 상승을 가능하게 하는 업무의 제공도 있다. 그리고 그러한 것이 '고용하는 능력'이라는 의미에서의 임플로이먼터빌리티(employmentability)로서 개념화되는 경우도 있다. 즉, 종업원의 입장에서 '고용되는 능력'이라는 의미에서의 임플로이 어빌리티가 문제시되는 데 비해, 기업의 입장에서는 그러한 종업원을 '고용하는 능력'이라는 의미에서의 임플로이먼터빌리티가 문제시된다.

물론 이것은 일부 미국 기업에서의 일이지만 타 기업으로의 유출을 전제로 해서, 나아가 인재의 획득과 정착을 위한 수단으로서 임플로이 어빌리티와 임플로이먼터빌리티라는 개념이 사용된다. 다시 말해 내부 노동시장을 유지한 가운데 임플로이 어빌리티의 과제에 직면하고 있는 것이 일본의 고용 시스템이라면, 내부 노동시장을 해체하고 나서 임플로이먼터빌리티의 과제에 직면하고 있는 것이 미국의 고용 시스템이다.

전자에서는 고용의 유동화에 따른 임플로이 어빌리티의 과제가 발생하는 데 비해, 후자는 스카우트와 전직의 일상화에 따른 임플로이먼터빌리티의 과제가 발생한다.

(4) 자기모순적 정책인가

하지만 이것이 커다란 자기모순이라는 것도 틀림없다. 이미 인재의 획득과 그 정착을 위해서 내부 노동시장이 형성되었다. 이러한 의미에서 기업의 입장에서 가장 중요한 개념은 '고용하는 능력'이라는 의미에서의 임플로이 어빌리티라 할 수 있다. 아이로니컬하게도 내부 노동시장을 부정한 결과 타 기업으로의 유실을 전제로 하거나, 촉진하는 가운데 인재의 획득과 정착을 꾀하는 것처럼 도착(倒着)된 관계가 고용 시스템을 지배하게 된다.

아마도 최후로 문제시되는 것은 이러한 도착된 고용 시스템이 지속가능(sustainable)할지의 여부이다. 이것과 유사한 시스템으로 스톡옵션이 있다. 하지만 주가의 지속적 상승을 전제로 한 스톡옵션 시스템이 주가가 부진하다면 지속 불능하게 될 것은 뻔하다. 마찬가지로 내부 노동시장을 부정하고 임플로이 어빌리티를 인재획득의 수단으로 여기는 시스템이 과연 얼마나 지속 가능할 것인지가 조만간에 문제시될 것이다.

확실한 것은 스카우트와 전직의 일상화에 따라 내부훈련은 쇠퇴하고 외부훈련에 점점 더 의존하게 된다는 것이다. 만약 이러한 형태로 진행이 된다면 외부훈련의 제도화가 불가피하게 된다. 이를 제도화하는 직업별 노동시장과 전문직형 고용 시스템이 조직화되어 있다면 이러한 방향도 가능하다. 이것이 미국의 고용 시스템이라고 하더라도 적어도 현재 일본의 고용 시스템은 이러한 조건과는 상당한 거리가 있다고 하겠다. 그 결과는 경제 전체로서 기능형성의 쇠퇴할지도 모른다.

(5) 내부 노동시장의 불가결성

확실히 정보기술의 진전과 함께 선전되는 것은 형식적인 지식과 이론적 지식의 우위이고 내부훈련보다도 외부훈련을 통한 기능형성의 유효성이다. 하지만 설령 형식화된 디지털형 기술 영역이 확대된다 하더라도 개별 기업의 경쟁력은 형식화된 지식의 활용을 전제로 해서, 기업 고유의 노하우와 암묵지(暗默知)의 활용에 달려있다. 그것이 실제의 노동을 통해서 획득되는 지식인 이상, 노동을 통한 기능형성의 메커니즘인 내부 노동시장이 부정되지는 않는다. 나아가 그 과제는 내부 노동시장의 조직화 비용의 삭감과 동시에 조직 퍼포먼스를 어떻게 제고할 수 있는가에 있고, 조직화 비용에 걸맞은 조직 퍼포먼스의 달성이 고용 시스템의 존속을 위한 최종적인 조건이 된다. 이것은 고용 시스템만의 문제가 아니라 부품과 중간재에 관한 기업 간 거래와 금융거래에 관한 문제이기도 하다. 각각의 시장거래를 어떤 특정 방식으로 조직화함으로써 일본 기업은 조직효율성을 달성했다. 동시에 현재 일본 기업은 조직 퍼포먼스의 저하와 조직화 비용의 증대 문제에 직면하고 있다. 이러한 관점에서 일본의 기업 시스템에 대해 논의를 진행시켜 보자.

3. 요약

본 장에서는 일본 기업이 구축해 온 기능형성과 평가 시스템에 대해서 검토했다. 이 점을 고용 룰의 관점에서 임금 룰에 초점을 맞추어 검토했다. 임금이 어떻게 결정되는가라는 '결정 방법' 룰에서 각 나라의 고용 시스템의 차이가 현저하고, 그러한 점이 기능형성과 직무편성에 미치는 효과가 생산조직의 효율성에 크게 영향을 미치는 것도 살펴보았다.

이는 좀더 일반적으로 이해하자면, 임금 룰은 무엇에 대해서 임금을

214 일본 기업 시스템의 경제학

지불하는 것인지, 그리고 그 대상을 어떻게 등급화할 것인지에 의해 구별된다. 그것을 능력급의 임금 룰과 직무급 임금 룰의 대비를 통해 검토했다. 즉, 전자는 능력에 대해서, 후자는 직무에 대해서 지불하게 되고, 따라서 전자는 능력을 정의하고 등급화하며, 후자는 직무를 정의하고 등급화한다. 그리고 일본 기업은 능력급의 임금 룰을 직능자격제도로서 형성했음을 살펴보았다.

이에 대해 일본의 임금제도로서 지적된 것은 연공임금이다. 하지만 만약 그러한 점이 연공을 기준으로 한 임금 룰을 의미한다면 그것은 옳지 않다. 일반적으로 고용 룰은 효율성과 실행 가능성의 조건을 충족시킬 필요가 있다. 이 두 가지 관점에서 연공 룰은 부적절하다고 보았다. 한편 효율성과 실행 가능성의 관점에서 주장되었던 것은 직무급의 룰이었다. 그것이 구미의 임금 룰로 여겨져 왔다.

하지만 효율성의 조건을 기능형성의 관점에서 이해한다면 직무급의 임금 룰은 반드시 그 조건에 일치하지는 않는다. 기능형성이 업무를 통한 훈련(OJT)인 이상, 직무급의 임금 룰은 오히려 효율성의 조건을 저해한다고 볼 수 있다. 더욱이 실행 가능성의 조건을 충족시키기 위해서는 직무의 배치가 엄격하게 룰로서 규정되어야만 한다. 그 결과 직무의 편성은 경직화되고, 그러한 의미에서 또한 직무급의 임금 룰은 효율성의 조건을 저해하게 된다는 것이다.

이에 비해 '직능'으로 정의된 능력급의 임금 룰은 기능형성의 촉진 관점에서, 그리고 직무편성 유연성의 관점에서 효율성의 조건에 부합한다는 것이다. 하지만 실효 가능성의 조건을 충족시키기 위해서는 직능급의 임금 룰은 능력평가의 주관성을 회피할 필요가 있다. 그러기 위해서 능력평가는 경험의 평가에 치우치고, 결과적으로 연공적 평가의 성격을 강하게 보인다. 나아가 기업마다 정의된 능력의 형성과 평가 시스템을 종업원이 수용하기 위해서는 고용의 계속이 필요하게 된다. 전자는 연공적으로 상승하는 승급비용이고, 후자는 고용유지를 위한 비용이다. 둘은 직능자격제도를 유지하기 위한 조직화 비용이며, 이에 비해 기능형성과 직무편성의 유연성이 발생시킨 생산조직의 효율성이 직능자격제도하의 조직 퍼포먼스가 된다. 이 두 가지가 상위 레벨에서 균형을 이루는 시스템으로서 일본의 고용 시스템을 이해할 수 있었다.

그러나 일본의 고용 시스템은 조직화 비용의 증대와 조직 퍼포먼스의 저하라는 문제에 직면해 있다. 따라서 조직화 비용의 인하와 조직 퍼포먼스의 인상이 일본 기업의 문제이다. 그러기 위해서 성과급 임금 룰의 도입을 꾀하고 있다. 하지만 성과급의 룰은 실행 가능성의 조건에서 저항에 직면할지도 모른다. 적어도 완전한 성과주의의 도입은 내부 노동시장형의 고용 시스템에서는 곤란하다. 따라서 현실적인 임금 룰의 변경은 직능자격제도에 부수적인 연공적 요소를 축소하거나 혹은 폐지하고, 대신에 성과적 요소를 도입하는 것이다. 이러한 의미에서 능력·연공주의로부터 능력·성과주의로의 '점진적 변화'의 진행으로 현재의 제도 변경을 해석할 수 있다.

마지막으로 일본 고용 시스템에서 최대의 제도 변경은 고용의 계속과 안정에 관련한 것이었다. 고용 계속의 관념 자체가 부정되지는 않는다 하더라도 실제적으로 고용의 계속은 어렵게 되고 있다. 따라서 특정 기업에 의지한 고용의 안정이 아닌, 타 기업에 고용되는 능력을 준비할 필요성이 임플로이 어빌리티의 개념이다. 하지만 임플로이 어빌리티를 위한 능력형성은 능력이 유효하기 위해 노동을 통한 훈련이어야만 한다. 그리고 훈련이 실질적인 고용으로 이어져야 한다. 그러기 위해서는 임플로이 어빌리티를 위한 능력형성에 기업의 관여가 필요하다. 임플로이먼트(고용)에 대한 기업의 책임 관념이 점차로 저하되고 있더라도, 오히려 그 때문에 임플로이 어빌리티에 대한 기업의 책임 관념이 강화되는 것을 볼 수 있었다.

제4장

기업 간 관계 시스템

부품과 중간재 등 기업 간의 거래관계에서 미국 기업과 일본 기업 사이에는 뚜렷한 차이가 있다. 전자는 그 거래를 내부화해서 기업 간 관계를 통합조직으로 흡수한다. 하지만 후자는 기업 간의 관계를 계열 관계로 조직화한다. 왜 이러한 차이가 발생하는지를 거래비용의 관점에서 검토하고, 동시에 계열 관계의 조직화가 일본의 기업 시스템에 무엇을 초래했는지를 이해할 필요가 있다. 그리고 통합조직과 계열조직의 두 가지 변화 방향을 검토해 보자.

1. 기업 간 거래

1) 통합조직

(1) 통합이란

'거래의 다발'로서의 기업이라는 관점에서 인적 거래에 이어 검토의 대상이 되는 것은 물자의 거래이다. 원재료에서 중간재, 그리고 완성품에 이르기까지 기업 활동은 다양한 물자의 거래로 이루어져 있다. '상류 부문(up stream)'에 있는 원재료와 중간재 거래의 관계에서 '하류 부

문(down stream)'의 완성품의 거래관계에 이르기까지 '거래의 다발'로
서의 기업은 다양한 기업 간의 거래관계로 구성되어 있다. 거기에는 당
연히 거래비용의 문제가 발생한다. 이것이 윌리엄슨의 문제설정이었다.
즉, 시장의 거래비용이 증가하면 시장거래에 대신해서 다른 종류의 거
래가 조직화된다. 이것이 통합조직(integrated organization)의 형성이다.

이때 통합조직은 기업과 기업의 '통합'을 의미한다. 즉, 기업의 합병
이나 매수에 의한 소유권의 통합이다. 기업이라는 법인 조직은 그 자체
가 매매되고, 소유의 대상이 된다. 그리고 합병과 매수(M&A: merger
and acquisition)에 의해 새로운 통합조직이 형성된다.

(2) 다양한 기업통합

통합조직에 관한 윌리엄슨의 문제제기는 왜 수직적인 통합이 발생하
는가였다. 일반적으로 기업합병의 이유는 합병으로 인해 기업규모를
확대하고 규모의 경제(economy of scale)를 실현하기 위해서이다. 또한,
다른 분야의 기업 간 합병은 기술과 시장의 상호 보완을 획득하고 범위
의 경제(economy of scope)를 실현하기 위한 것이었다. 전자를 동일업종
에서의 수평적 통합, 후자를 이업종 간의 복합기업(conglomerate)의 통합
이라고 한다면, 양쪽 모두 생산조직의 효율성을 목적으로 한다고 할 수
있다.

다만 수평적 통합은 시장의 통합, 즉 독점 형성을 의미하기도 한다.
따라서 그것이 규모의 경제를 통해 경제효율성을 실현할지 아니면 시
장독점에 의해 경제의 비효율이 발생할지의 평가는 엇갈리게 된다. 마
찬가지로 복합기업의 통합은 그것이 이업종 간의 상승효과인 '시너지'
의 실현을 위해서인지, 아니면 고수익기업을 매수하여 그 내부자금을
획득하기 위한 목적인지에 따라 평가는 엇갈리게 된다. 그리고 제6장
에서 살펴보겠지만, 기업의 매수나 적대적 인수는 주주이익이 목적인
지, 아니면 경영자 이익이 목적인지로 그 평가가 크게 나뉜다.

(3) 수직적 통합의 이유

이에 대해 수평적 통합과 복합기업 통합과는 구별되는 제3의 기업통합의 형태로 수직적 통합이 있다. 이는 '상류 부문'의 기업과 '하류 부문'의 기업의 통합으로, 규모의 경제나 이업종 간의 상승효과를 직접적인 목적으로 하지 않는다. 미국 기업은 역사적으로는 우선 19세기 말에서 20세기 초에 걸쳐 수평적 통합시대였고, 다음으로 1920년대는 수직통합의 시대였다. 이를 자동차 산업에 적용시켜 보면, 당초 수백 개의 소규모 자동차 메이커는 20세기 초 수평적 통합을 통해 수십 개의 거대 메이커로 통합되고, 나아가 원재료와 중간재 공급 기업을 매수하거나 판매회사를 설립해서 상류에서 하류까지를 통합하는 거대기업을 형성하게 되었다. 이것은 자동차 산업에 한정되는 것이 아니라 철강, 화학, 전기, 식품 등 20세기 미국 기업은 수평적 및 수직적 통합을 통해 스스로를 거대기업조직으로 변모해 나갔다.

그렇다면, 왜 수직적 통합이 전개되는 것일까. 수평적 통합과 복합기업 통합과는 구별되는 수직적 통합의 이유는 무엇인가. 윌리엄슨이 발견했던 것은 거래비용이었다. 즉 '상류 부문'과 '하류 부문' 기업과의 시장거래에서 거래비용이 중대한 문제가 될 때, 그 해결을 위해서는 상대기업을 매수하고 그 기업을 자기 조직의 일부분으로 내부화하면 되는 것이었다. 이러한 작업을 통해 시장거래는 통합된 조직의 내부거래가 된다. 그것은 통합조직의 히에라르키(hierarchies, 권한관계)에 의해 컨트롤된다. 이에 의해 시장거래에 따른 거래비용의 삭감이 가능하게 된다. 이처럼 수직적 통합은 규모의 경제와 범위의 경제라는 이유만이 아닌, 거래비용의 삭감 때문에 발생한다는 것이 윌리엄슨에 견해이다.

(4) 경영자의 '보이는 손'

이러한 통합조직의 형성을 챈들러는 시장의 가격 메커니즘이라고 하는 보이지 않는 손(invisible hand)에 의한 기업 활동의 조정으로부터 통

합조직에서의 권한이라는 의미의 경영자의 보이는 손(visible)에 의한 조
정으로 파악하였다(Chandler, 1977). 다만 챈들러는 기업매수를 통한 통
합조직의 형성은 어디까지나 규모의 경제와 범위의 경제를 추구한다고
이해하였다. 챈들러의 입장에서 그러한 실물적인 경제효율성의 추구가
'경영자'의 역할이고, 그것이 20세기 미국의 '경영자 기업'이었다. 그
리고 통합의 결과, 거대화한 기업조직의 출현은 그 내부운영을 위한 관
리조직의 형성을 필요로 했다. 그것이 전문경영자와 그들에 의해 이끌
어지는 히에라르키의 형성이다. 이러한 윌리엄슨의 시점이든 챈들러의
시점이든 '거래 다발'로서 기업을 파악한다면, 우선은 시장의 가격 메
커니즘과 조직의 권한 메커니즘의 두 가지를 구분할 수 있을 것이다.

2) 중간조직

(1) 계열관계의 형성

거래비용의 관점에서 '시장과 조직(markets and hierarchies)'이라는
문제를 설정하는 한, 수직적 통합은 그 틀에 알맞은 예라 할 수 있다.
수평적 통합과 복합기업 통합의 경우 통합 이전 당사자 간의 거래는
시장의 거래관계가 있는 것은 아니다. 이에 비해 수직적 통합은 시장거
래의 관계가 있는 기업 간 통합이다. 그리고 통합의 결과, 당초의 시장
거래는 조직 내부의 부문 간 거래가 된다. 즉, 시장의 가격 메커니즘은
부문 간을 조정하는 조직의 권한 메커니즘으로 대치된다. 이러한 수직
적 통합을 예시함으로써 거래비용의 관점에서 시장의 가격 메커니즘과
조직의 권한 메커니즘이 대비된다.

하지만 이러한 논의에 대해서는 일본의 기업 시스템의 관점에서 비
교적 일찍부터 다음과 같은 의문점이 제시되었다. 즉, 기업 간 거래에
관해서 그 거래비용을 삭감하는 방법은 수직적 통합만이 아닌, 계열의
조직화라는 방법도 있다는 것이다. 기업 간 거래를 수직적 통합에 의해

조직화한 것이 미국 기업 시스템의 특징이라면, 일본의 기업 시스템에서 관찰되는 것은 계열관계에 기초한 기업 간 거래의 조직화이다. 그리고 수직적 통합이 권한 메커니즘의 예시라고 한다면, 계열관계는 시장의 가격 메커니즘도 조직의 권한 메커니즘도 아닌 시장과 조직의 '중간' 형태의 거래로 개념화할 수 있다. 그리고 이러한 중간조직의 형성이 일본의 기업 시스템의 특징이라고 한다(今井賢一·伊丹敬之·小池和男, 1982).

(2) 제3의 거래 형태

확실히 계열관계는 특정 멤버 간의 지속적 거래라는 의미에서 자유로운 진입과 퇴출을 전제로 하는 경쟁시장형 거래관계와는 상이하다. 하지만, 계열관계는 이른바 모기업의 권한에 의해 컨트롤되는 것도 아니다. 다음에 살펴보는 것처럼 이른바 '하청관계'가 모기업에 의한 하청기업의 지배를 의미한다면, 계열관계는 이것과는 상이하다. 거기에는 중핵기업과 계열기업 간의 협력관계가 있고, 그것은 '시장과 조직'이라는 이분법적인 틀에 대신하는 제3의 거래양식을 의미하는 것이다. 이러한 관점이 일본의 기업 시스템의 관찰을 통해 제시되었다.

그 후 계열관계와 중간조직의 개념은 일반적으로 네트워크 조직이라고 표현할 수 있게 되었다. 즉, 히에라르키가 의미하는 권한을 대신해서, 네트워크 조직에 의해 멤버 기업 간의 협력관계가 합의된다. 물론, 네트워크관계 자체가 조직화된 것이고, 권한의 조직화를 위해 수직적 통합이 형성된 것에 대해서 협력의 조직화를 위해서 계열관계와 네트워크 조직이 형성되었다.

(3) 일본 기업의 경쟁력

나아가 이러한 문제에 대한 관심 배경에는 일본 기업의 경쟁력에 있었다. 즉, 강력한 국제경쟁력을 발휘하는 일본 기업은 자동차와 전기,

정밀기기 등 계열관계를 통해서 기업 간 거래를 조직화하는 산업 분야
에 집중되어 있다. 그렇다면 기업 간 거래를 조직화하는 메커니즘으로
서 가격 메커니즘에 기초한 시장거래와 권한 메커니즘에 기초한 수직
적 통합이 있을 수 있다. 일본 기업은 이에 대해 이들과는 다른 제3의
계열거래를 조직화함으로써 경쟁력을 구축할 수 있었다. 이러한 관점
에서 계열관계가 어떻게 형성되고, 유지되는가에 많은 관심이 집중되
고 있다.

또한 동시에 현재 계열관계의 조직화는 그 재편의 필요성에 직면해
있다. 지금까지의 논의와 마찬가지로 기업 간 거래의 조직화는 그 조직
화 비용의 증대와 조직 퍼포먼스의 저하라고 하는 문제에 직면해 있다.
그것이 미국 기업에서는 수직적 통합과 관련된 조직화 비용과 조직 퍼
포먼스의 문제라면, 일본 기업에는 계열관계와 관계된 조직화 비용과
조직 퍼포먼스의 문제이다. 이러한 관점에서 앞서 고용 시스템의 변동
과 마찬가지로 기업 간 관계 시스템의 변동 문제에 접근할 수 있다. 그
러기 위해서 먼저 기업 간 거래에서 거래비용의 발생과 그 삭감 메커
니즘을 이해할 필요가 있다.

3) 거래구조

(1) 거래 특수적 투자의 존재

부품과 중간재에 관한 기업 간 거래의 거래구조에 대해 검토해 보도
록 하자. 제1장에서 살펴본 것처럼, 그것은 ① 거래환경의 불확실성·복
잡성, ② 거래주체의 기회주의, ③ 거래관계의 상호 의존성으로 구성되
어 있다. 즉, 각각의 성격을 강화하는 '거래구조'에서 거래비용이 발생
한다. 이러한 거래비용의 삭감을 위한 방법으로는 시장적 해결과 조직적
해결의 두 가지가 있다. 전자는 기업 간 거래를 단기 거래화하는 것이
고, 그러기 위해서는 거래관계의 상호 의존성을 배제해야 한다. 이에

대해 후자는 거래관계의 상호 의존성을 전제로 하고, 그를 위해 기업 간 거래를 장기화하고, 거래 당사자의 기회주의를 컨트롤하는 것이었다. 그리고 그 방법으로서는, ① 권한의 조직화, ② 구속적 룰의 조직화, ③ 협력의 조직화가 있었다. 이러한 관점으로 앞 장에서는 노동거래의 조직화를 검토했다. 이 장에서는 기업 간 거래의 조직화를 설명해 보도록 하자.

지금까지의 논의와 마찬가지로 문제는 거래관계의 상호 의존성, 즉 거래 특수적 투자나 관계 특수적 투자의 존재이다. 즉, 원재료와 중간재 거래에서 공급 측은 수요 측의 용도에 특화된 투자가 필요한 경우가 있다. 자동차 산업을 예로 들자면, 어느 부품은 특정한 차의 용도에 특화되어 설계된다. 그에 따라 부품 메이커는 금형의 제조를 위해 그 거래에 특화된 투자를 필요로 한다.

(2) 커스텀 부품과 범용부품

이렇게 특정한 용도로 특화된 부품을 커스텀 부품이라고 한다. 그렇다면 그 공급을 위한 투자는 '매몰비용(sunk cost)'이 된다. 즉, 부품 메이커는 그 투자비용의 회수를 완성차 메이커와의 거래에 의존한다. 따라서 그러한 종류의 투자가 이루어지기 위해서는 적어도 그 완성차의 모델을 교체하기까지 거래의 계속이 보장되어야 한다. 이러한 의미로서 장기거래가 성립된다. 한편 특정 용도로 특화되지 않는 범용부품은 그때마다 시장거래를 통해서 구입하게 된다.

이러한 커스텀 부품과 범용부품의 관계가 앞서 보았던 노동거래의 기업 특수적 기능과 일반기능의 관계로 대응한다는 것이다. 다만 노동거래에 대해서는 그 기능의 기업 특수성 자체는 반드시 명확하지만은 않다. 오히려 일반적 요소가 커진다는 것이다. 이에 대해서 기업 간 거래에서는 물재의 성질로서 커스텀 부품의 거래 특수성과 관계 특수성의 성격이 더욱 분명해진다.

그렇다면 문제는 커스텀 부품에 관해서 그 거래상대를 발견하고 계약을 교섭하고, 실행하기 위한 거래비용의 문제가 발생한다. 우선 커스텀화된 부품이 기술적으로 중요할수록 부품 메이커의 기술적 능력이 문제가 된다. 우선 그 단계에서 상대를 발견하기 위한 탐색비용과 정보비용이 발생한다. 그러고 나서 생산량과 구입가격, 납기와 품질 등의 계약을 교섭하고 체결하기 위한 계약비용과 의사결정비용이 발생한다. 말할 필요도 없이 거래환경의 불확실성과 복잡성에 따라서, 그리고 교섭과정에서 기회주의적 행동에 따라서 점차 거래비용은 증가한다.

따라서 계약은 불완전할 수밖에 없게 된다. 물론 고용계약과 비교한다면, 앞으로의 기간은 한정되어 있다. 다만 장래의 상태를 완전히 명기한 계약을 작성하려고 한다면, 제한된 합리성 때문에 그 거래비용은 금지적인 크기가 된다.

(3) 사후적 기회주의

더욱 중대한 문제는 이러한 계약이 성립하고, 거래 특수적 투자가 이루어진 후의 기회주의이다. 즉, 부품 메이커는 그 투자비용의 회수를 해당 거래에 의존한다고 하는 의미에서 이후의 거래에서 완성품 메이커 측이 교섭의 우위에 선다. 그렇게 되면 완성품 메이커는 생산의 중단을 무기로 해서 구입가격의 인하를 요구할지도 모른다. 이러한 노골적인 기회주의적 행동은 없다고 하더라도 생산을 개시한 이후 완성품의 수요가 예상을 밑돌아 부품 구입가격의 인하를 요구하는 경우도 있을 수 있다. 이때 시장정보에 관한 부품 메이커와 완성품 메이커 간의 정보의 비대칭성을 이용해서, 완성품 메이커는 시장 상황의 악화를 과장되게 전달함으로써 부품가격의 인하 폭을 확대시키려 할지도 모른다. 요컨대 완성품 메이커는 교섭상의 우위를 이용해서 기회주의적으로 행동한다는 것이다.

한편 커스텀화된 부품 공급에 완성품 메이커가 의존한다는 의미에서, 이후의 거래에서 부품 메이커 측이 우위에 서는 경우도 있다. 그때 제조비용의 증대를 이유로 부품 메이커는 부품가격의 인상을 요구할 수도 있다. 이 경우에도 마찬가지로 정보의 비대칭성을 이용해서, 부품 메이커는 제조비용의 증대를 과장함으로써 부품가격의 인상 폭을 좀더 확대시키려는 행동을 할 수도 있다. 또는 완성품 메이커의 증산 요구에 대해 높은 납입가격을 요구할 수도 있다. 그것은 구입가격을 인하하고 자 하는 완성품 메이커의 기회주의에 대한 보복 조치일 수도 있다.

이처럼 거래 특수적 투자가 발생시키는 상호 의존성은 사후적 기회주의의 문제를 발생시킨다. 그 결과 완성품 메이커의 배신이 두려워 부품 메이커는 거래 특수적 투자를 회피하려고 할 것이다. 즉, 홀드 업(hold up) 문제의 상황으로 그 결과 완성품 메이커의 입장에서는 커스텀 부품의 공급에 지장이 초래된다. 이러한 사실은 품질과 기능의 다양화 등 커스텀화된 부품에 의존하는 완성품의 경쟁력이 저하되는 것을 의미한다. 혹은 상대의 기회주의에 대항하기 위해서는 그 행동을 감시하고 스스로 정보를 수집해야만 한다. 어쨌든 상호 기회주의적 행동의 결과, 정보비용과 감시비용의 증대라는 의미에서도, 혹은 시장경쟁력과 생산 효율성의 저하라는 의미에서도, 기업 간 거래에서 거래비용이 발생하게 된다.

4) 룰 · 권한 · 협력

(1) 기회주의의 컨트롤

그렇다면 어떻게 거래비용을 삭감해야 할까. 한 가지 방법은 커스텀 부품이 아닌 범용부품으로 전환하는 것이다. 이로 인해 거래 특수적 투자를 지향하여 다수의 대체적인 거래상대와의 시장거래가 가능해진다. 하지만 이러한 거래비용의 '시장적 해결'은 커스텀 부품을 이용하는 데 따른 이점을 방기하는 것을 의미한다.

(2) 룰에 따른 컨트롤

이에 대해 커스텀 부품의 이용을 전제로 해서 기회주의를 컨트롤하
는 것이 거래비용의 '조직적 해결'이었다. 그 방법으로는 룰에 따른 기
회주의의 억제가 있었다. 예를 들어 가격 슬라이드제와 같은 가격개정
의 룰을 채용함으로써 가격교섭에서의 기회주의를 배제하는 것이다.
또는 가격은 고정하고 수량을 조정하는 룰도 있을 수 있다. 가격교섭에
서 정보의 비대칭성과 비대칭성을 이용한 기회주의적 행동 여지가 커
지는 데 대해, 수량조정에서는 그러한 가능성을 제거할 수 있다. 하지
만 그 결과 합리화와 기술개발에 의해 생산성을 상승시키는 인센티브
자체가 박탈된다. 요컨대 룰에만 의존해서 기회주의를 컨트롤하려고
할 때 룰은 경직된다. 당사자의 행동은 룰에 의해 얽매이고 개선을 위
한 궁리와 타협하려는 행동의 여지 자체를 박탈당하게 된다.

(3) 권한에 의한 컨트롤

이에 대해 또 다른 방법이 통합이다. 즉, 앞의 홀드 업 문제에 대해
서는 해당 부품 메이커에 의해 필요한 투자가 이루어지지 않는 상황에
직면하게 되면, 완성품 메이커는 그 부품 메이커를 매수하고 통합하면
된다. 그리고 독립된 경제 주체라는 점을 이용해서 거래상대가 기회주
의적인 행동을 한다면 상대기업을 매수하고 그 독립성을 박탈하면 된
다. 요컨대 부품 메이커는 통합된 조직의 부품 제조부분이 된다. 이로
인해 통합된 조직의 권한에 의해 부문 간의 조정을 꾀하면 되는 것이
다.

확실히 기회주의를 컨트롤하기 위해서는 권한에 기초한 컨트롤이 유
효하다. 그리고 기업 간의 관계는 매수와 합병에 의한 권한관계의 확립
을 용이하게 한다.

다만 그 결과 통합된 생산조직의 효율성이 실제로 실현될지는 알 수
없다. 매수된 부품 메이커는 독립된 경제 주체로서의 인센티브를 상실

하여, 생산효율성이 저하될 가능성을 배제할 수 없다. 하물며 홀드 업 문제가 완성품 메이커 측의 기회주의에 그 원인이 있고, 그 결과에 대처하기 위한 통합이 이루어진다면 통합된 부품 메이커의 인센티브는 저하하게 될 것이다. 그리고 타 기업을 매수하고, 통합을 행한 결과 조직은 비대해지고 관리상의 비효율이 발생하는 것도 불가피하다. 통합에 의해 독립 부품 메이커로서의 기회주의는 컨트롤할 수 있다고 하더라도 부품 제조 부문으로서의 기회주의, 즉 자기 부문의 이해를 우선하는 행동을 컨트롤할 수는 없을 것이다.

요컨대 통합에 의한 거래비용의 삭감은 동시에 통합에 따른 조직의 비효율과 조직화 비용의 증대를 발생시킨다. 전자에 비해 후자의 비용이 증대한다면, 통합 형태로서 시장거래의 조직화는 재편되어야 한다. 앞으로 설명하겠지만 이러한 점이 1980년대 미국 기업이 직면한 과제였다.

(4) 협력의 형성

이에 대해 거래비용의 '조직적 해결'의 또 다른 방법으로서 협력이 있다. 상대를 희생시켜 자기이익의 추구가 기회주의라면 그 반대는 협력이다. 즉, 협력관계가 조직화된다면 권한이나 경직적인 룰에 의존하지 않고 기회주의의 억제가 가능해진다. 앞서 검토한 바와 같이, 이러한 관계가 계열관계와 네트워크 조직으로 개념화된다. 그리고 자동차 생산을 예로 들었듯이 경쟁우위의 일본 기업은 계열관계를 조직화시킨 산업에 집중한다는 점에서 계열이라는 거래관계가 발생시키는 생산효율성에 상당한 관심이 집중되었다. 그것이 '도요타 생산 시스템' 혹은 '린(lean) 생산 시스템'으로 개념화되어, 자동차 생산의 해외 현지생산의 진전과 함께 게레쓰(系列)라는 단어 자체가 해외로 널리 유포되었다.

그렇다면 협력관계는 어떻게 조직화되는 것일까. 물론 처음부터 협력관계가 성립해 있다면 문제는 없다. 그 경우에는 거래비용의 문제 자체가 발생하지도 않는다. 그렇지 않고 기회주의를 전제로 해서 기회주의를 억제하는 장치로 협력관계가 어떻게 형성되는지가 여기에서의 문제 설정이다. 결론을 먼저 말하자면 교섭상의 우위에 근거해서 기회주의적 행동이 발생한다면 협력관계는 교섭력의 행사를 서로 억제하는 것이다. 그 하나는 그러한 행동을 유도하는 인센티브의 문제임과 동시에 또 다른 하나는 상호 신뢰의 문제이기도 하다. 이러한 관점으로부터 기업 간 거래관계의 조직화에 대해서 살펴보자.

2. 서플라이어 관계

1) 거래구조의 비교

(1) 일본 기업의 높은 외제율

'거래 다발'로서 기업은 시장거래만으로 구성되어 있는 것이 아니라 시장거래를 조직화하는 것으로 구성되어 있다. 그리고 사람과 물재, 자금의 거래를 어떻게 조직화하는가에 따라 나라마다 기업 시스템의 차이가 발생한다. 이것이 거래비용의 관점으로부터의 기본적인 발상이다. 그렇다면 부품과 중간재의 기업 간 거래를 수직적 통합에 의해 조직화시키는지, 계열관계에 의해 조직화시키는지에 따라 기업 시스템의 현저한 차이가 관찰된다. 우선 이러한 점을 확인해 보자.

앞 장에서는 고용 시스템에 관한 각국의 특징적인 패턴을 지적할 수 있었다. 즉, 노동거래에 대한 나라마다의 거래 패턴의 차이였다. 이와 동일하게 기업 간 거래의 대표적 예라 할 수 있는 자동차 산업에 관해서 미국 기업과 일본 기업 간의 거래 패턴의 차이를 다음과 같이 지적할 수 있다(淺沼萬里, 1997). ① 완성차 메이커가 거래하는 부품 메이커의 수는 일본 기업에서 200~300개사, 미국 기업에서 1,000~1,500

개사로 미국 기업이 현저히 높다. ② 완성차 메이커의 내제율(內製率)은 일본 기업이 20~30%, 미국 기업이 60~70%로 미국 기업이 현저하게 높다. 반대로 외제율은 미국 기업이 현저하게 낮다.[1]

내제율과 외제율에서의 미국 기업과 일본 기업의 차이가 전자에서의 수직적 통합과 후자에서의 계열관계의 차이를 반영하고 있다. 즉, 전자는 수직적 통합에 의해 기업 간 거래를 내부화한 결과, 내제율은 높고 외제율은 낮다. 이에 비해 후자는 계열이라는 형태로 외부조달을 꾀함으로써 외제율은 높고 내제율은 낮게 된다.

(2) 거래기업 수는 왜 다를까

이에 대해 거래기업의 수에 대해서는 언뜻 보기에 이상한 결과라고 생각하기 쉽다. 즉, 미국 기업에서는 30~40%의 외제율임에도 불구하고 거래기업 수가 많다는 사실이다. 한편, 일본 기업은 70~80%의 외제율을 보임에도 불구하고, 거래기업 수는 현저하게 적다. 외제를 외부로부터의 부품조달을 시장거래로 간주한다면 미국 기업의 거래는 다수의 거래상대와의 시장거래이고, 일본 기업의 거래는 소수 거래상대와의 시장거래라는 사실이다. 즉, 전자는 시장경쟁을 통해서 자유로운 참가가 가능한 데 비해, 후자는 시장경쟁이 저지되고 있다는 주장도 제기될 수 있다. 사실 1980년대 미일의 무역마찰과 그 연장으로 '미일구조협의'에서 계열거래야말로 일본 시장의 폐쇄성의 상징이라 간주하여 계열의 해체와 개방을 요구하는 목소리가 높았다.

그러나 이러한 점도 거래구조의 차이를 반영하는 것이다. 예를 들어 브레이크를 미국 기업은 내제하고 일본 기업은 외제한다고 하면, 미국

---

1) 이하에서 보는 것처럼, 자동차 산업에서 미국 기업은 그 내제 부문의 분리·독립(spin-off)을 꾀하고 있다. 또한, 외부 조달률도 기업마다 상이하다. 일반적으로 GM은 30%, 포드는 50% 정도이다.

의 완성차 메이커의 거래상대는 브레이크를 제조하기 위한 부품 메이커이다. 이에 비해 일본의 완성차 메이커의 거래상대는 브레이크 제조 메이커가 된다. 후자를 계열기업이라고 하고, 전자와 비교해서 후자의 기업 수가 적어지는 것도 어쩌면 당연하다. 그리고 일본의 브레이크 제조 메이커는 미국 기업과 마찬가지로 브레이크를 제조하기 위한 부품 메이커와 거래한다. 이것이 이른바 하청기업이다. 요컨대 미국 기업의 거래상대는 일본 기업에서의 하청기업을 포함하고 있다. 거래기업 수의 차이는 이러한 미국 기업과 일본 기업 간의 거래구조의 차이를 반영하는 데 불과하다.

(3) 승인도 메이커와 대여도 메이커

이상과 같은 사실을 아사누마(淺沼萬里, 1997)의 연구를 인용해서 다음과 같이 설명할 수 있다. 자동차 산업에서 기업 간 거래의 치밀한 분석을 통해 아사누마는 두 종류의 부품 메이커가 존재한다는 것을 발견했다. 하나는 완성차 메이커가 부품의 기본 사양을 제시하는 것에 그치고 이에 기초하여 부품 메이커 측이 설계와 제조를 수행하는 승인도 메이커, 그리고 완성차 메이커 측이 부품을 설계하고 부품 메이커는 그 설계도를 받아 제조하는 대여도 메이커가 그것이다. 양쪽 모두 커스텀화된 부품의 서플라이어로서 물적·인적인 투자를 행하는데, 전자는 커스텀화된 부품을 스스로 설계하고 개발할 정도의 기술력을 갖춘 기업, 후자는 제조 단계의 기술력에 그치고 있는 기업이다.

더 나아가 아사누마는 어느 사례 연구에서 완성차 메이커의 부품 조달선을 구분해서 다음과 같은 수치를 제시했다. 즉, '일반구입' 26.5%, '일반외주' 23%, '우량외주' 15%, '관련회사' 9%이다. '일반구입'에서의 조달이 '구입품'과 '시판품'으로 구분되고, '일반외주'·'우량외주'·'관련회사'로부터의 조달을 '외주품'이라 한다. 이들의 합계인 73.5%가 외제율이고, 그 나머지 26.5%가 내제율이다. 여기에서 일본 기업과 미국

<그림 4-1> 거래의 구조

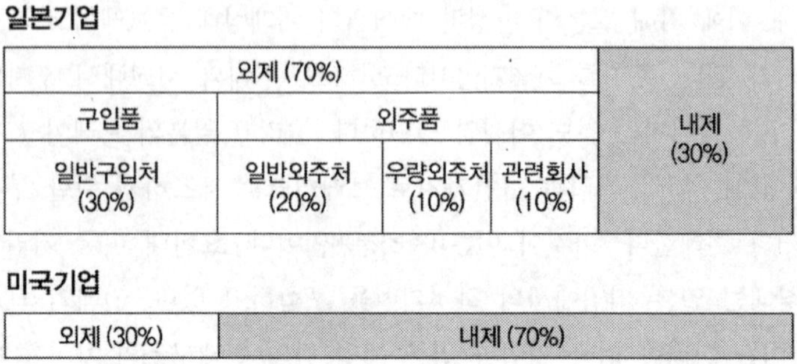

일본기업

외제 (70%)				내제 (30%)
구입품	외주품			
일반구입처 (30%)	일반외주처 (20%)	우량외주처 (10%)	관련회사 (10%)	

미국기업

외제 (30%)	내제 (70%)

기업을 대조적으로 비교하기 위해 아사누마의 오리지널 수치를 변경해서 각각의 거래구조를 <그림 4-1>과 같이 나타내 보자.

<그림 4-1>에서는 일본 기업과 미국 기업을 대조적으로 비교하기 위해 외제율(내제율)을 일본 기업은 70%(30%), 미국 기업은 30%(70%)로 설정했다. 즉, '일반구입'(30%로 변경, 이하 동일)으로부터의 '구입품'과 '일반외주'(20%), '우량외주'(10%), '관련회사'(10%)로부터의 '외주품' 합계가 일본 기업의 외제율이 된다.

구입품은 시판되는 부품과 소재를 의미하고 그 서플라이어, 즉 '일반구입'은 독립된 부품 메이커와 소재 메이커이다. 이에 대해 외주품을 커스텀 부품으로 하면, 그 서플라이어로서 '일반외주'는 대여도 메이커, '우량외주'와 '관련회사'는 승인도 메이커로 대응시킬 수 있다. 이렇게 되면 일본 기업과 미국 기업의 차이는 '외주품'에 있게 된다. 즉, 외주품을 미국 기업은 내제하고, 일본 기업은 커스텀 부품으로 외주한다. 그 부분이 대여도 메이커와 승인도 메이커 등 계열기업으로부터 조달된다.

(4) 계열기업

물론, 미국 기업에서 내제하는 이유는 외부 부품 메이커를 매수했기

때문만은 아니다. 애초부터 내제화하려 했다는 이유도 있다. 또는, 복
수 모델의 부품 공통화를 꾀함으로써 내부적으로 규모의 경제를 추구
했다고도 할 수 있다. 어쨌든 여러 부품 제조가 기업 내부에서 수직적
으로 통합되었다는 점에는 변함이 없다. 그 후에 내제화된 부품 제조를
위해 외부로부터의 부품 조달이 행해진다. 그것은 필연적으로 다수의
거래상대가 된다. 다시 말해, 경쟁적 거래관계가 성립한다. 이에 비해
일본 기업은 커스텀 부품을 외주하고, 그 기업 수는 필연적으로 소수화
된다. 이것이 계열기업인 셈이다.

　결과적으로, 내제 부분이 미국 기업의 종업원 수가 된다. 이는 당연
히 일본 기업을 상회한다. 이에 비해 일본 기업의 내제 부분에 따르는
종업원 수와 계열관계에 있는 기업의 종업원 수를 더한다면 미국 기업
의 종업원 수와 거의 비슷하다고 할 수 있다. 더욱이, 구입품과 시판품
에 대해서는 범용부품으로서는 경쟁시장에서의 거래가 이루어진다. 그
와 동시에 특정부품과 소재에 대해서는 그 거래상대는 독립 메이커임
과 동시에 완성차 메이커와 대등한 대기업이기도 하다. 즉, 특정 상대
와 서로 길항적 교섭력하에서 장기거래 관계가 성립한다.

2) 서플라이어의 기술력

(1) 계열관계와 하청관계

　<그림 4-1>에서 이른바 하청관계는 명시되어 있지 않다. 완성차 메
이커에서 거래상대는 이른바 '1차 서플라이어'이고, 그 가운데 승인도
메이커와 대여도 메이커와의 거래가 계열관계가 된다. 이에 대해 이러
한 1차 서플라이어가 관계하는 기업 간 거래를 하청관계라 한다.

　일반적으로 하청관계에서 연상되는 것은 모기업에 의한 구입가격의
일방적인 절하와 거래의 일방적인 중단이다. 다만, 이것을 모기업에 의
한 하청기업의 '착취'라고 할 수만은 없다. 즉, 계열관계의 배후에 있

는 것이 거래 특수적인 투자임에 대해 하청관계는 그러한 투자가 존재
하지 않는다. 그리고 거래 특수적 투자이기 때문에 계열기업은 '거래구
조'로서 모기업에 의존한다. 이때 모기업의 기회주의적 행동이 발생한
다면, 홀드 업 문제에서 지적했듯이 계열기업이야말로 착취될 가능성
이 있다. 따라서 계열관계가 성립하기 위해서는 모기업 측의 기회주의
적 행동을 억제해야 한다.

이에 비해 하청관계에서는 '거래구조'로서의 의존관계는 존재하지
않는다. 그 거래는 시장의 수급관계에 따라서 결정되는 것이고, 그 결
과로서 구입가격의 인하와 거래의 중단이 이루어지는 것이다. 물론 그
경우에는 교섭력의 차이가 존재한다. 다만 시장거래에서 이 격차를 저
지하는 메커니즘은 존재하지 않는다. 있다고 한다면 '공정거래'의 관점
에서 있을 수 있다. 만약 거래의 중단과 구입가격의 절하가 모기업 측
이 행사하는 교섭력의 '부당'한 행사로 인정된다면 그 범위 내에서 하
청기업은 구제받을 수 있다는 것에 불과하다.

(2) 거래관계를 통한 기능의 형성

이처럼 계열관계와 하청관계의 차이는 노동거래에 관한 내부 노동시
장과 외부 노동시장의 차이에 대응시켜 이해할 수 있다. 즉, 계열기업
은 그 거래 특수적 투자를 통해서 스스로의 기술력을 형성한다. 그것은
중핵기업과의 관계를 통한, 그리고 중핵기업의 요구에 대응하는 기술
력의 형성이라는 의미에서 거래 특수적인 기술 형성이다. 그러기 위해
서는 계열기업에서 종업원의 기능형성이 불가피하다. 따라서 계열기업
에서 중핵기업으로의 전출·파견이라는 형태 또는 중핵기업에 의한 기
술지도라는 형태로 중핵기업은 계열기업의 기능형성에 관여한다.

이처럼 계열이라는 기업 간의 거래관계는 동시에 기술형성의 시스템
이다. 혹은 기술과 기능을 포함한 일반적으로 '능력구축'(藤本隆宏, 2003)
의 시스템이라고도 할 수 있다. 이와 마찬가지로 내부 노동시장은 그

고용관계를 통해서 종업원의 기능형성을 꾀하는 시스템이기도 하다. 이러한 의미에서 계열관계에서의 기술형성과 내부 노동시장에서의 기능형성은 동일한 구조이다. 따라서 계열기업의 기술력 평가와 그 보수에 대해서도 내부 노동시장과 같은 구조를 발견할 수 있다.

(3) 고용 시스템과의 대응

이에 대해서 외부 노동시장은 특정 기술형성 시스템이 부재하다는 특징이 있다. 그리고 그 기능형성에 기업이 관여하지 않는 시스템으로 개념화되었다. 거기에는 기능형성을 결여한 미숙련 노동이 존재함과 동시에 고도 기능 레벨의 노동도 존재한다.

그렇다면 전자는 기능의 부재에 의해 교섭력을 박탈당한다. 하지만 외부 노동시장에서 이러한 격차를 저지하기 위한 메커니즘은 존재하지 않는다. 하청관계와 마찬가지라고 한다면, '공정거래'의 관점에 의한 것으로, '부당'한 노동행위를 둘러싼 법적 규제의 대상이 된다.

한편, 후자는 '시장가치'를 갖춘 일반기능에 의해 스스로의 교섭력을 발휘한다. 외부 노동시장으로부터는 개념적으로 구별되는 것이지만, 이러한 노동거래의 대표적인 실례가 미국의 전문직 고용 시스템이었다. 즉, 각각의 전문능력에 따라 고용을 획득하고 그 성과에 따라서 보수를 획득하는 것이다.

이와 같이 생각한다면, 전자의 고용에 대응하는 것이 이른바 '2차 하청'과 '3차 하청'의 서플라이어이고 후자의 고용에 대응하는 것이 '시판품'과 '구입품'의 서플라이어라 할 수 있다. 즉, 전자는 기술력의 결여에 의해 거래에서 모기업의 결정에 따를 수밖에 없다. 이에 비해 후자는 '시장가치'를 갖춘 기술에 의해서 독립적인 부품 메이커로서의 지위를 획득한다.

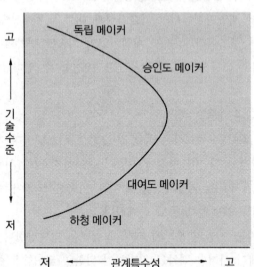

<그림 4-2> 계열기업의 기술형성

(4) 장기의 기술형성

이러한 관점에서 서플라이어의 기술력의 상태를 <그림 4-2>와 같이 나타낼 수 있다. 이것은 앞서 기업 내부의 기능형성 실태를 제시한 제2장의 <그림 2-2>와 대응한다. 즉, 왼쪽 아래에는 특별한 기술력을 결여한 하청 부품 메이커가 존재한다. 그것은 2차 하청 혹은 3차 하청의 부품공장으로서 가격경쟁하에 놓이게 된다. 이에 대해 커스텀 부품의 서플라이어라는 사실에 의해 기술 수준은 상승하고 중핵기업에 대한 관계 특수성은 강화된다. 다만, 중핵기업이 제시하는 설계도에 의거해서 제조만을 행하는 대여도 메이커의 기술력은 당연히 낮게 되고, 그 하한은 하청기업과 접하고 있다. 그리고 승인도 메이커로 이행하면 할수록 개발력과 설계능력을 갖추어 기술 수준은 높아지게 된다.

앞서 고용관계를 통한 '장기의 기능형성'에 대해서 지적했던 것과 마찬가지로 여기에 존재하는 것은 중핵기업과의 거래관계를 통한 장기 기술형성이다. 그것은 기술 수준을 상승시키면서도 중핵기업과의 관계 특수성을 강화하고, 동시에 기술 그 자체에 관해서는 일반성을 강화한다. 사실 거래상대는 중핵기업을 넘어서 확대된다. 그리고 나아가 고도화되면 독립된 부품 메이커로서의 지위를 획득한다. 그 기술력은 관계 특수성의 요소를 감소시켜 일반기능과 유사한 '시장가치'를 갖추게 된다.

(5) 계열기업의 기술력

앞서 <그림 2-2>의 기술형성에 대해서는 '중간기능'의 형성에서 일본 기업이 경쟁우위를 획득했다고 생각할 수 있었다. 이와 마찬가지로 계열관계에서의 대여도 메이커와 승인도 메이커의 기술력의 높이가 일본 기업의 경쟁우위에 공헌했다고 할 수 있다. 특히, 승인도 메이커의 기술력은 중핵기업과 공동으로 부품의 개발설계를 담당하게 되고 (design in) 신제품의 개발 기간은 큰 폭으로 단축된다. 그리고 지정된 설계도에 의해서 제조하는 대여도 메이커의 기술력은 납입부품의 신뢰성을 높이고 외주 범위를 넓힐 수 있게 한다. 요컨대, 개발과 제조에서도 중핵기업은 외주, 즉 외부의 힘에 의존할 수 있게 된다.

나아가 또 한 단계 외부의 힘으로서 개개의 분야에서 세계 수준의 경쟁력을 획득한 독립 부품 메이커의 존재를 지적할 수 있다. 이러한 의미에서 일본 제조업의 경쟁우위는 계열기업의 중간 수준의 기술력만이 아닌 그 자체로서 대기업 수준에 달하는 관련 기업의 고도한 기술력, 그리고 '온리 원(only one)' 기업인 독립 부품 메이커의 기술력에 의해 지지되고 있다. 그리고 관련 기업과 독립 부품 메이커를 중간 수준의 부품 메이커로부터의 '진화'라고 간주한다면(淺沼萬里, 1997), 그 가능성은 대여도 메이커와 승인도 메이커에서의 '장기의 기능형성'으로 귀착된다. 고용관계에서 일본 기업은 그 '장기 기능형성'을 직능자격제도에 따라 조직화했다. 그렇다면, 계열관계를 통한 '장기 기술형성'을 일본 기업은 어떻게 조직화했던 것일까.

3) 계열관계

(1) 계열관계의 조직화

　품질과 기능, 그리고 신제품 개발 등 다양화된 제품시장에서 경쟁하기 위해서는 특정 용도에 특화된 자원 공급을 확보할 필요가 있다. 그러기 위해서는 해당 거래관계에 특화된 투자가 필요하다. 만약, 확보가 곤란하다면 직접 투자를 해야만 한다. 즉, 자원의 내제화이며, 내제화는 수직적으로 통합된 조직을 형성한다. 이것이 미국 기업의 행동이었다. 한편, 또 다른 선택으로는 그러한 자원을 불필요하게도 한다. 그러기 위해서는 제품의 표준화와 규격화가 필요하다. 다음에서 보겠지만, 전자 쪽에서 후자 쪽으로의 전환이 현재 미국 기업의 행동이라고 할 수 있다. 이를 가속화하는 것이 모듈화의 진전이다.

　이에 비해서 일본 기업의 선택은 계열관계의 조직화였다. 즉, 커스텀화된 자원 공급을 내부가 아닌 외부의 계열관계를 통해서 조직화했다. 앞 장에서는 특정 용도로 특화된 노동자원의

　공급을 확보하기 위해서 고용관계가 어떻게 조직화되는지에 대해서 검토했다. 그것은 기업 특수적 기능형성의 관점으로부터 훈련투자 비용을 어떻게 회수하는지 혹은 그 이익을 어떻게 배분하는지의 문제로 귀착된다. 따라서 일본 기업은 종업원의 능력평가에 근거해서 임금과 승진 제도를 형성했다. 그것은 단계적으로 축적되는 기능형성에 따라 단계적인 승진·승급 제도로 형성되었다. 그리고 이러한 고용관계의 룰과 관행에 의해서 기능형성이 촉진되었음을 알 수 있었다.

(2) 거래의 룰

　그렇다면, 계열관계에서 그 거래 특수적이고, 관계 특수적 투자비용은 어떻게 회수되는 것일까. 혹은 그 이익은 어떻게 배분되는 것일까. 지금까지 논의해 왔듯이 그 투자는 달리 전용할 수 없다는 의미에서

투자비용의 회수는 중핵기업과의 지속적인 거래에 달려있다. 그렇기 때문에 거래의 계속을 전제로 해서 부품 메이커는 커스텀 부품을 위한 투자를 전개한다.

문제는 그 후의 거래관계이다. 완성품 시장은 당연히 변동하고, 그에 따라 생산량과 부품 구입량도 변동한다. 그리고 현실의 시장경쟁에서 부품단가의 인하가 요구되는 것도 당연하다. 다만, 이러한 사후적 조정이 계약에 명시되어 있을 리가 없다. 즉, 당초의 계약은 **불완전할 수밖에 없다**는 것이다. 그리고 '거래구조' 그 자체는 거래 특수적 투자이기 때문에 완성품 메이커의 교섭력을 높이게 된다. 그렇다면, 완성품 메이커는 교섭상의 우위를 이용해서 구입가격의 인하를 꾀할 것인가? 그리고 계열기업에 대항적 행동을 취할 것인가? 그 결과, 기업 간 관계는 적대적 거래로 변모하게 될 것인가?

이에 대해서 현실의 계열거래는 다음과 같은 룰과 관행에 따르고 있다(淺沼萬里, 1997). ① 만약 당초의 제조가 중지된다면, 금형과 같은 거래 특수적 투자의 미회수 비용은 중핵기업이 부담한다. 또는, 커스텀화된 부품의 용도는 다른 제품으로 대체된다. ② 원재료 비용의 상승에 의한 가격의 인상은 인정하더라도, 인건비와 에너지 비용의 상승에 의한 단가의 상승은 인정하지 않는다. 그것은 부품 메이커의 합리화에 의해서 흡수되어야 한다. ③ 부품 메이커의 생산성 개선과 제조비용의 삭감 결과 견적 단가보다도 실제의 단가가 밑돌고 잉여가 발생한 경우에는 그 일부분을 단가의 인하 형태로 완성품 메이커가 획득하고 나머지를 부품 메이커가 획득한다.

앞서 지적했듯이, 가격교섭에서 기회주의를 컨트롤하는 방법으로서는 물가와 제조원가의 에스컬레이터 조항에 의한 가격개정 룰이 있었다. 확실히 그 룰에 따르는 한은 가격교섭력을 둘러싼 기회주의는 배제할 수 있다. 다만, 이로 인해 제조비용의 삭감과 생산성의 상승을 위한 인센티브는 발생하지 않는다.

이에 대해 여기서의 룰은 이른바 행동 룰과 게임 룰이라는 것이다. 즉, 룰에 의해서 가격 그 자체를 결정하는 것이 아니라, 그 결정을 둘러싸고 당사자가 어떻게 행동하는지와 관련된 룰이라는 것이다. 즉, 거래 특수적 투자에 따른 계열기업의 위험은 중핵기업이 부담한다. 그리고 비용의 부담은 쌍방이 분담하고, 생산성 상승과 합리화로부터 발생하는 잉여는 쌍방에게 분배한다는 것이 계열거래의 룰이 된다. 이러한 룰의 제약하에서 현실의 계열기업이 행동하고, 이 룰에 따라 중핵기업이 행동하는 것이다.

(3) 중핵기업의 행동 룰

앞서의 룰은 요컨대 당사자 쌍방의 협력과 협조를 위한 행동을 의미하고 있다. 특히, 중핵기업이 제시하는 것은 계열기업에 대한 교섭력의 억제이고, 그 위험의 흡수이다. 물론, 상기의 ②에서 언급했듯이 중핵기업에 의한 리스크 부담의 대가로서 계열기업에 대한 제조비용의 인하 요구는 어렵게 된다. 이와 동시에 그로부터 발생한 잉여는 중핵기업과 계열기업 사이에 분배되는 것이 협력을 위한 룰이다.

즉, 거래 특수적 투자 때문에 '거래구조' 그 자체는 중핵기업을 우위에 서게 한다. 하지만, 그렇기 때문에 중핵기업은 스스로의 우위를 이용해서 기회주의적으로 행동하지는 않는다는 점이 계열관계에서의 '행동의 룰'이다.[2] 앞서, 고용관계의 룰에 대해서 효율성과 실행 가능성의 조건을 살펴보았다. 그와 마찬가지로 계열거래의 룰은 그것이 중핵기업의 기회주의를 억제하는 장치이기 때문에 실행 가능성의 조건을 충족시킨다고도 생각할 수 있다. 동시에 계열기업에 대한 기술력 형성의

---

2) 제1장에서는 커먼즈 논의를 소개함으로써 거래가 관계를 구축하기 위해서는 그 거래의 운영 룰로서 상호의 '행동 룰(working rule)'이 필요하다고 지적했다. 이것은 앞 장까지 보았던 고용관계에도 그대로 적용된다.

인센티브를 높이기 때문에 효율성 조건을 충족하게 된다.

이와 같은 거래의 룰과 관행이 존재하지 않는 경우, 계열이라는 거래구조는 계열기업의 입장에서 단순한 위험을 의미한다. 즉, 중핵기업에 의한 기회주의적 행동 가능성이 배제할 수 없는 이상, 계열기업은 '착취'의 위험을 벗어날 수 없다. 따라서 계열이라는 관계 자체를 피해야만 한다는 것이 그 결론이다. 즉, 중핵기업의 요청에 응해서 거래 특수적 투자를 행하는 것이 현명한 것은 아니다. 독립 메이커로서의 지위를 구축하는 것이 이상적인 것이다.

물론, 계열기업의 입장에서 이러한 행동이 곧바로 가능한 것은 아니다. 다만, 계열기업은 대여도 메이커든지, 승인도 메이커든지 중핵기업과의 거래에 대해서는 좀더 신중해진다고 생각할 수 있다. 그 계약은 좀더 상세해지고, 증산의 요구와 단가 인하의 요구 등 사후적 조정을 둘러싼 교섭은 좀더 세세한 내용이 된다. 요컨대, 계열관계는 경직적이 되고 계열관계 거래비용은 증대한다.

(4) 커미트먼트 교환

이에 대해 현실에서 계열관계의 특징은 유연성이다. 제품시장의 변동에 따라 증산 요청에 응하는 것으로부터 제조원가의 인하 요청에 응하고 제조공정의 개선과 기술력의 향상에 경주하는 것까지, 계열기업은 중핵기업의 요청에 대해 협력을 다한다. 협력에 의해 중핵기업은 시장과 기술의 변화에 대해 유연하게 대처할 수 있다.

앞 장에서는 고용관계에 관해서 그 유연한 생산조직에 대한 종업원의 협력을 조직 커미트먼트로 설명했다. 즉, 기업 측의 요청에 따라 업무 변경을 수용하고, 새로운 기술 습득에 노력하고, 정보 전달과 공유를 긴밀히 하여 팀의 활동에 공헌하는 행동이 바로 그것이다. 마찬가지로 여기에서는 중핵기업에 대한 계열기업의 조직 커미트먼트를 다룬다. 그것은 동시에 스스로의 교섭력을 억제하고, 계열기업의 리스크를 흡

수하는 중핵기업의 커미트먼트에 기초한 것이기도 하다. 이처럼 고용
관계와 마찬가지로 계열관계는 중핵기업과 계열기업 간의 커미트먼트의
교환으로 성립되어 있다.

4) 협력관계

(1) 효율성에 대한 공헌

지금까지 살펴본 것처럼, 일본 기업은 그 노동거래를 내부 노동시장
으로 조직화하고, 부품 기업 간 거래를 계열관계로 조직화해서 생산조
직의 효율성을 실현했다고 할 수 있다. 양자 모두 생산조직의 효율성은
사람의 기능형성과 물재에 대한 기술형성에 달려있다.

그뿐만이 아니라 계열관계의 조직화는 조직의 슬림화라는 의미에서
도 중핵기업의 효율성에 공헌한다. 즉, 중핵기업은 개발과 제조에서도
외부의 힘에 의존할 수 있다. 이를 가능하게 하는 것이 승인도 메이커
와 대여도 메이커의 기술력이고, 이로 인해 중핵기업은 스스로의 조직
비대화를 억제할 수 있다. 즉, 대규모 조직의 비효율을 저지할 수 있게
된다.

이것이 저스트 인 타임 시스템(just in time system)이다. 즉, 외부의 힘
과 내부의 힘을 '저스트 인 타임'으로 조정함으로써 성립하는 시스템이
다. 이를 위해서는 내부와 외부를 조직화할 필요가 있다. 외부의 조직화
가 계열관계라면, 내부의 조직화는 '직능'에 기초한 생산조직이었다. 그
리고 이러한 외부의 힘과 내부 힘의 합성이 감량경영이다. 1970년대의
오일쇼크 이후 일본 기업은 '감량경영'을 과제로 해서 조직의 슬림화를
통한 조직의 효율성을 추구해 왔다. 이는 동시에 고용 계속의 보장을
위한 것이었다. 즉, 고용을 계속하기 위해서는 그 대상을 한정할 필요가
있었다. 그 위에 감량한 본체의 노동 능력을 높일 필요가 있었다. 이것
이 '직능' 개념에 의한 기능형성의 시스템이고, 본체의 감량은 외부 노

동에 의존하는 것이기도 했다. 이것이 계열기업의 노동이었다.

(2) 기술형성의 인센티브

이처럼 외부 자원의 이용이라는 측면에서 일본 기업은 아웃소싱의 선구자였다고 할 수 있다. 아웃소싱을 위해서는 외부 자원의 힘을 강화할 필요가 있었고, 이를 위해서 계열기업 간의 '능력구축경쟁'(藤本隆宏, 1997)이 조직화되었다. 즉, 해당 부품의 서플라이어는 2~3개사로 한정하고, 기술력이 부족한 회사는 다른 회사로 대체한다는 중핵기업의 방침이다. 혹은 기술력의 신장에 따라 대여도 메이커에서 승인도 메이커로의 상승 기회가 생긴다. 계열관계로부터 발생하는 잉여의 획득에서도 승인도 메이커가 유리하다는 것은 분명하고, 상승을 위해서 개발력과 설계력을 높여 승인도 메이커의 지위를 획득해야만 했다.

이것이 내부 노동시장에서 내부승진의 제도와 유사하다고 할 수 있다. 종업원 기능형성의 인센티브를 높이기 위해서는 능력평가를 치밀하게 하고 능력에 따른 승급과 승진을 꾀할 필요가 있었다. 이와 마찬가지로 중핵기업은 계열기업의 기술력 평가를 면밀하게 하고 평가에 따라 지위를 부여해서 기술 형성의 인센티브를 높여왔던 것이다.

(3) 정보 집중과 공유

더욱이, 고용관계와 계열관계의 조직화 유사성은 정보 집중과 전달의 측면에서도 마찬가지이다. 즉, 종업원에 관한 정보가 인사부에 집약되는 것과 마찬가지로 계열기업의 내부정보는 중핵기업에 집약된다. 계열기업의 생산성 개선이 어느 정도이고, 그에 따라서 잉여의 배분을 어떻게 할 것인지, 계열기업의 제조비용의 증대가 어떠한 이유에 의한 것인지, 단가를 어떻게 개정해야 할 것인지의 교섭에서 계열기업의 기회주의가 발생할 가능성을 배제하기 힘들다.

이에 대해 계열기업의 경영상태로부터 생산기술에 이르기까지의 내부정보를 중핵기업이 파악하고 있는 경우에는 그러한 기회주의의 발생 가능성을 배제할 수 있다. 이러한 의미에서도 또한 계열기업에 대해 중핵기업은 우위에 선다. 그렇기 때문에 우위를 이용해서 중핵기업이 기회주의적으로 행동하지는 않는다는 '행동 룰'이 필요하다. 다음에 보는 것처럼 이러한 관계를 '신뢰'라고 한다.

이와 함께 중핵기업으로의 정보 집중은 중핵기업에서의 정보 전달과 맞물려있다. 대표적인 조직으로 '협력회'가 있다. 협력회에 의해 계열기업은 시장정보와 경영정보를 공유한다. 나아가 개별 기술지도와 교육 훈련을 통해 중핵기업으로부터 더 중요한 기술정보가 전달된다. 이처럼 중핵기업과 계열기업 사이, 그리고 계열기업 상호 간에 다양한 경로로 정보 공유가 꾀해진다. 그리고 정보 공유에 의해 적어도 정보의 비대칭성을 이용한 기회주의를 회피할 수 있다. 그리고 정보의 공유는 협력의 전제이기도 하다. 적어도 '의존은 위험'이라는 모토로부터 벗어날 수 있게 된다.

5) 평판 메커니즘

(1) 중핵기업의 협력과 비협력

기업 간 거래에서 발생한 거래비용의 '조직적 해결'로서 한편으로 수직적 통합의 조직화와 계열관계의 조직화가 있을 수 있다. 각각은 상호 의존관계에서 기회주의를 컨트롤하는 메커니즘이라 할 수 있다. 다만, 그 성격은 매우 상이한 것이다.

전자에서는 완성품 메이커의 기회주의 가능성에 대해서 부품 메이커는 거래 특수적 투자를 회피하려고 하는 비협력 행동을 취한다. 이에 대처하기 위해서 완성품 메이커는 스스로 조합조직을 형성하거나, 부품 메이커를 매수해서 권한 메커니즘에 의해 통합조직을 컨트롤한다. 한편, 후자에서는 완성품 메이커가 스스로의 기회주의를 억제한다. 기회주의가 아닌 **협력행동**을 보임으로써 완성품 메이커는 부품 메이커의 협력을 조직화한다. 물론, 계열관계에서도 중핵기업의 권한 행사는 부정되지 않는다. 수직적 통합과 마찬가지로 최종적인 결정력은 중핵기업 측에 있다. 하지만 그렇기 때문에 계열관계가 유지되기 위해서는 중핵기업 측의 우위를 억제할 필요가 있게 된다.

(2) 게임 이론에 의한 접근

게임 이론의 관점에서는 이러한 중핵기업의 행동이 게임에서의 교섭균형으로 설명할 수 있다(Aoki, 1988). 즉, 게임 당사자 쌍방은 협력 행동을 선택해서 총이윤을 증대시키는 한편, 그 이윤의 분배를 둘러싸고 서로 교섭을 하는 관계이다. 그리고 이윤의 분배를 둘러싼 교섭 여하가 총이윤에 영향을 미친다. 나아가 그러한 점이 또한 분배를 둘러싼 교섭을 좌우하는 것처럼 당사자 간의 교섭 게임이 진행된다. 그리고 최종적으로는 최대로 가능한 이윤의 분배를 양립시키는 교섭균형이 성립한다. 그러한 분배의 결정이 계열거래의 룰과 관행에 대응하는 것으로 간주할 수 있다.

계열관계와 고용관계에서 거래 룰과 관행을 게임 이론의 교섭균형해로 해석할 수 있는지는 차치하더라도, 거래관계에서의 협력은 룰과 관행에 기초하고 있다는 것이 지금까지의 논의였다. 문제는 룰과 관행이 어떻게 유지되는가에 달려있다. 마찬가지로 게임 이론의 관점에서는 룰과 관행을 평판 메커니즘이라 규정해 왔다. 즉, 거래 특수적 투자에 따른 계열기업의 리스크를 중핵기업이 떠맡거나, 계열관계 내에서 발생한 잉여는 쌍방이 분배한다는 행동은 계약에 명시되어 있는 것이 아니다. 그것은 암묵적인 관행으로서 관행과 암묵적인 계약을 신뢰하고, 계열기업은 거래 특수적 투자를 행한다.

(3) 배반의 페널티

만약 중핵기업이 약속을 이행하지 않는다면 그에 대한 보복으로 계열기업은 이후의 거래를 파기하거나, 불이행을 예상하고 처음부터 비협력적으로 행동할 수 있다. 즉, 비협력 게임의 교훈인 죄수 딜레마의 상황이다. 다만 현실에서는 중핵기업에 의존하기 위해서 그러한 보복은 곤란하기 때문에 중핵기업이 오히려 약속을 파기한다고 하는 편이 아마 정확할 것이다.

하지만 그런 경우, 중핵기업에 대해서 사회적으로 '약속을 어긴 기업'이라는 평판이 생긴다. 그 결과, 기업과 새로운 커스텀 부품의 거래를 하려는 서플라이어가 없게 된다. 적어도 그 기업은 불신과 경계의 대상이 된다. 따라서 그러한 '평판'을 피하기 위해서 중핵기업은 암묵적인 약속과 관행을 파기하는 행위를 스스로 억제하게 된다.

일반화해 보면 약속을 깨거나 배반을 해서 얻을 수 있는 이득과 그 결과로 발생하는 손실 사이의 비교라고 할 수 있다. 커스텀 부품의 생산 중지에 대한 보상의 약속을 지키지 않는다면, 그에 한해서 중핵기업은 이득을 얻는다. 하지만 약속 파기 기업이라는 '평판'이 생겨 새로운 커스텀 부품을 공급할 기업을 찾기가 곤란해진다. 설령 찾았다고 하더라도, 그 서플라이어는 거래조건에 관해서 세세한 계약을 요구한다. 이는 계약 체결의 거래비용을 발생시킬 뿐만 아니라 증산 요청이나 생산성의 개선, 비용 삭감을 둘러싼 협력의 조정이 곤란하게 되고, 따라서 생산조직의 효율성 저하를 초래하게 된다.

확실히 배반을 억제하기 위해서는 배반에 따른 손실 혹은 페널티를 크게 하면 된다. 그러한 메커니즘으로 '평판'이 있다. 이것은 계열기업에 관해서도 마찬가지여서, 중핵기업에 대한 약속을 계열기업이 배반한다면 그 기업에 대해서는 약속 파기 기업이라는 평판이 따라 붙는다. 그 결과 계열기업 측에서도 배반이 억제되는 것이다.

(4) 평판 메커니즘과 그 불안정

일본의 경제 시스템 혹은 기업 시스템에서는 평판 메커니즘이 크게 작용한다. 따라서 암묵의 계약에 근거한 거래관계와 협력관계를 형성하는 것도 용이하다고도 한다. 다만 만약 그 이유를 일본 사회에서는 암묵적 계약과 약속을 지키는 강한 사회적 규범이 존재하기 때문이고, 암묵적 계약을 어기는 것에 대해서는 사회적 제재가 강하게 작용하기 때문으로 해석한다면, 이는 반드시 올바른 것은 아니다. 여기에서의 문제는 '거래구조'에 있다.

즉, 거래당사자는 암묵적 계약과 약속에 의존한다는 것이 계열거래의 구조이자 노동거래 구조였다. 거래 특수적 투자의 존재가 필연적이라면, 그것은 다른 곳으로는 전환 불가능한 위험을 부담하고 있다는 것을 의미한다. 따라서 이러한 거래구조를 받아들이기 위해서는 그 위험에 대해서 어떠한 보장이 약속될 필요가 있다. 하지만 그것은 계약에 명시되어 있지는 않다. 명시되어 있다고 하더라도 암묵적 약속과 관행이라는 것이어서 파기된다면, 불신과 반감의 감정이 발생하게 된다. 이것이 평판 메커니즘으로 작용하는 것이다.

이처럼 평판의 작용은 사회적 규범이라기보다는 암묵적인 계약과 약속에 의존하는 '거래구조'에 기초하고 있다. 따라서 이러한 의미에서의 평판 작용이 저하한다면 그러한 거래구조 자체가 불안정하게 된다.

그러나 평판 작용은 상황에 의존한다. 예를 들어, 고용의 계속이라는 암묵의 계약 또는 약속에 대해서 그 계약(약속)을 파기한다는 것은 고용조정을 의미한다. 하지만, 고용조정이 항상화됨에 따라 약속을 어긴다고 하는 평판의 작용은 급속하게 저하된다. 즉, 고용의 계속이라는 '거래구조' 그 자체가 변화하면, 평판의 작용도 변화하고, 오히려 고용조정을 실행하는 것이 '시장의 평판'을 높이게 된다. 이렇게 해서 암묵적인 약속은 근거가 없어지고, 그러한 근거 없는 약속에 의존하는 것 자체가 위험하게 된다. 즉, '의존은 위험'하다는 모토가 형성되고, 따라서 의존의 해소야말로 당면 과제가 된다. 따라서 상호 독립, 즉 시장의 거래관계를 추구해야만 한다.

이처럼 암묵적 계약과 약속에 의존하는 거래관계는 본래 불안정하다. 그 불안함을 평판 메커니즘이 보완한다고 해도, 평판 작용 자체가 불안정하다는 점을 부정하기는 어렵다. 그렇다면 평판의 메커니즘을 대신해 협력을 조직화하는 메커니즘은 무엇인가. 그 해답을 신뢰에서 찾는다면, 마찬가지로 신뢰가 조직화되는 메커니즘을 밝힐 필요가 있다.

6) 사회적 교환

(1) 적극적인 협력관계

만약 게임 이론 의미에서의 협력이 암묵적 계약과 약속을 배반하지 않는다는 의미로 이해될 수 있다면, 이는 협력이라는 단어 본래의 의미와는 상이한 것이다. 전자가 소극적인 의미의 협력이라면, 계열관계와 고용관계에서 관찰되는 것은 좀더 적극적인 의미의 협력이다.

앞서 지적한 바와 같이 그것을 조직 커미트먼트라고 간주한다면, 생산조직의 효율성은 같은 종류의 좀더 적극적인 의미에서의 협력관계에 의존한다. 그것은 중핵기업으로부터 제조원가의 인하 요청에 응해서 제조공정의 개선과 제조기술의 향상에 노력한다거나, 설계개발 요청에 따라 스스로 인적·물적 자원을 통해서 기술적 능력을 높이는 계열기업의 행동만을 의미하지는 않는다. 이에 비해서 중핵기업의 커미트먼트가 있다. 즉, 그러한 계열기업의 행동에 대해 리스크를 중핵기업이 떠안거나, 적어도 리스크를 분담하여 이로부터 발생하는 잉여를 서로 분배한다. 혹은 계열기업에 대한 기술지도와 교육 훈련을 수용하는 등의 행동이 중핵기업의 커미트먼트가 된다.

제2장의 1절에서 지적했던 것처럼 이러한 커미트먼트의 교환은 사회적 교환(social exchange)으로 개념화되어 있다. 물론, '커미트먼트의 교

환'과 '사회적 교환'이라는 표현 자체에 특별한 의미가 있는 것은 아니다. 문제는 그러한 개념을 이용해서 고용관계와 계열관계의 이해에 무엇이 추가되는가에 있다. 결론적으로 그러한 '교환'은 거래구조 내에서 '신뢰'를 낳게 된다. 다시 말해 신뢰를 불가결하게 하는 거래구조가 사회적 교환이다. 그렇다면 그 구조는 무엇일까.

(2) 경제적 교환과의 대비

커미트먼트의 교환이든 사회적 교환이든 '교환'인 이상 그 급부(give)와 반대급부(take)의 관계가 성립하고 있다. 정의상 급부에 대해 반대급부가 특정화되어 있을 때, 그것을 경제적 교환(economic exchange)이라고 한다. 특정화의 프로세스가 당사자 간의 교섭이고, 급부에 대한 반대급부의 비율이 이른바 교환비율이 된다.

이에 대해서 '사회적 교환'은 급부에 대해서 반대급부가 특정화되지 않는 교환으로 정의된다(Blau, 1964). 교환의 담당자는 스스로가 행한 급부에 대해서는 잘 알고 있다. 하지만 상대로부터의 반대급부에 대해서는 그 내용이 다차원적이고, 그 실현이 장기에 걸쳐 있고, 비공식적인 결정에 기초하고 있기 때문에 특정화할 수 없는 경우가 있다. 즉, 특정화되지 않는 반대급부에 대해서 급부를 행하는 것이 여기서의 '거래구조'가 된다. 그것은 언어의 실제 의미로서의 불완전 계약이다. 그렇다면, 이러한 교환이 성립하기 위해서는 반대급부를 행하는 상대를 신뢰하는 것 외에 달리 방법이 없다(Murakami and Rholen, 1992).

(3) 신뢰의 생성

게임 이론과 대비해서 설명하면, 급부에 대한 반대급부의 확률이 게임의 이득이다. 여기에서는 반대급부 자체는 특정화되어 있다. 하지만 상대의 행동이 불확실하다는 의미에서 반대급부는 확률의 문제가 된다. 이에 비해서 사회적 교환은 반대급부의 정의 자체가 곤란한 상황으로 파악할 수 있다. 그것은 이득의 확률계산 이전의 문제이고, 이러한 거래구조에서 교환이 성립하기 위한 조건이 문제시된다. 그것이 신뢰의 생성이다.

물론, 아무 근거도 없이 신뢰가 발생할 수는 없다. 신뢰가 생기기 위해서는, 아니 적어도 상대에 대한 신뢰에 근거가 있기 위해서는 상대가 신뢰할 만한 가치가 있음(trustworthiness)을 제시하는 것이다. 즉, 신뢰한다고 하는 일방적인 행위에 대해서 신뢰에 준하는 다른 편의 행위가 제시되어야만 신뢰관계가 성립한다. 이는 다른 한편의 당사자에게도 마찬가지이다. 그 반대급부는 그 당사자의 입장에서 특정화시킬 수 없는 급부에 대한 것이다. 따라서 상대를 신뢰할 수밖에 없다. 역시 이러한 신뢰에 근거가 있다고 한다면, 이는 상대가 신뢰할 만한 가치가 있음을 나타내는 것이다.

이처럼 특정화시킬 수 없는 반대급부에 대해서 급부를 부여하는 거래구조를 통해, 한편에서는 '신뢰하는' 행위, 다른 한편에서는 '신뢰할 만한 가치가 있는' 행위가 발생한다. 이처럼 교환을 통해 신뢰라는 요인이 발생한다는 의미에서 이를 사회적 교환이라 한다. 즉, 교환 그 자체가 경제적 관계이고, 동시에 그 내부로부터 사회적 요인이 발생한다고 하는 의미에서 사회적 교환이 된다.

(4) 지배의 생성

한편 사회적 교환 개념에는 또 다른 의미가 포함되어 있다. 즉, 급부에 대해서 그것과 '등가'의 반대급부가 곤란할 때에는 그 부족분은 어떠한 형태로든 보충할 필요가 있는데, 그 형태가 복종이다. 즉, 수용한 복종에 대해서 그와 '등가'의 반대급부가 곤란할 경우 상대에게 복종하게 된다. 반대로 말하자면 과대한 급부를 통해 상대의 복종을 획득하려는 의도이다. 즉, 경제적인 교환관계 내에서 지배라는 사회적인 요인이 발생하게 된다. 이러한 교환관계를 앞서와 마찬가지로 사회적 교환이라 한다.

이상과 같은 설명을 본문의 문맥에 따라 바꾸어 말한다면, 중핵기업이 제시하는 커미트먼트가 급부가 되고, 계열기업이 제시하는 커미트먼트가 그 반대급부가 된다. 위와 같이 계열기업에서의 반대급부는 제조비용의 인하와 개발능력의 향상 등 다차원이면서 동시에 장기에 걸쳐 있고, 그리고 비공식적인 것이다. 이와 같이 특정화되지 않는 반대급부에 대해서 중핵기업은 계열기업의 거래 특수적 투자에 대한 위험부담이라는 급부를 행한다. 또는, 계열기업의 투자에 대한 신용보증과 기술지도, 교육 훈련의 지원이라는 급부를 행한다. 그것은 계열기업으로부터의 반대급부를 기대하기 때문이라 하더라도 급부에 대해서 특정화되어 있는 것은 아니다. 그러기 위해서는 상대의 행동을 신뢰할 수밖에 없다. 그리고 그러한 의미에서의 신뢰가 결론적으로 상대에 대한 커미트먼트가 되는 것이다.

(5) 신뢰의 유형

일반적으로, 거래관계에서 신뢰는 계약에 의한 신뢰(contractual trust), 능력에 의한 신뢰(competence trust), 굿윌에 의한 신뢰(goodwill trust)의 세 가지로 구분할 수 있다(Sako, 1992). 계약적 신뢰가 성립하기 위해서는 계약의 위반과 배신을 저지하기 위한 메커니즘이 필요하다. 그러한 메커니즘이 일반적으로는 재판의 기능이다. 하지만 계약의 위반을 법정에서 증명하는 것은 곤란할뿐더러 거래비용이 발생한다.

더욱이 지금까지의 문맥으로부터 계열거래에 대한 '계약에 의한 신뢰'가 있다고 한다면, 그것은 '암묵적 계약'에 기초한 것이다. 그렇다면 그 배신을 저지하는 메커니즘이 평판 메커니즘이 된다. 하지만 앞서 논한 바와 같이 그 작용이 충분하지만은 않다. 따라서 계열관계에서의 신뢰는 '능력에 의한 신뢰'와 '굿윌에 의한 신뢰'에 달려있다. 다시 말하면 계열관계에서의 암묵적 계약은 암묵적 계약을 지키는 상대의 커미트먼트에 의존한다.

약속을 지키기 위해서는 그 '능력'이 없으면 안 된다. 이것이 '능력에 의한 신뢰'이다. 즉, 대여도 메이커에 대해서는 품질과 납기를 지킬 수 있는 기술력에 대한 신뢰, 승인도 메이커에 대해서는 개발설계를 행하는 기술력에 대한 신뢰가 그것이다. 그리고 그러한 신뢰에 대한 기술력을 계열기업이 보여주어야 한다. 이러한 의미에서 계열관계의 신뢰는 계열기업의 기술력 형성으로 귀착된다.

이에 비해 '굿윌에 의한 신뢰'는 계열기업의 행동, 그 자체에 달려있다. 중핵기업의 요청에 응해서 제조비용의 삭감에 경주하거나, 개발력 향상을 위해 관계 특수적 기술 형성을 위해 노력하거나 또는 납기와 증산 요청에 충실하게 대응하기 위한 계열기업의 '협력의 의사(good-will)'에 대한 신뢰가 중핵기업으로부터의 급부를 가능하게 한다. 그리고 중핵기업의 급부로부터 사회적 교환으로서의 계열거래의 프로세스가 시작된다. 또한, 교환의 프로세스로부터 신뢰가 발생한다. 따라서 계열관계의 신뢰는 그러한 교환 프로세스를 작동시키는 '굿윌에 의한 신뢰'에 달려있다.

(6) 고용 시스템과의 동형성(同型性)

이처럼 계열관계를 유지하는 최후의 요인이 신뢰라고 한다면, 이러한 점이 고용관계를 이해할 때에도 그대로 적용할 수 있다. '계약에 의한 신뢰'는 불완전 계약에 의해서 곤란하다. 명시적인 계약과 재판에 의한 법적 제제가 곤란하다는 점이 고용계약의 본질이다. 따라서 신뢰가 있다고 한다면 '암묵적 계약'에 의한 신뢰이고, 이는 '능력에 의한 신뢰'와 '굿윌에 의한 신뢰'에 의해 유지되고 있다. 그리고 '능력(기능형성)'과 '굿윌(조직 커미트먼트의 조직화)'이 일본 고용 시스템의 근간이 된다고 할 수 있다.

이처럼 거래관계를 통한 능력형성과 능력형성에 대한 커미트먼트라는 의미에서 고용 시스템과 계열 시스템은 같은 시스템(同型)이다. 바꾸어 말하면, 이 둘에 대한 신뢰가 없어지면 일본의 기업 시스템은 그 기반을 상실하게 된다. 그러나 현재 이러한 계열관계 자체가 재편에 직면해 있다. 결과적으로 재편은 어떠한 방향으로 나아갈까.

3. 기업 간 시스템의 변혁

1) 계열관계 재편

(1) 왜 재편인가

지금까지의 논의로부터 기업 간 관계는 세 가지 타입으로 분류할 수 있었다. 하나는 경쟁적 시장거래를 통한 기업 간 관계이고, 이를 기준으로 수직적 통합형과 계열관계형이 구별된다. 경쟁시장형의 기업 간 관계가 규격화된 범용부품의 거래관계인 데 비해서, 수직적 통합형과 계열관계형은 커스텀 부품의 거래관계이다. 이를 전자는 통합조직의 내부거래로 조직화하고, 후자는 시장거래와 내부거래 사이의 '중간' 형태의 거래로 조직화한다.

기업의 목적은 부품과 중간재 등 물재로서의 자원을 어떻게 조달하는지에 달려있다. 그것이 상기의 세 가지 타입에 의한 거래의 조직화이다. 그리고 일본 기업은 이들 세 타입의 거래로 성립되어 있음을 확인했다. 시판품으로서의 시장거래, 외주품으로서의 계열거래, 그리고 내제로서의 조직 내 거래가 그것이다. 이에 비해 미국 기업은 시장거래와 조직 내 거래로 성립되어 있다.[3] 그리고 일본 기업의 경쟁우위는 계열

---

3) 덧붙여 말하자면, 노동거래에 대해서도 마찬가지로 세 가지 형태로 조직화되어 있다. 외부 노동시장과 내부 노동시장, 직업별(전문직) 노동시장이 그것이

관계의 조직화 때문이라는 것도 살펴보았다. 이는 또한 노동거래에 관한 내부 노동시장의 조직화와 같은 형태의 구조라는 것도 살펴보았다.

동시에 현재, 일본 기업은 계열관계의 재편성에 직면해 있다. 이러한 요구는 미국 기업도 마찬가지이며, 그 수직적 통합형의 조직화는 시장거래형과 계열거래형으로의 전환을 꾀하고 있다. 그렇다면, 일본 기업의 계열관계 조직화는 어떠한 문제에 직면하고, 어떠한 전환기에 놓여 있는 것일까.

(2) 조직화 비용과 조직 퍼포먼스 문제

지금까지와 마찬가지로, 여기서의 문제는 기존의 조직화와 관련한 조직 퍼포먼스와 조직화 비용의 관계로 설정된다. 즉, 한편으로는 시장거래의 조직화를 통한 생산조직의 효율성 달성이고, 다른 한편으로는 조직화를 위한 조직화 비용이다. 그렇다면 전자의 조직 퍼포먼스가 저하하거나 후자의 조직화 비용이 증가하면, 아니면 이 두 가지가 동시에 발생한다면 기존의 조직화는 재편이 불가피하다. 그리고 시장의 거래비용이 감소하게 되면 시장거래의 조직화는 시장화를 지향하게 된다. 여기서 우선 종래 계열관계의 조직 퍼포먼스와 조직화 비용의 상태에 대해 검토해 보도록 하자. 이는 어떠한 의미에서 조직 퍼포먼스의 저하와 조직비용의 증대에 직면하고 있는 것일까.

계열관계의 조직화가 고용관계의 조직화와 같은 형태인 것과 마찬가지로, 조직 퍼포먼스와 조직화 비용의 문제도 고용관계의 조직화와 같은 문제로 이해할 수 있다. 하나는 내부 시스템의 문제이고, 고용관계에 관해서 직능자격제도에 딸린 승급비용의 증대와 이에 따른 조직 퍼포먼스의 저하 문제였다. 그리고 또 하나의 문제점은 외부 시스템의 문

다. 그리고 미국 기업은 이들 세 유형의 거래로 성립되어 있는 데 비해, 일본 기업은 앞서 두 가지로 성립되어 있음을 보았다.

제로서 시장과 기술변화에 대한 대응 문제였다. 시장에 관해서는 가격 경쟁의 격화이고, 이는 곧 조직화 비용의 증대를 허용할 수 없는 것이다. 기술에 관해서는 정보기술 혁신의 진전이고, 이는 OJT형 혹은 누적형 기능형성의 유효성을 저하시키거나, 팀을 단위로 하는 유연한 생산조직의 유효성을 저하시킨다.

이와 동시에 계열관계의 조직화는 그 내부 시스템과 외부 시스템의 양면에서 조직화 비용의 증대, 조직 퍼포먼스의 저하라는 문제에 직면하고 있음을 지적할 수 있다. 내부 시스템에 관해서는 계열관계 그 자체의 문제이고, 한편 외부 시스템에는 가격경쟁의 강화이다. 이는 품질과 기능, 제품개발력 등 계열관계가 발생시키는 조직 퍼포먼스의 가치를 저하시키거나, 계열관계에 딸려있는 조직화 비용을 허용하지 않게 된다. 그리고 더욱 근본적인 이유로는 정보기술혁신의 진전과 '모듈화'의 진전이다. 다음에서 살펴보겠지만 이 둘은 커스텀화 부품의 공급이라는 계열관계의 전제 자체를 무효화시키는 것이다. 그 전에 여기에서는 계열관계의 내부 시스템에 대해서도 상세히 살펴보도록 하자.

고용관계와 마찬가지로 계열관계에서 내부 시스템의 문제를 살펴보면, 조직화 비용은 계열관계를 유지시키기 위한 비용으로 생각할 수 있다. 즉, 특정 계열기업과의 지속적인 거래를 유지하기 위한 비용으로, 이는 계열기업의 리스크를 흡수하고 기술지도와 교육 훈련을 수용하기 위한 비용만은 아니다. 그 구입비용은 단기적으로는 경쟁시장보다도 품질에 비해 높은 경우도 있다. 만약, 이러한 현상이 일시적이 아니라 제조원가가 비합리적으로 높은 계열기업과 품질 혹은 기능적인 면에서 기술적으로 열등한 계열기업과의 거래가 계속되면 그 성과는 계열관계의 조직 퍼포먼스의 저하로 이어진다.

물론 이러한 가능성을 배제하기 위해서는 복수의 서플라이어에게 발주하고, 한계적인 서플라이어를 대체하는 것이 계열관계에서 가장 중요한 거래 룰이다. 다만, 룰의 완화도 발생한다. 특히, 임원파견과 주식의 상호 보유에 의해서 계열관계가 구축되었을 때, '능력구축경쟁'이라는 계열거래 룰의 약화가 예상된다. 그 결과 계열관계는 조직화 비용의 증대와 조직 퍼포먼스의 저하에 직면하게 된다.

(3) 능력평가의 형해화

물론 모든 계열관계가 이러한 상태에 직면하는 것은 아니다. 고용관계에 관해서 직능 자격제도에 딸린 승급비용의 증대 이유가 이른바 연공주의적인 조직운영 때문이라고는 해도, 그 본질적인 원인은 종업원에 대한 능력평가의 형해화(形骸化) 때문이다. 이와 마찬가지로 계열관계에서도 그 조달비용의 증대는 계열기업에 대한 능력평가의 형해화에 그 원인이 있다고 할 수 있다. 이러한 의미에서 앞서 지적한 바와 같이, 계열기업의 기술력과 경영상태에 대한 내부 정보를 중핵기업이 파악하는 것이 계열관계의 조직 퍼포먼스를 위해서는 불가결하게 된다.

제6장에서 살펴보겠지만, 코퍼레이트 거버넌스의 관점에서는 계열기업에 대한 경영의 규율을 확립하는 문제이기도 하다. 즉, 중핵기업에 의한 계열기업에 대한 규율의 저하이고, 이는 중핵기업에 의한 주식의 상호 보유와 임원파견의 결과이다. 그렇다면 이는 중핵기업 자체의 코퍼레이트 거버넌스의 문제로 이어진다. 즉, 중핵기업에서 거버넌스가 이완되면 그 결과가 계열기업에 대한 거버넌스의 이완으로 이어지는 것도 당연하다.

때문에 계열기업에 대한 비용 삭감 압력은 중핵기업의 거버넌스 강화를 통해서 발생한다고 볼 수 있다. 그 전형적인 예가 닛산(日産)이다. 즉, 경영진의 교체를 통해서 비용 삭감 요구에 응할 수 없는 기업은 계열관계에서 배제된다. 이처럼 스스로 거버넌스의 강화를 통해서 계열관계의 재편성을 꾀한다.

이와 같은 일련의 프로세스는 고용관계에서 성과급의 도입에 대응시켜볼 수도 있다. 즉, 승급비용의 삭감과 개인 업적의 달성의욕 촉진을 목적으로 성과급이 도입되고 있음을 보았다. 동시에 이 경우에도 성과에 의한 임금이 종업원의 노동의욕을 높이기 위해서는 능력형성에 대한 종업원의 기대 충족이 불가결함을 보았다.

이에 대해서 전문능력을 갖춘 개인을 그때마다 고용할 수 있고, 동시에 생산조직의 효율성을 달성할 수 있다면, 내부훈련을 통한 기능형성 자체가 불필요하게 된다. 하지만 효율성이 달성되지 않는 이상, 각 개인의 업적 달성을 위해서는 그 전제로서 기능형성의 기회가 불가결하게 된다. 이와 마찬가지로 계열관계 자체를 해소하지 않는 이상, 계열기업에 대한 비용 삭감 요구가 동시에 조직 퍼포먼스의 상승으로 이어지기 위해서는 계열기업의 입장에서 기술력 형성이 불가결하게 된다.

(4) 계열관계의 쇠퇴인가

이러한 의미에서 계열관계를 유지하기 위한 조직화 비용은 일방적으로 삭감되지는 않는다. 그것은 계열거래를 계속하기 위한 비용이라기보다는 계열기업의 기술력 강화를 위한 비용이다. 기술력 강화에 의해 '능력에 의한 신뢰'가 가능하게 된다. 이에 비해서 계열관계의 해소를 위협해서 조달비용의 삭감을 꾀한다면, 이는 중핵기업의 기회주의로 볼 수 있다. 이러한 행동에 대해서 평판 메커니즘이 작동하면, 계열관계는 쇠퇴한다. 또는 '굿윌에 의한 신뢰'는 파기되고 계열기업의 능력구축 자체가 철회된다. 설령, 조직화 비용이 삭감된다 하더라도 그 결과는 동시에 조직 퍼포먼스의 저하로 이어질 것이 뻔하다.

이처럼 고용관계와 마찬가지로 계열관계를 전제로 할 때, 그 조직화 비용의 인하와 조직화 퍼포먼스의 상승을 목적으로 하는 이상, 계열기업 측의 능력형성과 중핵기업 측의 능력평가의 유효성에 달려있다. 이에 대해서 현재, 기술과 시장의 외부 시스템 변화가 계열관계에 중대한 영향을 미치고 있다.

2) 모듈화

(1) 네트 거래의 진행

정보기술의 혁신은 계열관계에 어떠한 영향을 미칠까. 정보기술의 발전과 동시에 인터넷을 통한 네트 거래와 'B2B(business to business)'라는 거래관계의 침투를 지적할 수 있다. 확실히 인터넷의 이용에 따라 정보비용과 탐색비용 차원에서의 거래비용은 큰 폭으로 인하되었다. 그렇다면 제1장에서 지적했던 것처럼 정보기술혁신은 시장거래의 비용 삭감을 위한 조직화가 아닌, 오히려 시장거래화의 방향을 강화하게 되는 것일까.

그러나 정보통신기술의 발달 그 자체가 거래비용을 인하시키지는 않는다. 이를 위해서는 네트 거래와 B2B 거래 형태에 합치하도록 거래조건의 규격화와 표준화가 전제되어야 한다. 즉, 이를 위해서 스스로 제품의 사양을 표준화하고 범용부품화를 꾀할 필요가 있다. 그 후에 인터넷을 이용한 시장거래의 거래비용 삭감이 가능하게 된다. 요컨대, 정보통신기술을 이용해서 시장거래의 거래비용을 삭감하기 위해서는 거래비용의 '시장적 해결'이 선행되어야 한다. 그것은 정보기술로부터 발생하는 것이 아니라 '시장적 해결'과 '조직적 해결' 사이의 선택에 기초한다.

물론 이미 '시장적 해결'이 성립되어 있는 분야에서는 네트 거래에 의해 거래비용을 더욱 낮출 수 있다. 따라서 범용부품의 시장거래가 네트 거래와 B2B 거래 형태로 대체될 수 있다는 것은 주지의 사실이다. 이에 대해서 '시장적 해결'의 선택은 정보기술을 이용한 거래비용 삭감효과의 크기와 '조직적 해결'이 발생시키는 생산효율성을 희생했을 때의 크기에 대한 서로의 비교량에 달려있다. 전자에 비해서 후자의 효과가 더 크다면, 커스텀 부품의 거래를 위해 조직적 해결이 선택된다. 그 위에 B2B 네트 거래가 도입되는 경우도 있다. 즉, 계열관계 내부에서 거래의 사양이 공통화된 후 계열거래의 전자화가 진전하게 된다. 이에 대해서 커스텀화의 필요성이 없어지면, 마찬가지로 거래사양이 표준화되고 시장거래의 전자화가 진전하게 된다.

(2) 버추얼 기업

'거래의 다발'을 네트 거래와 B2B 거래에 의해서 구성된 기업을 버추얼 기업이라고 한다. 즉, 버추얼 기업은 홈페이지상에 자신의 제품을 수주하고, 위탁공장에 생산을 지시하고, 고객에 대한 제품 발송을 지시하고, 고객으로부터의 대금의 입금을 관리한다. 해당 기업이 행하는 것은 수주의 관리와 생산의 지시, 지불된 대금의 관리뿐이고, 이마저도 모두 인터넷상에서 이루어진다. 특히, 흥미 있는 것은 이러한 거래 시스템의 대표적인 예라 할 수 있는 델컴퓨터가 고객의 수주에 따라서 그 후의 프로세스를 구성하는 '간판 시스템'을 모델로 했다는 점이다.[4] 다만, 그 프로세스는 제품의 사양으로부터 생산의 조립과정, 그리고 대금의 수취까지 전부를 규격화함으로써 성립하고 있다. 이로써 그 거래의 전체를 인터넷상에서 행하는 것이 가능하게 된다.

이에 대해서 도요타의 간판 시스템은 고객의 수주로부터 시작되는 프로세스를 커스텀화함으로써 성립해 있다. 커스텀화된 하류로부터 상류의 프로세스를 조직화한 것이 계열관계였다. 이에 대해서 커스텀화된 부품의 내부 생산으로 프로세스를 조직화한 것이 수직적 통합조직이었다. 그리고 이 둘과는 다르게 모듈화가 있다.

---

4) 다만, 델은 생산을 위탁공장이 아닌 직영공장에서 전개한다. 그리고 직영공장과 반도체 등의 서플라이어 사이에서 '시판품'의 거래관계가 성립한다. 그것은 특정 서플라이어와의 상대교섭형 시장거래 관계이고, 거래관계를 집중시킴으로써 가격교섭력을 높이려는 의도이다.

(3) 모듈화의 의미

모듈화(module)에 대해서 살펴보도록 하자. 제품을 구성하는 몇 가지의 부품은 하나의 블록으로 정리되고, 각각은 기능적으로 독립된 부품인 것처럼 제품 자체가 설계된다. 정확하게 전자는 기능적으로 통합된 복합부품화라는 의미에서의 모듈화이다. 후자는 모듈화와 모듈화 사이를 이어주는 인터페이스의 규격화를 의미하는 모듈화로 이 양자는 서로 구별할 필요가 있다. 그리고 이 두 가지의 의미에서의 모듈화가 진행된다면, 최종제품은 결과적으로 개개의 모듈화를 조합해서 완성된다. 이러한 제품설계(아키텍처)를 모듈러형의 아키텍처라고 한다면, 그 전형적인 예가 규격화된 모듈 부품의 조합에 의해 제품이 완성되는 개인 컴퓨터이다. 이 과정에서 제품의 가치는 모듈 부품에 의존하거나 어떠한 제품설계인가에 의존한다. 바꾸어 말하면 부품 상호를 조합시키는 제조 그 자체는 가치를 상실하게 되는 것이다.

(4) 모듈러형과 통합형

여기에서 후지모토, 타케이시, 아오시마(藤本隆宏·武石彰·靑島矢一, 2001)를 참조하여, 복합부품화의 비율과 인터페이스의 규격화 비율의 두 가지 차원으로 나누어 모듈화에서의 제품설계(아키텍처)를 유형화하면, <그림 4-3>과 같다. 왼쪽 밑의 영역은 다수의 부품이 상호 밀접한 관련하에 놓여있다는 의미에서 통합(integral)형의 제품 아키텍처를 나타내고 있다. 즉, 커스텀화된 부품과 관계로 구성되어 있고, 그 대표적인 예가 자동차이다.

이에 비해 인터페이스(접합면)의 규격화가 진행되면서, 상호 관계는 '개방'된다. 즉, 전체와 부분, 부분과 부분의 관계는 상호 분리되고, 기능적으로 등가인 다른 부품 혹은 완전히 다른 부품과의 치환도 가능하다. 그리고 복합부품화가 진전되면서 하나로 통합된 모듈과 모듈 사이의 규격화가 이루어진다고 생각할 수 있다. 즉, 복합부품화와 인터페이

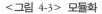

<그림 4-3> 모듈화

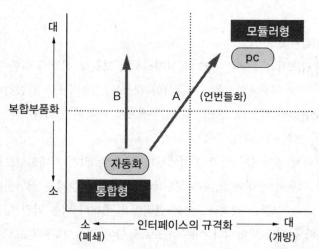

스 규격화의 두 가지 의미에서 모듈화가 진행한다. 이것이 오른쪽 위의
모듈러형 제품의 아키텍처로 개념화된다.

(5) 언번들화

　이처럼 모듈화와 함께 왼쪽 아래의 '통합형'은 분해되어 그 구성요
소는 언번들화(unbundle)된다. 이러한 점이 그림 A의 화살표 방향이다.
다만, 나중에 설명하겠지만, 그림 B의 화살표 방향으로 모듈화가 진행
되기도 한다. 즉, B로의 이동은 커스텀화된 관계에서 복합부품화의 진
전이고, 그 진전은 오히려 계열관계의 강화로 볼 수 있다.

　마찬가지로 수직적 통합조직에 관해서는 내부거래가 모듈별로 분해
되고, 그것을 외부화할 수 있다. 즉, 아웃소싱하거나, 설계와 제조의
'언번들' 과정에서 제조 그 자체의 외부화가 진행된다. 즉, 제조 부문
을 갖지 않는 '파블리스(fabless)' 기업의 출현, 한편으로는 제조에 특화
한 '바운더리(boundary)' 기업도 출현하고 있다. 이처럼 모듈화의 진전
과 함께 전체는 부분으로 분해되고, 수직적 통합이든 계열적 통합이든

통합조직은 시장거래로 분해된다.

(6) 미국 기업의 전환

다만, 통합조직의 분해는 기술의 의미로서의 모듈화 진전에 의한 것
만은 아니다. 거래관계의 상호 의존성의 해소를 기술적으로 가능하게
한 것이 모듈화라고는 해도, 그것은 최종적으로 어떠한 거래관계를 구
축하는가의 조직 아키텍처 문제로 귀착된다.

이때 수직적 통합형의 미국 기업에서는 히에라르키가 비대화함으로
써 조직화 비용의 증대와 조직 퍼포먼스의 저하라는 문제에 직면한다
고 할 수 있다. 그것은 히에라르키의 관리비용 증대와 비용 삭감 인센
티브 저하의 문제만은 아니다. 내부적으로 통합된 결과, 내부의 프로세
스는 어떤 특정 제조 부문의 상태에 의존한다. 즉, 그 부문의 교섭력은
높아지고, 해당 부문을 목표로 해서, 예를 들어 파업으로 임금교섭에
임하려는 사태마저도 발생할 수 있다. 사실, 어떤 특정 부문의 제조가
정지된다면 그 결과는 즉시 전체로 파급된다.

여기서 통합조직의 분해, 즉 아웃소싱화의 선택이 강화된다는 것은
당연하다. 즉, 수직적 통합형의 조직 아키텍처에서 아웃소싱형 조직 아
키텍처로의 전환으로, 내부 제조 부문은 분리·독립(spin-off)한다. 그런
데 계열관계도 또한 아웃소싱의 한 형태이며, 오히려 아웃소싱을 조직
화한 것이 계열관계이다. 이에 대해 미국 기업의 선택은 조직화를 없애
기 위해서 아웃소싱을 전개한다. 따라서 더 넓은 범위의 모듈화가 선택
되고, 그러한 제품을 설계하는 '제품 아키텍처'가 선택된다. 이러한 의
미에서 '조직을 어떻게 구축하는가'라고 하는 '조직 아키텍처'의 선택
에 응해서 '제조를 어떻게 설계하는가'라는 '제품 아키텍처'가 선택된
다.

(7) 통합형으로서의 일본 기업

다만, 이상과 같은 모듈화가 모든 영역에서 진전하는 것은 아니다. 앞의 <그림 4-3>에서 볼 수 있듯이 전체와 부분, 부분과 부분 사이를 분리시킨 '모듈형'과 '조립형' 제품의 아키텍처에 비해서, 상호 의존과 상호조정을 불가결하게 하는 제품의 아키텍처를 '통합형', '상호 마찰형'이라 한다.

그렇다면, '모듈러형'과 '조립형' 제품에 대해서는 그에 따른 조직 아키텍처가 필요하고, '통합형'이나 '상호 마찰형'의 제품에 대해서도 역시 조직 아키텍처가 필요하다. 전자가 현재 미국 기업에서 관찰되는 아웃소싱형의 조직 아키텍처라면, 후자가 일본 기업에서 볼 수 있는 계열형의 조직 아키텍처이다. 모듈러형의 조직 아키텍처는 호환성 부품을 이용한 포드형 생산 시스템 이후의 미국 기업의 전통이라고 할 수 있다. 그리고 피라미드형의 히에라르키야말로 부분과 부분의 분리로 이루어지는 모듈러형 조직의 원형이라고 할 수 있다. 이러한 의미에서 미국 기업은 모듈러화의 적응이 좀더 유리한 시스템이라고 할 수 있다. 따라서 모듈화의 진전에 따라 수직적 통합형에서 아웃소싱형으로 전환하려는 것은 미국에서는 그다지 어려운 문제가 아닐 것이다.

이에 대해, '통합형'과 '상호 마찰형'의 제품에 대해서는 일본 기업 시스템이 유리하다는 점은 쉽게 이해할 수 있을 것이다. 그러한 시장과 기술을 전제로 고용관계와 기업 간 관계를 조직화한 것이 일본 기업이기 때문이다. 이는 계열기업과의 밀접한 '상호 마찰'이라는 의미에서 또는 제조와 개발, 판매와 기획 사이의 밀접한 '상호 마찰'이라는 의미에서, 그리고 팀과 팀, 팀 내부와의 밀접한 '상호 마찰'이라는 의미에서 '통합형'이라고 하는 것이 어울리는 조직 아키텍처였다. 그리고 그 밑의 개개 부품의 복합화라는 모듈화가 이루어지게 된다. 이런 사실이 <그림 4-3>에서 화살표 B로 표시되어 있다.

3) 계열관계의 행방

(1) 커스텀화된 모듈 부품

이상의 사실로부터 모듈화가 진전한 분야에서 미국 기업이 우위에 있지만, 통합형의 제품 아키텍처가 지배하는 분야에서는 일본 기업이 우위에 있다고 잠정적으로 결론지을 수 있다(藤本隆宏, 2003). 그 위에 정보기술의 혁신은 디지털화된 제품의 모듈화 성격을 한층 강화시킨다고 할 수 있다. 이는 시장과 기술의 변화를 가속화하고, 그에 따른 제품설계의 신속화가 필요하게 된다. 이를 위해서 제조와 설계의 분리(언번들)가 더욱 진전될 것으로 예상된다. 혹은 글로벌 시장의 가격경쟁은 조달비용의 삭감을 위해 아웃소싱의 압력을 한층 강화시킬 것이다. 나아가, 모듈화의 진전은 전체와 분리된 개개 모듈의 개발경쟁을 전개할 수 있게 한다. 여기서 특정 모듈의 개발에 특화된 벤처기업이 등장한다고 할 수 있다(青木昌彦·安藤春彦, 2002). 사실, 이러한 모듈러형 시스템에서 어떤 혁신적인 모듈화의 개발에 성공한 기업은 일거에 우위에 설 수 있을 것이다.

그렇다면 이러한 모듈화의 추세에서 통합형, 상호 마찰형의 조직 아키텍처로서 스스로를 구축해 온 일본의 기업 시스템은 경쟁력을 상실할 것인가. 확실히 모듈 부품을 조립할 뿐인 완성품 메이커가 경쟁력을 상실한다는 것은 불가피할 것이다. 이에 대해서 경쟁우위에 있는 것은 모듈 부품의 개발과 제조에 특화한 기업과 산업이고, 이것이 이른바 전자 디바이스 분야이다. 또는 그러한 모듈 부품을 도입한 통합형의 부품 개발과 제조에 경쟁력을 발휘하는 기업이 우위에 서게 된다. 그러한 와중에서 존재하는 것이 커스텀화된 모듈 부품의 설계와 제조이다. 그리고 그러한 설계와 제조를 위해서는 계열관계라는 '상호 마찰형' 조직의 아키텍처가 유효하다. 사실 일본 제조기업의 경쟁우위는 이 두 가지 분야에서 관찰된다.

(2) 계열관계의 **규율 방침**

마지막으로 다음과 같은 사항을 지적해 두고자 한다. 즉, 후자의 '커스텀화된 모듈 부품'의 영역이 넓어짐에 따라서 부품 메이커 측이 우위에 선다고도 생각할 수 있다. 그러한 전형이 자동차 산업이라고 한다면, 홍미 있는 것은 도요타와 닛산은 서로 대조적인 경영방침을 선택하고 있다는 것이다. 전자는 주식의 상호 보유와 임원의 파견을 통해서 계열관계를 강화하고 있는 데 비해, 후자는 계열관계 그 자체의 해소를 선택하고 있다. 전자에서는 부품에 대해서 '블랙박스'를 만들지 않는다는 계열기업에 대한 도요타의 일관된 방침에서도 엿볼 수 있다. 즉, 계열관계의 경쟁력은 계열기업의 능력형성과 중핵기업이 행하는 능력평가의 강도에 있다고 할 수 있다. 이를 위해서는 계열기업의 기술력과 제품원가의 인하, 개선 가능성을 파악해야만 한다. 이에 의해 계열관계의 규율화가 꾀해진다.

이러한 관점에서 설령 승인도 메이커에게 부품개발을 일임한다고 하더라도, 동시에 핵심부품에 관해서만은 내제하고 있다는 점이다. 하지만, 모듈화의 진전에 의해 기술적으로 고도화하고 복합화한 부품을 내제하는 것은 곤란하게 되었다. 그 결과, 모듈 부품이 기술적으로 블랙박스화되면 계열관계를 규율하는 힘은 저하될 것이다. 이러한 가능성을 막기 위해서는 주식의 상호 보유와 임원파견 등 자본관계를 통한 거버넌스의 강화를 꾀하는 것도 하나의 선택일 것이다.

(3) 계열관계의 **재구축**

이에 대해서 주식의 상호 보유와 임원파견은 계열관계 규율 저하를 초래하고, 조직화 비용의 증대와 조직 퍼포먼스의 저하를 발생시킬 수 있을 것이다. 만약 그렇다면, 상기와 같은 선택은 과연 타당할 것인가. 이러한 질문에 대한 대답은 다음과 같이 대신할 수 있을 것이다. 능력형성과 능력평가에 의해서 계열관계를 조직화하는 조직 아키텍처를 견지하는 이상, 주식의 상호 보유와 임원파견은 계열관계의 규율이 이완으로까지는 이어지지 않는다는 것이다. 그리고 그러한 점은 최종적으로 중핵기업 그 자체의 경영규율을 강화시키게 된다. 반대로 중핵기업의 경영규율이 이완되면, 주식의 상호 보유와 임원파견은 계열관계에 대한 경영규율의 이완을 초래한다. 그렇다면, 이러한 폐단을 타파하기 위해서는 모듈화의 진전에 맞추어서 계열관계 그 자체를 해소하는 것도 생각해 볼 수 있다. 이것이 닛산(日産自動車)의 선택이라면, 그것은 중핵기업에서 경영규율의 이완의 결과이면서 동시에 그 회복을 노린 것이라고 할 수 있다.

나아가 모듈화의 진전은 계열관계를 어떻게 재구축할 것인가라는 중핵기업의 행동뿐만 아니라 부품 메이커에 대해서도 또한 다양한 영향을 미친다. 앞서 <그림 4-2>에서 볼 수 있듯이, 부품 메이커의 기술력이 상승함에 따라 그 개발능력과 설계능력은 중핵기업과의 관계 특수성과 분리되어 점차 일반적인 성격을 강화하게 된다. 그것이 대여도 메이커로부터 시작되어 승인도 메이커, 관련 기업, 독립 부품 메이커로 이어지는 '진화' 프로세스라고 한다면, 모듈화의 진전은 이 연쇄작용을 가속화시키는 것이다. 승인도 메이커와 관련 기업은 모듈화 시스템이 진전되면서, 독립 부품 메이커로의 이행 가능성을 강화시키는 것으로 생각할 수 있다. 그것은 부품 메이커의 입장에서 기술력 형성에 달려있는 것이 아니라, 최종적으로는 어떠한 계열관계를 조직화하느냐라는 '조직 아키텍처'의 선택에 달려있는 것이다.

4. 요약

제4장에서는 부품과 중간재 등, 기업 간 거래관계의 조직화를 검토했다. 그리고 미국 기업과 일본 기업 사이에는 커다란 차이가 존재한다

는 것도 알았다. 전자에서는 기업 간의 관계가 하나의 조직으로 통합되고, 후자에서는 기업 간 관계가 계열관계로서 조직화되었다.

전자의 통합조직의 형성은 확실히 거래비용에 대한 단순명쾌한 '조직적 해결'이다. 부품 메이커는 매수되어, 통합된 조직의 부품 제조 부문이 된다. 그리고 히에라르키의 권한관계에 의해서 컨트롤된다. 무엇보다도 합병과 매수에 의해서 통합조직의 형성 그 자체는 용이하다. 이에 대해서 후자인 계열관계의 조직화는 반드시 쉬운 것만은 아니다. 그 거래구조는 중핵기업이 우위에 서게 된다. 따라서 계열관계가 성립되기 위해서는 중핵기업의 기회주의의 억제가 보장되어야만 한다. 이러한 역할을 일본 기업은 계열거래의 리스크를 중핵기업이 흡수하고, 계열관계에서 발생한 잉여는 쌍방이 분배한다는 형태로 계열거래를 규정하고 있다.

앞 장에서 보았던 룰의 효율성 조건과 실행 가능성 조건의 차원에서 본다면, 중핵기업의 기회주의 억제가 계열거래의 실행 가능성 조건으로 간주할 수 있다. 이에 대해서 계열관계를 통한 기술력 형성이 효율성의 조건이라 할 수 있다. 그것은 고용관계에 의한 기능형성과 같은 형태의 구조이기 때문이다. 즉, 종업원의 능력형성과 평가 시스템으로서 고용관계가 조직화되어 있는 것과 마찬가지로, 계열기업의 능력형성과 평가 시스템으로서 계열관계가 조직화되어 있다. 이러한 계열관계가 발생시키는 조직 퍼포먼스에 따라 계열관계를 유지하기 위한 조직화 비용은 효율성 조건을 충족시킬 수 있었다. 하지만 능력형성과 능력평가의 형해화가 발생한다면, 고용 시스템과 마찬가지로 계열관계는 조직화 비용과 조직 퍼포먼스의 저하에 직면하게 된다. 여기에서 기존의 계열관계의 변혁에 대한 압력이 발생하게 됨을 보았다.

모듈화에서는 전체와 부분, 부분과 부분을 분리시키는 '모듈러형' 제품에서 미국 기업의 경쟁력 우위가 있고, 그 분리가 아닌 '통합형' 제품에서는 일본 기업이 경쟁우위에 있었다. 모듈화의 진전과 함께 통합조직형에서 아웃소싱형으로 조직의 전환을 진전시킨 미국 기업과는 달리, 일본 기업은 통합형 제품 아키텍처의 내부에 모듈화를 도입하려는 것을 볼 수 있었다. 이러한 '커스텀화된 모듈화' 아키텍처가 경쟁우위를 유지하는 이상 계열관계는 강화된다고 생각할 수 있다.

제5장
금융 시스템

고용관계 혹은 기업 간 관계와 마찬가지로 금융거래 역시 일본 기업과 미국 기업 사이에 뚜렷한 차이가 있다. 일본의 간접 금융 우위의 시스템과 미국의 직접 금융 우위의 시스템을 거래비용의 관점에서 검토하고, 동시에 간접 금융을 거래비용 절감의 차원에서 메인뱅크 시스템의 조직화를 검토한다. 일본의 기업 시스템에서 메인뱅크 시스템은 장기자금의 공급 기능과 함께 코퍼레이트 거버넌스 기능을 담당해 왔다. 하지만, 간접 금융에서 직접 금융으로의 전환과 함께 메인뱅크를 대신하는 장기자금의 공급과 코퍼레이트 거버넌스 기능이 요구되고 있음을 검토해 보자.

1. 간접 금융 시스템

1) 금융 시스템의 비교

(1) 자금조달의 국제비교

지금까지 '거래의 다발'로서 기업의 관점에서 사람에 대한 노동거래와 물재에 대한 기업 간 거래를 검토했다. 다음은 자금에 관한 금융거

<그림 5-1> 비금융법인의 부채구성(1999년 말)

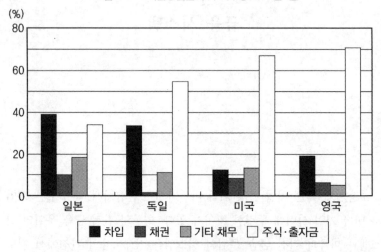

자료: 日本銀行調査統計局, 「歐米主要國の資金循環統計」(2000).

<그림 5-2> 가계의 금융자산구성(1999년 말)

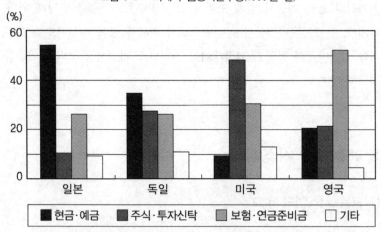

자료: 日本銀行調査統計局, 「歐米主要國の資金循環統計」(2000).

래이다. 지금까지와 마찬가지로 문제는 다음과 같이 설정할 수 있다. 즉, 원형으로서 금융거래에서 어떠한 거래비용이 발생하고, 그에 따라 어떠한 금융거래가 조직화되는지, 그 결과 어떠한 기업 금융 시스템이 형성되는가 하는 것이다.

실제로 기업의 자금조달에는 나라마다 커다란 차이가 있다. 그 가운데 하나는 은행 차입을 중심으로 하는 **간접 금융** 시스템이고, 다른 하나는 채권과 주식시장을 통한 **직접 금융** 시스템이다. 일본과 독일을 간접 금융 우위 시스템, 미국과 영국을 직접 금융 우위 시스템으로 유형화할 수 있다. 이러한 사실을 기업의 부채구성 차원에서 살펴보면, <그림 5-1>과 같이 일본과 독일은 차입 중심의 자금조달 비율이 상대적으로 높은 반면, 미국과 영국은 주식발행 중심의 자금조달 비중이 비교적 높다는 사실을 알 수 있다. 이러한 점은 가계의 금융자산 구성에서도 확인할 수 있다. <그림 5-2>에서 알 수 있듯이, 일본과 독일에서 현금과 예금의 비율이 높고, 미국과 영국에서는 주식과 채권의 비율이 높다.[1]

일본의 기업 시스템은 은행 차입을 중심으로 한 자금조달 시스템을 메인뱅크 시스템으로 조직화했다. 지금까지 검토한 바와 같이, 사람에 관한 노동거래를 장기고용 관계로 조직화하고, 물재에 관한 기업 간 거래를 계열관계로서 조직화하고, 그리고 여기에서 보는 것처럼 자금에 관한 금융거래를 메인뱅크 관계로 조직화했던 것이 이른바 일본형 기업 시스템이었다. 이때 장기고용관계와 계열관계는 시장에서 기업의 자생적(spontaneous) 행동을 통해 형성되었다고 생각할 수 있는 데 비해, 메인뱅크 관계의 배후에는 금융 시스템에 대한 정부규제가 존재한

---

1) 다만, 각국의 비교는 정의가 조금씩 다르다. 예를 들면, 부채구성에 관해서 일본의 수치는 개인기업을 제외한 것인 데 비해, 다른 나라들은 개인기업을 포함한다. 따라서 일본에서는 자본액이 너무 적게 계상되어 있다. 그리고 주식은 시가 베이스로 평가되어 있기 때문에 주가의 변동이 반영되어 있다.

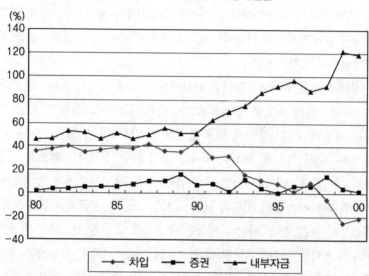

<그림 5-3> 자금조달의 구성비(일본)

자료: 財務省日, 『法人企業統計調査』(각연도).

다. 이하에서 보듯이, 메인뱅크 관계 그 자체는 기업과 은행 간 금융거래 관계에서 자생적으로 파생되었다고 할 수 있다. 이와 동시에 거래환경은 금융 시스템의 경쟁질서와 신용질서를 유지하는 금융당국의 규제하에 있다. 후술하겠지만, 이는 직접 금융 시스템을 규제하고, 간접 금융 시스템을 보호하는 것으로 이러한 점 때문에 사람에 관한 고용 시스템과 물재에 관한 기업 간 시스템, 그리고 자금에 관한 금융 시스템은 커다란 차이가 발생하게 된다.

(2) 금융 시스템의 전환 실태

하지만, 1980년대 이후 금융 시스템에 대한 정부 규제의 철폐가 진행되고, 이에 따라 간접 금융에서 직접 금융 시스템으로의 전환이 이루어지고 있다. 사실 <그림 5-3>과 같이, 1990년대를 통해서 장·단기 차입비율은 급속하게 감소하고 있다. 그렇다고 해서 기업의 자금조달

<그림 5-4> 자금조달의 구성비(각국)

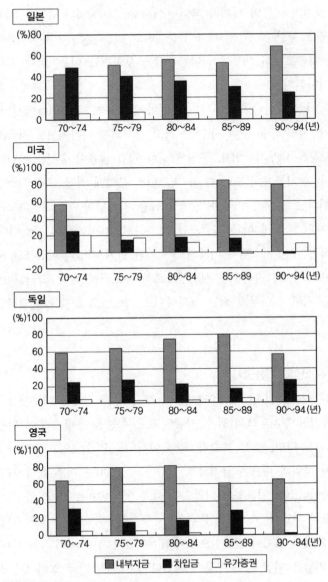

자료: 日本銀行,「國際比較統計」(각연도).

그 자체가 간접 금융형에서 직접 금융형으로 바뀌었다고 단정할 수는 없다. 버블기의 이른바 에퀴티 파이넌스(equity finance)의 증대를 제외하면, 증권을 통한 자금조달 비율이 증대하고 있는 것은 아니기 때문이다. 이는 자금조달의 대부분이 감가상각을 포함하는 내부자금에 의한 것임을 시사한다.

이러한 사실은 미국·영국에서도 변함이 없다. <그림 5-4>에서 알 수 있듯이, 직접 금융 우위 시스템이라고 간주되는 나라에서도 자금조달의 대부분은 내부자금이고, 증권에 의한 직접 금융이 중심은 아니라는 것이다. 벤처를 중심으로 한 뉴 비즈니스 분야에 직접 금융 시스템을 확립한다는 점에서 미국과 영국형 금융 시스템이 두드러진다고는 해도, 경제의 성숙에 따른 자금조달 그 자체는 내부자금이 중심이다. 오히려 직접 금융 시스템은 경제의 성숙화와 함께 기업의 자금조달 시스템보다도 가계의 자산운용 시스템으로서 중요하게 된다. 그리고 이 점이 다음 장에서 다루게 되는 코퍼레이트 거버넌스 문제를 발생시킨다.

(3) 금융 시스템의 기능장애

이에 대해서 1970년~1980년대를 통해서 일본 경제는 내부자금을 웃도는 왕성한 투자의욕의 결과, 자금의 많은 부분을 은행 차입에 의존하게 되었다. 다만, 앞서 <그림 5-3>에서 볼 수 있듯이, 1990년대 이후 은행 차입의 비율은 급격하게 저하하고, 2000년 이후 은행 차입 비율은 마이너스를 기록하게 되었으며, 내부자금 비율은 100%를 초과하는 상황이 되었다. 즉, 버블 붕괴 이후 투자의욕의 저하와 함께 기업은 은행 차입의 변제에 집중함으로써 내부자금은 점차 증대하여 2000년 이후 기업은 자금 잉여 부문이 되었다. 그 결과, 자금 잉여 부문인 가계와 기업으로부터 자금 부족 부문인 정부로 자금이 유입되었다. 그 매개가 공채였으므로 결과적으로 증권시장을 통한 직접 금융 시스템이 성립하게 되었던 것이다. 하지만 증권시장에 자금을 공급하는 것은 은행이기 때문에 기업의 자금조달로서의 직접 금융 시스템과는 크게 다르다고 할 수 있다.

이처럼 일본의 금융 시스템은 투자가 극도로 위축되면서 기업이 자금조달의 필요 자체를 없애는 이상한 상황에 놓이게 되었다. 다만 이러한 현상은 대기업에서 발생한 현상이며, 중소기업이나 벤처기업 등 실제로 자금이 필요한 부문에서는 자금조달의 곤란이 오히려 가장 심각한 문제였다. 하지만, 어찌되었든 일본의 금융 시스템은 심각한 기능장애에 처해, 중대한 시스템 변혁의 필요성에 직면하게 되었다.

일본의 금융 시스템 변혁은 당연히 메인뱅크 시스템의 변혁을 의미한다. 아니 그보다도 오히려 버블 붕괴 이후 금융 시스템의 위기적 상황에서 메인뱅크 시스템은 지금까지 없었던 변화와 변동에 노출되어 있다. 그것은 메인뱅크 시스템에 의해서 조직화된 금융거래의 변화를 의미하는 것만은 아니고 메인뱅크 시스템이 담당했던 코퍼레이트 거버넌스(기업통치)의 변화 또한 촉구하고 있다. 그리고 이러한 점이 사람의 노동거래와 물재의 기업 간 거래에 대해서 중대한 영향을 끼치는 것도 불가피하게 하였다. 어쨌든 금융 시스템의 변화로 인해 일본의 기업 시스템은 지금까지 없던 변화에 직면하게 되었다.

이상의 사실을 전제로 해서 금융거래의 조직화에 대해 논해보도록 하자. 그것을 우선 거래비용의 관점에서 검토하고, 그 후에 메인뱅크 시스템의 기능과 그 한계에 대해서 고찰해 보자.

※ 1940년 체제론: 전후 일본의 기업 시스템과 경제 시스템은 '전시경제(戰時經濟)'를 그 원형으로 했다는 이른바 1940년 체제론의 견해가 있다. 이 견해는 사람·물재·자금의 거래에 대한 전시 '국가통제 시스템'이 전후의 '정부규제 시스템'으로 계승되었다고 주장한다. 이러한 주장과 함께 일본의 기업 시스템과 경제 시스템은 시장 시스템으로부터 이탈한 것

으로 그 원형은 전시 통제 시스템에 있다는 것이다. 따라서 이러한 일본형 시스템은 근본적으로 변혁될 필요가 있다는 견해가 널리 유포되었다. 과연 이러한 주장은 타당한 견해라고 할 수 있을까.

확실히, 노동거래에 대해서는 파견의 규제와 해고의 판례상 규제가 존재한다. 하지만, 이러한 규제 때문에 장기고용관계라는 일본의 고용 시스템이 형성된 것은 아니다. 예를 들어, 해고에 관한 판례상의 규제가 있다고 해도, 이미 제2장에서 논한 것처럼 그러한 판례 자체가 고용의 계속이라는 일본 기업의 고용 룰을 전제로 하는 것이어서 고용의 규제 때문에 장기고용관계가 형성된 것은 아니다. 그리고 전시통제적 고용관계가 전후의 협력적 고용관계로 연결된 것도 아니다. 오히려 1950년대 전반까지는 대량해고와 적대적 고용관계가 지배했기 때문에 이러한 경험을 통해서 1950년대 후반 이후 협력적 고용관계가 구축되었다. 그것이 내부 노동시장의 형성이고, 이는 1960년대를 거치면서 고도성장과 함께 정착되었다. 만약 협력적 고용관계의 원형을 찾는다면, 제3장에서 지적했던 것처럼 그것은 '근면(勤勉)'의 유산이며, 그 의미는 '보상받는 노동' 혹은 '궁리하는 노동'이라는 것이다. 이러한 의미에서도 전시의 통제 시스템과는 무관하다고 할 수 있다.

마찬가지로 물재의 거래에 관해서는 여러 시장규제의 존재를 지적할 수 있다. 혹은 일본 기업의 경쟁력의 강화를 목표로 시장개입을 정당화하는 산업정책도 있었다. 하지만 이들 규제와 정책이 일본 기업 시스템의 형성으로 바로 이어지는 것은 아니다. 확실히 전후 부흥기를 통해서 경사생산방식(傾斜生産方式)과 같이, 원재료의 조달부터 제품의 판매에 이르기까지 강고한 정부규제가 있었다. 그것은 시장경제 그 자체가 파괴된 상태에 발생한 것에 지나지 않는다. 요컨대 시장 그 자체가 기능 불능에 처했기 때문에 정부가 개입했던 것이다. 이어서 1950년대 중반 이후에는 원재료의 수입이나 외국 기업으로부터의 라이선스 수입까지 여러 규제가 있었다. 그것은 성장궤도에 진입하면서 수입 증대가 파생시킨 국제수지의 악화에 대처하기 위해서이기도 했다. 물론 현재 발전도상국 경제와 같이, 자본 이동의 자유화가 있다면, 이러한 규제는 불필요했다고 할 수 있다. 다만 당시에는 고정환율제하에서의 자본이동 규제가 시장경제 시스템의 제도적 전제였다.

　확실히 그 후에도 성장산업의 육성이라는 개발형 산업정책이 의도되었다. 하지만 이미 1960년대 전반에는 당시 성장산업에 의해 정책당국의 의도 자체가 부정되었다(鶴田俊正, 1982). 그 후 계속되는 산업정책과 산업규제는 경쟁열위의 산업에 대한 규제와 보호를 위한 것으로, 그 목적은 우선 이른바 풀 세트형 산업 시스템의 유지를 꾀하고자 하는 것이었다. 그리고 다른 하나는 경제격차의 확대를 억제하기 위해서였다. 전자의 차원에서 석유를 기반으로 하는 비교생산비 구조로서 경쟁열위를 벗어날 수 없는 산업에 대한 보호정책이 계속되었다. 실제로 이 두 가지의 정책이 1970~1980년대에 걸쳐 지속되었다. 하지만 이러한 규제와 보호에 의해 물재의 거래에 대한 일본 기업 시스템이 형성되었던 것은 아니다. 더욱이, 일본 기업의 경쟁력이 형성된 것도 아니었다. 오히려 규제산업에서의 경쟁열위가 오늘날의 중요 문제로 대두하고 있다.

　이처럼 고용관계와 기업 간 관계에서 일본 기업 시스템의 형성은 '1940년 체제론'과는 전혀 무관하다고 할 수 있을 것이다. 이에 대해 금융 시스템에 관해서는 확실히 강고한 규제가 1980년대까지 존재했다. 아래에서 보는 것처럼, 그것은 장기자금 공급을 위한 간접 금융 우위의 금융 시스템을 확립하고 유지할 필요가 있었기 때문이었다. 그리고 그 하위에 메인뱅크 시스템이 형성되었다. 그 후 사람과 물재의 실물경제 측면에서 일본 기업에 대한 금융 면에서의 교란을 저지하기 위한 역할을 담당했던 것이 메인뱅크 시스템이었다. 이러한 의미에서 메인뱅크 시스템 형성의 제도적 전제가 되었던 금융 시스템에 대한 정부규제가 일본의 기업 시스템 형성에 영향을 주었다고 할 수 있다. 그러나 이는 일정한 한계를 전제로 하는 주장이고, 여러 사회적 규제의 존재는 지적할 수 있다고는 해도, 적어도 일본의 기업 시스템에 한해서는 그 형성과 존재도 '1940년 체제론'과는 무관한 것이다. 아마도 정말 중요한 문제는 1970년대 후반 메인뱅크 시스템의 존재 이유가 없어졌지만, 1980년대를 통해서 정부규제가 존속되었거나 혹은 자유화 정책이 철저하지 못했다는 것이다. 다만 전후의 금융 시스템에 대한 규제 자체는 전시 통제경제가 아니라, 제1차세계대전 금융위기에 대한 1927년 은행법을 그 원형으로 한다고 할 수 있다.

이러한 의미에서도 또한 '1940년 체제론'은 너무나 조잡한 논의라 할 수 있을 것이다. 따라서 그러한 논의가 주장하는 일본형 시스템의 근본적 개혁의 논의 역시 조잡한 내용일 수밖에 없다고 하겠다.

2) 금융 거래

(1) 금융거래의 구조

금융거래의 조직화라는 관점에서는 지금까지와 마찬가지로 우선, 그 원형으로서의 금융거래를 가정할 필요가 있다. 즉, 개인과 기업 간의 직접적인 금융거래를 생각해 보자. 다만 '직접'이라는 의미는 주식시장과 채권시장을 전제로 하는 직접 금융이 아니라, 기업의 자금 수요를 개인이 직접적으로 공급하는 관계를 상정하고 있다. 예를 들어 기업의 투자 프로젝트에 대해서 개인이 직접적으로 자금을 공급하는 형태의 금융거래를 말한다. 현대의 벤처 캐피탈 혹은 이른바 프라이베이트 에퀴티 분야이다. 다만 후술하는 것처럼 그 같은 금융거래는 거래비용 때문에 그 자체가 또한 조직화된 거래가 된다.

이에 대해서 여기에서 가정하는 것은 이러한 조직화 이전의 개인과 기업 간의 직접 또는 상대적인 금융거래이다. 지금까지와 마찬가지로, 그 '거래구조'는 ① 거래환경의 불확실성과 복잡성, ② 거래주체의 기회주의, ③ 거래관계의 상호 의존성에 의해 구성되어 있다. 그리고 거래상대의 발견에서 거래조건의 교섭, 거래계약의 작성, 거래실행의 확인, 그리고 부족한 경우의 재교섭, 나아가 소송에 이르기까지가 거래의 프로세스이다. 그렇다면, 이러한 거래구조에서는 어떤 거래비용이 발생하는 것일까.

(2) 심사비용

①의 거래환경의 불확실성과 복잡성이다. 두말할 필요도 없이, 금융거

래는 장래의 불확실성에 노출되어 있다. 자금을 제공하는 개인의 입장
에서는 우선 사전 프로세스로서 해당 투자 프로젝트의 장래수익을 예
상해 볼 필요가 있다. 예상에 영향을 주는 요인은 극도로 복잡하고 또
한 불확실하다. 따라서 투자 프로젝트의 전망과 기술적이고 상업적 가
치에 대한 조사와 분석이 필요하다. 다만, 이러한 작업은 개인의 제한
된 합리성 때문에 거의 불가능에 가깝다. 바꾸어 말하면, 금지적인 심사
비용이 발생한다. 그리고 장래의 상태에 따라서 수용할 수 있는 계약
(조건부 청구권 계약)을 작성하기 위해서는 장래의 발생한 상황을 확정하
기 위한 계약비용이 발생한다. 마찬가지로, 개인의 입장에서 그러한 비
용은 금지적인 금액이다. 그리고 이러한 프로세스 이전에 유망한 투자
프로젝트를 발견할 필요가 있다. 역시 개인의 입장에서 그것은 금지적
인 금액의 탐색비용을 요한다.

(3) 감시비용

다음으로 ②의 거래주체의 기회주의에 대해서이다. 즉, 제공한 자금이
해당 기업에 의해서 적절하게 사용되고 있는지의 여부, 그리고 기업이
그 투자 프로젝트가 이익을 낼 수 있도록 적절하게 운영하고 있는지의
여부, 또는 해당 기업 그 자체가 파산하지 않고 적절히 운영되는지를
감시(모니터)할 필요가 있다. 하지만, 기업과 개인 사이의 정보의 비대칭
성 때문에, 그리고 개인의 제한된 합리성 때문에, 그러한 종류의 모니
터링이 곤란하리라는 것도 명확하다. 다시 말해서 자금의 사용에 관한
기회주의와 기업경영의 도덕적 해이를 저지하기 위해서는 금지적인 감
시(모니터링)비용이 발생한다. 그리고 기업의 업적 부진과 파산 책임을
소송에 의해 증명하는 것도 거의 불가능에 가깝다.

이처럼 금융거래에 관해서는 심사라고 하는 사전 거래비용, 감시라
고 하는 사후적인 거래비용이 발생한다. 그것은 ① 거래환경의 불확실
성과 복잡성, ② 거래주체의 기회주의가 강해질수록, 또는 ① 거래주체

의 제한된 합리성, ② 거래주체의 정보의 비대칭성이 강해질수록 심사비용과 감시비용이 증가한다. 혹은 계약비용과 소송비용이 커진다.

(4) 자금의 고정화

그렇다면 ③ 거래관계의 상호 의존성은 어떠할까. 그것이 지금까지 검토한 거래 특수적 투자에 기초한 상호 의존인 이상, 기업과 개인 간의 금융거래와 같은 종류의 투자는 존재하지 않는다. 즉, 거래관계 그 자체로서는 상호 의존성이 있을 수 없다는 것이다. 단지 상호 의존성이 거래에 '갇혀버리는(lock-in)' 상태를 의미한다면, 적어도 계약 기간 동안에는 해당 자금은 그 거래에 고정된다. 즉, 화폐의 가장 중요한 기능인 유동성이 희생되는 것이다. 다음에서 살펴보겠지만, 주식시장과 그외의 증권시장이 존재한다고 한다면, 그것은 별도의 문제이다. 그러한 시장에 의해 대부 또는 투자된 자금은 바로 유동화된다. 다만, 여기에서는 그러한 종류의 유동적 시장이 조직화되기 이전, 계약에 근거해서 개인과 기업 간의 금융거래를 상정하고 있다. 그렇게 되면 자금제공자는 그러한 금융거래에 의해서 유동성을 희생한다는 의미에서 거래비용이 발생한다. 혹은 리스크 부담의 의미에서 거래비용이 발생한다.

이처럼 기업과 개인 간의 금융거래에서 심사비용과 감시비용으로서 거래비용과 유동성 상실에 따른 거래비용, 그리고 리스크 부담에 다른 거래비용 등의 부담이 불가피하다. 이러한 비용은 당연히 대출금리와 수취배당에 가산된다. 그것은 기업의 입장에서 거래비용이고, 그만큼 자금비용이 커지게 된다. 여기에서 과대한 자금비용의 부담을 수용할 수 있는 기업만이 살아남는다. 하지만 그 결과, 오히려 우량기업은 이러한 금융거래에서 배제되는 이른바 역선택의 문제가 발생한다. 이처럼 기업과 개인 간의 금융거래에는 과대한 거래비용이 발생한다. 그렇다면 이들 거래비용은 어떻게 삭감할 수 있을까.

3) 간접 금융과 직접 금융

(1) 금융 중개 기관

기업과 개인 간의 간접 혹은 상대적인 금융거래에서 발생하는 거래
비용을 삭감하는 장치로서는 우선 중개기관으로서 은행을 지적할 수 있
다. 은행에 의한 금융거래는 개인과 은행 간의 예금 형태의 거래와 은
행과 기업 간 대출 형태의 거래로 구별된다. 즉, 간접 금융 시스템으로
서 은행은 기업에 대한 자금의 제공과 그에 따른 심사와 감시를 행한
다. 은행이라는 조직에 축적된 심사와 감시 능력에 의해서 적어도 개인
레벨의 제한된 합리성의 제약은 극복될 수 있다. 그리고 개인은 예금
형태로 유동성을 보장한다. 즉, 금융거래에 따른 리스크는 은행이 부담
한다. 여기에서의 문제는 기업과 은행 간의 금융거래에 따른 거래비용
을 어느 측이 부담하느냐가 문제이다.

물론, 개인과 은행 간의 거래비용 문제도 없는 것은 아니다. 즉, 예
금의 안전을 위해서는 은행에 대한 심사와 감시가 필요하다. 하지만 개
인에게는 제한된 합리성, 그리고 은행과 개인 간 정보의 비대칭성 때문
에 개인의 비용부담이 매우 크다는 사실은 자명하다. 따라서 예금보험
제도가 그러한 의미에서 거래비용 절감의 수단이 된다. 즉, 페이오프의
범위 내에서 개인은 심사와 감시 부담으로부터 해방된다.

단, 그 결과 은행경영은 개인에 의해 감시될 필요가 없게 되고, 나아
가 예금보험에 의해 건전경영의 규율이 약해져, 오히려 리스크가 큰 대
출에 치우치는 도덕적 해이(moral hazard) 문제가 발생할 가능성도 배제
할 수 없다. 따라서 금융당국이 최종적으로 은행경영을 감시(monitering)한다.

다만, 일본의 금융당국은 예금의 안전을 위해서, 그리고 은행 시스템
이 담당하는 신용질서와 결제 시스템의 안전을 위해서 은행경영을 모
니터하기보다는 은행경영의 건전성을 유지하기 위해서 은행경영을 규

제하고 보호하는 정책을 취한다. 즉, 규제와 보호에 의해 은행경영에 잉여(rent)를 부여해서, 예금의 안전과 함께 대출에 따른 은행의 리스크 부담 능력을 높이려고 한다. 후술하겠지만, 이로 인해 은행이 장기자금 의 공급을 담당하는 간접 금융 시스템이 확립되었다.

(2) 시장적 해결과 조직적 해결

이처럼 기업과 개인 간의 금융거래에는 거래비용 삭감의 한 방법으로 은행에 의한 **금융 중개**가 있다. 그러한 간접 금융 시스템과는 달리 또 다른 방법의 한 가지가 **직접 금융 시스템**이다.

일반화해 본다면, ① 거래환경의 불확실성과 복잡성, ② 거래주체의 기회주의, ③ 거래관계의 상호 의존성이라는 거래구조하에서 거래비용 을 삭감하는 방법으로는 ③ 거래관계에 대해서 증권의 **유동적 시장**을 형성하는 것이다. 이것이 거래비용의 **시장적 해결**이며, 이로 인해 ① 거 래환경의 불확실성과 복잡성에 대해서는 증권 형태로 투자된 자금의 회수가 가능하게 된다. 혹은 ② 거래주체의 기회주의와 도덕적 해이에 대해서는 매각에 의해 거래관계에서 즉시 퇴출할 수 있게 된다.

이처럼 금융거래에 따른 거래비용의 '시장적 해결'이 직접 금융 시스템이다. 이에 비해 **조직적 해결**이 은행에 의해서 중개되면, 간접 금융 시스템이 된다.

(3) 직접 금융의 시장적 해결과 조직적 해결

더욱이, 직접 금융과 간접 금융은 각각 거래비용의 문제를 발생시킨 다. 직접 금융의 문제는 자금의 용도에 관한 기업경영의 기회주의와 도 덕적 해이의 발생이고, 다음 장에서 살펴보는 바와 같이, 이것이 '대리 인 비용(agency cast)'로 개념화된다. 그리고 그러한 점이 코퍼레이트 거 버넌스의 과제이다. 즉, 출자자는 경영을 감시하고, 경영규율을 높일 수 있도록 거버넌스해야 한다.

나아가 이러한 경우에도 '시장적 해결'과 '조직적 해결'이 있다. 전자는 주식 매각에 의해 주가의 하락과 탈취가 발생할 우려를 통한 거버넌스이고, 이것을 시장을 통한 '외부 컨트롤'이라 한다. 이에 비해 후자는 주식에 의해 경영에 관여하는 거버넌스로서 주주에 의한 '내부 컨트롤'이다. 발언(voice)과 퇴출(exit)의 메커니즘적 차원에서는 전자가 기업경영에 대한 출자자의 퇴출 메커니즘, 후자가 발언 메커니즘이 된다. 혹은 그 중간 형태로서 대출 및 사채에 대한 이른바 '재무제한조항 (covenants)'의 설정이 있다. 즉, 해당 기업의 재무상황이 설정된 재무 리스크보다도 악화되었을 경우 강제로 자금을 회수한다는 계약으로, 이 계약에 의해 발언과 퇴출의 양면으로부터 거버넌스가 전개된다.

(4) 간접 금융의 시장적 해결과 조직적 해결

한편, 간접 금융에서는 대출에 따른 거래비용이 발생한다. 즉, ① 거래환경의 불확실성과 복잡성에서는 단기계약을 선택한다. 이로 인해 단기계약에 의해서 심사에 대한 제한된 합리성의 제약으로부터 벗어날 수 있다. 혹은 ② 기회주의에 대해서는 상기의 재무제한조항의 설정이 있다. 즉, 계약에 근거해서 강제적인 자금의 회수가 가능해진다. 이로 인해 예를 들어, 장기자금의 계약을 체결했다고 해도 그 단기 자금화가 가능하게 된다. 이처럼 간접 금융의 거래비용을 삭감하는 한 가지 수단으로서 '시장적 해결'이고, 이것이 전통적인 상업은행(commercial bank)의 방향이다.

그러나 이로 인해 장기자금이 제공되지는 않는다. 장기자금을 담당하는 것은 증권을 통한 직접 금융 시스템이다. 그리고 직접 금융을 조직화한 것이 투자은행(investment bank)의 역할이다. 즉, 기업에 대한 증권의 발행을 일임받고, 개인에 대해서는 기업평가의 정보를 제시함으로써 투자은행은 직접 금융의 거래비용을 삭감한다. 혹은 사채라는 부채형 증권 금융에 대해서는 평가기관이 시장평가 기능을 담당한다. 그리고 이들 증권 판매 업무를 통해서 가격을 형성하는 것이 유동적 시장의 조직화가 된다. 결국, 조직화에 의해 장기자금 공급의 시장적 해결이 가능하게 된다.

이처럼 금융거래의 시장적 해결로서 상업은행은 단기자금 공급을 담당하고, 투자은행은 장기자금의 공급을 담당하는 것이 미국과 영국형의 금융 시스템이다. 이에 대해서 일본의 금융 시스템은 단기자금만이 아니라 장기자금의 공급주체로서 은행 시스템을 확립했다. 칼럼에서 논한 것처럼 그 이유는 전후 경제 시스템의 역사적인 조건으로 장기자금의 공급을 은행에 의지할 수밖에 없었기 때문이다. 그리고 은행이 담당하는 장기자금 공급의 거래비용 문제가 '조직적 해결'을 필요로 했다. 즉, 은행으로부터 융자기업에 대한 심사와 감시 시스템으로, 다음에 살펴볼 메인뱅크 시스템이 조직화되었다. 그리고 메인뱅크 시스템을 제도적으로 보완하는 시스템이 위와 같은 금융당국에 의한 규제와 보호 시스템이었다. 이것이 이른바 호송선단방식이었다.

(5) 금융거래의 조직화 유형

이상의 사실로부터 금융거래의 형태를 정리하면, <표 5-1>과 같다. 우선, 기업과 개인 간의 금융거래부터 살펴보자. 거래비용을 삭감하는 메커니즘으로서 제공된 자금의 유동적 시장의 창설이다. 즉, 거래비용의 시장적 해결을 의미하는 직접 금융 시스템이다. 또 다른 하나는 은행에 의한 금융거래의 중개이며 중개를 통한 거래비용의 조직적 해결이 간접 금융 시스템이다.

더욱이 직접 금융과 간접 금융의 각각에서는 거래비용의 문제가 발생한다. 그리고 각각에서와 마찬가지로 시장적 해결과 조직적 해결이 존재한다. 직접 금융에서는 주주에 의한 코퍼레이트 거버넌스 문제가 발생하고, 그 시장적 해결은 주식 매각을 통한 외부 컨트롤이고, 조직적 해결은 주주에 의한 경영권 관여를 통한 내부 컨트롤이다. 한편, 간

<표 5-1> 금융거래의 형태

구분	거래비용	
	시작정 해결	조직적 해결
	직접 금융 시스템	간접 금융 시스템
시장적 해결	외부 컨트롤	단기자금·상업은행
조직적 해결	내부 컨트롤	장기자금·메인뱅크

접 금융의 시장적 해결이 단기자금의 계약이고, 조직적 해결은 장기자금을 공급하는 메인뱅크 시스템의 조직화가 된다.

일본 금융 시스템의 특징은 그 거래비용의 '조직적 해결'로서 간접 금융 우위 시스템을 확립하고, 나아가 간접 금융 거래비용의 '조직적 해결'로서 메인뱅크 시스템을 형성했다는 점이다. 다만 역사적인 경로로서는 장기자금 공급을 은행에 의존함으로써 시작되었고, 거기에서 발생한 거래비용의 조직적 해결로 메인뱅크 시스템이 형성되었다. 그 결과로 장기자금과 단기자금이라고 하는 쌍방의 공급을 은행 시스템이 담당하는 간접 금융 우위의 시스템이 성립되었다.

이에 대해 미국과 영국의 금융 시스템은 금융거래의 '시장적 해결'로서 직접 금융 우위 시스템을 확립했다. 나아가, 간접 금융에 관해서도 그 거래비용의 '시장적 해결'로서 상업은행에 의한 단기자금 공급을 제도화했다. 포인트는 장기자금 공급을 간접 금융에 의지할 것인지(일본), 직접 금융으로 행할 것인지(미국)이다. 칼럼에서 볼 수 있듯이, 역사적 경로는 직접 금융의 제약(일본)으로 시작되는지, 간접 금융의 제약(미국)으로부터 시작되는지에 따라 달라진다.

(6) 정부규제의 의미

은행 시스템에 대한 규제와 보호의 측면만을 본다면, 일본의 금융 시스템은 정부에 의한 '조직적 해결'의 산물로 여겨질 수도 있다. 금리규제와 점포규제로부터 장기금융기관의 분리, 은행·증권업의 분리, 사업채의 발행규제와 사채의 유담보주의, 그리고 주식의 액면발행에 이르기까지, 확실히 금융에 대한 정부규제는 간접 금융과 직접 금융 양쪽을 포함한 금융 시스템 전반에 걸쳐 있다고 해도 과언이 아니다. 그 목적은 은행을 통한 장기자금 공급 시스템의 확립과 동시에 일단 구축된 간접 금융 우위 시스템을 유지하기 위해서이기도 하다. 이를 위해서 경합하는 자본시장은 규제되고, 그 결과 각종 증권 금융기관의 경쟁력이 박탈된다. 더구나 규제와 보호에 의해서 은행 자신의 경쟁력도 박탈된다. 그리고 근본적으로 은행경영에 대한 감시보다도 그 보호를 주안으로 해서 금융당국의 감시능력 자체를 박탈당한다. 이러한 귀결이 바로 버블 붕괴 이후 금융 시스템의 위기적 상황이었다고 할 수 있다.

하지만 간접 금융 우위의 일본 금융 시스템은 정부에 의한 '조직적 해결'의 산물만은 아니다. 은행에 의한 장기자금 공급 자체는 은행에 의해서 심사비용과 감시비용, 유동성 제약, 그리고 리스크 부담의 의미에서도 중대한 거래비용 문제를 발생시키게 되었다. 그 거래비용의 '조직적 해결'이 정부에 의한 규제와 보호였다고는 해도, 은행 시스템 내부에서도 '조직적 해결'이 꾀해졌다. 그것이 메인뱅크 시스템으로, 이를 보완하는 역할을 담당했던 것이 금융당국에 의한 규제와 보호 시스템이었다. 그리고 현재 이러한 시스템이 급격한 전환국면에 직면해 있다. 이를 검토하기 위해서도 메인뱅크 시스템이 어떻게 형성되었고, 어떻게 작용했는지를 살펴볼 필요가 있다.

※ 금융 시스템의 역사적 경로 의존성: 전후 일본의 간접 금융 우위 금융 시스템은 역사적 경로의존성의 전형이다. 즉, 전전기 일본에서도 증권을 중심으로 하는 직접 금융 시스템이 지배적이었다고 할 수 있다. 하지만, 제2차세계대전 후 경제적 피폐, 특히 가계자산의 급격한 감소는 증권을 통한 자금공급의 가능성을 박탈했고, 은행을 통한 자금공급에 대한 의존을 불가피하게 했다. 따라서 금융당국은 부흥금고(復興金庫)와 재정투융자(財政投融資)를 통한 장기자금의 공급주체로서 정책금융기관을 확립

하는 한편, 개인과 기업 간에는 장기자금 공급의 담당자로서 시중은행의 확립이 필요했다. 그러기 위해서 금융당국은 은행경영을 보호하고, 간접 금융 시스템의 확립과 함께 경합하는 자본시장을 규제하고, 직접 금융 시스템의 발달을 저지했다. 이것이 전후로부터 1980년대 초반에 이르는 일본 금융 시스템이었다(寺西重郎, 2003).

한편, 또 다른 역사적 경로로서 미국 은행 시스템의 규제가 있다. 즉, 연방정부의 권한 강화를 피해 중앙은행의 설립은 1910년대까지 저지되었고, 금융기관이 거대화되는 것을 우려하여 은행 활동을 주내로 한정하였다고 하는 것처럼 미국에서는 은행 시스템의 발달이 역사적으로 억제되었다고 할 수 있다(Roe, 1994). 신용공여 가능성을 중앙은행으로부터 박탈해서 중앙은행의 역할을 제약했는데, 이러한 점은 은행에서 융자 고정화의 리스크가 그만큼 컸음을 의미한다. 따라서 각 주내의 소규모 은행은 운전자금을 중심으로 한 단기자금 공급에 스스로의 활동을 한정하고, 각 주의 잉여자금은 뉴욕의 금융시장으로 집중되어, 이 자금을 대출 업무와 증권 업무를 겸하는 대규모 은행이 이용했다. 이것이 대공황에 의해 파탄될 때까지 미국의 금융 시스템이었다. 대공황에 의한 파탄과 함께 그래스 스티걸 법(Glass-Steagall Act)에 의해서 은행 업무와 증권 업무가 분리되고, 상업은행의 업무와 투자은행이 제도적으로 구분되었다.

이처럼 미국에서는 은행 시스템의 발달이 제도적으로 억제되었고, 그 결과 증권 시스템이 발달하였다. 한편, 일본에서는 증권 시스템의 발달이 제도적으로 억제되고, 그 결과 은행 시스템이 발달했다. 적어도 전후 초기에는 장기자금의 공급주체로서 은행 시스템에 의존할 수밖에 없었기 때문에 은행 시스템을 보호하고, 증권 시스템을 규제하는 전후 일본 금융 시스템이 시작되었다. 두말할 필요도 없이, 이러한 시스템이 전환기에 직면하게 되었다. 앞서 지적한 바와 같이, 현재의 경제 상황으로는 직접 금융에 대한 수요를 즉시 이끌어내기는 어렵다 하더라도, 간접 금융 시스템의 역사적인 역할이 끝났음에는 틀림없다.

2. 메인뱅크 시스템

1) 메인뱅크 시스템의 형성

(1) 심사비용과 감시비용

그렇다면, 은행과 기업 간의 금융거래에서는 어떠한 거래비용이 발생하고 비용의 삭감을 위한 '조직적 해결', 즉 금융거래의 조직화는 어떻게 행해지고 있을까. 이해의 틀은 지금과 크게 다르지 않다. 즉, 융자는 그 변제 가능성에 대한 심사가 필요하다. 그리고 융자 후에는 변제 가능성을 보증하는 재무상태에 대한 감시(모니터링)가 필요하다. 이들 심사비용과 감시비용은 거래환경의 불확실성과 복잡성이 증대될수록, 그리고 거래 주체의 기회주의가 증대할수록 커지게 된다. 이에 더해서 일본의 금융 시스템은 위에서 밝힌 것처럼, 은행에 의한 장기자금 대출을 제도화했다. 그것은 장기 설비투자자금의 융자만은 아니다. 그 대부분은 단기대출의 '차환(借換, loan over)'의 형태로 이루어진다. 따라서 대출은 고정화되고, 그만큼 대출 리스크는 증대한다. 이러한 점에서 이른바 기간변환문제가 발생한다. 즉, 대출은 고정화함에 비해 예금자의 인출에는 수시로 응할 필요가 있다. 따라서 은행의 대출 리스크는 증대하기 때문에 더욱 심사와 감시가 필요하다.

그렇다면 이들 거래비용은 어떻게 삭감되는가. 그 한 가지 방법은 당연히 융자는 기업에 대한 심사와 감시 노하우와 경험의 축적이다. 이를 위해서는 특정 기업과의 계속적인 금융거래 관계가 필요하다. 지속적인 거래에 의해 특정 기업의 사업능력과 경영능력에 관한 정보를 축적할 수 있게 된다. 정보에는 지금까지 보아온 특정 기업과의 거래 특수적, 관계 특수적으로 표현되는 능력형성이 포함되고, 이러한 심사능력과 감시능력을 축적한 은행을 메인뱅크라고 한다.[2]

(2) 심사와 감시의 상호위탁

대출 리스크의 분산을 위해 개개의 은행은 융자의 다양화를 꾀하고, 거액의 융자에 대해서는 **협조융자**(loan syndicate)를 조직화한다. 그리고 이러한 융자의 다양화와 분산화와 병행해서 심사비용과 감시비용의 삭감을 위해 메인뱅크 시스템이 형성되었다.

메인뱅크 시스템은 다음과 같이 설립되었다. 해당 기업에 대한 심사와 감시 노하우를 축적한 은행, 즉 해당 기업과 장기 금융거래 관계에 있는 은행을 메인뱅크로 하고 그 외의 은행은 메인뱅크에 심사와 감시를 위탁한다. 위탁에 따라 메인뱅크 이외의 은행은 심사와 감시의 부담으로부터 벗어날 수 있다. 이러한 위탁관계는 각각의 메인뱅크에서 성립하고, 메인뱅크는 서로 심사와 감시 역할을 분담하게 된다. 따라서 개개의 은행이 단독으로 심사와 감시를 행하기보다는 금융 시스템 전체로서 심사비용과 감시비용을 삭감할 수 있게 된다.

이처럼 메인뱅크 시스템은 개개 은행의 거래비용의 삭감뿐만이 아니라, 은행을 통해 장기자금을 공급받는 간접 금융 시스템 전체의 거래비용의 삭감을 가능하게 했다. 즉, 메인뱅크 이외의 은행은 스스로의 심사와 감시 능력이 부족한 기업에 대해서도 메인뱅크 시스템을 통해서 장기자금을 공급할 수 있게 되었다. 반대로 메인뱅크에 심사와 감시를 위탁하지 않는다면, 장기자금 공급은 곤란하거나 혹은 현저하게 높은 리스크 프리미엄을 요구하게 된다. 어느 쪽이든 장기자금 공급은 곤란

---

2) 일반적으로는 융자대상의 사업에 대해 그 기술적·상업적 가치를 심사할 필요가 있다. 하지만, 아오키(青木, 1996)가 지적한 것처럼 1960년~1970년대까지 캐치업 시기에는 그러한 사업에 대한 심사보다는 해외의 선행사례를 흡수하고 개선하는 기업의 경영적·조직적 능력에 대한 심사에 주안을 두었다. 현재, 은행의 심사능력의 저하가 지적되고 있지만, 그것은 캐치업이 달성되고 새로운 기술과 사업의 심사능력이 필요해졌지만, 현실에서는 기존의 기업심사의 관행에서 벗어나지 못했기 때문이다.

하게 된다. 이러한 의미에서 장기자금 공급을 은행에 의존하는 간접 금융 시스템은 메인뱅크 시스템에 의해 가능하게 되었다.

(3) 신뢰 메커니즘

나아가 다음과 같은 지적이 가능하다. 즉, 융자기업에 대한 심사와 감시를 상호 위탁하는 관계로서의 메인뱅크 시스템이 성립하기 위해서는 메인뱅크의 심사와 감시의 '능력에 대한 신뢰'가 없으면 안 된다. 더불어 '행동에 대한 신뢰' 또한 없으면 안 된다.

심사는 메인뱅크만이 아니라 메인뱅크 이외의 은행도 독자적인 심사가 가능하다. 사실 비록 메인이 아니라 하더라도 사전 심사를 전혀 행하지 않는 것은 아니다. 다만 융자 후의 기업경영과 재무 상황에 대한 감시(모니터)는 메인뱅크에 위탁하는 것이 거래비용의 삭감 측면에서 합리적이다. 왜냐하면 메인뱅크는 해당 기업의 결제 구좌를 관리하는 은행이기도 하면서, 해당 기업의 자금 구조와 재무 상황을 항상 파악할 수 있는 입장에 있기 때문이다. 바꾸어 말하면, 메인뱅크 이외의 은행은 그러한 감시 기회를 박탈당한다. 따라서 메인뱅크와 그 외의 은행 사이에는 정보의 비대칭성이 발생한다. 그렇게 되면 정보의 격차를 이용해서, 메인뱅크는 기회주의적 행동을 취할지도 모른다.

이러한 점이 중대한 문제가 되는 것은 해당 기업이 재무위기에 처하는 경우이다. 이때 메인뱅크는 더 빠르게 융자를 회수하려고 할지도 모른다. 메인뱅크 이외의 은행은 해당 기업의 재무정보를 얻기 힘들기 때문에 융자의 회수가 늦어지는 것은 불가피하다. 요컨대, 위탁에 대한 배신이고, 만약 이러한 행동이 팽배해지면 메인뱅크 시스템은 붕괴하게 된다.

(4) 계약에 기초한 신뢰

이처럼 메인뱅크가 성립되기 위해서는 메인뱅크와 다른 은행 사이에, 그리고 각각의 메인뱅크 간의 상호 신뢰가 있어야 한다. 먼저 신뢰에 대해서는 '계약에 기초한 신뢰', '능력에 기초한 신뢰', '굿월에 기초한 신뢰'가 존재한다는 것은 앞서 지적한 바와 같다. 그렇다면 메인뱅크 시스템은 어떻게 상호 신뢰를 형성했을까.

우선, 계약에 기초한 신뢰의 성립은 곤란하다는 것이다. 특히, 융자기업이 재무위기에 처했을 경우의 행동에 대해서 서로 채권 처리방법에 대해 미리 계약에 명시하고, 그 실행을 예를 들어 재판 등으로 보증하는 방식을 채택하는 것은 쉽지만은 않다.

만약 '계약에 기초한 신뢰'가 존재한다고 하면 그것은 앞서 지적했던 재무제한조항이다. 즉, 그 조항이 준수된다는 것을 전제로 해서 메인뱅크 이외의 은행은 협조 융자에 참가할 수 있다. 그것은 계약상의 압력으로서 융자기업에 대한 심사와 감시를 한층 더 강화할 것을 메인뱅크에 요구한다. 다만, 현실의 메인뱅크 시스템이 이러한 성격이었던 것은 아니다. 그랬다기보다는 '계약에 기초한 신뢰'의 요소를 최소화하려는 것이 메인뱅크 시스템이고, 이는 고용관계에 대해서도 기업 간 관계에 대해서도 해당된다. 따라서 '능력에 기초한 신뢰'와 '굿월에 기초한 신뢰'를 통해서 거래관계의 조직화가 가능해진다.

(5) 능력에 기초한 신뢰

능력에 기초한 신뢰, 즉 메인뱅크의 심사와 감시 능력에 대한 신뢰가 없다면, 위탁관계 자체가 성립하지 않는다. 신뢰관계가 성립하기 위해서는 개개의 메인뱅크 관계를 서로 승인할 필요가 있다. 메인뱅크의 심사와 감시 능력은 융자기업과 장기거래 관계를 통해서, 그리고 결재구좌의 관리를 통해서 형성되기 때문에 각각의 메인뱅크 관계가 안정적으로 유지되어야만 한다. 더욱이 메인뱅크가 부담하는 심사와 감시의 거래비용은 융자에 기초한 수익으로부터 회수되는 것만은 아니다. 이는 메인뱅크로서 고유의 비용이기 때문에 메인뱅크 고유의 잉여가 필요하다. 그것은 융자기업의 환전 업무와 사채 수탁 업무 등을 독점함으로써 얻을 수 있는 잉여이다. 이러한 의미에서도 또한 각각의 메인뱅크 관계를 서로 승인할 필요가 있다.

이를 이른바 금융질서라고 한다. 이는 표면적으로 보면, 은행 간 경쟁이 부재함을 의미한다. 아니 그보다는 규제의 목적이 금융질서의 유지인 것처럼 보인다. 동시에 이러한 관계를 통해서 융자를 받는 기업에 관한 정보가 발생한다. 전자의 은행 간 경쟁의 부재가 발생시키는 비효율을 메인뱅크 시스템의 조직화 비용이라고 한다면, 후자의 메인뱅크 시스템에서 발생된 정보생산의 측면에서의 효율성은 메인뱅크 시스템의 조직 퍼포먼스라 할 수 있다. 따라서 1980년대에 전개된 금융자유화는 은행 간 경쟁을 촉진시켜, 메인뱅크 시스템의 조직화 비용을 인하시켰음을 의미한다. 하지만, 그 결과 다음에서 살펴보듯이, 정보 생산의 측면에서 메인뱅크 시스템의 기능 저하가 발생하게 되었다.

(6) 굿윌에 기초한 신뢰

메인뱅크 시스템에 관해서 마지막으로 지적해야 하는 것은 굿윌에 기초한 신뢰이다. 즉, 위탁의 전제가 되는 심사와 감시 행동을 어기지 않고 결과에 대해 책임을 회피하지 않는 것이 '굿윌에 기초한 신뢰'이다. 만약 이러한 신뢰가 없다면 위탁 관계 자체가 성립할 수 없다.

다만, '굿윌에 기초한 신뢰'는 그 자체로서 제도화되어야만 한다. 그러한 필요에 의해 재무위기에 처한 기업에 대한 메인뱅크의 행동이 제도화되었다. 즉, 재무위기에 처한 기업의 재건 가능성을 조사하여, 가능성이 없을 때에는 청산 계획을 세운다. 이 경우, 채권의 회수는 사실상 메인뱅크가 가장 늦어지게 된다. 그것은 위탁된 심사와 감시에 대한 책임으로 간주된다. 이에 대해 재건이 가능한 경우에는 재건안을 작성하고, 융자은행들을 조정하고, 금리의 감면과 변제의 연장 또는 유예 등의 금융 지원 계획을 세운다. 그리고 이러한 재건안이 받아들여지기 위해서는 재건을 위한 추가 융자를 메인뱅크가 부담하거나, 적어도 대출 셰어 이상의 구제자금을 부담할 필요가 있다. 그리고 메인뱅크로부터 임원이 파견된다. 메인뱅크가 작성한 재건계획은 임원 파견에 의해 그 신빙성이 담보되는 것으로 간주한다. 이처럼 메인뱅크에 의한 명시적인 리스크 부담을 동반하는 커미트먼트가 최종적으로 '굿윌에 기초한 신뢰'의 근거이다.

(7) 정부의 커미트먼트

마지막으로 커미트먼트에 관해서는 메인뱅크 시스템에 대한 금융당국의 커미트먼트가 있다. 이는 앞서와 같은 행동이 메인뱅크 시스템으로서의 이른바 행동 룰(working rule)이라는 것이다. 행동 룰을 준수하겠다는 것이 금융당국 커미트먼트의 전제가 된다. 이는 메인뱅크의 구제행동에 대한 금융당국의 지원을 암묵적으로 약속하는 것이기도 하다. 동시에 그러한 룰을 어겼을 경우에는 비공식적인 페널티를 받는다는 암묵적인 약속이기도 하다.

이상과 같이, 메인뱅크 시스템은 상호의 신뢰 위에서 구축되어 있다. 그것은 메인뱅크 상호 간의 암묵적인 거래관계로 간주할 수 있다. 즉, 심사와 감시를 서로에게 위탁하는 동시에 각각이 부담하는 심사와 감시의 거래비용 부담에 대해서는 고객 기업의 융자 이외의 금융 업무를 독점하는 형태로 각각의 잉여를 서로 분배하는 관계가 구축되었다. 그리고 이러한 메인뱅크 시스템의 틀 전체가 금융당국의 규제와 보호의 대상이 되었다.

그러나 이러한 시스템이 현재 근본적인 변화에 직면해 있다. 사실 금융자유화의 진행으로 메인뱅크의 잉여가 박탈당하고 있다. 그리고 메인뱅크의 융자기업 자체가 차입의 필요성을 감소시키고, 직접 금융으로 전환하는 동시에 자금조달은 내부자금으로 충당하는 상황이다. 그리고 무엇보다도 간접 금융 시스템 자체가 버블 붕괴 이후 금융위기에 처해있다. 이러한 의미에서 메인뱅크 시스템은 고용관계와 기업 간 관계에서의 변화를 훨씬 상회하는 변화와 변동에 노출되어 있다.

이러한 메인뱅크 시스템의 행방을 검토하기 전에 메인뱅크와 기업 간 관계에 대해 살펴보도록 하자. 이러한 관계는 금융거래 관계임과 동시에 코퍼레이트 거버넌스(기업통치)의 관계이기도 하다. 따라서 메인뱅크의 기능 저하에 따라 메인뱅크가 부담했던 코퍼레이트 거버넌스의 기능도 또한 저하하게 되었다. 이것이 일본 기업 시스템과 관련한 최대의 문제라고 해도 좋을 것이다.

2) 리스크 셰어링

(1) 경영 리스크의 흡수

지금까지의 논의는 메인뱅크 시스템을 구성하는 은행 간의 관계를 살펴보았다. 그렇다면, 이러한 메인뱅크와 기업 간의 관계는 어떻게 조직화되는 것일까. 우선은 장기 금융거래로 조직화되고, 동시에 리스크 셰어링 관계와 거버넌스 관계로 메인뱅크 관계가 조직화되었다.

우선, 리스크 셰어링 관계로서 메인뱅크는 융자기업의 업적 악화에 따라 바로 대출 금리에서 차지하는 리스크 프리미엄을 변동시키는 것이 아니라, 오히려 프리미엄을 고정적으로 유지하려고 한다. 이로 인해 기업 측은 금리 변동 리스크에서 벗어나고, 그 대신 업적이 좋을 때에도 상대적으로 높은 이자를 받아들인다. 물론, 프라임 레이트(prime rate)의 변경에 따라 대출 금리의 변경을 배제하지 않는다. 다만, 적어도 단기적인 기업업적과 자금의 수급 변동에 따라 대출 금리가 즉시 변하는 것은 피할 수 있다.

이와 동일한 관계가 암묵적인 고용 계약으로 이론화되었다. 즉, 기업 측은 장기고용하에서 고정 임금의 형태로 종업원의 소득 변동 리스크를 흡수한다. 그 대신 종업원 측은 노동 핍박기에도 임금 인상을 뒤로

미루는 형태로 기업 측의 리스크 부담을 지불한다. 이는 소득 보장에
따른 보험료와 같다. 이와 마찬가지로 일정한 금리로 자금공급이 보장
되는 대가로, 기업 측은 업적이 좋을 때도 상대적으로 높은 금리를 받
아들인다.

나아가 최대의 리스크 셰어링의 관계로서 메인뱅크가 경영부진 기업
을 구제하는 경우가 있다. 전술한 바와 같이, 구제를 위해 메인뱅크는
금리의 감면과 변제의 일시적 유예 등의 구제책을 작성하고, 메인뱅크
이외의 은행으로부터 동의를 얻기 위해 메인뱅크는 추가융자와 임원
파견 등의 추가적인 리스크를 부담한다. 이러한 메인뱅크에 의한 구제
를 고객기업은 보험이라 간주한다. 이에 대해서 고객기업은 상기와 같
은 통상의 높은 금리를 받아들이는 형태 혹은 환전 업무와 사채 수탁
업무를 메인뱅크에 집중시키는 형태로 보험료를 지불한다고 해석할 수
있다.

(2) 비효율의 발생

이는 앞 장에서 보았던 계열관계와 유사 관계이기도 하다. 즉, 계열
기업이 행하는 거래 특수적 투자에 대해서 중핵기업은 그 공급 가격을
받아들이는 형태 혹은 제조 중지의 경우에 손실 보상이라는 형태로 계
열기업의 리스크를 흡수한다. 그 가격은 일시적으로는 그 당시의 경쟁
시장가격보다 높을 수도 있다. 하지만 이러한 부담을 통해서 계열관계
가 조직화된다. 이와 마찬가지로 메인뱅크 관계는 고객기업의 경영 리
스크를 메인뱅크가 흡수하는 형태로 조직화되었다. 하지만 만약 그것
뿐이라면 메인뱅크 관계는 비효율을 발생시킬 뿐이다. 즉, 기업 측은
보험료로서 높은 금리를 지불하고, 그 대가로 메인뱅크 측은 고객기업
의 기업 리스크를 감수한다. 그 결과 고객기업의 경영규율이 이완될 것
으로 예상되는 것도 당연하다.

더욱이, 메인뱅크는 많은 경우, 고객기업의 최대 주주이거나 그에 준

하는 존재이고, 고객기업에 대해 주식의 상호 보유와 안정주주를 조직
화하는 주체이기도 하다. 자세한 설명은 다음 장으로 미루기로 한다.
이런 상호작용을 통해 융자기업은 최대의 경영 리스크, 즉 적대적 기업
매수로부터 기업을 지켜왔다. 하지만 동시에 그 결과, 융자기업의 경영
규율은 이완될 가능성을 내재해 왔다. 이처럼 리스크 셰어링 관계는 메
인뱅크 관계의 비효율을 의미하게 될지도 모른다.

3) 거버넌스 관계

(1) 고객기업의 경영규율의 이완

마치 보험계약과 같이, 융자기업의 경영 리스크를 메인뱅크가 흡수
하는 것은 보험의 도덕적 해이와 마찬가지로 융자기업의 도덕적 해이를
낳는 결과로 이어질 가능성도 배재하기 어렵다. 따라서 메인뱅크 관계
의 비효율을 회피하기 위해서는 융자기업의 경영을 감시하고, 그 경영
규율을 높일 필요가 있다. 이것이 메인뱅크와 융자기업 간의 거버넌스
관계이다.

과연 메인뱅크는 융자기업의 경영을 적절하게 모니터한 것일까. 이
점을 둘러싼 논의는 크게 나누어지지만, 앞 장에서 본 것처럼 계열관
계와 유사한 문제라 할 수 있다. 즉, 계열관계는 적어도 단기적으로는
경쟁시장 가격보다 높은 거래가격을 허용하기 때문에 비효율적일 가
능성이 있다. 이러한 비효율을 저지하기 위해서는 계열기업의 생산성
개선과 기술력 향상이 불가결하다. 하지만 주식소유와 임원파견에 의
해서 계열관계가 형성된 경우에는 계열거래 자체가 보장되었음을 의
미한다. 그 결과 개선을 위한 계열기업에 대한 인센티브가 유효하게
작용하지 않을 위험이 있다. 이를 저지하기 위해서는 계열기업의 경
영과 기술력에 대한 중핵기업의 감시가 불가결했다. 이러한 의미에서
중핵기업이 계열기업의 경영을 어떻게 거버넌스할 것인가는 계열관

계의 효율성에 달려있다.

(2) 세 가지 모니터링

이와 마찬가지로 메인뱅크 관계가 비효율적이 될 가능성을 저지할 수 있을지의 여부는 메인뱅크에 의한 고객기업의 경영 모니터에 달려 있다. 이러한 모니터 기능은 '사전 모니터링', '중간 모니터링', '사후 모니터링'으로 개념화된다(Aoki, 1994). 즉, 융자에 대한 사전 모니터링으로 융자대상 사업의 심사가 있고, 융자 후의 중간 모니터링으로 재무 상황의 감시가 있다. 그리고 사후 모니터링으로는 해당 기업이 재무 위기와 경영 위기에 처한 경우의 모니터링인데, 경영 측이 제시한 재건안이 심사된다. 재건이 가능하다고 판단되면, 메인뱅크는 구제융자와 함께 경영진을 파견하고, 경영권은 메인뱅크로 이관된다. 반대로 재건이 불가능하다고 판단되면, 해당 기업은 법적 처리의 대상이 된다. 요컨대, 재건 혹은 청산을 둘러싼 해당 기업의 경영은 메인뱅크에 의해 거버넌스(통치)된다.

(3) 상태의존형 거버넌스

이처럼 융자기업과 메인뱅크 간의 거버넌스 관계는 상태의존형 거버넌스로 개념화되었다(Aoki, 1994). 즉, 해당 기업의 경영이 정상인 경우에는 사전 모니터링과 중간 모니터링이 이루어진다고는 해도, 경영 개입의 의미로서 거버넌스가 행사되지는 않는다. 그러나 재무위기와 경영 위기에 있어서 메인뱅크에 의한 거버넌스가 행사된다.

이때 메인뱅크는 주주와 채권자라는 두 가지 측면에서 거버넌스와 관계한다. 채권자로서 행동하는 한 재무위기와 경영위기에 처한 기업에 대해서는 융자의 회수를 서두르는 편이 좋다. 즉, 법적 정리가 빈번하게 이루어진다. 이에 대해 주주로서 행동할 때에는 해당 기업의 재건 가능성이 있는 한, 구제하는 것이 바람직하다. 요컨대, 재건을 통한 해

당 기업의 장래 수익이 미변제액을 상회한다고 판단되는 한 메인뱅크
는 구제 행동을 취한다. 반대로 장래 수익이 미변제액에 미치지 못한다
고 판단되면, 메인뱅크는 청산을 선택한다. 다만 채권자로서만 행동한
다면, 장래수익의 판단보다도 청산에 의한 융자회수가 우선시되고, 반
대로 주주로서만 행동한다면, 미변제액의 회수 판단보다도 구제 행동
이 우선시된다. 이에 대해 메인뱅크가 채권자이면서 동시에 주주라고
한다면 구제 혹은 청산의 판단은 신중하게 된다.

이처럼 메인뱅크라는 채권자가 동시에 주주이고, 동시에 그 외의 대
주주를 안정주주로서 조직화하는 주주이기 때문에 적어도 일시적으로
재무위기와 경영위기에 처한 기업에 대해서는 구제와 재건 선택의 가
능성이 높다.3) 그리고 나서 재건 계획의 실행에 이르러 해당 기업의
경영권은 메인뱅크로 이전된다. 아니 재건인지 청산인지의 결정 자체
가 메인뱅크의 몫이 된다. 그렇다면 이러한 메인뱅크에 의한 '통치'를
피하기 위해서 융자기업은 경영노력을 기울이고, 경영규율을 강화하게
된다. 이러한 점과 더불어 지금까지 일련의 프로세스로부터 일본 기업
의 코퍼레이트 거버넌스의 기능을 메인뱅크가 담당했다고 이해할 수
있다.

(4) 메인뱅크의 기능 저하

이상과 같이, 메인뱅크 시스템은 장기자금의 공급기능과 동시에 기
업경영에 대한 거버넌스의 기능을 담당해 왔다. 전자의 장기자금 공급
과 더불어 메인뱅크와 융자기업 간의 리스크 셰어링 관계가 성립한다.

---

3) 이에 덧붙여, 채권자 때문에 메인뱅크의 전체 순위가 낮아지는 경우가 있다.
또는, 무담보로 운전자금의 공여를 많게 하는 것이 일반적으로 메인뱅크에 요
구되어 왔다. 이러한 의미에서 메인뱅크는 실질적으로 낮은 채권자의 위치에
있다고 여겨진다. 즉, 주주의 위치와 가깝기 때문에 메인뱅크의 선택은 주주
의 관점에서의 구제와 재건 쪽으로 기울게 된다.

동시에 고객기업의 경영에 대한 메인뱅크의 모니터를 필요로 하고, 이를 통해서 메인뱅크와 융자기업 간의 거버넌스 관계가 발생하게 된다. 하지만 이러한 거버넌스 기능에서 메인뱅크 시스템은 중대한 의문이 제기되었다. 1980년대 후반 버블 경제에서 과연 메인뱅크는 융자기업에 대한 사전 모니터링(심사)과 중간 모니터링(감시)을 유효하게 행한 것인가. 그리고 1990년대 이후 버블 붕괴 이후 메인뱅크는 업적 부진에 빠진 고객기업을 재건할 것인지, 청산할 것인지를 최종적으로 결정하는 사후 모니터링을 유효하게 행한 것인지에 대한 심각한 의문이 제기되었다.

여기에서도 문제는 계열관계와 마찬가지이다. 계열기업에 대한 중핵기업의 거버넌스 저하가 발생한다면, 그것은 중핵기업에 대한 거버넌스의 저하를 반영하는 것이기도 하다. 이와 마찬가지로 고객기업에 대한 메인뱅크의 거버넌스 저하는 메인뱅크에 대한 거버넌스 저하에 기인한다. 이러한 의미에서 메인뱅크에 대한 거버넌스가 문제시되고 있다. 그리고 그 이상으로 메인뱅크 자체가 심각한 경영위기에 직면해 있다.

4) 메인뱅크 시스템의 한계

(1) 메인뱅크 시스템의 조직화 비용과 조직 퍼포먼스

앞서 지적한 것처럼 메인뱅크 시스템은 급격한 변화의 국면에 직면해 있다. 그뿐만 아니라 노동 거래에 관한 장기고용관계와 부품거래에 관한 계열관계도 급속히 변화하고 있다. 다만 그 이상으로 메인뱅크 시스템은 그 기반 자체를 상실하고 있다.

지금까지와 마찬가지로 이러한 사실을 메인뱅크 시스템의 조직화 비용과 조직 퍼포먼스의 차원에서 살펴보도록 하자. 즉, 시장거래의 조직화는 조직화가 파생시킨 조직 퍼포먼스를 근거로 스스로의 조직을 유지한다. 동시에 유지를 위한 조직화 비용을 요한다. 그렇다면 그 조직

퍼포먼스가 저하하든지, 조직화 비용이 증대한다면, 혹은 이 두 가지에
의해 기존의 조직화는 지속 불가능하게 된다. 그렇다면 어떤 의미에서
메인뱅크 시스템은 조직 퍼포먼스의 저하와 조직화 비용의 증대에 직
면하고 있는 것일까.

(2) 메인뱅크 시스템의 외부경제 효과

우선, 메인뱅크 시스템이 발생시키는 조직 퍼포먼스로서 융자기업의
경영상태와 재무상황의 모니터링을 통한 정보생산기능이 있었다. 이 기
능에 의해서 메인뱅크 이외의 은행은 심사비용과 감시비용을 삭감할
수 있었다. 즉, 심사와 감시의 거래비용을 들이지 않고 융자를 할 수
있었고, 그러한 의미에서 메인뱅크 시스템은 개개 은행의 잉여를 발생
시켰다. 다만, 메인뱅크는 심사와 감시비용을 요한다. 그리고 위탁받은
심사와 감시의 책임으로써 최종적인 리스크 부담 비용도 커지게 된다.
이는 메인뱅크 시스템을 조직화하기 위한 비용이고, 이러한 조직화 비
용을 메인뱅크 간에 상호 부담함으로써 메인뱅크 시스템이 성립했다.

다만, 거래비용의 삭감이 곧바로 개개 은행의 이익 확대를 의미하지
는 않는다. 그것은 융자에 따른 리스크 프리미엄을 인하한다는 의미에
서 경제 시스템 전체의 잉여가 된다. 즉, 경제 시스템 전체에 대한 외부
경제효과를 의미하고, 메인뱅크 시스템은 장기자금 공급을 은행에 의존
하는 간접 금융 시스템에 대해 중대한 외부경제효과를 낳는다.

그렇다면 외부경제에 대해서는 그 활동을 촉진하기 위한 노력이 필
요하다. 이러한 노력이 바로 은행 시스템에 대한 규제와 보호였다. 규
제란 경합하는 자본시장의 규제이고 예금 금리의 규제였다. 이 두 가지
에 의해 메인뱅크에 대해서는 안정적인 이익이 확보되었다. 이에 더해
서 융자 이외의 금융 업무를 메인뱅크끼리 독점하려는 움직임이 있다.
이러한 형태로 메인뱅크 시스템의 조직화 비용이 부담되고, 이것이 낳
는 거래비용의 삭감이라는 조직 퍼포먼스는 리스크 프리미엄의 인하라

는 형태로 경제 시스템 전체로 파급되었다.

(3) 금융자유화의 충격

하지만 이러한 금융 시스템은 이미 존속할 수 없게 되었다. 은행 시스템에 대한 규제와 보호는 철폐되고, 그 결과 은행 경영에 대한 잉여는 박탈당했다. 사실 1980년대부터 시작된 예금 금리규제의 철폐는 은행 이익을 급속히 감소시키고, 자본시장의 규제 철폐는 증자와 사채를 통한 자금조달 기회를 급속히 확대시켰다. 후자는 대기업의 이른바 '은행이탈'을 발생시켜, 이에 대해 메인뱅크는 우량 융자기업을 붙잡기 위해 예금금리를 큰 폭으로 인상했다. 그 결과 은행 이익은 더욱 감소했다(田中隆之, 2002). 또한, 개개의 은행은 메인뱅크 시스템의 조직화 비용을 부담할 수 없게 되었고, 따라서 메인뱅크 시스템은 그 전망이 불투명하게 되었다.[4]

다만, 1980년대를 통해서 메인뱅크의 융자 활동 자체가 저하된 것은 아니다. 메인뱅크의 고객기업이었던 제조업 대기업에서는 은행이탈이 진행되었다고는 해도 앞서 <그림 5-3>에서 볼 수 있듯이, 1980년대를 통해서 기업의 자금조달에서 차지하는 은행융자의 비율은 저하하지 않았다. 그 이유는 새로운 융자기업의 등장으로 버블 경제와 함께 중소기업과 유통·서비스·건설·부동산 등의 비제조업에서 자금수요가 급속히 증가했기 때문이다. 이는 메인뱅크 관계가 형성되지 않았던 분야이기 때문에 신규 융자기업을 찾고자 메인뱅크는 격렬하게 경쟁하게 되었다. 그리고 이러한 경쟁을 지지한 것이 금융자유화였다. 지금까지

---

4) 이에 대해서 금융자유화를 통해서 은행이 새로운 이윤 획득에 성공하면, 메인뱅크 시스템은 유지할 수 있다는 전망도 있다. 즉, 증권 업무를 겸함으로써 독일형의 유니버설 뱅킹을 구상했다. 하지만, 1980년대를 통한 금융자유화는 예금금리 자유화를 진행시키는 한편, 증권 업무와의 업제규제의 완화를 늦추었다. 그 결과, 메인뱅크는 새로운 융자선 개척을 하게 되었다고 한다.

의 경쟁억제 정책으로부터 일변해서 경쟁촉진정책으로 전환되고, 그러한 환경하에서 이윤율의 저하에 대처하기 위해서도 융자확대 경쟁은 더욱 격화되었다.

(4) 버블 경제하에서 은행 행동

이와 동시에 새로운 융자 분야는 메인뱅크의 입장에서 심사와 감시 노하우의 축적이 부족한 분야였다. 즉, 심사와 감시비용이 더 큰 분야였다. 그리고 실은 이런 거래비용을 절약하고자 시도한 것이 토지담보 융자였다.

은행융자가 토지담보를 요구하는 것 자체는 잘못된 것이 아니다. 하지만, 1980년대 후반 버블 경제와 함께 토지담보 가치는 지속적으로 상승하고, 그 결과 심사와 감시 비용 자체가 절약되었다. 이는 또한 이익의 저하를 보완하기 위해서이기도 했다. 1980년대를 통한 이익 저하에 대처하기 위해 은행 행동을 지배했던 것은 한편으로는 융자확대 경쟁이었고, 또 하나는 수익률 경쟁이었다. 이 두 가지의 목적에 부합하는 가장 손쉬운 방법이 심사와 감시의 간소화이고, 나아가서는 기대 이상의 리스크 프리미엄을 기대할 수 있는 위험한 안건에 대한 융자였다. 그리고 이러한 행동을 정당화하는 것이 토지담보 가치의 상승이었다.

이처럼 금융자유화에 의해서 지금까지의 잉여는 박탈당하고, 우량기업의 은행이탈이 진행되었다. 그 때문에 메인뱅크에 의한 정보생산 기능이 부재한 분야에서 신규 융자 경쟁이 진행되었다. 이와 동시에 생소한 분야에서 발생한 심사와 감시의 거래비용을 삭감하기 위한 방법으로 토지담보 융자에 의존했던 것이 버블하에서의 은행 행동이었다. 이러한 의미에서 버블하에서 은행 행동의 실패는 메인뱅크 시스템의 부재 혹은 기능불능의 결과라 할 수 있다. 물론, 버블 경제가 발생시킨 새로운 자금 수요, 특히 도시개발과 리조트 개발, 그리고 각종 서비스 영역에서 융자선을 찾는 것 그 자체는 잘못된 것이 아니다. 적어도 버블의 와중에서는 그러한 버블에 기인하고 있다는 사실을 그 누구도 예견하지 못한 것뿐이었다. 하지만 그것은 사전 모니터링도 중간 모니터링도 무시한 예상된 실패였다.

(5) 버블 후의 은행 행동

어느 쪽이든 그 결과는 버블 시대의 과잉 융자와 과잉 투자이고, 버블의 붕괴와 함께 과잉 채권과 과잉 채무로 바뀌었다. 하지만 버블 붕괴 후에도 지가 회복을 기대하고 채권 회수를 꾀하는 등의 사후 모니터링은 철저하지 못했다. 더욱이 그 후 장기불황은 메인뱅크 자체의 경영위기와 함께 메인뱅크의 경영 파탄을 초래하게 되었다. 그 결과, 경영위기와 재무위기에 처한 기업에 대해서 재건이나 청산을 최종적으로 결정하는 메인뱅크의 거버넌스 기능 역시 마비 상태에 빠졌다.

그뿐만이 아니었다. 이러한 은행 시스템에 대한 거버넌스도 기능마비가 되었다. 거버넌스를 행하는 것이 금융당국이었다고는 해도, 경영위기에 처한 메인뱅크에 대해서 재건인지, 청산인지를 최종적으로 결정하는 금융당국의 최후 거버넌스 기능마저도 부재한 상황이었다. 요컨대, 은행 시스템을 포함해서 일본의 기업 시스템은 거버넌스 시스템의 부재 혹은 그 기능 마비의 사태에 직면하게 되었다.

(6) 모니터링의 한계

이처럼 1980년대를 통해서 금융자유화, 그리고 버블과 버블 후의 경제적 혼란은 메인뱅크 시스템의 위기 상황을 낳고 있다. 그뿐만이 아니라 메인뱅크가 담당하고 있던 모니터링의 기능에 대해서는 좀더 본질적인 의미에서의 한계를 지적할 수 있다(Sheard, 1994). 즉, 설령 사전 모니터링에서 융자기업의 투자계획의 수익성이 심사되었다고는 해도 그 후 중간 모니터링은 수익성이 직접적으로 문제되지 않는다. 융자기업의 재무적 건전성이 메인뱅크에 의한 중간 모니터링의 대상인 이상, 당초의 투자계획이 수익률의 예상을 밑돈다고 해도 중간 모니터링에서 투자계획을 수정하려는 움직임을 보이지 않는다. 그 결과, 일단 행해진 투자는 저수익인 상태로 추진된다.

다만, 수익성을 중간 모니터링의 직접적인 기준으로 하지 않은 것은 일본 기업의 행동에 중요한 의미를 부여하게 된다. 즉, 적어도 단기적인 수익성이 직접적으로는 문제시되지 않는다는 의미에서 이른바 단기적 전망의 행동을 면할 수 있게 된다. 혹은 장기간에 걸친 조정이 가능하게 된다. 지금까지 지적했던 것처럼 고용조정을 행하거나 또는 계열기업에 제조비용의 인하를 요구한다고 해도, 모두 시간을 두고 행하는 것이 일본 기업 시스템의 특징이라면, 이러한 행동은 메인뱅크 시스템하에서 가능하다. 다만, 이는 장기적 시야에서의 경쟁력 구축과 반드시 연결되는 행동을 보장하는 것도 아니라는 것이다. 다음 장에서 보는 것처럼, 이를 보장을 하기 위해서는 거버넌스 기능이 필요하게 된다.

이에 대해서 해당 기업이 저수익으로 추진되는 경우, 경영부진에 처한 기업에 대한 메인뱅크에 의한 구제가 마치 당연한 역할인 것처럼 행해진다면, 도덕적 해이로서 융자기업의 경영규율은 확실히 저하될 것이다. 메인뱅크의 구제를 통해서 재건 가능성을 높이는 것은 청산으로 과거의 축적을 삭감하는 것보다는 바람직하다고 생각된다. 혹은 법적 처리에 의하기보다 메인뱅크의 구제에 의존하는 편이 재건 가능성을 높인다고 할 수 있다. 다만, 그러기 위해서는 메인뱅크에 의한 융자기업의 경영규율 규정이 불가결하다. 그러나 메인뱅크에 의한 구제가 암묵적인 약속이라 여겨지는 한 고객기업의 경영규율 저하는 불가피하다. 특히 메인뱅크로부터의 임원 파견 기업에서 규율저하가 예상된다. 설령 구제에 의해서 부채가 늘어난다고 해도, 임원 파견에 의해 파견된 경영자에 대해서는 부채의 규율 규정이 작용하지 않는 경우를 현재의 기업구제에서 볼 수 있다는 것이다.

(7) 누가 은행을 거버넌스하는가

앞서 지적했던 바와 같이, 여기에서 문제는 계열관계의 거버넌스와 동일한 문제로 귀착한다. 즉, 계열기업의 경영규율에 대해 중핵기업의 거버넌스의 유효성은 중핵기업 자체의 경영규율 강화에 의존한다. 이와 마찬가지로 융자기업의 경영규율에 대한 메인뱅크의 거버넌스 유효성은 메인뱅크 자체의 경영규율 강화에 의존한다. 그렇다면 메인뱅크의 경영규율은 누가 거버넌스하는가.

일반적으로는 메인뱅크의 주주와 예금자이다. 하지만 다음 장에서 보는 것처럼, 주주에 의한 직접 거버넌스를 저지하는 것이 은행을 포함하는 일반 일본 기업의 코퍼레이트 거버넌스 행동이다. 그렇기 때문에 일본 기업 시스템은 주식의 상호 보유와 안정주주를 조직화하고, 그 중심이 되는 것이 메인뱅크였다. 그리고 스스로의 상호 보유와 안정주주를 가장 강하게 조직화하는 것도 메인뱅크였다. 따라서 메인뱅크에 대해 주주에 의한 거버넌스가 존재하지 않는 것도 당연했다. 그렇다면 주주를 대신해서 메인뱅크를 거버넌스하는 것은 누구인가라는 의문도 당연하다.

이것이 은행 경영을 감독하는 금융당국의 역할이다. 그렇다면 메인뱅크의 경영규율은 금융당국에 의한 거버넌스의 유효성에 의존하게 된다. 하지만 금융당국의 역할은 은행경영을 규제하고 보호하는 것이었다. 규제와 보호에 의해 은행경영의 건전성을 유지하려고 해도 은행경영에 대해 규율하는 역할이 아닌 잉여를 부여하는 것이었다. 그것은 또한 융자기업에 대한 메인뱅크의 '상태의존형 거버넌스'와 마찬가지로 메인뱅크에 대한 '상태의존형 거버넌스'였다. 그리고 이 경우에도 메인뱅크에 대한 금융당국의 구제가 암묵적으로 전제되었다. 이런 암묵적인 전제에 의해 예금자에 의한 은행경영의 모니터링도 불필요하게 되었다. 따라서 여기에서 발생하는 것이 메인뱅크에 의한 구제를 전제로 하는 융자기업의 도덕적 해이와 동일한 문제인 것도 당연하다(堀內昭

義·花崎正晴, 2000).

(8) 메인뱅크 시스템의 종언인가

이상의 사실로부터 융자기업에 대한 경영을 규율하는 의미에서 메인뱅크의 거버넌스 기능은 실제로는 유효하게 작용한 것은 아니었다. 확실히 스스로의 경영규율에 약점을 안고 있는 메인뱅크에 의해서 고객기업의 경영규율이 높아졌다는 가정에는 무리가 있다. 여기에서 일본기업의 경영규율은 메인뱅크를 통한 거버넌스가 아닌 시장경쟁을 통한 거버넌스라는 견해가 유력하게 된다. 이러한 관점에서 메인뱅크야말로 시장경쟁에서 가장 크게 괴리되어 있기 때문에 메인뱅크가 경영규율의 저하에 처하는 것도 당연하다고 할 수 있다.

이상의 경로를 통해서 현재는 경영규율의 압력에 직면한 것이 메인뱅크이다. 그 요인 가운데 가장 직접적인 것이 공적 자금의 도입이고, 그 다음이 금융의 글로벌 시장에서의 경쟁 격화이다. 그리고 BIS(국제결제은행)의 자기자본 비율규제가 있다. 현재의 금융기관은 시장경쟁의 압력에 가장 크게 노출되어 있으면서 동시에 가장 엄격한 규제를 받고 있는 셈이다. 특히, 자기자본비율 규제는 은행에 의한 장기 자금의 공급이라는 간접 금융 시스템 자체를 규제하고 억압하는 것이다. 이는 과잉 채권의 압축(貸し剝し)과 신규 융자의 억제(貸し渉り)의 실행을 불가피하게 할 뿐만 아니라 일본의 금융 시스템 그 자체는 은행 시스템에 대해 장기자금의 공급을 촉구하였다. 자기자본비율 규제는 이러한 과다한 역할을 종료시켰다. 이러한 의미에서 간접 금융 우위 시스템은 그 역할을 다하는 단계를 맞이하고 있다(西寺重郎, 2003). 그렇다면 이에 따른 메인뱅크 시스템도 그 역할을 종료하게 되는 것일까.

5) 메인뱅크 시스템의 행방

(1) 단기자금의 공급기능

메인뱅크 시스템을 통해서 금융거래를 조직화하는 이유는 은행을 통해서 장기자금을 공급해야 하기 때문이다. 그렇다면 공급받을 필요가 없게 된다면, 메인뱅크 시스템의 존재 이유도 없어지는 것일까. 그 결과 메인뱅크의 거버넌스 기능도 상실하게 되는 것일까.

확실히 장기자금의 공급 시스템 혹은 코퍼레이트 거버넌스 시스템이란 의미에서도 메인뱅크 시스템의 존재 이유는 없어지고 있다. 다만, 이러한 사실은 앞서 지적했듯이 간접 금융에서 직접 금융 시스템으로 전환하는 것을 의미하는 것은 아니다. 적어도 기존의 대기업 분야에서는 주식을 통한 자금 조달이 곧바로 증대로 이어지지는 않는다. 나아가, 설령 장기자금의 공급에서 메인뱅크에 대한 의존도를 낮춘다고 해도 단기자금 공급을 메인뱅크에 의지하는 것은 변하지 않는다. 특히, 경제환경의 급격한 변화의 와중에서 예측 불가능한 자금수요의 발생은 충분히 예상된다. 따라서 복수 은행과의 융자선(commitment line)이 설정되고, 이 융자선을 조정하는(arrange) 역할을 메인뱅크가 담당한다고 생각할 수 있다. 이러한 의미에서 단순히 메인뱅크 시스템의 존재 이유가 없어졌다고는 할 수 없다.

다만, 이러한 의미에서 메인뱅크의 관계는 좀더 명확한 계약에 의한 것임을 알 수 있다. 즉, 기업과 은행의 관계는 장기자금 공급에 따른 리스크 셰어링 관계와 최종적인 구제(last resort) 관계에서 그치는 것이 아니라 융자선의 설정 자체를 명확하게 하는 관계가 된다. 그리고 이러한 협조융자에 앞서 지적했던 재무제한조항(covenants) 형식이 보급되는 것도 생각할 수 있다. 이는 메인뱅크에 대해서 심사와 감시를 위탁하는 '능력에 기초한 신뢰'와 '굿윌에 기초한 신뢰'의 관계가 아닌, '계약에 기초한 신뢰' 관계로 간주할 수 있다. 이러한 의미에서 메인뱅

크형의 간접 금융 시스템으로부터 시장형의 간접 금융 시스템으로 전환이
이루어진다고 할 수 있다.

(2) 주식의 거버넌스 기능

이처럼 단기자금의 공급주체로서의 메인뱅크의 역할이 부정되지는
않는다고 해도 장기자금의 공급주체로서의 메인뱅크의 역할이 저하하
고 있음은 틀림없다. 다만, 메인뱅크의 역할을 대신하는 것이 반드시
주식이 아니라는 사실이다. 적어도 기존 대기업에 관한 한 사채와 내부
유보의 이용이 많아졌다고는 해도, 자금조달의 차원에서 주식의 기능
은 오히려 그 저하를 예상할 수 있다. 그렇다면 이를 대신해서 중요해
지는 것은 역시 주식의 거버넌스 기능이다. 이러한 의미에서 간접 금융
에서 직접 금융으로의 전환은 자금조달 차원에서의 전환이라기보다도
거버넌스 차원에서의 전환이라고 볼 수 있다.

물론, 여기에서 단순히 일본의 기업 시스템은 메인뱅크에 대신해서
주식에 의한 거버넌스(주주주권의 거버넌스)로 전환한다고 예상해서는
안 된다. 그렇다기보다는 메인뱅크 시스템을 통한 거버넌스 기능의 쇠
퇴가 불가피한 이상, 그 기능을 대신하는 거버넌스가 필요하게 되었다.
만약, 대신할 그 무엇인가가 없다면, 단순하게 거버넌스의 부재를 의미
하는 것일 뿐이다. 이것이 다음 장에서 살펴보게 될, 일본 기업의 코퍼
레이트 거버넌스의 문제이다.

(3) 중소기업 금융의 문제

이에 대해서 중소기업은 은행을 통한 자금조달을 필요로 하는 분야
이고, 벤처기업도 역시 주식을 통한 자금조달을 필요로 하는 분야이다.
그리고 이들 분야에 대해서 일본의 금융 시스템은 충분한 자금공급의
기능을 다하고 있지 않다. 중소기업 분야에 대해서는 당연히 신용리스
크는 상승한다. 따라서 심사와 감시의 거래비용도 증가한다. 만약, 이

것이 리스크 프리미엄으로서 대출금리에 가산된다면, 중소기업 경영을 압박하게 된다. 그리고 역선택을 발생시켜 열악한 중소기업 금융 혹은 건전하지만 한정된 중소기업 금융으로 변모시키게 될 것으로 예상된다.

따라서 신용 리스크 분산을 위해서 중소기업 금융 분야에서는 협조 융자 형식이 확대될 것이다. 그 결과, 메인뱅크 시스템과 유사한 금융 거래의 조직화가 발생하는 것도 생각할 수 있다. 다만, 그 업태의 다양성 때문에 또는 장기 지속적 관계를 통한 심사와 감시 노하우 축적의 어려움 때문에, 아마도 중소기업 금융에서 메인뱅크 시스템의 조직화는 곤란할 것으로 생각된다. 따라서 이 분야에서도 또한 재무제한조항과 유사한 형식이 침투하게 될 것이다. 물론, 개별 상대형 금융거래의 필요가 없어지지는 않는다 해도 그 규모가 확대됨에 따라 대기업 분야와 마찬가지로 '계약에 기초한 신뢰' 형식으로의 협조융자의 조직화가 진행될 것이다. 그 결과, 앞서와 마찬가지로 '시장형' 간접 금융 시스템의 침투가 진전될 것이다.

(4) 벤처 캐피탈

더욱이, 일본 금융 시스템의 과제는 신흥 산업, 특히 벤처기업에 대한 자금공급을 어떻게 조직화하느냐이다. 스타트 업 당시 자금공급을 은행융자로 해결하는 것이 무리라는 것은 명백한 사실이다. 여기서 등장한 것이 벤처 캐피탈이다. 동시에 그러한 금융거래 자체가 조직화될 필요가 있다. 즉, 벤처기업가와 그 투자가 사이의 금융거래를 벤처 캐피탈로 조직화할 필요가 있다.

벤처 캐피탈의 역할은 그 펀드에 개인과 금융기관에서의 출자를 모아 그 자금을 벤처에 투자하는 것만을 의미하지 않는다. 펀드를 모으기 위해서는 벤처의 기술과 사업을 심사하고, 경영규율을 정하는 거버넌스 기능이 필요하다. 그러기 위해서는 인재를 파견하고 경영에 직·간접적으로 영향을 미치는 것도 필요하다. 나아가, 벤처기업의 경영자원

부족에 대해서 재무와 인사, 특허와 법무에 관한 어드바이스와 컨설팅의 기능을 구비할 필요도 있다. 그리고 그러한 기능을 담당하는 집단 네트워크를 조직화할 필요도 있다.

벤처 캐피탈에서 이러한 '조직적 해결' 능력이 존재하지 않을 경우에는 개인과 금융기관의 벤처에 대한 투자는 과대한 리스크를 부담하게 된다. 그것은 과대한 리스크 프리미엄을 요구하는 동시에 리스크 부담 자체의 회피, 이른바 투자 자체를 철회를 하는 결과를 초래한다. 즉, 벤처 캐피탈이 부족해지기 때문에, 벤처 캐피탈의 원활한 공급을 위해서 벤처 캐피탈 투자가들을 중개하는 벤처 캐피탈의 조직화 능력이 불가결하게 된다.

(5) 금융 인재형성의 문제

이처럼 중소기업에 대한 은행융자 혹은 벤처기업에 대한 벤처 캐피탈의 투자에서도 그 금융거래는 최종적으로는 심사와 감시의 조직화 능력에 의존한다. 그렇게 되면 아마도 최종적인 문제는 메인뱅크와 여러 금융기관의 능력형성과 인재형성의 문제이다. 지금까지 검토한 바와 같이 내부훈련과 내부승진을 통한 기능형성이 내부 노동시장으로서 일본 고용 시스템의 기본이었다. 이 시스템에 의해 일본 기업은 생산조직의 효율성을 실현했다. 그리고 내부 노동시장의 시스템을 가장 강고하게 조직화한 것이 일본의 금융기관이었다. 하지만, 오늘날 금융기관에서 기능형성과 인재형성이 가장 시급한 과제가 되었다.

바꾸어 말하면, 시장과 기술의 변화에 의해서 내부승진과 내부훈련 시스템은 지금까지는 없었던 제도 변경에 직면해 있다. 시장에서는 글로벌 경쟁이 격화되고 있고, 경쟁의 격화에 의해 내부승진에 수반되는 조직화 비용의 증대를 허용할 수 없게 되었다. 정보기술과 디지털기술의 진전으로 내부훈련을 통한 기능형성의 유효성은 저하한다. 그렇다면 금융자유화와 금융공학으로 대표되듯이, 시장과 기술의 변화에 가

장 많이 노출되어 있는 것이 금융 시스템인 이상 금융기관에서 기존의
고용 시스템의 현저한 제도 변경이 진행되는 것도 불가피할 것이다.

(6) 전문직형 고용 시스템

내부 노동시장형의 고용 시스템과 대치되는 것은 직업별 노동시장이
었다. 그렇다면 일본 금융기관의 고용 시스템은 직업별 노동시장형으
로 바뀌는 것일까. 확실히 그 전형적 예로서 월가의 금융 전문직 고용
시스템이 있다. 이는 MBA를 취득하고 투자은행의 어소시에이트로 채
용되어 그 업적 달성을 통해 상위의 직위로 승진(업)하고, 그렇지 않으
을 경우 해고(아웃)가 기다리고 있다. 요컨대, 과연 일본의 금융기관이
이와 같이 극도의 유동적이고 성과주의적인 고용 시스템으로 전환하거
나 이와 유사한 고용 시스템을 형성할 수 있을까.

하나의 가능성으로는 다음과 같은 방향을 생각해 볼 수 있다. 스톡
시장의 확대와 함께 M&A 중개로부터 각종 투자 펀드의 운용에 이르
기까지 일본의 금융기관에서도 고도의 증권 업무가 점차 중요하게 될
것은 틀림없다. 이러한 면에서 인재부족을 보충하기 위해서 중도 채용
이 이루어지면서 고도의 유동적인 고용 시스템이 형성되리라 예상된다.
이를 매개로 하는 것이 외자계 금융기관이다. 앞 장에서 살펴보았듯이,
만약 미국형의 유동적인 고용 시스템이 인재의 영입과 전직의 상태화
(常態化)를 의미한다면, 이를 작동시키는 장치가 외자계 금융기관이라
할 수 있다. 그리고 무엇보다도 MBA를 취득한 개인 혹은 증권 업무
확대를 꾀하는 금융기관의 입장에서도 미국의 투자은행을 모델로 하는
이상, 그 전문직형 고용 시스템 도입이 가속화될 것이라 예상된다.

다만, 미국의 투자은행에서도 앞서의 '업 오어 아웃'이라 표현되는
고용 시스템은 펀드매니저와 증권분석가, 각종 컨설팅 등의 직종에 한
정되고 있다. 이러한 의미에서 기존의 내부 노동시장형 고용 시스템과
분리해서 또는 병행해서 전문직형 고용 시스템의 도입이 진행된다고

생각할 수 있다.

오히려, 이 두 가지를 어떻게 구별하는가가 아마도 일본 금융기관의 과제일 것이다. 이는 금융기관뿐만 아니라 고용 시스템을 개혁하려는 일본의 기업 시스템 전체와 관련된 문제이다. 고용의 유동화와 성과주의의 인사제도야말로 미국의 고용 시스템이라 착각하고, 이를 내부 노동시장형 고용 시스템으로 도입한다면, 그 결과는 내부 노동시장 자체의 파괴로 이어질지도 모른다.

(7) 업무를 통한 기능형성의 유효성

그렇다면 이와는 반대로 금융 전문직형 고용 시스템과는 달리 내부 노동시장형 고용 시스템은 기존의 시스템을 그대로 유지시킬 것인가. 증권 업무에서 전문직형 고용 시스템이 침투하는 것에 대해 융자 업무에서 필요하다고 생각되는 것은 심사와 감시 노하우의 축적이다. 그리고 출자는 동시에 증권화를 동반하는 것이고, 동반화에 필요한 것은 대출을 증권 레벨에서 평가하는 지식과 경험이다. 그러기 위해서는 융자 기업에 대한 개별 관계적 지식과 증권화에 대한 이론적 지식의 두 가지가 필요하다. 이러한 의미에서 관계 특수적 기능과 일반적 기능의 두 가지 요소로부터 금융 업무의 지식은 성립하고 있다. 그것은 업무를 통한 기능형성이라는 내부 노동시장형 고용 시스템의 유효성을 부정하는 것일지도 모른다.

따라서 앞서 기능의 유형으로 제시한 바와 같이, 내부훈련을 통한 기능 수준이 고도화할수록 그 기능은 일반성의 요소가 높아진다고 생각할 수 있다. 이와 마찬가지로 융자에 대한 관계적 지식과 증권화에 대한 이론적 지식은 그 지식의 수준이 높아질수록 전문직능으로서의 일반성이 강화된다고 생각할 수 있다.

그 결과, 금융 시스템 내부에서의 이동 가능성이 높아질 것이다. 확실히 지금까지는 고용의 계속과 정착이라는 내부 노동시장형 고용 시

스템은 금융기관에서 가장 강하게 조직화되어 왔다. 다만, 그 조직화는
기능형성에 기초한 생산조직의 효율성을 근거로 할 뿐만 아니라, 은행
시스템에 부여된 잉여에 기초한 것이기도 했다. 이러한 잉여는 이미 존
재하지 않는 이상, 기존의 내부 노동시장형으로부터 가장 빨리 이탈하
는 분야가 정보기술을 중심으로 하는 성장산업 분야를 제외하고는 금
융 분야일 것이다.

(8) 장기거래 관계에 대한 영향

　어쨌든 금융 시스템에서 급속한 변화가 진행되고 있다. 변화는 금융
시스템 내부에서뿐만 아니라 코퍼레이트 거버넌스의 변화를 통해 일본
기업 시스템에 중대한 영향을 미칠 것이다.

　사람에 대한 장기고용관계, 물재에 대한 장기계열관계, 자금에 대한
장기의 메인뱅크 관계와 같이, 일본의 기업 시스템은 장기거래 관계의
조직화를 통해 성립되어 있다. 당연한 일이지만 이러한 일본형 기업 시
스템은 최종적으로는 기업의 이익 차원에서 평가된다. 그러나 일본 기
업이 저수익으로 일관한다면, 기존의 시스템은 그 제도 변경이 불가피
하게 된다.

　이에 대해서 수익성 평가를 장기적 시점에서 파악하고, 장기고용관
계, 장기계열관계가 이루어진다고 생각하면 이를 가능케 하는 것이 장
기 메인뱅크 관계였다. 하지만 이러한 메인뱅크 관계가 해소 또는 쇠퇴
한다면, 이는 당연히 장기고용관계와 장기계열관계에도 중대한 영향을
미치게 될 것이다. 이것이 다음 장에서 검토하는 코퍼레이트 거버넌스
의 문제이다.

3. 요약

이 장에서는 거래비용의 관점에서 금융거래의 조직화를 검토하였다. 우선, 개인과 기업 사이의 금융거래를 가정하고 그 거래비용의 '시장적 해결'로서 제공한 자금의 유동적 시장의 창설이었음을 확인했다. 이것이 직접 금융 시스템의 조직화이다. 한편, 그 '조직적 해결'로서 은행에 의한 금융거래의 중개가 있는데, 이것이 간접 금융 시스템의 조직화이다.

나아가 직접 금융 우위의 미국과 영국형 금융 시스템은 간접 금융을 단기자금 거래로 해서 거래비용의 '시장적 해결'을 꾀하고 있음을 알았다. 이를 통해서 직접 금융에 의한 장기자금 공급과 간접 금융에 의한 단기자금 공급이 분리되는 것을 살펴보았다. 이 둘은 모두 금융거래의 '시장적 해결' 시스템이다.

이에 비해서 간접 금융 우위의 일본 금융 시스템은 장기자금 공급을 은행에 의지하는 것으로부터 출발했다. 따라서 과제가 되는 것은 장기자금을 공급하는 거래비용의 삭감이고, 이것이 메인뱅크 시스템의 조직화였다. 그리고 장기자금을 공급하는 은행의 신용 리스크를 흡수하는 것이 금융당국의 과제이다. 이를 위해서 은행 경영을 감시하는 것보다도 은행경영을 보호함으로써 은행경영의 안정과 신용질서 안정을 꾀하는 것이 일본의 금융당국이었다.

이러한 일본의 메인뱅크 시스템은 장기자금의 공급 기능만이 아닌, 융자기업에 대한 코퍼레이트 거버넌스 기능을 담당하고 있다. 특히, 재무위기에 처한 기업에 대해 메인뱅크는 재건 가능성을 높여왔음을 지적하였다. 동시에 메인뱅크는 융자기업과의 사이에 리스크 셰어링 관계를 형성하는 것이었다. 하지만 이 관계를 위해 고객기업에 대한 거버넌스는 이완되었다. 결과적으로 경영규율의 이완이라는 의미에서의 도덕적 해이가 발생했음을 살펴볼 수 있었다.

이러한 메인뱅크 시스템에 의해서 조직화된 일본의 금융 시스템은 급속한 변화에 직면해 있다. 메인뱅크 시스템의 조직화 이유가 장기자금의 거래비용 삭감인 이상, 그 필요성이 저하함에 따라 메인뱅크의 존재 이유도 점차 없어지고 있다. 그리고 금융자유화의 결과, 메인뱅크의 리스크 부담 능력도 저하하고 있다. 하지만 이러한 사실은 메인뱅크 시스템을 대신하는 장기자금의 공급과 코퍼레이트 거버넌스의 기능 확립이 과제가 되고 있음을 의미한다. 그 때문에 각종 금융기관은 심사와 감시의 인적 능력형성이 불가결하게 되었다. 그렇다면 메인뱅크에 대신하는 코퍼레이트 거버넌스 시스템은 무엇인가. 이것이 최종적인 과제이다.

제6장

코퍼레이트 거버넌스

마지막으로 기업에 대한 논의는 코퍼레이트 거버넌스이다. 기업의 소유와 경영이 분리됨에 따라 소유자가 경영자를 어떻게 거버넌스할 것인가가 경영의 규율 문제로 대두되었다. 이러한 사실을 자본거래에서 거래비용의 문제로 검토해 보자. 그리고 조직적 해결과 시장적 해결의 관점에서 경영자 기업과 주주기업의 코퍼레이트 거버넌스의 차이를 비교해 보도록 하자.

1. 주식회사 제도

1) 자본거래

(1) 자본의 거래구조
'거래의 다발'인 기업의 관점에서 이제까지 노동거래와 부품거래 그리고 금융거래의 각각이 어떻게 조직화되는가를 살펴보았다. 그렇다면 마지막으로 자본거래가 남았다. 여기서 자본의 출자자와 기업자(起業者) 또는 경영자와의 자본거래 관계를 어떻게 조직화하는지가 코퍼레이트 거버넌스의 문제이다.

　지금까지와 마찬가지로 거래구조를 구성하는 것은 ① 거래환경의 불확실성과 복잡성, ② 거래주체의 기회주의, ③ 거래관계의 상호 의존성이다. 그리고 여기서의 문제는 그 과정에서 발생하는 거래비용을 어떻게 삭감하는가에 달려있다.

　여기서 그 원형으로 자본거래를 출자에 대해 일정액을 수령하는 '부채(dept)계약'이 아닌 변동액을 수령하는 '주식(equity)계약'으로 간주하자. 그리고 앞 장에서 살펴보았던 금융거래와 마찬가지로 출자된 자본의 전매시장과 유통시장이 존재하지 않는 거래의 경우로 가정하도록 하자. 다시 말해 주식시장을 통한 자본거래가 아닌, 주식 공개 이전의 기업에 대한 자본거래부터 시작해 보자.

　두말할 필요도 없이, 출자에 대한 수취액은 ① 거래환경의 불확실성과 복잡성에 달려있다. 그리고 전매시장과 유통시장의 부재로부터 그 출자가 고정된다는 의미에서 ② 거래관계의 상호 의존성이 발생한다. 이렇게 되면 ③ 거래주체의 기회주의 요인으로부터 거래비용의 문제가 발생한다. 즉, 기업가 혹은 경영자는 출자자의 이익에 부합하는 경영노력을 소홀히 할지도 모른다. 혹은 의도적으로 출자자의 이익에 반하는 경영을 할지도 모른다. 왜냐하면 여기서 기업가는 자본거래 그 자체에 대해 리스크로부터 자유로운 존재이기 때문이다. 다만, 여기에서 발생하는 경영규율의 저하와 그 결과로서 나타나는 기업경영의 효율성 저하가 자본거래의 거래비용 문제로 이어진다. 이것이 대리인 비용(agency cost)이다.

　때문에 출자자는 이러한 의미에서의 거래비용을 삭감하기 위해서 자본거래를 조직화할 필요가 있다. 즉, 경영을 규율하기 위해 감시하거나, 경영규율을 높이기 위해서 인센티브를 조직화할 필요가 있는 것이다. 이것이 코퍼레이트 거버넌스의 조직화이다. 다만, 정보의 비대칭성 또는 제한된 합리성 때문에 기업경영의 모니터링과 인센티브의 조직화가 곤란하게 되는 것도 어쩌면 당연하다. 이 때문에 지금까지와 마찬가지로 '조직적 해결'과 '시장적 해결'이 발생하게 된다. 이러한 관점에서 코퍼레이트 거버넌스의 조직화에 대해 살펴보도록 하자.

(2) 조직적 해결과 시장적 해결

이러한 자본거래의 원형을 앞 장에서 지적했던 벤처 비즈니스와 벤처 캐피탈의 관계에서 살펴볼 수 있다. 이 관계에서는 출자한 자본의 유통시장은 존재하지 않는다. 다시 말해 벤처 캐피탈은 그 자본거래 관계에 록인(lock in)된다. 따라서 여기서 발생하는 거래비용에 대해서는 조직적 해결이 필요하게 된다. 즉, 벤처 캐피탈은 벤처 비즈니스 경영에 직·간접적으로 관여하는 것이다. 때에 따라 직접적으로 임원을 파견하게 되는 경우도 있다. 이는 벤처기업의 경영을 모니터함과 동시에 그 경영을 인적 자원 면에서 지원하기 위한 목적도 있다. 벤처 캐피탈에 이러한 '조직적 해결' 능력이 없다면 벤처기업에 대한 출자는 이루어지지 않는다. 즉, 거버넌스의 곤란 때문에 자본거래는 쇠퇴하게 된다.

나아가, 다음 단계로서 벤처기업이 성장하고 주식을 공개한다면, 자본거래 관계는 주식회사의 경영자와 주주의 관계가 된다. 즉, 출자한 자본의 전매시장이 형성되고, 출자자(주주)는 다수이면서 불특정한 존재가 된다. 다시 말해 주주와 경영자의 거리는 상당히 멀어지게 된다. 이렇게 되면 출자자가 경영에 직·간접적으로 관여하는 것은 더 이상 곤란하게 된다. 비공개 주식회사에서는 주주가 소수이면서도 특정화된 존재이기 때문에 경영에 대해 직·간접적인 '발언'이 가능하지만, 공개된 주식회사에서는 다수이면서 불특정한 주주의 '발언'은 필연적으로 곤란해진다.

따라서 코퍼레이트 거버넌스의 메커니즘을 좀더 명확히 조직화할 필요가 있다. 다음에서 보듯이, 조직적 해결이란 이사회를 통한 모니터링과 인센티브의 조직화이다. 이것은 기업경영에 대한 '내부 컨트롤'이다. 그리고 이와 함께 시장적 해결이 있는데, 이는 고도로 유동적인 주식시장의 조직화를 뜻한다. 전자가 발언 메커니즘을 가진 데에 비해, 후자는 퇴출의 메커니즘으로서 자본거래 관계의 순간적 해소를 가능하게 한다. 그리고 '퇴출' 메커니즘은 기업 컨트롤을 위한 시장(market for corporate control)으로 조직화돼서 경영자의 기회주의와 도덕적 해이를 저지할 수 있게 한다. 이것이 기업경영과 관련한 시장을 통한 '외부 컨트롤' 메커니즘이다.

이처럼 자본거래 관계의 조직화는 조직화에 따른 거래비용의 '조직적 해결'과 '시장적 해결'로 이루어져 있다. 비공개 주식회사에서는 필연적으로 전자의 조직화만으로 성립되어 있지만, 공개 주식회사에서는 이 둘의 메커니즘을 어떻게 조직화하는지가 코퍼레이트 거버넌스의 과제이다. 문제는 과연 이 두 가지가 양립할 수 있는가 여부에 달려있다.

지금까지의 논의와 마찬가지로 조직적 해결은 조직적 해결을 위한 조직화 비용과 이로 인해 발생하는 조직 퍼포먼스의 양면에서 파악할 수 있다. 그리고 조직화 비용이 증가하거나 조직 퍼포먼스가 저하한다면, 기존의 조직화는 그 변경이 불가피하게 된다. 이에 대해서 시장적 해결을 꾀하는 것은 시장거래의 조직적 해결이 초래하는 생산조직의 효율성을 희생해서 얻을 수 있는 부산물일지도 모른다. 이와 같은 관점에서 자본거래의 조직화로서의 코퍼레이트 거버넌스 문제를 다루어보자.

2) 이념으로서의 코퍼레이트 거버넌스

(1) 대리인으로서의 경영자

코퍼레이트 거버넌스 메커니즘이 구체적으로 어떻게 작용하는지의 검토는 다음에서 논하도록 하고, 그에 앞서 다음과 같은 사항을 지적해두자. 자본거래에 따른 거래비용을 '에이전시 비용'이라 하는 이유는 경영자가 주주의 대리인(agency)이기 때문이다. 즉, 출자자(주주)는 기업

경영에 직접적으로 관여하는 존재는 아니다. 경영은 전문 경영자에게 위탁된다. 이러한 의미에서 소유와 경영이 분리된다. 하지만, 대리인으로서 경영자는 위탁자(principal)로서의 주주의 이익에 반하는 경영을 할지도 모른다. 따라서 주주는 경영자 행동을 감시(모니터)하고, 기업경영을 통치(거버넌스)할 필요가 있다. 이러한 통치의 실패나 곤란을 에이전시 비용이라 한다.

이러한 관점에서 볼 때 출자자(주주)가 기업을 통치한다고 할 수 있다. 이른바 주주지배형 코퍼레이트 거버넌스는 자본거래 본래의 모습에 충실한 조직화 형태이다. 하지만 현실적으로는 코퍼레이트 거버넌스의 조직화에는 다양한 형태가 존재한다. 주주지배형을 한 축으로 한다면, 다른 한 축에서는 고용된 경영자(hired manager)가 기업을 통치한다. 이것은 경영자 지배형 코퍼레이트 거버넌스의 조직화이다. 그리고 양 극단의 사이에서 나라마다의 코퍼레이트 거버넌스의 차이가 관찰된다.

주주지배형 거버넌스의 전형이 미국의 기업 시스템이고, 이에 비해서 경영자 지배형의 거버넌스의 전형이 일본 기업의 시스템이라고 여겨져 왔다. 전자는 주주이익을 목적으로 하는 코퍼레이트 거버넌스의 조직화인 데 비해, 후자는 종업원 이익을 고려한 코퍼레이트 거버넌스 혹은 주주만이 아니라 종업원과 거래상대 및 고객과 지역사회 등 기업활동에 관여하는 다양한 '스테이크홀더(stakeholders)'의 이해를 고려한 코퍼레이트 거버넌스의 조직화이다.

하지만 경영자를 주주의 '대리인'이라고 한다면, 주주 지배의 코퍼레이트 거버넌스 이외의 것은 부정되어야만 한다. '대리인'을 통해서 자본의 제공자가 기업을 통치(거버넌스)하고 지배(컨트롤)하는 것이 주식회사의 원리인 이상, 이들과 다른 코퍼레이트 거버넌스의 조직화는 주식회사의 제도에 반하게 된다. 이는 주식회사의 제도만이 아니라 자본주의 원리와 사적 소유의 원리에 반하는 것이기 때문에 미국의 주식지배형 거버넌스 이외에는 이념적으로 부정되어야만 한다는 것이다.

(2) 이념적 논의의 불모

이와 같은 코퍼레이트 거버넌스를 둘러싼 이념적인 논의가 항상 선행되어 왔다. 기업의 거버넌스가 문제가 되는 경우, 대부분의 경우는 '누가 기업을 지배하는가' 혹은 '기업은 누구를 위해 존재하는가' 등이 문제 관심이었으며, 이는 극히 이념적인 논의라 할 수 있다. 주주가 지배하고 주주의 이익을 위해 존재한다는 이념이 있다면, 다른 한편에는 이와 정반대의 이념이 존재한다. 다음에서 보는 것처럼, 실제로 전자와 같은 이념을 가장 먼저 주장한 것이 미국의 기업 시스템이었다.

다만 '누가 기업을 지배하는가' 혹은 '기업이 누구를 위해서 존재하는가'라는 문제에 관심이 있는 한 다음과 같은 애로가 발생한다. 기업을 거버넌스하는 것이 주주라면, 주주의 이익을 목적으로 하는 경영이 성립한다. 반면, 기업을 거버넌스하는 것이 경영자라면, 기업경영은 경영자의 이익을 목적으로 하게 된다. 나아가, 기업 경영이 종업원의 이익을 목적으로 한다면, 기업은 종업원에 의해 거버넌스된다고 할 수 있다. 그리고 종업원과 거래상대, 고객 등 이른바 스테이크홀더의 이익을 목적으로 한다면, 기업은 스테이크홀더에 의해 거버넌스된다. 그렇다면 과연 이러한 사실은 현실의 기업을 이해하는 데 타당하다고 할 수 있을까.

확실히 이러한 관점으로 인해 일본 기업에 대해서 '종업원 주권'이라는 표현이 사용되어 왔다. 하지만, 다음에서 보는 것처럼 주식회사 제도의 본질에 비추어본다면, '주주주권'이라는 표현이 적절하지 않은 것과 마찬가지로 '종업원 주권'과 '경영자 주권'이라는 표현 역시 부적절하다. 설령, 은유라고는 하더라도 '종업원 주권'이라는 표현 때문에 일본 기업은 왠지 특이한 시스템으로 간주되는 경향이 있다. 그리고 은유는 항상 어떤 일면만을 과장해서 표현하게 되고, 오히려 전체상을 손상시키는 결과를 초래하기 쉽다. 따라서 이는 일본 기업 시스템에 대한 이해로서 결코 정확한 것은 아니라 할 수 있다.

3) 기능으로서의 코퍼레이트 거버넌스

(1) 미국형 거버넌스

이처럼 코퍼레이트 거버넌스와 관련하여 항상 이념적인 논의가 있어 왔지만, 한편으로는 현실의 기업행동을 둘러싼 문제도 있었다. 즉, 여러 가지 이유에서 현실의 기업경영이 규율의 이완으로 업적이 저하되면, 코퍼레이트 거버넌스는 이를 저지하는 기능을 담당한다. 따라서 기업경영의 규율을 강화하고, 기업업적을 높이는 코퍼레이트 거버넌스는 무엇인가가 문제의 관심이 된다. 이로 인해 이념으로서의 코퍼레이트 거버넌스의 논의와 기능으로서의 코퍼레이트 거버넌스의 논의가 서로 대치하게 되는 것이다. 그리고 이러한 점에서도 미국 기업의 거버넌스가 가장 이상적인 것으로 간주되어 왔다.

사실, 1990년대를 통해서 미국 기업의 고수익과 고주가를 관찰할수 있었다. 이에 반해 일본 기업의 현실은 저수익과 저주가였다. 따라서 고수익과 고주가를 실현하는 경영 방식을 채용해야만 했는데, 바로 이것이 주주이익을 목적으로 하는 미국 기업의 거버넌스였다. 즉, 주주지배형의 코퍼레이트 거버넌스가 필요하다는 견해가 분출하게 되었다.

다음에서 살펴보겠지만, 주주(share holder) 이익을 추구하는 코퍼레이트 거버넌스를 셰어홀더형 거버넌스라 한다면, 미국 기업이 항상 셰어홀더형 거버넌스였던 것은 아니다. 오히려 경영자 이익의 추구를 그 본질로 하는 것이 미국 기업의 현실이기도 했다. 그러나 1990년대를 경험한 미국 기업이 고수익과 고주가를 실현하면서, 미국 기업 거버넌스의 전형이 셰어홀더형 거버넌스 시스템으로 여겨졌다.

이에 반해서 종업원과 고객기업 등 스테이크홀더의 이해를 고려하는 경영을 스테이크홀더형 거버넌스라 한다. 그 전형이 일본 기업이며, 일본 기업은 1990년대를 지나면서 유래 없는 불황에 직면했다. 따라서 이들의 비교로부터 경영규율을 강화하고, 기업업적을 높이기 위한 거버넌스가 셰어홀더형이라는 사실이 명백해졌다.

(2) 스테이크홀더형에서 셰어홀더형으로의 전환인가

그렇다면, 일본의 기업 시스템은 스테이크홀더형 거버넌스로부터 셰어홀더형 거버넌스로의 전환이 불가피할까. 이와 같은 문제는 누가 기업을 지배하는가의 문제뿐만 아니라 일본 기업 시스템의 근간을 뒤흔드는 문제라 할 수 있다. 다시 말해, 지금까지의 논의에서 장기고용관계와 장기계열관계로서 조직화된 종업원과 계열기업은 해당 기업의 스테이크홀더라고 간주할 수 있었다. 각각의 조직화는 조직화의 과정에서 발생한 잉여를 서로 공유한다. 바꾸어 말하면, 그러한 '분배(스테이크)'를 발생시켜, 공유하는 코퍼레이트 거버넌스의 조직화가 스테이크홀더형 거버넌스였다.

그렇다면, 셰어홀더형 거버넌스로의 전환이 이루어지면, 스테이크홀더 관계로서 조직화된 장기고용관계와 장기계열관계 자체가 파기되는 것일까. 또 지금까지의 조직 퍼포먼스 자체가 소멸하게 될 것인가. 과연, 일본 기업의 경쟁력은 어떻게 구축될 것인가. 아마도 이와 같은 문제가 일본 기업 시스템이 풀어야 할 최우선의 과제일 것이다.

(3) 찬미(讚美)에서 공동화(空洞化)로

다만, 셰어홀더형 거버넌스의 주장이 1990년대 미국 기업의 고수익과 고주가에 근거한 주장이라면 그 신빙성은 급속히 저하하고 있다. 적어도 1990년대 후반 이후 미국 기업의 고수익, 고주가가 버블 경제의 산물이었다는 점은 의심할 여지가 없다. 버블 경제가 초래한 고수익과 고주가는 버블기 코퍼레이트 거버넌스에 대한 찬미로 이어졌다. 사실 1980년대 후반 일본의 스테이크홀더형 거버넌스가 주목을 받았지만, 1990년대에는 미국의 셰어홀더형 거버넌스에 대한 찬미로 옮겨갔다.

그뿐만이 아니라 버블 붕괴 이후 일본과 미국의 거버넌스의 공동화가 두드러졌다. 앞 장에서 살펴본 것처럼 일본 기업은 지속적인 지가 상승과 함께 거버넌스 자체가 쓸모없게 되었다. 이와 마찬가지로 엔론 사건으로 분명해진 점은 미국 기업에서도 역시 주가의 지속적 상승과 함께 거버넌스 자체가 무용지물이 되었다는 점이다. 그리고 버블이 붕괴되면서 명백해진 점은 거버넌스의 부정이라는 사실이었다. 버블의 와중에서 진행된 거버넌스의 공동화를 은폐하기 위해 부정회계라는 거버넌스의 부정이 있었다고 해도 좋을 것이다. 이와 같은 부정은 1990년대 초반 일본 기업과 2000년대 초반의 미국 기업에서 엿볼 수 있었다.

(4) 경영의 규율

이상에서 알 수 있는 사실은 일반적으로 코퍼레이트 거버넌스의 목적이 경영규율을 강화하는 것이라고는 해도, 규율 강화를 위한 조직화에는 여러 형태가 존재한다. 요컨대, 셰어홀더형 거버넌스가 경영규율을 강화할 때도 있고, 그렇지 않을 경우도 있다. 마찬가지로 스테이크홀더형 거버넌스가 경영규율을 강화하는 경우도 있고, 그렇지 않은 경우도 있다. 나아가 각각이 기업업적을 높일 때도, 그렇지 않을 때도 있다. 그리고 경영규율을 강화하는 '기능으로서의 거버넌스'가 문제시된다. 결국 이러한 기능은 기업 경쟁력 관점에서 판단되어야 한다. 다음 단락에서 설명하겠지만, 여기에는 다양한 메커니즘이 있다. 이러한 메커니즘을 어떻게 조직화할 것인가가 코퍼레이트 거버넌스의 과제이다.

따라서 미국 기업에서도 그 셰어홀더형 거버넌스가 실제로는 버블 경제하에서 경영을 규율하는 것과는 거리가 멀었기 때문에, 스스로 거버넌스 개혁이 필요하게 되었다. 그렇다면 일본의 기업 시스템은 어떠한 거버넌스 개혁이 필요할까. 앞 장에서 살펴본 것처럼 메인뱅크가 담당했던 일본 기업의 거버넌스는 중대한 변혁에 직면해 있다. 이와 같은 문제를 검토하기 위해서도 주식회사 제도를 명확히 할 필요가 있다. 소유와 경영이 분리되어 경영규율을 규정하는 코퍼레이트 거버넌스의 문제가 발생한 이상, 주식회사 제도에 대한 정확한 이해가 필요하다. 주식회사 제도의 이념적 차원에서도 반드시 주주지배형 혹은 주주주권형 거버넌스라는 전제가 이루어졌던 것은 아니기 때문이다.

4) 유한책임과 유동적 시장

(1) 여러 형태의 기업

주식회사 이외에도 여러 형태의 기업이 있다. 합명회사와 합자회사, 유한회사 등의 형태가 있지만, 코퍼레이트 거버넌스에서 직접적인 과제는 역시 주식회사에 대한 것이다. 바꾸어 말하면 합명회사, 합자회사에는 거버넌스의 문제가 발생하지 않는다. 왜냐하면 자본 출자자와 경영자가 동일인이기 때문에 자본 출자자가 경영에 어떻게 규율할 것인가 하는 코퍼레이트 거버넌스 자체에 대한 문제를 회피할 수 있기 때문이다.

참고로 벤처기업에 출자를 하는 벤처 캐피탈 자체는 합명회사와 합자회사에 상당하는 파트너십 형태를 취하는 경우가 많다. 즉, 출자자는 파트너로서 경영에 참여한다. 이로 인해서 벤처 캐피탈이 펀드로 출자를 모집할 때, 펀드에 대한 투자가와 벤처 캐피탈 회사 사이에 펀드 운영에 관한 거버넌스의 문제가 발생한다. 그리고 나아가 벤처 캐피탈이 벤처기업에 출자할 때에도 거버넌스의 문제가 발생한다. 다만, 이상은 전부 비공개 주식회사의 거버넌스의 문제로서 '조직적 해결'을 시도한다. 이에 반해 공개된 주식회사는 이와는 본질적으로 다른 거버넌스 문제가 발생한다.

여기에서 잠깐 주식회사 제도에 대해 설명해 보자. 주식회사의 제도적 근간은 출자자의 유한책임과 주식의 자유양도이다. 전자는 공개·비공개와는 상관없이, 주식회사 제도의 근간이다. 또한, 주식회사만이 아닌 법인격의 회사제도, 즉 법인기업의 제도적 근간이 되기도 한다.[1] 한편,

주식의 자유양도가 현실성을 갖기 위해서는 주식의 자유양도시장이 형성되어야 한다. 즉, 주식의 유동적 시장의 조직화가 필요한데, 그것이 이른바 공개기업(public company)이다. 그렇다면 이 두 가지에 의해 주식회사의 코퍼레이트 거버넌스에 어떠한 문제가 발생하는 것일까.

(2) 무한책임에서 유한책임으로

우선, 출자자의 유한책임은 역사적으로는 19세기 중반 영국에서 '유한회사법'으로 제도화되었다. 물론 그 이전에도 동인도회사와 같이 유한책임의 회사형태는 존재했다. 다만 동인도회사는 국왕의 특허장(charter)에 근거한 것이었고, 19세기 중반의 주식회사법은 준칙주의에 바탕을 둔 이른바 주식회사 설립의 자유화를 꾀하는 것이었다는 점이 다르다.

이와 대치되는 것이 출자자의 무한책임이다. 즉, 출자자는 그 사업의 결과에 대해 무제한의 책임을 진다. 구체적으로 사업이 실패로 끝났을 경우, 그 부채에 대해 출자자는 출자 범위를 넘어서는 변제의 책임을 진다. 즉, 출자자는 경영에 대해 책임을 진다. 따라서 출자자는 스스로

---

1) 일반적으로 회사법이 정한 회사제도는 출자자의 조건을 규정하고 있다. 즉, 합자회사는 전원이 무한책임 출자자에 의해, 합명회사는 1인 이상의 무한책임 출자자에 의해, 유한회사는 50인까지의 유한책임 출자자에 의해 구성되어 있다. 이에 대해서 주식회사는 불특정 유한책임 출자자로 구성되어 있다. 한편, 미국과 영국의 파트너십은 무한책임의 제너럴 파트너(GP)와 유한책임의 리미트 파트너(LP)로 구성되어 있다. 나아가, 전원이 유한책임을 지는 '유한책임 파트너십' 형태도 존재한다. 형태는 다양하지만 회사를 구성하는 것은 회사법에서 출자자로 상정하고 있는 이상, 회사제도에서는 출자자만이 등장한다. 한편, 미국과 영국에서는 파트너십 형태가 널리 보급되어 있다고 할 수 있다. 그 이유로는 출자와 경영의 통합에 의해서 거버넌스의 문제를 회피할 수 있는 동시에 법인격이 적용되지 않기 때문에 법인세와의 이중과세 문제를 피할 수 있기 때문으로 생각할 수 있다.

경영과 깊은 관련을 갖는 존재가 된다. 즉, 출자와 경영의 결합으로, 경영은 출자자의 사적(private)인 사항이 된다. 이렇게 성립하는 것이 개인기업(private company)이다.

이에 반해서 법인기업(corporate company)은 출자자의 유한책임을 제도화한다. 그 책임은 출자의 범위를 벗어나지 않는 것으로, 그러한 의미에서 경영책임으로부터 벗어날 수 있다. 책임이란 투자 위험을 의미한다. 다만 출자의 전매(轉賣)시장이 존재하지 않는 한, 투자위험은 그 자본 거래에 록인된다. 주식 양도의 자유가 있다고는 해도 그 자유가 유동적 시장으로 조직화되지 않는 이상, 투자 위험은 그대로 출자자가 떠안게 된다. 따라서 출자자는 경영에 관여하게 된다. 앞서 벤처기업에 대해 지적했던 것과 같이, 이것이 비공개 주식회사, 즉 폐쇄회사(close company)에서의 코퍼레이트 거버넌스의 조직화이다.

이에 대해서 주식의 유동시장과 그 존재는 주주가 경영에 관여하는 것 자체를 제도적으로 부정한다. 즉, 주주는 자신의 출자를 즉시 회수할 수 있다. 그리고 다수 기업으로 분산시킬 수 있다. 여기에서 출자가 본래 의미했던 출자 기업에 대한 관심은 존재하지 않게 되고, 출자 기업 또한 자유롭게 바꾸며 수익을 창출할 수 있다. 이러한 의미에서 주식의 유동시장은 투자가로서의 주주를 제도화한다.

(3) 투자가로서의 주주

물론 주주의 관심은 투자했던 기업의 경영 상태에 있다. 다만, 경영 그 자체에 대한 관심과 관여하려는 의사 혹은 의욕이 있을 리는 만무하다. 오히려 유동시장의 존재에 의해서 그 필요성이 없다고 해도 좋을 것이다. 즉, 경영에 대한 책임을 벗어나, 관여할 필요성을 느끼지 못하는 존재가 주식회사의 주주이다.

이러한 주주를 케인스는 이미 '경영에 참가하지 않기 때문에 특정 사업의 현재 및 장래의 사정에 대해서 특별한 지식을 갖지 않는 사람들'이라고 표현했다(Keynes, 1936). 물론 그 전부가 이러한 '비전문 투자가'는 아니다. '전문 수준'의 투자가와 투기꾼도 존재한다. 혹은 경영정보의 수집과 분석에 특화한 기관투자가도 존재한다. 바꾸어 말해, 이들 여러 주주와 기업경영의 관계가 공개기업에서 코퍼레이트 거버넌스의 문제이다.

나아가, 다음과 같은 사항을 지적할 수 있다. 유한책임의 회사제도는 사업이 실패로 끝났을 경우, 출자액을 넘어서는 손실은 채권자가 떠안는 것을 의미한다. 즉, 채권자의 위험은 커진다. 유한책임의 출자자 혹은 주주는 오히려 위험이 큰 투자와 사업을 단행할 수 있기 때문이다. 따라서 채권자 보호 차원에서 자본의 유지와 기업경영에 대한 정보개시가 필요하게 된다. 그리고 그 이상으로 유한책임 회사와 거래할 때에는 신중하게 행동할 필요가 있다. 그러기 위해서는 상대 기업이 유한책임 회사인 사실을 앞서 숙지해야만 한다. 이것이 회사의 이름에 붙어있는 Co. Ltd.와 (주)라는 기호들이다. 이는 거래상대에게 주의하라는 기호인 셈이다.

이처럼 주주의 유한책임은 우선 채권자 보호의 관점을 발생시켰다. 이와 관련하여 주식의 유동시장과 함께 투자가 보호의 관점이 발생한다. 그 보호 이유는 기업경영과 투자가 사이에 현저한 정보의 비대칭성으로 인해 경영정보와 재무정보를 공개하도록 요구되기 때문이다. 이러한 의미에서 채권자에 대해서든, 주주에 대해서든 기업경영은 공개된다. 이렇게 해서 공개기업이 성립하게 되는 것이다.

다만, 주주에게 주어진 최대의 보호는 유한책임 제도이고, 투자 위험의 분산을 위한 유동시장의 조직화이다. 이 두 가지에 의해서 주주는 경영책임에서 벗어나고, 나아가 경영에 대한 관여의 책임을 면제받게 된다. 즉, 주주는 출자자라는 '기업 내부'의 존재가 아닌 투자자라고 하는 '시장 내부'의 존재가 된다. 이러한 의미에서 출자와 경영이 분리되는 것이다. 그리고 이것을 법적으로 제도화시킨 것이 '법인격(法人

格’이다. 법인격을 둘러싸고 주주와 경영자가 대치하는데, 여기에서 코퍼레이트 조직화의 여러 차이가 발생하게 된다.

※ 소유자 자본주의와 경영자 자본주의: 출자자의 무한책임하에서의 기업 시스템을 소유자 자본주의라고 한다면, 출자자의 유한책임을 인정한다는 것은 확실히 기업 시스템의 혁신적인 변화를 의미한다. 즉, 무한책임 출자자는 그 책임을 다할 수 있을 만큼 재산의 소유자이고, 그러한 존재를 ‘자본가’라고 한다. 이는 기업경영에 관련된 모든 위험을 부담하고, 기업경영으로부터의 모든 이윤을 전부 획득한다는 것을 의미한다. 이것이 이른바 원형으로서의 자본주의이다(宮本光晴, 2000).
　　따라서 무한책임 출자자의 범위는 당연히 한정될 수밖에 없다. 이에 대해 유한책임의 제도에 의해서는 출자자의 범위가 훨씬 확대된다. 즉, 재산 소유자로서 자본가만이 아닌, 출자범위 내의 위험을 부담할 정도의 소득이 있다면 출자자가 될 수 있다. 즉, ‘자본가’만이 아닌, 사회의 중간층도 출자를 행하고, 배당이라는 형태로 기업이윤을 획득할 수 있다. 이러한 의미에서 사회 시스템은 재산을 바탕으로 한 계급사회 개념으로부터 소득에 기초한 계층사회 개념으로 바뀌게 된다. 이러한 전환을 촉진시킨 것이 20세기의 공업화이고, 대규모 기업의 발흥이었으며, 그 담당자는 주식회사였다. 그리고 이 연장에서 대중자본주의(people’s capitalism)를 구축해 낸 것이 20세기 미국의 주식회사였다. 미국의 주식회사는 전문경영자에 의해 운영되었기 때문에 경영자 자본주의(managerial capitalism)라고도 한다. 사실 이미 19세기 후반 비즈니스 스쿨을 설립하고, 전문경영자를 등용한 것이 미국의 주식회사였다.

5) 법인격과 회사 그 자체

(1) 법인격의 의미

지금까지의 논의를 출자자의 책임이라는 관점에서 정리해 보면, 우선, 출자자의 무한책임은 경영에 대한 무한책임을 의미한다. 즉, 출자자의 조건은 무한책임에 상응하는 재산의 소유자이면서 동시에 실질적으로 경영을 담당할 의사와 경영능력의 소유자이다.

하지만, 이 두 가지 조건이 자금조달과 경영능력의 차원에서도 너무나 엄격한 조건임에는 틀림없다. 따라서 이 두 가지 조건을 좀 완화할 필요가 있다. 이것이 출자자의 유한책임과 주식의 유동적 시장의 조직화이다. 하지만 그 결과, 주주는 경영에 대한 책임뿐만이 아니라 경영에 관여할 필요 자체도 없어졌다. 이러한 의미에서 주주가 기업경영으로부터 분리된 존재가 되는 것은 필연적인 결과였다. 그리고 이러한 사실을 소유와 경영의 분리로서 제도화한 것이 주식회사에 부여된 법인격의 개념이 된다.

법인(corporation)의 개념 그 자체는 기업재산을 소유하는 법적 주체 또는 계약을 이어주는 법적 주체를 의미하고 있다. 즉, 법인은 법적 제도로서의 기업을 소유하고, 계약의 주체로서 '법인격'이 부여된다. 그리고 법인에 의해서 소유되는 기업재산, 법인에 의해서 계약되는 노동거래와 부품거래, 금융거래가 실재하는 기업을 구성한다. 여기서 실재하는 기업의 재산과 각각의 거래관계가 초래하는 사람·물재·자금의 집적을 회사 그 자체라고 한다면, 기업은 '법인'으로서의 존재와 '회사 그 자체'로서의 존재로 이중화된다.[2]

물론, 법인 그 자체가 소유와 계약의 의사결정을 행하는 것은 아니다. 이는 어디까지나 법적 의제라는 형태로서 의사결정 그 자체는 자연인이 담당하게 된다. 이것이 법인의 대표자 혹은 대리인으로서의 대표

---

[2] 이미 커먼즈는 기업 개념이 코퍼레이션으로부터 고잉컨선(going concern)으로 전환되었다고 지적하였다. 이러한 사실을 기업에 대한 과세제도가 토지와 기계설비 등에 대한 과세로부터 기업의 수익에 대한 과세로 전환된 사실을 들어 설명하고 있다(宮本光晴, 1991). 이 책의 문맥에서는 '회사 그 자체'의 활동이 산출해 내는 기업가치가 고잉컨선이고, 그 실물자산의 법적 소유주체가 코퍼레이션으로 파악하고 있다.

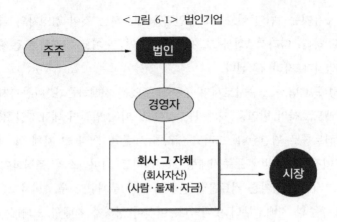

<그림 6-1> 법인기업

이사 혹은 최고경영책임자(CEO)의 역할이다. 한편, '회사 그 자체'를 경영하고 컨트롤하는 것이 경영자이기도 하다. 이러한 의미에서 '법인'과 '회사 그 자체'를 매개하는 것이 경영자이다.

　이에 대해서 기업의 법적인 소유자가 주주라는 것이 일반적인 이해이다. '소유에 의해 지배한다'고 하는 것이 사적 소유제인 이상, 소유자로서의 주주가 기업을 지배(컨트롤)하는 것이 이념에 맞는 주식회사 제도가 된다. 하지만 '법인격'의 개념에 의해서 소유와 지배의 관계는 오히려 단절된다.

(2) 주주는 무엇을 지배하는가

　여기서 법인기업의 개념을 <그림 6-1>과 같이, 표현해 볼 수 있다. 실재하는 기업을 구성하는 것이 사회재산과 계약된 사람·물재·자금의 자원이라는 의미에서 이것들이 '회사 그 자체'로 개념화된다. 생산을 통해 이윤을 낳는 기업활동을 담당하는 것은 '회사 그 자체'로서의 존재이고, 그 운영을 담당하는 것이 경영자의 역할이다. 이를 통해서 기업의 법적 소유자로서의 주주가 존재한다. 다만, 그 소유에 바탕을 둔 지배는 '회사 그 자체'에는 미치지 못한다. 실재하는 '회사 그 자체'의 법적 소유자는 '법인'이고, 그 법인격을 대표하는 것이 경영자의 역할이기도 하다. 따라서 '회사 그 자체'와 '법인' 사이를 연결하는 존재로서 경영자가 자리매김된다.

그렇다면 법적 소유자로서의 주주는 무엇을 지배하는가. 마찬가지로 법적 제도로서의 법인을 지배하는 것이고, 이는 법인의 대표자인 경영자의 컨트롤로 귀결된다. 그리고 이러한 사실이 '회사 그 자체'의 지배로 이어진다. 이것이 주주지배형 코퍼레이트 거버넌스의 조직화이다. 한편 그러한 경영자를 컨트롤할 만한 주주가 부재할 경우, '회사 그 자체'는 주주의 지배로부터 벗어난다. 이것이 경영자 지배형 코퍼레이트 거버넌스의 조직화가 된다.

(3) 소유와 경영의 분리

이처럼 주식회사는 '법인'과 '회사 그 자체'로 이중화되어, 소유와 경영이 제도적으로 분리된다. 이는 소유권의 관점에서 본다면, 주주 소유권의 제약을 의미하는 것이다. 소유가 지배를 의미한다면, 주주의 지배는 '법인'이라는 법적 지위에만 미치는 것이고, '회사 그 자체'는 주주의 지배와 분리된다. 소유자로서 주주의 지배란, '법인'의 대표자로서 경영자를 임명하고 면직시키는 권리이고, 이 메커니즘이 유효하게 작동하는지의 여부에 주주 지배의 내실이 달려있다. 바꾸어 말하면, 이 메커니즘을 저지하는 것이 '회사 그 자체'를 컨트롤하는 경영자의 관심이라고 할 수 있다.

다른 관점에서 살펴보면, 이러한 주주의 소유권이 제약되는 것은 책임의 제한에 대응하는 것이기도 하다. 즉, 무한책임의 출자자가 경영의 책임을 전부 수용하면서 '회사 그 자체'를 지배하는 데 반해서, 경영책임에서 벗어난 유한책임의 주주는 '회사 그 자체'에 대한 지배로부터 배제된다. 이러한 관계를 제도화한 것이 '법인'의 개념이고, 이러한 의미에서 유한책임의 제도와 표리일체한다.

그리고 동시에 '법인'과 '회사 그 자체'가 이중화됨으로써 주주는 '회사 그 자체'의 경영에는 관여하지 않으면서도, 기업 전체를 지배할 수 있다. 이는 소수의 지배주주에 의해 가능하다. 이러한 의미에서 주주의 지배권은 확대된다. 또는 '회사 그 자체'의 경영은 변하지 않으면서도, '법인'의 소유자가 변할 수도 있다. 그리고 소유의 주체로서 법인이 다른 법인을 소유하고 지배하는 것 역시 가능하다. 어떤 형태를 취하든, '법인'의 지배를 둘러싸고 경쟁이 발생한다. 하지만 그렇기 때문에 주주에 의한 '법인'의 지배에 대항해서 '회사 그 자체'를 지키는 것이 필요하게 된다.

여기에 코퍼레이트 거버넌스의 과제가 있다. 즉, 경영으로부터 제도적으로 분리된 주주가 기업경영을 얼마나 컨트롤할 수 있는지의 문제이면서도, 다른 한편으로는 그러한 주주로부터의 기업경영을 얼마나 지킬 수 있는지의 문제이다. 그리고 이러한 코퍼레이트 거버넌스의 조직화의 차이가 나라마다 다른 기업 시스템을 가능하게 했던 중요 요인이라고 할 수 있다.

※ 케인스의 시점: 앞서 지적했듯이, 고도로 유동화된 주식시장의 조직화와 함께 케인스는 '경영에 참가하지 않기 때문에 특정사업의 현재와 장래의 사정에 대해서 특별한 지식을 갖지 않는 **일반주주**가 점점 증대할 것이라 했다. 이러한 표현으로 케인스는 일반주주가 **관행적 기대**를 바탕으로 행동한다고 했다. 즉, 기업의 장래를 예측하고, 평가하는 것이 투자가의 행동이라면, 그러한 행동을 위한 지식, 정보, 능력도 제약된 일반주주는 금기(今期)의 실현치를 기준으로 해서 차기의 예상을 하려고 한다. 이는 금기의 실현치가 차기에도 계속된다고 생각하는 것으로 '관행적 기대'의 형성이다. 또는, 장래를 단기의 연속으로 예측하려 한다는 의미에서 단기기대의 형성이다. 거래비용의 관점에서 볼 때, 일반주주의 입장에서는 기업의 장래를 예측하기 위해서는 많은 거래비용이 필요하다. 따라서 관행적 기대와 단기기대를 바탕으로 행동할 수 있다면, 기대형성의 비

용을 삭감하는 것도 가능하게 된다.

하지만, 관행적 기대와 단기기대는 그 근거가 매우 빈약함을 의미하고 있다. 이는 급격한 변화에 의해 큰 동요에 직면하게 된다. 즉, 낙관과 비관의 파도에 노출되어 있다. 이것이 '다수의 무지한 개인의 군중심리'라는 것이 케인스의 견해였다. 동시에 여기에 등장한 것이 프로급의 투기꾼과 투자가이다. 그들은 역시 장래를 예측하기 위해 더 많은 지식과 정보, 그리고 능력을 갖추고 있다. 다만, 이는 기업의 장래를 예측하기 위한 것이라기보다는 '시장의 심리를 예측'하기 위한 것이다. 즉, 시장의 평가가 2~3개월 후에 어떻게 변할지를 예측한다. 이러한 예상을 케인스는 미인투표라 표현했다. 이는 시장에서 군중심리의 동향을 앞서 예상한다는 것으로 투기적 기대이고, 이는 더구나 근거도 없다. 따라서 더욱 극심한 동요에 노출되면서도, 그 자체가 낙관과 비관의 파도에 휘말리게 된다.

이러한 투자의 초보자와 전문 투자의 쌍방으로부터 기업(enterprise)을 지킬 필요가 있다는 것이 케인스의 기본적인 발상이었다. 기업의 존속은 '자산의 전(全) 존속 기간에 걸친 예상 수익을 예측하는 활동'에 기초하고 있다. 이를 기업의 장기기대라고 할 수 있지만, 현실의 주식시장을 지배하는 것은 '관행적 기대'와 '투기적 기대'이다. 물론, 관행적 기대의 주주와 투기적 기대의 주주만이 아닌, 장기기대의 주주의 존재를 부정하는 것은 아니다. 어느 쪽이든 '자산의 전 존속 기간에 걸친 예상수익'을 낳는 활동이 '회사 그 자체'라고 한다면, 이는 주주에 의한 직접 지배로부터 제도적으로 분리될 필요가 있다. 이것이 이른바 '법인기업'의 제도화라고 할 수 있을 것이다. 그 다음 문제는 '회사 그 자체'의 담당자가 누구인가가 된다. 그 장기기대의 담당자를 낳고, 그 활동에 동기를 부여하는 것이 코퍼레이트 거버넌스의 조직화가 된다.

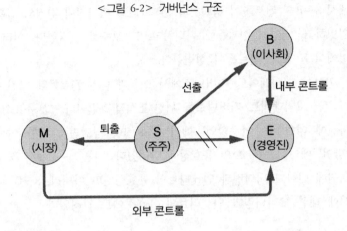

<그림 6-2> 거버넌스 구조

2. 거버넌스의 구조

1) 일반적인 틀

(1) 내부 컨트롤의 메커니즘

지금까지의 논의와 관련해서 우선 주식회사의 거버넌스 구조를 제시하면 그 개념도가 <그림 6-2>이다. S, B, E, M은 각각 주주 (shareholders), 이사회(board of directors), 경영집행위원(경영진: executive officers), 주식시장(stock markets)을 나타낸다. 각각의 화살표는 컨트롤 관계를 의미한다.

<그림 6-2>를 설명해 보면, ① 주식회사 제도는 주주가 기업경영을 직접 컨트롤하는 것을 제도적으로 부정하고 있다. 이러한 의미에서 S→E의 컨트롤은 부정된다. ② 여기에서 코퍼레이트 거버넌스의 과제가 발생한다. 즉, 경영으로부터 제도적으로 분리된 주주가 기업경영을 어떻게 컨트롤할 것인지의 문제이다. 컨트롤을 위해 기업경영의 최고 의사결정기관으로 이사회가 성립한다. ③ 주주총회에서 주주는 이사진의 인사권을 갖고 기업의 제안에 대해서 찬반을 결정한다. 이러한 의미

에서 S→B의 컨트롤이 성립한다. ④ 그리고 이사진이 경영의 집행진을 임명하고, 경영의 성과를 모니터하고, 그 보수를 결정한다. 이러한 의미에서 B→E의 컨트롤이 성립한다.

이상이 코퍼레이트 거버넌스에서 이른바 내부 컨트롤의 메커니즘이다. 즉, 코퍼레이트 거버넌스를 위한 조직적 해결이다. 그 유효성은 이사진에 대한 주주의 '발언' 메커니즘(S→B), 경영진에 대한 이사회의 '발언' 메커니즘(B→E)의 유효성에 달려있다. 이는 B→E에서 경영집행위원에 대한 모니터링과 인센티브의 유효성뿐만 아니라, S→B에서 이사에 대한 모니터링과 인센티브의 유효성에도 달려있다.

(2) 외부 컨트롤 메커니즘

이와 함께 또 다른 하나의 거버넌스 메커니즘이 내부 컨트롤과 함께 존재하는데, 이것이 외부 컨트롤이다. 즉, 주주는 해당 기업으로부터 '퇴출'당할 수 있다(S→M). 시장에서 주식을 매각해서 그 결과 주가가 하락하거나, 시장에서 주식을 매점해서 기업 탈취가 발생하면, 기업경영은 외부로부터 컨트롤된다. 실제로 매수와 탈취뿐만 아니라 주가의 하락과 탈취의 우려가 경영자 행동에 영향을 미치기 때문에, 기업경영에 대해서 시장을 통한 컨트롤을 제도화하게 된다(M→E). 즉, 이것이 코퍼레이트 거버넌스를 위한 시장적 해결이고, 그 시장을 기업 컨트롤을 위한 시장이라 한다.

여기에서 다음과 같은 점을 지적할 수 있다. 미공개의 주식회사에 관해서는 정의(定義)상, 시장적 해결을 기대하기 어렵다. 미공개 주식 평가를 통해서 경영에 영향을 미칠 수는 있다고는 하더라도, 공개시장을 통한 외부 컨트롤이 작용하지는 않는다. 따라서 투자가는 조직적 해결로서 내부 컨트롤의 힘을 강화할 필요가 있다. 앞서 지적한 것처럼, 이를 위해서 벤처 캐피탈은 이사진의 파견과 경영진에 대한 인재를 파견한다. 이러한 의미에서 비공개 회사의 투자가는 직접·간접으로 경영에 관여할 수 있는 능력을 갖추게 된다. 적어도 그러한 투자가를 조직할 필요가 있다. 이에 반해서 공개회사의 투자가는 이사회를 통한 내부 컨트롤과 시장을 통한 외부 컨트롤 메커니즘에 동시에 거버넌스 작용을 맡기게 된다.

(3) 각국 거버넌스 구조의 차이

이상과 같이 주식회사의 거버넌스 구조를 일반화 할 수 있지만, 그 컨트롤의 구체적인 형태는 나라마다 차이가 크다. 예를 들어, S→B의 컨트롤에서 주주의 권리 그 자체는 일본에서 상대적으로 강하다고 할 수 있다(深尾光洋·森田泰子, 1997). 하지만 이러한 사실이 S→B의 컨트롤을 실제로 보증한다고는 할 수 없다. 앞으로 살펴보겠지만, 그 형해화(形骸化)와 공동화(空洞化)가 일본 기업의 대명사처럼 되었다.

이사회의 구성과 관련해서 독일의 감사회(advisory board)는 주주대표와 종업원 대표로부터의 구성을 제도화하고 있다.[3] 그리고 감사회와 경영집행위원회(managerial board)의 멤버가 중복되는 경우는 없다. 이에 비해서 일본의 경우, 이사의 대부분 전원이 최고경영책임자(CEO)인 사장의 컨트롤 아래에 놓인 집행위원이기 때문에 이사회와 집행위원회는 제도적으로 결합되어 있다. 한편, 미국의 경우에는 최고경영책임자(CEO)가 이사와 집행위원회의 최고위직을 겸하고 있기 때문에 CEO의 권한이 매우 강하다. 또 영국의 거버넌스 개혁은 이사진의 회장과 CEO의 제도적인 분리를 주장하고 있다.

---

3) 독일의 감사위원회는 그 명칭부터 일본과 미국의 이사회와는 다른 제도로 인식되는 경우가 있다. 하지만, 감사회의 기능은 최고 경영집행위원의 인사와 그 경영방침의 승인에 있기 때문에 이사회와 동등하다고 이해할 수 있다. 그리고 두 번 중복되는 일은 없기 때문에 '이중' 거버넌스 제도로서 개념화될 수도 있다. 이에 비해서 이사회의 외부에 위치한 일본의 감사회가 오히려 특이한 존재라 할 수 있다.

한편, 외부 컨트롤은 주식시장에 의존한다. 앞 장에서 살펴본 것처럼, 그러한 점에서 미국과 영국의 직접 금융과 증권 금융 우위의 시스템, 그리고 일본과 독일의 간접 금융과 은행금융 우위 시스템 사이에는 결정적인 차이가 발생한다. 즉, 전자가 주식시장을 통해 외부 컨트롤이 좀더 강하게 작용하는 데 비해, 후자는 일본의 메인뱅크, 독일의 하우푸트 뱅크라고 하는 것과 같은 은행이 거버넌스에 더욱 깊이 관여한다.

이상의 사실을 기본 틀로 해서 거버넌스의 메커니즘을 더욱 확장시켜 보도록 하자. 경영을 규율하는 코퍼레이트 거버넌스의 기능은 주주에 의해서만 수행되는 것은 아니라, 오히려 주주 컨트롤 이외의 메커니즘이 더욱 중요하다.

※ 코퍼레이트 거버넌스와 스테이트 거버넌스: 주식회사의 거버넌스 구조, 특히 그 '내부 컨트롤' 메커니즘이 의회제 민주주의에 기초한 국가 거버넌스, 즉 스테이트 거버넌스에 대응한다는 것은 그리 이해하기 어렵지 않다. 즉, 주주(S)를 국민, 이사회(B)를 의회, 경영집행위원회(E)를 정부에 대응시키면 된다. 국민이 의회를 선출하고, 의회가 정부를 선출하고, 그리고 의회가 정부의 행동을 모니터하고 체크하는 관계이다. 참고로 19세기 후반 영국의 주식회사법 제정은 오늘날 의회제로의 첫걸음이었던 선거법 개정과 겹친다. 이는 **간접민주제**라 하는 것으로, 국민은 정치에 직접적으로 관여하지 않고, 의원 선출을 통해서 간접적인 관련을 맺는다. 바꾸어 말하면, 코퍼레이트 거버넌스에서의 **주주주권**과 스테이트 거버넌스에서의 **국민주권**이라는 표현은 주주가 경영을 직접적으로 컨트롤하거나, 국민이 정부를 직접적으로 컨트롤한다는 것만을 의미하지는 않는다.[4]

---

4) 이러한 점에서 의회제와 대통령제의 차이를 지적할 수 있다. 즉, 대통령제에서 국민(S)은 의회(B)와 대통령＝정부(E)를 선출한다. 그리고 의회와 대통령(정부)이 서로 대항한다. 한편, 의회제에서는 의회의 다수당이 수상을 선출하기 때문에 수상은 의회와 내각＝정부를 실질적으로 컨트롤한다. 이는 최고경영책임자(CEO)가 이사와 집행위원의 두 가지 역할을 실질적으로 컨트롤하는

국민의 직접적인 컨트롤을 배제하는 스테이트 거버넌스의 구조로서 의회제가 있는 것과 마찬가지로, 주주의 직접적인 컨트롤을 배제하는 코퍼레이트 거버넌스 구조로서 주주총회와 이사, 그리고 경영집행위원회제도가 있다. 이들의 예외와 변칙이 **주주대표소송**이고, 이는 스테이트 거버넌스의 **국민투표**와 주민투표에 상응한다고 할 수 있다.

다만, 대주주의 지배적 투표권이 승인된다는 의미에서, 그리고 무엇보다도 거버넌스로부터 자유로운 퇴출이 가능하기 때문에 코퍼레이트 거버넌스는 스테이트 거버넌스와는 다르다. 즉, 스테이트 거버넌스에는 시장적 해결이 부재한 반면, 코퍼레이트 거버넌스에는 시장적 해결이 제도화되어 있다. 이에 대해 의회의 해산과 선거를 통해 정부를 새로 뽑는 메커니즘을 스테이트 거버넌스의 시장적 해결이라고 보아도 좋을 것이다. 이것이 슘페터가 지적한 '현재 하나의 민주주의 이론'이었다(Schumpeter, 1942). 이러한 의미로서 스테이트 거버넌스는 시장적 해결이 강제되는 메커니즘으로서 제도화되었다고 할 수 있다. 반대로 이러한 강제적인 힘이 작동하지 않는 코퍼레이트 거버넌스에서는 정부를 다시 뽑는 것과 같은 방식으로 경영을 바꾸는 것이 곤란하다고 할 수 있다.

2) 거버넌스 메커니즘

(1) 부채의 거버넌스 기능

위의 <그림 6-2>의 거버넌스 구조는 기업경영에 대한 **주주 컨트롤** 작용을 나타내고 있다. 확실히 주식회사의 거버넌스 담당자로서 주주가 먼저 등장한다. 하지만 그뿐만이 아니라 주주와 함께 채권자, 특히 금융기관도 거버넌스 기능을 갖는다. 기업경영에서 채무의 변제가 곤란하게 되고, 신규 융자가 중단되면, 곧바로 도산이 기다리고 있다. 반대로 말하면, 이러한 위험이 기업경영을 규율하는 것이다. 즉, 이것이 부채에 의한 **규율작용**이고, 기업의 부채비율이 높아짐에 따라 거버넌스

것과 대응한다고 할 수 있다.

의 메커니즘으로서 부채 압력이 작동하게 되는 것이다.

그와 동시에 그 역할에는 두 가지 메커니즘이 있다. 앞 장에서 살펴보았던 일본의 메인뱅크는 사전·중간·사후의 모니터링을 통해서 융자기업의 거버넌스 기능을 담당한다. 이는 융자기업의 재무위기에 대해서 재건할 것인지 혹은 청산할 것인지의 결정권을 갖고, 재건의 경우에는 해당 기업의 경영권을 획득한다. 한편, 단기자금의 계약 혹은 재무제한조항을 통해서 재빨리 융자와 채권의 회수를 시도하는 행동도 있다. 그리고 그러한 압력이 부채를 통한 거버넌스로 작용한다.

여기에서 주주 컨트롤에 관한 내부 컨트롤과 외부 컨트롤을 구분할 때와 마찬가지로 메인뱅크의 모니터링은 부채를 통한 거버넌스의 '내부 컨트롤' 메커니즘과 단기 대출을 통한 부채의 거버넌스를 '외부 컨트롤'로 구분될 수 있을 것이다. 전자는 융자 기업의 주주로부터 메인뱅크에 대한 거버넌스 이전을 의미하는 것이다. 반면, 후자는 금융기관이 거버넌스에 직접 관여하지는 않는다. 이러한 의미에서 전자를 부채를 통한 거버넌스의 '조직적 해결', 후자를 '시장적 해결'이라 할 수 있다.

(2) 시장경쟁의 거버넌스 기능

나아가, 시장경쟁을 통한 거버넌스 작용이 있다. 정부 규제에 의하거나, 시장독점 혹은 과점에 의해서 시장경쟁이 억제되고, 그러한 억제에 의해서 고수익을 획득할 수 있다고 가정해 보자. 즉, 적어도 기업에 대해서도 일정한 이윤이 보장된다면, 이는 기업경영의 규율 저하로 이어질 수 있다. 앞 장에서 살펴본 것처럼, 이러한 관점에서 메인뱅크의 경영규율 저하 역시 지적할 수 있다. 다시 말해 사활을 건 경쟁 상태에 놓인다면 기업경영의 규율은 강화될 것이다. 따라서 또 다른 거버넌스 메커니즘으로 시장경쟁이 있다고 할 수 있다.

동시에 이러한 경우에도 내부 컨트롤과 외부 컨트롤을 구별할 수 있다. 시장경쟁 그 자체는 경쟁시장을 통한 '외부 컨트롤'로서 작용한다. 이에 대해서 제4장에서 살려본 것처럼 계열관계를 통한 거버넌스의 작용을 생각해 볼 수도 있다. 즉, 계열기업의 경영노력을 높이기 위해 중핵기업은 다양한 형태로 기업경영에 관여한다. 이러한 의미에서 거버넌스의 작용은 최종적으로 중핵기업의 거버넌스 상태에 의존하게 된다. 이는 중핵기업에 대한 시장경쟁 압력에 의존하면서, 동시에 계열기업의 압력에도 의존하는 것이다. 즉, 계열기업에 대해 경영규율을 요구함에 따라서 중핵기업에 대해서도 규율 압력이 높아지게 되는 것이다. 따라서 중핵기업과 계열기업의 쌍방에 내부 컨트롤 메커니즘이 작동하고 있다고 생각할 수 있다.

마찬가지로 고용관계에 있어서도 시장거래를 통한 거버넌스의 내부 컨트롤 작용을 생각해 볼 수 있다. 특히, 일본 기업에는 관리자층 및 일반종업원 레벨에서도 경영규율 혹은 의식을 추구한다고 할 수 있다. 이는 경영자 스스로가 경영규율을 내재하고 있는 것이다. 반대로 말하자면 규율이 이완된 경영으로부터 종업원의 규율이 발생하지는 않는다. 이러한 의미에서 계열관계와 마찬가지로 고용관계를 통해서 경영자와 종업원 쌍방에 내부 컨트롤의 메커니즘이 작동한다고 할 수 있다.

(3) 자율적 거버넌스

앞서 지적한 것처럼 이러한 계열관계와 고용관계를 스테이크홀더 관계라 할 수 있다. 즉, 스테이크홀더 관계를 통해서 거버넌스의 기능이 발생하는 것이다. 이는 장기계열관계와 고용관계가 상호 의존적인 관계이기 때문에 규율의 상호 의존과 상호작용 관계를 갖게 된다.

여기에서 이러한 스테이크홀더 관계를 통한 거버넌스 작용을 주주 컨트롤과 부채압력을 통한 거버넌스 작용과 구별해서 **자율적 거버넌스**라 할 수 있다(河村耕平·廣田眞一, 2002). 다만, 그 '자율성'은 어디까지나 시장경쟁을 통해서 작동한다. 시장경쟁 압력이 부재하다면, 자율적

<표 6-1> 거버넌스 메커니즘

구 분	주주 컨트롤	부채압력	시장경쟁
내부 컨트롤	대표이사	메인뱅크	스테이크홀더 관계
외부 컨트롤	주식시장	단기 대부	경쟁시장

거버넌스는 작동하지 않는다. 또한, 자율적 거버넌스는 스테이크홀더 관계를 통해서 작동한다. 아마도 이러한 관계가 부재한 시스템에서는 주식 컨트롤만이 문제가 된다. 이에 비해서 자율적 거버넌스가 작동한다고 하면, 그 내부의 메커니즘이 필요하게 된다. 이것이 스테이크홀더 관계이다. 이러한 의미에서 자율적 거버넌스를 시장경쟁을 통한 거버넌스의 내부 컨트롤 메커니즘이라 볼 수 있다. 이상의 사실에서 거버넌스 메커니즘을 유형화하면, <표 6-1>과 같이 정리할 수 있다.

(4) 거버넌스의 유형

<표 6-1>과 같이 거버넌스 메커니즘으로는 주주 컨트롤뿐만이 아니라 부채압력과 시장경쟁이 있다(Nikell, Nicolitsas, and Dryden, 1997). 더구나 각각은 내부 컨트롤과 외부 컨트롤 메커니즘으로 구별할 수 있다. 주주 컨트롤은 <그림 6-2>와 같이 그 내부 컨트롤이 이사회를 통해 작동하고, 외부 컨트롤은 주식시장을 통해서 작동한다. 부채압력은 단기대출과 사채를 통한 거버넌스가 외부 컨트롤로서 작동하고, 이와 함께 메인뱅크에 의한 거버넌스가 내부 컨트롤로서 작동한다. 시장경쟁은 경쟁시장에 의한 거버넌스가 외부 컨트롤로 작동하고, 또한 장기고용관계와 계열관계를 통한 거버넌스가 내부 컨트롤로서 작동하는데, 이것이 자율적 거버넌스이다.

이처럼 코퍼레이트 거버넌스의 작동에는 다양한 메커니즘이 존재한다. 그 가운데 현실에서는 어떠한 메커니즘이 작동하는가를 검토할 수 있다. 바꾸어 말하면 주주 컨트롤 혹은 내부 컨트롤만이 코퍼레이트 거

버넌스 메커니즘의 전부는 아니라는 것이다. 이하에서 살펴보겠지만, 예를 들어 일본 기업은 주주 컨트롤의 작동이 내부 컨트롤 차원으로도, 외부 컨트롤 차원으로도 작동한 적이 없었다는 것이다. 이에 반해서 부채 압력은 메인뱅크에 의한 내부 컨트롤의 작용이고, 시장경쟁은 경쟁 시장에 의한 외부 컨트롤이 작동한다. 그리고 이와 더불어 스테이크홀더 관계에 의한 내부 컨트롤이 작동했다고 볼 수 있다. 동시에 지금까지 살펴보았듯이 메인뱅크를 통한 내부 컨트롤 작동은 저하하고 있고, 스테이크홀더 관계에 의한 내부 컨트롤 작동도 계속해서 저하한다. 그 때문에 이를 대신한 코퍼레이트 거버넌스 작동을 얼마나 높일 수 있는지가 일본 기업 시스템이 직면한 긴급 과제이다.

(5) 경영자 기업으로서의 발전

이하에서는 <그림 6-2>의 거버넌스 구조에 따라 주주 컨트롤이 현실에서 어떻게 작동하는지를 검토해 보도록 하자. 그 후에 부채압력과 시장경쟁에 의한 거버넌스 작동이 어떻게 관련되는지 살펴보자.

그에 앞서 다음과 같은 사항을 지적해 둘 필요가 있다. 내부 컨트롤과 외부 컨트롤을 포함하는 주주 컨트롤 작동을 '주주기업형' 혹은 '셰어홀더형' 거버넌스라 한다면, 사실 미국의 코퍼레이트 거버넌스는 적어도 1980년대까지는 전혀 다른 양상이었다. 다음에서 보듯이, 그것은 '경영자 기업'으로 개념화할 수 있고, 20세기 초반 미국 기업 시스템은 다른 나라에 앞서 경영자 기업을 확립할 수 있었다. 그리고 그 뒤를 이은 것이 20세기의 다른 여러 공업국들이었다. 이와 같은 의미에서 주식회사는 경영자 기업으로 발전했다.

그리고 현재, 경영자 기업에서 주주회사로 전환하고 있는 것이 지금 미국의 코퍼레이트 거버넌스이다. 그리고 다시 그 뒤를 잇고 있는 것이 일본을 비롯한 각국의 코퍼레이트 거버넌스이기도 하다. 그러한 추이인가의 여부가 여기에서의 문제이다. 이상의 관점에서 일본 기업 시스템의 문제를 살펴보도록 하자. 이를 위해, 우선 경영자 기업의 거버넌스 구조를 이해해 보자.

3) 미국의 경영자 기업

(1) 지배주주의 소멸

주주→이사→집행위원이라는 내부 컨트롤 메커니즘이 주식회사 제도의 원형이라 한다면, 그러한 메커니즘에 대한 회의적인 시각으로부터 미국의 경영자 기업(managerial firm)의 성립을 주장했던 것은 1930년대 초반 벌리와 민즈였다(Berle and Means, 1932). 벌리와 민즈는 경영자 기업을 지배주주의 소멸에서 찾았다. 즉, 주주가 이사진을 컨트롤하기 위해서는 주주총회에서 주주의 투표를 조직화해야 한다. 하지만 조직화를 위해서는 조직화 비용이 발생한다.[5] 설령, 조직화에 의해 주주이익이 실현된다고 하더라도, 조직화 비용은 주주 모두에게 영향을 준다. 즉, 외부경제 때문에 무임승차(free ride)의 발생으로 이어진다. 따라서 자신의 부담으로 투표를 조직화하려는 주주가 등장하기 어렵다. 반대로 주주의 투표를 조직화하기 위해서는 역할을 담당하는 대주주와 지배주주의 존재가 전제되어야만 한다. 그러나 주식회사의 규모 확대는 필연적으로 주식소유의 분산을 초래함으로써 지배주주의 소멸이라는 결과를 낳는다.[6] 그 결과, 경영자를 컨트롤할 정도의 주주가 부재하다는 의미에서 경영자 지배(managerial control)의 성립이다. 이러한 사실을 벌리와

---

5) 이에 대해서 정보통신기술의 발달은 인터넷을 통해서 주주의 조직화 비용을 최소화함으로써 '풀뿌리' 주주운동을 가능케 했다고 할 수 있다.

6) 벌리와 민즈는 20% 이상의 주식소유를 지배주주 기준으로 보고, 금융기관을 제외한 상위 200개 미국 기업 가운데 55%가 지배주주 부재로 분류했다. 그 뒤 1963년에는 10% 기준으로 83%의 미국 기업이 지배주주가 부재하고, 1974년에는 5% 기준으로 85%가 부재하다고 보고했다.

<그림 6-3> 미국의 경영자 기업

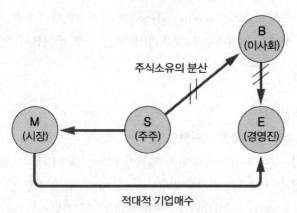

민즈는 주주의 '지배 없는 부의 소유(ownership of wealth without con-trol)' 혹은 경영자의 '소유 없는 부의 지배(control of wealth without owner-ship)'라고 표현했다.

(2) 외부 컨트롤의 작용

　이상과 같이, 벌리와 민즈의 경영자 기업은 어떤 측면에서 중요한 수정이 필요하다. 우선, 경영자 기업의 거버넌스 구조를 <그림 6-3>과 같이, 개념화해 보자. ① 주식소유의 극단적인 분산화의 결과, S→B의 컨트롤이 유효하지 않게 된다. 주식소유의 분산화와 지배주주 소멸의 결과, 주주총회는 형해화되고, 주주명부를 장악한 경영자가 주주총회를 컨트롤한다. ② 이사회에 대해서는 미국 기업에서도 1970년대까지는 내부 출신자가 대다수를 차지하고, 사외이사도 최고경영자(CEO)의 교우관계를 바탕으로 했다. 그렇기 때문에 이사가 경영집행위원회를 임명하고, 그 결과를 모니터하는 B→E의 컨트롤이 유명무실해진다. ③ 벌리과 민즈 자신들은 지배주주의 소멸에 의해 주주의 컨트롤로부터 독립된 경영자 기업의 성립을 설명한 것이었다. 하지만 경영자 기업은 주주로부터 컨트롤을 전혀 받지 않을 수는 없었다(Roe, 1994). ④ 주식소유의 극단적인 분산화는 극히 유동적인 주식시장의 성립을 의미한다. 이는 주식의 공개매수(TOB: takeover bid)를 용이하게 하는 것이다. 그 결과, 적대적 기업매수와 그 위험에 의한 외부 컨트롤이 성립한다 (M→E).

(3) 기업의 성장

이처럼 내부 컨트롤을 저지했던 경영자 기업은 외부 컨트롤 밑에 놓이게 되었다. 이러한 경영자 기업의 행동이 1960년대~1970년대를 대표하는 기업 성장 모델로 제시되었다(Marris, 1964). 즉, 일정한 주가를 제약조건으로 해서 경영자 기업은 규모 확대를 추구한다. 왜냐하면 경영자의 보수와 사회적 명성은 기업규모에 의존하기 때문이다. 그러나 탈취의 위험을 저지하기 위해서는 일정 수준 이하로 주가가 하락하는 것을 저지해야만 한다. 즉, 경영자 기업은 주식시장에 의한 외부 컨트롤 작용으로서 주가를 제약조건으로 한다. 이에 대해서 주주기업은 주가를 행동목표로 삼는다. 이와 같은 의미에서 둘 사이에는 결정적인 차이가 발생한다.

주가를 제약조건으로 하는 기업규모의 확대를 '규모의 경제' 혹은 '범위의 경제'를 추구하는 것으로 볼 것인지, 아니면 주주이익을 희생해서 경영자의 사적 이익을 추구하는 것으로 볼 것인지에 따라서 경영자 기업에 대한 평가는 엇갈린다. 적어도 벌리와 민즈의 시대로부터 1970년대에 이르기까지 경영자 기업의 개념은 미국 기업의 성장과 경쟁력에 입각한 개념이었다. 신제품과 신기술의 개발, 신시장과 신사업 진출 등 산업의 이노베이션 선두에 섰던 미국 기업이 경영자 기업으로 개념화된 것이 전문경영자의 기능이었다. 이를 챈들러가 시장의 보이지 않는 손(invisible hand)에 의한 조정으로부터 경영자의 보이는 손(visible hand)에 의한 조정으로 개념화하였다(Chandler, 1977).

(4) 기업을 추진하는 것은 누구인가

이는 코퍼레이트 거버넌스 관점에서 '누가 기업을 지배하는가'라는 문제보다는 '누가 기업을 경영하는가'라는 문제설정이었다고 할 수 있다. 불확실한 미래를 향한 '계획'이 '기업' 활동인 이상, 계획을 담당하고 이를 추진하는 주체를 조직화하는 것이 코퍼레이트 거버넌스의 과제이다. 이를 개인기업가와 투자가가 아닌 경영자의 기능에서 발견함으로써 경영자 기업의 개념을 성립시킬 수 있었다. 이에 반해서 오늘날의 시점은 벤처기업가와 벤처 캐피탈리스트를 이노베이션과 뉴비즈니스의 담당자로 간주한다.7) 다만, 적어도 1970년대까지는 경영자 기업론 계보를 이어왔던 것이 미국의 기업 시스템이었다. 그 효시가 버넘(Burnham, 1941)의 '경영자 혁명(Managerial Revolution)'이었고, 드러커(Drucker, 1942)의 '산업인의 미래(Future of Industrial Man)', 그리고 고든(Gordon, 1945)의 '테크노스트럭처(Technostructure)' 개념에서 경영자 기업론은 그 정점에 달했다.

하지만 그 때문에 현실에서 경영자 기업의 업적 저하는 그러한 거버넌스의 형태를 허용하지 않게 되었다. 이러한 현상은 이하에서 보듯이, 1960년대 후반 이후 미국 경영자 기업의 저조와 1970년대의 혼란 이후 1980년대에 이르는 주주기업의 주장이다. 경영자 기업의 업적 저조는 주주이익을 희생한 경영자의 사적 이익 추구의 결과로 간주되었다. 이것이 경영자의 기회주의와 경영의 도덕적 해이 문제이다. 그리고 여

---

7) 여기에는 이노베이션에 관해 이른바 '슘페터 문제'가 있다. 즉, 이노베이션의 담당자는 대기업 혹은 벤처기업인가의 문제이다. 오늘날의 시점에서는 벤처라 할 수 있다. 이것이 '기업가 정신'을 지적하고 있는 슘페터의 시점이다. 동시에 슘페터는 연구개발과 시장개발을 위한 조직 활동의 결과, 이노베이션이 '사무실 노동'이 되고 있다고 지적했다(Schumpeter, 1942). 이러한 시점에선 대기업이 담당자가 된다. 다만, 슘페터 자신은 그 결과 기업가 정신은 소멸하고, 자본주의는 쇠퇴한다고 예언했다.

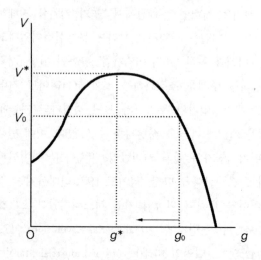

<그림 6-4> 기업 성장 모델

기에서 '경영자를 규율 짓는다'라고 하는 오늘날 코퍼레이트 거버넌스의 문제설정이 불가피하게 된 것이다.

(5) 과잉한 투자인가

일반화시켜 보면, 주가를 제약조건으로 한 규모 확대는 주가를 최대화하는 수준 이상의 규모 추구를 의미하고 있다. 이를 기업의 매출성장률과 주가의 관계로 나타내면 <그림 6-4>와 같다(Marris, 1964). 즉, 어떤 기업의 성장률을 실현하기 위해서는 매번 결산기 이윤으로부터 판매촉진과 설비투자, 연구개발 등의 이른바 성장비용을 지출해야만 한다. 이러한 지출 후 순수익을 할인한 현재가치로서 주가(기업가치)가 결정된다면 성장률(g)과 주가(V)의 관계를 <그림 6-4>와 같이 표현할 수 있다. 즉, 어느 수준까지는 성장과 함께 순수익은 증대하지만, 일정한 수준을 넘어서면 성장비용의 증대 때문에 순수익은 감소한다. 여기에서 주주가치를 최대화하는 주가를 V*라 하고, 제약조건의 주가를 V_0이라고 한다면, g_0의 레벨까지는 기업규모가 확대된다. 즉, g_0과 g*

의 사이가 주주이익을 희생한 과잉한 투자를 의미한다.

따라서 다운사이징과 아웃소싱을 통해 규모를 축소해야만 하고, 그렇지 않다면 저수익 부문을 분리해야만 한다. 이를 통해서 자본수익률과 주가를 높여야 한다는 것이 주주들의 주장이다. 다음에서 살펴보듯이, 이를 위해 외부 컨트롤을 한층 강화했던 것이 1980년대의 시도였고, 이에 비해 내부 컨트롤을 강화했던 것이 1990년대였다.

그리고 앞서의 설명과 같이 '누가 기업을 경영할까'라는 관점에서는 대기업의 경영자가 아닌 벤처기업가의 등장이라고 생각했던 것이 1980년대 이후 미국 경제였다. 그리고 벤처기업의 거버넌스는 경영자 기업과는 정반대였다. 즉, 제약조건으로서의 외부 컨트롤이 작동하지 않는 것이 아니라, 내부 컨트롤의 유효성에 달려있었다. 이는 출자자에 의한 직·간접적인 출자자에 대한 관여에 의존한다. 이러한 관점에 의해 주주의 내부 컨트롤을 배제한 경영자 기업의 거버넌스 구조는 긍정에서 부정적인 평가로 역전되게 되었다.

이처럼 20세기 미국 기업은 우선 스스로 경영자 기업을 형성시켜 50여 년에 걸쳐 발전을 하다가, 1970년대 이후 업적 저하와 함께 주주기업으로의 전환을 모색하였다. 이러한 미국 경영자 기업의 전환을 검토하기에 앞서 다른 형태의 경영자 기업을 검토해 보도록 하자. 그것은 바로 일본의 경영자 기업이다.

※ **경영자 기업의 실증과 규범**: 벌리와 민즈의 경영자 기업론은 **지배주주의 부재**라는 실증명제와 순수한 **중립적 테크노크라시**로서 경영자라고 하는 규범명제로서 성립되어 있다. 그리고 이 두 가지로부터 자본주의는 사회주의 혁명이 아닌 경영자 혁명에 의해서 그 전환을 맞이했고, 또한 자본주의는 그 생명을 연장할 수 있었다. 이는 1930년대 당시 미국에서 영향력을 행사했던 마르크스주의에 대항하려는 움직임이었다고도 할 수 있다. 주주의 '지배 없는 부의 소유', 경영자의 '소유 없는 부의 지배'라는 표현은 사유재산의 제도에 대한 마르크스주의에 대한 공격을 의식한

것이었다.

특히, '중립적 테크노크라시'라는 경영자 기업의 규범명제는 다음과 같은 것을 의미한다. 즉, '공정한 임금, 종업원의 안전, 사회에 대한 적절한 서비스, 사업의 안정' 등을 고려한 경영, '사적 탐욕이 아닌 공공'의 입장에서 사회 여러 집단의 다양한 요구에 균형을 맞춘다'는 것을 목표로 하는 경영이고, 이러한 관점에서 오늘날의 스테이크홀더형 거버넌스의 효시라고 할 수 있다.

다만, 당시 미국의 경영자 기업이 그러한 규범명제에 따라 행동했던 것은 아니다. 오히려 횡횡했던 것은 사주의 '사적 탐욕'보다도 경영자의 '사적 탐욕'이었고, 이러한 경영자에 대한 주주의 반감, 그리고 그 이상 사회의 반감이 경영자 기업을 둘러싼 상황이었다. 따라서 '주식회사가 성장하는 것이라면', 경영자는 앞서의 의미에서 '중립적 테크노크라시' 행동을 취해야 한다는 것이 벌리와 민즈의 경영자 기업론이었다. 이러한 '중립적 테크노크라시' 명제는 마르크스주의에 대한 대항을 의식했던 이상, 이후에도 주식회사의 규범명제였다고 할 수 있다. 바꾸어 말해서 마르크스주의에 대한 대항을 의식할 필요가 없어짐에 따라 '중립적 테크노크라시'로서의 경영자와 스테이크홀더의 관념이 쇠퇴하는 것도 불가피하게 되었다.

4) 일본의 경영자 기업

(1) 메인뱅크 컨트롤

일본의 경영자 기업은 어떻게 거버넌스 구조를 형성시켰을까. 이는 <그림 6-5>로 표시할 수 있다.

① 주식소유에 대해서는 금융기관과 사업법인에 의한 주식보유의 결과, 주식소유의 분산화는 억제되고 오히려 주식소유의 집중이 현저하게 되었다. ② 하지만 이들 대주주는 우호적인 주주로서 주주총회의 장에서 기업의 제안에 반대하는 일은 없다. 이러한 의미에서 S→B의 컨트롤이 단절된다. ③ 이사회의 거의 전원은 내부 이사회가 차지하고 있

<그림 6-5> 일본의 경영자 기업

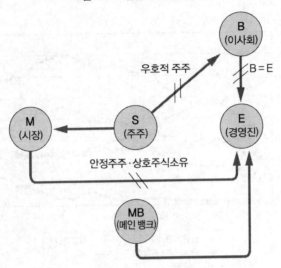

기 때문에 B→E의 컨트롤이 단절된다. 오히려 집행이사가 동시에 이사를 겸임하고 있기 때문에 두 기관은 결합되어 있다. 이러한 사실이 <그림 6-5>에서는 B=E로 표시되어 있다. ④ 나아가 안정주주와 상호 보유의 조직화에 의해 기업매수와 그 위험을 통한 M→E의 컨트롤이 단절된다. ⑤ S→B의 내부 컨트롤도 M→E의 외부 컨트롤도 단절되었다는 의미에서 일본 기업은 경영자 지배형 코퍼레이트 거버넌스의 전형이라 할 수 있다. ⑥ 하지만 경영자 기업이 그 어떤 거버넌스도 받지 않는다는 것은 아니다. M→E의 컨트롤을 대신해서 안정주주와 상호 보유의 중심에 위치하는 메인뱅크(MB)가 기업경영을 컨트롤한다(MB→E). ⑦ 앞 장에서 살펴본 것처럼 융자기업에 대한 사전·중간·사후의 모니터링을 통해서, 그리고 재건인지 청산인지의 최종적인 결정을 통해서 메인뱅크가 경영자 기업을 거버넌스한다. 이러한 의미에서 일본의 경영자 기업은 메인뱅크 컨트롤을 조직화시켰다.

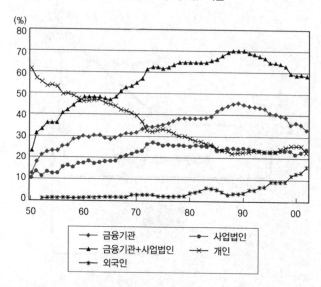

<그림 6-6> 주식보유 비율

주: 1985년 이전에는 금융기관에 신탁은행(투자신탁·연금신탁)을 포함한다.
자료: 全國証券取引所, 「平成13年度株式分布狀況調査」.

(2) 우호적 주주의 조직화

　미국의 경영자 기업이 주식소유의 분산을 근거로 한다면, 일본의 경영자 기업은 주식의 소유집중을 전제로 한다. 금융기관과 사업법인에 의한 주식소유는 그 자체로서는 지배주주와 대주주로서의 내부 컨트롤을 가능하게 한다. 하지만 그 때문에 그들을 우호적 주주, 즉 '발언' 메커니즘을 작동하지 않는 침묵하는(silent) 주주로 조직화하였다. 그리고 우호적 주주는 기업의 매수 압력을 통해서 외부 컨트롤을 저지하는 주주이기도 하고, 그로 인해 주식의 상호 보유와 안정주주의 조직화가 전개되었다. <그림 6-6>과 같이 금융기관과 사업법인의 주식보유 비율은 1960년대 후반 50%에 달했다. 그 이유는 자본자유화에 따라 미국 기업에 의한 매수의 위험이 문제가 되었기 때문이었다. 적어도 당시에는 외국 기업에 의한 매수를 저지하는 것이 자명한 행동이라 여겨졌다.

그리고 이러한 안정주주의 조직화 역할을 담당했던 것이 메인뱅크였다.[8)]

이처럼 일본의 경영자 기업은 내부 컨트롤을 저지하는 동시에 외부 컨트롤도 저지하고 그 대신에 메인뱅크 컨트롤을 제도화했다. 즉, 미국의 경영자 기업이 외부 컨트롤을 제약조건으로 하는 데 비해서, 일본의 경영자 기업은 메인뱅크 컨트롤을 제약조건으로 한다. 따라서 메인뱅크의 개입을 저지하기 위해 일본의 경영자 기업은 재무적 건전성을 유지하고자 행동했다. 그러기 위해서는 최소한 채무의 변제를 가능하게 할 정도의 기업이윤의 실현이 일본 경영자 기업의 제약조건이 된다.

(3) 단기이윤과 장기이윤

요컨대, 미국의 경영자 기업은 어느 정도 수준의 주가를 제약조건으로 하는 데 비해, 일본의 경영자 기업은 어느 정도 수준의 이윤을 제약조건으로 한다. 어느 쪽이든 제약조건을 충족시킬 수 있다면 경영자 기업으로서의 재량적 행동이 가능하게 된다. 동시에 두 가지 제약조건의 차이에 따라서 일본의 경영자 기업과 미국의 경영자 기업 사이에는 차이가 발생한다. 즉, 주가를 제약조건으로 해서 미국의 경영자 기업에는 단기이윤의 제약이 부과된다. 주식시장을 통한 외부 컨트롤은 기업경영의 내부정보에 어둡기 때문에 단기이윤의 동향이 주가를 좌우한다.

---

8) 금융기관과 사업법인의 주식소유는 1980년대 후반 70%로 상승하여 피크에 달했다. 다만, 이는 적대적 기업매수를 저지하기 위한 이유에서 볼 때도 불합리한 것이었고, 1970년대 이후에도 계속된 금융기관에 의한 주식소유의 증대라는 결과를 낳았다. 앞 장에서 지적했듯이, 이는 메인뱅크 시스템의 강고함을 의미하지는 않는다. 고객기업의 은행 이탈에 대처하기 위해서 주식보유를 증대시킨 결과였다. 요컨대, 메인뱅크의 지위 저하를 반영하는 것이어서, 1990년대 이후 은행경영의 악화와 함께 은행의 주식소유는 일거에 감소하게 되었다.

이에 비해서 메인뱅크는 경영의 내부정보를 얻을 수 있다. 이는 경영자 기업의 행동을 장기적인 시점에서 판단할 수 있게 한다. 이러한 의미에서 일본의 경영자 기업의 이윤 제약은 장기이윤을 제약 조건으로 한다고 할 수 있다. 여기에서 일본 경영자 기업의 장기적 전망에서의 행동과 미국 경영자 기업의 단기적 전망에서의 행동이라는 유형을 낳는다.

장기적 성장을 위해서 단기이윤을 희생하는 행동이 경영자 기업의 행동이라면 이는 일본의 경영자 기업을 설명하는 것이다. 다만, 이로 인해서 장기이윤의 실현이 보장되는 것은 아니다. 만약, 실현치가 예상을 밑돈다면 주가는 하락한다. 그 결과, 장기적 전망에서의 행동은 현실 주가의 관점으로부터 과잉투자를 의미하게 된다. 어쨌든, 장기적 전망에서의 행동이 결과적으로는 주가의 최대한을 넘어서는 규모로 확대될 가능성을 배제할 수 없게 한다.

그 결과에 대해서 이른바 단기 주가의 압력으로 외부 컨트롤이 작동한다고 하는 것이 미국의 경영자 기업인 데 반해, 일본의 경영자 기업에는 그러한 단기 압력이 작동하지 않는다. 이를 저지하는 것이 상호보유와 안정주주의 조직화이고, 그러한 의미에서도 또한 일본의 경영자 기업은 장기적인 행동의 여지를 확대시킨다. 이러한 행동이 최종적으로 장기이윤의 실현으로 연계될 것인지, 아니면 저수익 상태에서 최종적으로 경영위기에 직면하게 될 것인지에 대해서 일본 경영자 기업에 대한 평가는 엇갈린다. 적어도 1980년대까지는 전자의 관점에서 긍정적인 평가를 받았다. 하지만 1990년대를 지나면서 그 평가는 역전되었다.

(4) 고용 시스템의 차이

더욱이 단기이윤의 제약을 가능하게 하기 위해서는 단기적인 레이오프를 제도화할 필요가 있다. 이에 비해서 장기이윤의 제약은 단기 변동에 대해서 고용의 계속과 시간이 걸리는 조정을 가능하게 한다. 여기에서 고용 시스템에 관한 일본과 미국의 경영자 기업의 차이를 엿볼 수있다. 동시에 다음과 같은 사항을 지적해 둘 필요도 있다. 제2장에서살펴본 것처럼 미국 기업에서의 단기 레이오프는 리콜을 전제로 하고있고, 선임권의 효과가 더해져서 사실상 장기근속자의 안정적인 고용을 보장하게 된다. 마찬가지로 사무직 노동자도 내부승진을 통해서 고용의 계속이 사실상 보장되고 있다. 이러한 의미에서 일본의 고용 시스템과의 유사성을 지적할 수 있다.

그렇다면 만약 일본 기업을 종업원 중시의 경영이라는 의미에서 스테이크홀더형 거버넌스라고 한다면, 미국의 경영자 기업도 마찬가지이다. '종업원 중시'라는 애매한 표현을 피한다면, 경쟁시장이 아닌 기업내부의 룰과 관행에 기초한 고용 시스템이라는 점에서 일본과 미국의경영자 기업은 공통적이다. 즉, 내부 노동시장을 형성하고, 내부고용의룰과 관행을 유지하는 것이 적어도 단기적으로는 주주이익과 자본이익을 억제하는 것인 이상, 경영자 기업형 거버넌스가 내부 노동시장의 제도적인 전제가 된다.9) 그 위에 경영자 기업으로서의 일본 기업과 미국기업의 거버넌스 차이가 앞서 검토한 바와 같은 고용 시스템의 차이를발생시키게 된다.

(5) 외부주주와 내부주주

더욱이 미국 기업에서는 외부 컨트롤 주주는 문자 그대로 외부주주인 데에 비해서, 일본 기업에서는 메인뱅크가 중개하는 내부주주이기도하다. 금융기관과 사업법인으로 구성된 이들 내부주주는 해당 기업과

---

9) 또 다른 하나의 유형은 독일의 직업별 노동시장이다. 이는 기능형성과 평가에 관련한 노사 공통의 제도에 의존한다. 이는 또한 거버넌스 시스템으로서는 감사회 레벨에서의 공동결정과 직장 레벨에서의 노사협의제(works council)를 뒷받침하는 것이기도 하다(Marsden, 1999).

의 거래이익을 추구하는 주주이기도 하다. 따라서 전자에서는 외부 컨트롤을 통해서 주가 그 자체가 제약조건이지만 후자에서는 거래의 계속 가능성이 제약조건이다. 이는 최종적으로 해당 기업의 존속이라는 의미에서 재무적 건전성에 의존한다. 이러한 의미에서도 또한 미국의 단기주가의 제약과 비교해서, 일본의 장기이윤 제약과도 같이, 미국과 일본 경영자 기업의 거버넌스 구조의 차이를 지적할 수 있다.

이러한 경영자 기업형의 거버넌스 구조가 1960년대부터 1970년대를 지배했다. 그러나 1980년대 이후, 미국의 코퍼레이트 거버넌스는 경영자 기업형으로부터 주주 기업형으로 크게 바뀌었다. 한편, 일본의 코퍼레이트 거버넌스는 경영자 기업으로서 1980년대에 찬미의 대상이었으나, 1990년대 몰락한 이후 현재 그 전환국면에 직면해 있다. 실제로 전환 그 자체를 검토하기 위해서도 1980년대와 1990년대 미국 기업의 코퍼레이트 거버넌스가 어떠한 것이었는지를 이해해야만 한다.

5) 주주기업으로의 전환

(1) 복합기업 경영

벌리와 민즈 이래, 미국의 경영자 기업은 1980년대를 통해서 거버넌스 구조를 크게 전환했다. 그 이유는 1960년대 후반부터 1970년대에 걸친 주가하락이었다. 1982년 최고 1,000달러를 돌파하기까지 다우공업지수 30종 평균은 800~900 달러대 수준이었고, 그동안의 물가 상승률을 고려한다면, 1970년대 후반은 이른바 '주식의 죽음'이라 할 수 있었다.

1960년~1970년대 주가 추이는 일정 수준의 주가를 유지한다고 하는 미국 경영자 기업의 행동을 더욱 강화시켰다. 이것이 1960년대 후반부터 시작된 복합기업(conglomerate) 경영이었다. 즉, 일정 수준의 주가를 유지하기 위해서는 개개의 사업 리스크를 분산하고 전체로서의 수익 변동을 회피할 필요가 있었다. 이를 위해서는 상호 관련이 없는 이업종 기업을 매수하고, 안정적인 내부 현금 흐름을 획득하면 되는 것이었다. 즉, 금융 포트폴리오와 같은 사업 포트폴리오이다. 이것이 경영자 기업의 행동이었다.

더욱이 복합기업 경영은 성숙기업의 행동으로서는 필연적인 것이었다. 즉, '본업'에서 이미 성장 가능성이 없는 이상, 기업 존속을 위해서는 다각화를 꾀할 필요가 있다. 이를 위해서는 풍부한 내부자금으로 이업종의 성장 기업을 매수하는 것이 좀더 합리적인 선택이었다. 이를 가능하게 했던 것이 고도로 유동적인 기업매수 시장이었다. 요컨대, 기업매수 시장은 경영자 기업의 제약 조건으로 작용하는 동시에 경영자 기업의 행동 수단으로 작용하였다. 수평적 통합이든 수직적 통합이든, 기업매수가 경영자 기업의 경영행동이었다.

(2) 미국 경영자 기업의 쇠퇴

주력 사업을 기반으로 해서 규모의 경제 혹은 범위의 경제를 목적으로 기업을 매수할지, 거래비용의 절약을 목적으로 수직적 통합을 행할지의 차이가 있다고 하더라도, 통합조직의 형성이 지금까지 미국 경영자 기업의 행동이었다. 그러나 복합기업 경영은 그러한 행동과는 정반대라 할 수 있다. 이제 사업은 경영 리스크 분산의 수단이 되었고 포트폴리오의 재구성과도 같이 사업 전환도 가능한 것으로 여겨졌다. 경영자 기업론의 대가인 챈들러가 다소 분개해서 지적했던 것처럼 여기에서 미국 경영자 기업은 크게 변질되었다고 할 수 있다(Chandler, 1990). 사실, 그 결과는 복합기업 경영의 실패, 즉 전혀 이질적인 사업 분야를 경영하는 데 따른 실패이고 조직화 비용의 증대와 조직 퍼포먼스의 저하였다. 어느 쪽이든 매수했던 사업은 그 후의 경영 실패로 매각이 불가피했다.

이렇게 사업의 매수와 매각을 반복한 미국의 경영자 기업은 경쟁력

<표 6-2> 경영자 기업의 거버넌스 메커니즘

구 분	주주 컨트롤	부채압력	시장경쟁
미국의 경영자 기업	외부 컨트롤	내부금융	과점시장
일본의 경영자 기업	부재	메인뱅크	경쟁시장

을 상실하게 되었다. 이를 대신해서 등장한 것이 독일과 일본의 경영자 기업이고 그 경쟁우위는 미국의 경영자 기업이 '성숙'한 것으로 여겨 등한시했던 기술개발과 제품개발이었다. 그 결과, 미국의 경영자 기업 은 국내의 과점시장마저도 상실하게 되었다. 일정 수준의 주가 유지는 현실적으로는 과점시장이 가능한 마크업형 가격정책에 의해 지지되어 왔다. 하지만 1970년대 이후 독일과 일본의 경영자 기업이 대두함으로 써 그 조건마저도 상실하게 되었다.

(3) 경영자 기업의 거버넌스 시스템

이상의 사실로부터 미국과 일본의 경영자 기업 거버넌스 시스템을 정리해 보면, <표 6-2>와 같다. 미국의 경영자 기업에 대해서 주주에 의한 외부 컨트롤을 지적할 수 있었지만, 부채를 통한 거버넌스는 내부 금융에 의해서 저지되었다고 생각할 수 있다. 그리고 시장경쟁을 통한 거버넌스도 과점시장 때문에 유효하게 적용하지 않았다고 할 수 있다.

한편, 일본의 경영자 기업은 주주 컨트롤을 저지하면서 부채압력에 대해서는 메인뱅크 컨트롤을 제도화했다. 그리고 무엇보다도, 경쟁시장 의 압력이 유효하게 작용했다. 적어도 경쟁우위의 일본 기업은 국제경 쟁에 노출되었던 기업이었고 캐치업 이전부터 국제경쟁에 노출되어 있 었다. 그리고 메인뱅크 컨트롤은 생산설비와 연구개발 등 성장투자를 가능하게 했고, 장기고용관계와 계열관계의 조직화를 가능하게 했다. 이러한 사실들이 자율적인 거버넌스를 가능하게 했던 것이다. 이에 대 해서 미국의 경영자 기업은 주주의 외부 컨트롤만을 거버넌스 메커니즘으로 하고, 또한 이는 단기이윤을 제약조건으로 했다. 이러한 의미에서 미국의 경영자 기업은 거버넌스에 실패했다고 할 수 있다.

(4) 적대적 기업매수와 그 귀결

이러한 미국의 경영자 기업에 대한 주주로부터의 전면공격이 바로 1980년대 적대적 기업매수였다고 할 수 있다. 기업매수는 '사냥꾼(레이더)'에 의한 것으로, 그 시장을 '기업지배(코퍼레이트 컨트롤)를 위한 시장'이라 했다. 이러한 매수에서 이익을 얻는 것은 사냥꾼만은 아니었다. 이를 중개하고 탈취 자금을 제공하는 금융업자도 막대한 이익을 획득할 수 있었다. 이를 가능케 한 것이 1980년대 중반의 시장 붐이었고, 재팬 펀드(Japan fund)에 의한 자금 조달이라는 새로운 금융수단의 개발이었다. 그리고 거액의 부채를 바탕으로 한 기업 매수는 부채의 규율로써 매수 후 사업의 구조조정을 더욱 철저히 하게 되었다.

그 결과, 기업경영이 혁신되고 기업이익이 개선되어 주가 상승 여부에 대한 논의는 긍정과 부정으로 엇갈리게 되었다. 그러나 분명한 사실은 매수 후 철저한 구조조정이 가능한 한 단기 이윤은 얻을 수 있다는 점이다. 그리고 이러한 시장은 매수에 대한 반응을 나타낸다. 따라서 공개매수가 발표된 기업의 주가는 상승한다. 이러한 상황에 한해서 적대적 기업매수는 낮은 주가의 피매수기업 주주들의 이익이 된다. 다만, 그 후에는 복합기업 경영의 실패와 동일한 경로를 밟게 된다. 사실, 합병 후 주가는 많은 경우 시간에 따라 하락한다는 것이다.

더욱이 이러한 적대적 기업매수에 자금을 제공했던 주식과 채권시장 붐은 1987년 11월 주가폭락으로 정리되었다. 동시에 적대적 기업매수 그 자체에 대한 대항수단을 취하게 되었다. 돌발적인 적대적 기업 매수에 의해서 거액의 금융 이익을 획득하게 된 사냥꾼과 금융관계자, 그리고 주주의 존재와는 다른 한편으로 직장을 상실한 노동자가 존재한다. 여기에서 매수를 저지하기 위한 입법 요구도 어쩌면 당연한 것이었다.

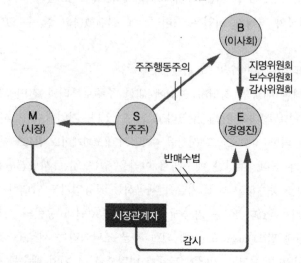

<그림 6-7> 미국의 주주기업

매수의 표적이 된 기업의 주주에게 신주 인수권을 교부하거나, 의도적으로 부채를 늘려서 주주 자산을 감소시키는 것과 같은 경영자 행동을 정당화하기 위한 입법으로 이어지게 되었다. 이러한 입법화를 로비 활동을 통해서 조직화했던 것이 경영자였고, 이는 스스로의 지위를 지키기 위한 행동이었다고 할 수 있다. 하지만 그 같은 행동은 조합의 지지를 받았고, 무엇보다도 반매수법(anti-takeover law)의 결과, 적대적 기업매수는 현실적으로 불가능하게 되었다(Roe, 1994). 이것이 1980년대 적대적 기업매수의 귀결이었다.

6) 주주이익과 경영자 이익의 일체화

(1) 주주 행동주의

이상과 같은 경위를 거쳐 1990년대 미국의 주주지배형 코퍼레이트 거버넌스의 조직화가 시작되었다. 그 선두에 섰던 것이 연금기금을 중심으로 하는 기관투자가였고, 이들은 주주행동주의(investors activism)를 내세우며 의결권을 행사하고자 했다. 지금까지 기관투자가의 행동은 투자기업의 주가 하락에 따라 보유지분을 매각하는 것이 일반적이었고, 그 퇴출 행동을 이른바 월스트리트 룰이라고도 했다. 이것이 <그림 6-3>으로 묘사된 미국의 경영자 기업에 대한 외부 컨트롤의 작동이고 그 피크는 1980년대 중반 적대적 기업매수였다. 기관투자가의 입장에서 운용실적을 올리기 위해서는 공개매수 신청만큼 좋은 조건은 없었다. 바꾸어 말하면, 기관투자가가 기꺼이 응하기 때문에 적대적 기업매수도 성공할 수 있었다. 하지만, 앞서와 같이 적대적 기업매수는 불가능하게 되고, 또한 1987년 이후 주식시장의 침체 와중에서 대량의 보유주식 매각은 주가의 하락으로 이어졌다. 이와 같은 사정 때문에 퇴출 행동이 아닌 투자기업에 대한 발언 행동을 전환하게 되었다. 이러한 거버넌스 구조의 변화를 <그림 6-7>로 개념화할 수 있다.

(2) 주주기업의 거버넌스 구조

① 기업매수를 저지하는 입법의 결과, 적대적 기업매수를 통한 M→E의 컨트롤은 단절되었다. ② 이에 대해서 주주, 특히 연금기금을 중심으로 하는 기관투자가에 의한 '주주행동주의'가 발생하였다. 이는 독자의 수익성을 기준으로 주주제안을 덧붙인 것이다. 특히, 이사진의 감원과 그 과반수를 사외이사로 교체할 것을 요구했다. 따라서 이는 S→B 컨트롤의 부활이다. ③ 그 상징적인 예가 1990년대 초반 IBM과 GM에서 CEO의 해임이었다. 이는 경영자 기업의 종언을 알리는 상징적인 의미를 갖는 것이었다. ④ 사외이사의 역할은 기업경영을 모니터하는 것이고, 이는 CEO를 임명하는 지명위원회와 경영자 보수를 결정하는 보수위원회, 그리고 기업재무를 담당하는 감사위원회의 조직화였다. 따라서 B→E 컨트롤의 부활이다.[10] ⑤ 하지만 경영정보가 제약된 사외

---

10) 다만, 업적이 순조로운 경우에는 CEO가 사내에서 후계자를 선택하고, 사외

이사가 기업경영의 모니터 역할을 충분히 수행한다는 것은 아니다. 이러한 곤란을 극복하기 위해서는 모니터 지표를 주가와 일치시키면 된다. 그리고 인센티브로서 경영자 이익을 주가와 연계시키는 것이었다. 그러기 위한 수단이 경영자에 대한 **스톡옵션제**의 전면적인 채용이었다. ⑥ 나아가 주가는 증권분석가와 펀드매니저의 평가기관 등 이른바 시장관계자에 의해서 모니터되었다. 즉, 적대적 기업매수를 통한 외부 컨트롤이 저지되는 대신, 시장관계자의 모니터링을 통한 M→E와 같은 외부 컨트롤의 성립이다.

  그 결과, 주가를 기업의 행동 목표로 삼는다는 의미에서 **주주기업**이 성립한다. 이는 S→B를 통한 기관투자자의 주가압력, M→E를 통한 시장관계자의 주가압력, 그리고 B→E를 통한 사외이사의 주가압력과 스톡옵션의 인센티브로 이루어지게 되었다. 다만, 이러한 사실이 곧바로 주주지배의 거버넌스 성립을 의미하는 것은 아니었다. 주가를 통한 주주이익과 경영자 이익의 일체화로, 주가가 상승하는 한 기업경영은 CEO에게 전면적으로 위임된다.

(3) 사외이사는 유효한가

  확실히 이사회의 구성으로 CEO(최고책임경영자)와 COO(최고집행책임자)와 CFO(최고재무책임자)만이 사내이사이고, 그 외는 주주이익을 대표하는 사외이사라는 점이 주주 지배형 거버넌스의 증거라 할 수 있다.11) 기업의 업적이 저하할 경우, 이러한 거버넌스 구조가 기존 경영

  에서 CEO를 선택하는 경우에도 많게는 헤드헌터에게 위탁한다(田村達也, 2002). 또한, CEO의 보수 결정도 많게는 컨설턴트 회사에게 위탁하고, 컨설턴트 회사는 그 외의 업무위탁와 관련하여 CEO에게 의존하기 때문에 결과적으로는 CEO의 보수가 상승하게 된다.
11) 미국의 사법체계에서는 사외이사가 과반수를 차지하는 이사회에 의해서 승인된 결정은 정당한 수속을 거친 것으로 간주된다. 이로 인해서 경영자는

자의 경질을 쉽게 할 수 있다. 이러한 점에서 미국 기업은 우위에 있다고 할 수 있다. 하지만 사외이사가 CEO와 COO, 그리고 CFO의 행동을 컨트롤할 수 있다고 생각하는 것은 비현실적이고, 사실 이러한 사실을 단적으로 드러낸 사건이 엔론 사건이었다.

주주와 이사진이 기업경영을 감시(monitoring)하고 감독(supervising)하는 것이 거버넌스의 본래 의도라면, 이러한 것이 곤란하기 때문에 경영자 인센티브에 전면적으로 의지했던 것이 1990년대 미국의 주주기업이었다. 거버넌스의 유효성은 모니터링과 인센티브에 의존한다고 한다면 1990년대 미국의 코퍼레이트 거버넌스는 스톡옵션과 같은 경영자의 인센티브에 의존하는 것이었다. 그리고 인센티브를 높이기 위해서는 경영자 행동을 자유롭게 할 필요가 있었다. 그 결과가 거버넌스의 공동화이고, 이는 다시 엔론 사건으로 이어졌던 것이다.

(4) CEO 컨트롤

일정 수준의 주가를 제약조건으로 하는 경영자 컨트롤이 미국의 초기 경영자 기업이었다면, 주가의 상승을 제약조건으로 하는 CEO 컨트롤이 1990년대 이후 미국의 주주기업이었다고 할 수 있다. 이러한 의미에서 미국의 코퍼레이트 거버넌스에는 기본적인 변화는 없다고 해도 좋다. 물론, 주가의 지속적인 상승을 조건으로 하기 때문에 제약조건은 한층 강화되었다.

1990년대 중반부터 2000년 초반까지, 즉 주가 버블이 붕괴하기까지는 이러한 시스템이 영원히 계속될 것이라는 견해가 지배적이었다. 하지만 주가의 지속적 상승이 불가능하다는 점은 명백해졌고, 결국 주가는 파탄을 맞이했다. 그리고 파탄과 함께 주주이익과 경영자 이익을

주주대표소송에서 벗어나는 경우가 있다. 따라서 주주대표소송에서 스스로를 지키기 위해서는 이사회의 과반수를 사외이사로 한다는 것이다.

일체화하는 수단으로 사용되었던 스톡옵션은 그 효력을 상실하게 되었다. 스톡옵션은 인센티브로 작용하기보다는 오히려 인센티브를 저하시키는 결과를 초래했다. 그 본래의 의도는 미공개 벤처기업을 위한 것이었고, 이를 공개기업에 적용했던 것이 본래의 목적으로부터 이탈했기 때문이었다.

나아가 스톡옵션 경영에서 발견된 것은 아무리 경영자 보수가 거액이고, 그것이 벤처의 성공자에게 주어지는 경우에는 사회의 찬사와 선망의 대상이 된다고 해도, 그와 함께 나타나는 정리해고와 구조조정의 보수에 대해서는 사회적 반감을 살 수 있는 여지도 충분하다는 것이다. 실제로 업적의 호조를 보이는 가운데 해고비용으로 정리해고를 단행한다. 이로 인해서 주가는 상승하고 자신의 스톡옵션 가치는 상승하게 되지만, 이것이 스톡옵션 경영이라면, 이는 CEO의 '탐욕'과 크게 다르지 않다는 것이다. 이를 이용해서 경영자는 스스로의 지위를 유지하는 데 성공할 수 있었다. 1980년대 적대적 기업매수는 기업사냥꾼에 대한 사회적인 반감을 낳았고, 지금에 와서 경영자는 스스로의 '탐욕' 때문에 사회적 반감을 초래하게 되었다.

(5) 게임의 파탄

요컨대, 1990년대 미국의 코퍼레이트 거버넌스는 그 자체로서는 지속 불가능하게 되었다. 미국의 코퍼레이트 거버넌스가 주가 상승을 초래했던 것이 아니라, 오히려 거버넌스가 고주가에 의해 유지되었던 것이다. 그리고 주가의 지속적 상승이 불가능한 이상, 그러한 거버넌스는 지속될 수도 없었다. 만약 이러한 거버넌스 구조를 유지하려 한다면, 이는 불법적인 회계조작을 통하거나 룰의 허점을 찾든지 해서 어떻게든 기업수익을 조작하는 수밖에는 없다는 것이다.

주가연동형 보수로 주주이익과 경영자 이익의 일체화를 실현한 것이 1990년대 미국의 코퍼레이트 거버넌스였다. 이는 주가상승이 계속되는 한 거버넌스 자체가 불필요하게 된다는 것을 의미하고 있다. 사실, 그와 같은 거버넌스의 부재에 착안했던 것이 엔론과 그 외의 미국 기업들이었다. 이는 결과론이 아니다. 4분기 게임이라고 하는 구체적인 메커니즘을 다음과 같이 설명할 수 있다. 즉, 증권분석가에 의한 사분기 이익에 장래 예측이 실제 이익으로 실현된다면, 주가는 상승하고, 이를 조금이라도 밑도는 경우에는 주가급락으로 이어진다. 따라서 기업 측은 현재 분기에 이익 기회가 있다고 하더라도 그 이익을 무시하려고 한다. 왜냐하면 다음 분기의 예상 달성이 그만큼 곤란해지기 때문이다. 예상 달성을 위해서는 감사법인이 회계조작을 눈감아 주는 것도 게임 행동이다.

여기에서 존재하는 것은 앞서 지적했던 케인스의 '관행적 기대'와 '단기적 기대' 행동이다. 이를 케인스는 기업에 대해 아무것도 모르는 일반투자가와 초보투자가의 행동이라고 했다. 이에 반해서 여기서 이루어진 것은 기업의 금융이론과 기업의 재무이론을 구사할 줄 아는 시장관계자의 행동이다. 그러한 행동은 '4분기 게임'인 이상 불가피한 선택이라고도 할 수 있다. 이러한 게임 파탄의 대표적인 예가 엔론사건이었다. 이러한 의미에서 1990년대를 지배했던 미국의 코퍼레이트 거버넌스는 그 자체가 거버넌스 개혁의 대상인 것이다.

3. 일본의 코퍼레이트 거버넌스 개혁

1) 거버넌스의 위기

(1) 거버넌스의 부재

1980년~1990년대를 통해서 미국의 코퍼레이트 거버넌스는 경영자기업으로부터 주주기업으로 전환하게 되었다. 반면에 일본의 코퍼레이트 거버넌스는 경영자 기업으로 전개되었다. 그리고 1980년대에는 장기적 전망에서의 경영행동이 일본적 경영으로 간주되어, 찬미의 대상이 되었다. 장기고용관계와 장기계약관계를 유지하는 기업행동을 스테이크홀더형 거버넌스라고 한다면, 그러한 기업행동을 가능하게 했던 것이 메인뱅크 컨트롤이라는 점에서 메인뱅크 시스템도 찬사를 받게 되었다.

하지만 버블 붕괴 이후 1990년대를 통해 일본의 경영자 기업은 극도의 혼란에 처하게 되었다. 더욱이 일본 기업의 경영위기는 메인뱅크의 경영위기를 발생시켜, 메인뱅크 시스템 자체의 존속마저도 위험에 빠뜨리게 되었다. 그렇다면 이러한 사실로부터 예상할 수 있는 것은 미국의 경영자 기업이 1970년대 혼란의 결과, 주주기업으로 전환했던 것처럼 일본의 경영자 기업도 주주기업으로의 전환을 시도하는 것이다.

그에 앞서 일본의 기업 시스템은 거버넌스의 부재라는 상황에 처해있다. 즉, 메인뱅크 시스템의 쇠퇴는 앞서 <그림 6-5>에서와 같이, MB→E의 컨트롤이 단절되었음을 의미하고 있다. 그렇다면 일본의 경영자 기업은 누구로부터도 컨트롤을 받지 않는 존재가 된다. 하지만 그 결과 일본의 경영자 기업은 경영규율 저하에 처하게 된다. 이는 경영자 기업의 위기를 의미한다.

(2) 거버넌스 개혁의 과제

메인뱅크에 대신하는 거버넌스 작용이 있다고 한다면, 그것은 시장경쟁을 통한 거버넌스일 것이다. 확실히 시장경쟁을 통한 거버넌스가 유일한 거버넌스 기능일 것으로 보인다. 글로벌 시장경쟁과 정보기술경쟁에 의해서 거버넌스가 불가피하게 작동할 것이다.

동시에 이는 모든 기업에도 동일하게 적용된다. 그렇다면 시장경쟁을 통한 거버넌스 작용에 차이가 발생한다고 하면, 이는 경쟁시장으로부터의 외부 컨트롤이 아닌 내부 컨트롤의 작동이다. 이는 스테이크홀더 관계를 통해서 작동한다. 과연 스테이크홀더 관계가 주주기업(셰어홀더)형 거버넌스와 양립할 수 있는지가 의문이다.

그리고 또 다른 문제는 부채를 통한 거버넌스로써 메인뱅크 시스템의 쇠퇴와 함께 경영기업의 구제가 아닌 도산 압력을 강화하게 된다는 점이다. 사실, 기업 도산에 대해서는 예외가 없어졌다. 요컨대, 일본의 기업 시스템은 시장 압력과 부채 압력이라는 쌍방의 압력에 노출되어 있다.

그렇다면 일본의 경영자 기업은 어떠한 거버넌스 개혁을 진행시켜야 할 것인가? '주주중시'를 키워드로 해서 주주기업으로의 전환을 시도했던 미국의 코퍼레이트 거버넌스의 뒤를 따를 것인가? 아니면 메인뱅크 컨트롤 후퇴의 결과, 적대적 기업매수를 통해 M→E의 외부 컨트롤로 향할 것인가? 아니면 S→B의 내부 컨트롤 지향할 것인가?

2) 경영의 기능강화

(1) 이사회 개혁

일본 기업의 거버넌스 개혁으로 제시할 수 있는 것은 이른바 '위원회 등 설치회사'의 채용이다. 사외이사가 지명위원회, 보수위원회, 감사위원회를 통해서 경영을 모니터하는 미국 기업의 거버넌스 구조를 모델로 해서 상법을 개정했다. 하지만 지금에 와서는 이러한 형태의 모델을 선택하는 기업은 무척 드물다.

이에 대한 현실의 거버넌스 개혁의 대부분은 집행위원제 도입에 집중되어 있다. 즉 <그림 6-5>의 이사(B)와 경영집행위원(E)의 결합에 대한 그 분리이다. 다만 이는 B→E의 내부 컨트롤이 아닌, 어디까지나 이사회 기능의 강화이다. 결정(B)과 집행(E)의 결합에 의해 의사결정의 시간이 걸린다고 해도 집행은 신속히 할 수 있었던 것이 지금까지의 경영조직이었다. 이에 대해서 신속한 의사결정이 중시되고 결정과 집행의 분리가 이루어져, 의사결정을 담당하는 이사 수를 한정할 필요가 있었다. 이것이 이사회 개혁의 목적이다. 개혁은 이사와 집행위원 쌍방에 대한 경영규율의 강화를 목적으로 한다. 그리고 쌍방의 인센티브를 높이기 위해서 스톡옵션제도도 도입하고 있다.

요컨대, 이사회는 경영을 모니터하지 않고 어디까지나 경영의 의사결정기관으로서 자리매김되고 있다. 따라서 사외이사도 경영의 모니터가 아닌, 외부자의 관점에서 경영자에게 유익한 어드바이스를 할 수 있는 존재이기를 바라고 있다. 그리고 이사와 집행위원의 분리에 의해 전체적인 경영조직의 효율성을 높이는 것을 목표로 한다. 이러한 의미에서 이사와 집행위원이 일체화되었다는 점에는 변함이 없다. 만약 거버넌스 개혁이 B→E의 컨트롤을 통한 경영 모니터 기능의 강화를 의미한다면 적어도 현재 일본의 코퍼레이트 거버넌스 개혁과는 방향이 다르다고 할 수 있다.

(2) 합의(consensus)에서 상의하달(top-down)로

경영의 기능강화를 통해 경영규율을 강화하고, 이를 위해서 경영조직의 개혁을 시도하는 형태로 일본 기업의 거버넌스 개혁이 진행되었는데, 이 자체는 전혀 새로운 형태는 아니다. 여기서 작용하는 것은 시장경쟁의 거버넌스 기능이다. 기존의 메인뱅크 컨트롤과 비교되는 경영규율 차원에서 거버넌스 기능을 담당했던 것은 메인뱅크에 의한 모니터링보다는 시장경쟁의 강화에 있었다는 견해도 있다.[12] 사실 경쟁우위의 일본 기업 대부분은 시장경쟁 압력하에서 경영규율을 강화하고

---

12) 그뿐만이 아니라 시장경쟁이라는 점에서는 동등한 기업 사이에 경영규율의 차이가 관찰된다. 그 대표적인 예로 도요타와 닛산을 들 수 있는데, 후자는 메인뱅크형 거버넌스의 전형이었다. 이러한 의미에서도 또한 메인뱅크 컨트롤은 오히려 고객기업의 경영규율을 약화시켰다고 간주할 수 있다.

조직을 변혁시켜 왔다.

이러한 의미에서 조직변혁이 지금까지는 주로 생산조직의 변혁을 그 과제로 했던 데에 비해서 현재는 경영조직의 변혁이 요구되고 있다. 경제의 글로벌화와 함께 시장경쟁 압력은 점차 거세지고 있고, 이는 기업의 존속자체를 위협하고 있다. 기업의 도산이 예외가 될 수 없다는 사실을 여실히 보여주는 것이 글로벌 시장경쟁이다. 그리고 메인뱅크의 구제기능을 더 이상 기대할 수 없게 되었기 때문에 일본 기업은 스스로 거버넌스 기능을 강화할 수밖에 없었다. 여기에서 경영기능을 강화하고자 하는 조직변혁이 진행된다.

다만, 이사와 집행위원의 분리에 의해서 경영의 기능강화가 실현될 수 있다고 한다면 조금은 이상하다고 하겠다. 실제로는 경영의 의사결정 프로세스 그 자체가 문제시되고 있으며, 이것이 CEO에 의한 톱 다운형인지 경영진의 합의제(consensus)인지에 의해서 의사결정, 그 자체가 달라진다. 합의제란 경영의 각 부문 간의 조정을 필요로 하는 것이어서, 이사와 집행위원을 분리한다고 해도, 현 단계에서 일본의 경영조직은 합의제를 기본으로 한다.[13] 이에 대해서 이른바 미국적 경영으로 지적될 수 있는 것은 경영의 의사결정을 CEO에게 집약시켜, 경영전략의 기동성과 함께 경영방침의 급속한 전환을 가능하게 하는 점이다. 그리고 그 같은 사실은 경영의 책임 소재를 명시하고 있다.

(3) 이사회 유형

여기서 이사와 집행위원의 관계가 분리형인지 결합형인지, 그리고 경영의 의사결정이 톱 다운형인지 합의제인지를 기준으로 각국 경영조직의 형태를 유형화시켜 보면 <그림 6-8>과 같다. 각각의 화살표는

---

13) 따라서 예외로서는 닛산의 카를로스 곤 씨가 대중의 이목을 집중시키는 존재가 되었다.

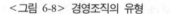

<그림 6-8> 경영조직의 유형

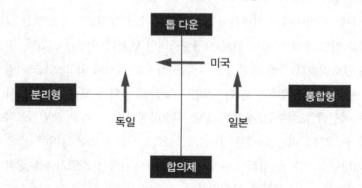

이사회 개혁의 방향을 나타내고 있다. 우선, 경영의 의사결정은 톱 다운형의 대표적 예로서 미국의 CEO가 있고, 이에 대해서 일본과 독일은 합의제로 구분된다.

한편, 이사와 집행위원의 분리는 독일의 감사위원회를 전형으로 한다. 여기서는 두 멤버가 중복되는 일은 없다. 그리고 공동결정을 내린 후 감사위원회는 경영집행위원의 방침을 거부하기도 한다. 특히, 대규모의 정리해고 계획에 대해서는 감사위원회의 거부와 반대를 예상해서 계획의 수정이 행해지는 경우도 있다.

따라서 독일에서는 CEO의 권한강화가 거버넌스 개혁의 과제이다. 이에 대해서 미국은 외부이사에 의한 경영의 모니터링 기관이 설치되어 있기 때문에 분리형이지만, 다른 한편으로는 CEO가 이사회를 실질적으로 지배하고 있기 때문에 통합형이라 할 수 있다. 따라서 이사회의 회장과 CEO의 분리가 미국에서 이사회 개혁의 과제이다. 나아가 일본은 좀더 강한 의미에서의 통합 또는 일체형이다. 이 때문에 CEO 권한의 강화가 이사회 개혁의 과제가 되고 있다.

(4) 모니터 기능의 부재

이처럼 경영의 기능강화를 목표로 해서 거버넌스 개혁이 진행되고,

이를 위해 '주주중시' 경영이라는 목표를 내세우기도 한다. 하지만 이 때문에 이러한 경영에 대한 모니터 기능이 불가결하게 된다. '위원회 등 설치회사' 형태가 채용된다 해도 이것이 모델로 하고 있는 미국 기업의 거버넌스에서도 최종적으로 문제가 되는 것은 역시 모니터 기능의 유효성이다. 일본 기업의 거버넌스 개혁이 이사와 집행위원의 일체화를 전제로 해서 경영의 기능강화를 목표로 한다면 모니터 기능은 위의 둘로부터 분리된 감사위원회가 담당해야 한다는 주장도 나올 만하다. 물론, 그러기 위해서는 외부기관으로서 감사위원회의 기능이 강화되어야만 한다.

어쨌든 시장 환경의 변화에 따른 경영의 조직개혁은 지금까지도 이루어져 왔지만, 그러한 경영에 대한 모니터 기능은 불충분하거나 부재했다. 이는 경영의 성과와 재무에 대한 모니터의 문제만은 아니다. 불상사나 부정행위에 관련된 모니터 문제이기도 하고 그 행위자가 내부고발에 의한 모니터라고 한다면, 이는 코퍼레이트 거버넌스로서는 결코 정상적인 것이 아니다. 거버넌스 기능의 강화에 의해서 이른바 기업 불상사와 부정행위 그 자체를 저지하기는 어렵다. 법령엄수(compliance)로서 문제가 되는 것은 결과에 대한 정보개시라고 할 수 있다. 시장의 신뢰를 위해서 경영정보의 개시가 필요한 것과 마찬가지로 사회의 신뢰를 얻기 위해 법령엄수에 관한 정보개시가 필요하다. 법령엄수 그 자체가 기업성적과 직접적으로 관련되지는 않는다고 하더라도 그 위반이 기업 존속 그 자체를 위협한다는 사실은 그동안의 사건들을 통해서도 알 수 있다.

(5) 스테이크홀더 관계는 유지될까

이처럼 경영의 기능강화와 동시에 경영의 모니터 기능을 어떻게 확립하는가가 일본 기업의 거버넌스 개혁의 과제이다. 더구나 마지막 과제로서 일본의 코퍼레이트 거버넌스 그 자체에 관한 문제가 남아있다.

시장 환경의 변화에 따라서, 그리고 시장경쟁의 압력하에서 일본 기업은 지금까지도 조직개혁을 전개해 왔다. 제3장에서 논한 바와 같이 고용 시스템은 연공주의에서 능력주의로 전환하고, 현재는 성과주의를 도입하고 있다.

여기에서 존재하는 것이 경영의 요청에 대한 종업원의 협력관계라면, 그러한 의미에서 경영규율의 강화가 일본 생산조직의 특징이라고 할 수 있다. 그리고 이러한 관계를 구축하는 것이 장기고용관계이고, 장기계열관계라는 의미에서 스테이크홀더 관계가 일본 기업의 경영규율을 높여왔다고 할 수 있다. 이러한 경영규율을 의식시키는 것이 시장경쟁하에서의 '위기의식'의 공유라면, 이러한 관계를 발생시키는 것은 스테이크홀더 관계이다.

어쨌든 시장경쟁의 거버넌스 기능이 매우 중요하게 되었다. 이는 외부 경쟁시장의 압력을 의미하는 것으로 외부 컨트롤 작용만이 아니다. 이는 모든 기업에 적용되는 것이다. 이에 대해서 시장경쟁 거버넌스 기능이 개개의 기업 경쟁력에 차이를 발생시킨다면, 이는 스테이크홀더 관계를 통한 내부 컨트롤 작동이 다르기 때문이다. 이에 대해서 만약 현재 경영조직의 개혁이 '주주중시'를 내세워 셰어홀더형 거버넌스를 목표로 한다면, 이것과 스테이크홀더 관계는 어떻게 양립할 수 있을까가 문제이다. 이것이 일본 기업의 거버넌스 개혁에서 최대의 과제이다.

3) 단기주주의 급증

(1) 메인뱅크 컨트롤의 쇠퇴

일본 기업의 거버넌스 구조에서 메인뱅크의 쇠퇴가 불가피하다면 이에 대신해서 어떠한 거버넌스 메커니즘이 작동할까. 지금까지의 개념도식에서 알 수 있는 사실은 거버넌스 구조에서 어떤 컨트롤이 저지되었을 때 그 컨트롤에 대신해서 다른 컨트롤이 작동한다는 것이다. 그렇다면, <그림 6-5>에서 MB→E의 메인뱅크 컨트롤이 쇠퇴하면 메인뱅크를 대신하는 것은 시장의 움직임에 의한 M→E의 외부 컨트롤이다. 혹은 주주총회 움직임의 활성화로부터 S→B의 내부 컨트롤 작용이 발생하는 것도 예상할 수 있다. 안정주주와 상호 보유의 조직화에 의해서 M→E의 컨트롤을 저지하고 우호 주주의 조직화에 의해서 S→B의 컨트롤을 저지하는 역할을 메인뱅크가 담당했던 이상, 메인뱅크의 쇠퇴에 따라 M→E의 컨트롤과 S→B의 컨트롤이 발생하는 것은 어떤 의미에서는 당연하다고 할 수 있다. 문제는 그와 같은 사실이 어떤 거버넌스를 형성하는가에 달려있다.

(2) 열쇠를 쥔 기관투자가

<그림 6-9>와 같이 M→E의 컨트롤을 단절시킨 주식의 상호 보유와 안정주주의 조직화는 1990년대 후반 이후 급속히 붕괴했다. 안정주주 비율이 33% 이하로 감소한 것이다.[14] 이를 대신해서 급증하는 것은 외국인투자가의 주식소유이다. 여기서 은행과 사업법인을 장기주주, 개인과 외국인을 단기주주라 하고, 투자신탁과 연금신탁, 그리고 생명보험을 기관투자가로 해서 각각의 주식소유 상태를 나타내면 <그림 6-10>과 같다.

<그림 6-10>은 장기주주와 단기주주의 비중이 드라마틱하게 역전되었음을 보여주고 있다. 동시에 그 귀결은 기관투자가가 어떻게 행동하는가에 달려있다. 기관투자가가 장기주주로서 행동한다면 전체에서 차지하는 장기주주와 단기주주의 비중은 거의 비슷하게 된다. 반대로 단기주주로 행동하면 단기주주의 비중이 압도적이 된다.

---

14) 33% 주식소유에 의해서 기업제안에 대한 주주의 거부권이 발생한다. 따라서 기업 측에서도 탈취에 대항하기 위해서는 33%에 해당하는 안정주주의 조직화가 중요하다고 할 수 있다(셰어드, 1997).

<그림 6-9> 안정주주·상호 보유 비율

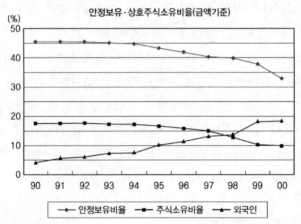

안정보유·상호주식소유비율(금액기준)

자료: ニッセイ基礎研究所, 「株式相互所有狀況調査, 2000年度版」; 全國証券取引所, 「平成13年度株式分布狀況調査」.

1980년대 미국의 기관투자가는 단기주주로 행동했다. 이는 경영에 불만이 있다면, 매각하는 '월스트리트 룰'에 따른 행동이라 할 수 있다. 따라서 M→E의 외부 컨트롤이 기능했다. 이에 비해 1990년대 이후 기관투자가는 이사회에 대해 S→B의 '발언' 행동으로 전환하게 되었다.

그렇다면 일본의 기관투자가, 그리고 외국인 투자가로 정의되는 해외의 기관투자가는 어떤 행동을 취할까. 그 일부는 '발언' 행동을 취할지라도 대부분은 단기 운용이익을 목적으로 하는 '월스트리트 룰'을 채용할 것이다. 여기에서 적대적 기업매수를 통한 외부 컨트롤 작용이 발생할 것이라는 예상은 좀 이른 감이 있지만 주가 변동을 통한 외부 컨트롤 작용이 강해지는 것도 충분히 예상할 수 있다. 이는 또한 증권분석가와 펀드매니저, 그리고 평가기관에 의한 기업평가를 통한 모니터링의 파워가 강화되는 것을 의미한다.

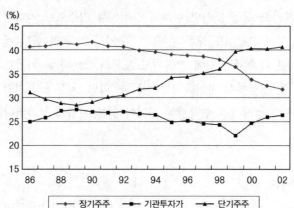

<그림 6-10> 장기주주·기관투자가·단기주주(단위 주식 베이스)

장기주주: 은행, 사업법인

기관투자가: 신탁은행(투자신탁·연금신탁), 생명보험회사, 손해보험회사

단기주주: 증권회사, 개인, 외국인

자료: 全國証券取引所, 「平成13年度株式分布狀況調査」.

(3) 시장관계자에 의한 모니터링

이처럼 이른바 시장관계자에 의한 모니터링이 일본 기업의 코퍼레이트 거버넌스 개혁과 이어지는 것이라면 이는 메인뱅크에 의한 중간 모니터링의 한계를 보완할 것으로 생각된다. 앞 장에서 지적했듯이 설령 사전 모니터링을 통해서 융자기업의 투자계획과 그 수익성이 평가된다고 해도, 그 후 중간 모니터링에서 수익성이 직접 문제시되는 경우는 없었다. 그 때문에 당초의 투자계획이 예상수익을 밑돌아도 투자계획을 수정하고자 하는 거버넌스의 작용도 없었다. 결과적으로 일단 결정된 투자는 저수익 그대로 진행되었다.

이에 반해, 증권분석가와 펀드매니저, 그리고 평가기관 등 이른바 시장관계자에 의한 모니터링의 의의는 수익성을 중심으로 당초의 투자계획을 수정한다는 것이다.[15] 이것이 최종적으로 시장 참가자 전원에 의한 기업평가로 이어진다. 다만, 이 프로세스가 앞서 지적했듯이 '4분기 게임'이 될 가능성을 완전히 배제하기는 어렵다. 그것은 케인스가 '관행적 기대'라고 했던 것처럼 현재의 실현치를 기준으로 기업의 장래를 예측하는 것에 그칠지도 모른다. 혹은 '투기적 기대'라 했던 것처럼 시장의 심리를 예측하는 것에 그칠지도 모른다. 그 결과, 기업가치의 평가가 단기적 전망에서 벗어나기는 힘들다. 다만, 재무상의 건전성 레벨이 아닌 좀더 명시적인 수익성의 제약이 일본 기업에 부과된다는 것은 분명하다.

(4) 장기주주의 역할

동시에 <그림 6-10>에서 알 수 있는 사실은 아직 30% 넘게 차지하고 있는 장기주주의 존재이다. 이 비율은 앞으로도 감소되리라 예상된다. 하지만 <그림 6-6>에서 알 수 있듯이, 1990년대 중반 이후 금융기관의 주식보유 비율은 급속히 저하한 데 비해서 사업법인의 보유 비율은 지금까지 약간 감소하는 데 그쳤다. 사업회사 간의 주식보유가 장기적인 사업거래에 바탕을 두고 있는 한 상호 보유의 형식은 이후로도 유지될 것으로 예상된다. 또는 사업회사 간의 제휴가 이루어지면서 주식의 상호 보유도 진전될 것이다. 이는 은행과 사업회사 간의 주식보유에도 타당하다. 그렇다면 이들 장기주주는 어떠한 거버넌스 행동을 취할까.

지금까지는 S→B는 침묵하는 존재였고, M→E는 외부 컨트롤을 저지하는 존재로서 장기주주에 대한 기대였다. 그리고 장기주주를 대표해서 메인뱅크가 기업경영의 모니터 역할을 수행했다. 하지만, 메인뱅크의 기능저하는 불가피했고, 나아가 주식의 상호 보유와 안정주주의 조직화가 급속하게 저하한 결과, M→E의 외부 컨트롤을 저지할 파워

---

15) 이러한 움직임을 티롤은 '소극적 모니터링(passive monitoring)'이라 했다 (Tirole, 2001).

를 박탈당했다. 그렇다면 그러한 장기주주로서 거버넌스의 역할이 필요하다면, S→B를 통한 이사회에 대한 '발언'이다.

이것이 1990년대 미국 기관투자가들의 주주 행동주의였다. 다만, 미국에서는 기관투자가가 이사회에 직접 관여하는 것은 제약되고 있다. 혹은 개인투자가와 연금기금으로부터 위탁된 존재로서 기관투자가는 주가 압력의 대변자에 지나지 않는다. 반면 일본의 경우, 기관투자가와 구별되는 장기주주의 존재를 지적할 수 있다. 그리고 일본의 기관투자가는 단기주가 압력보다는 장기적인 시점에서의 발언을 선택할 여지가 남아있다고 할 수 있다.

(5) 장기기대의 중요성

해당 분기의 실현치를 근거로 차기를 예상한다. 즉, 금기의 수익을 지표로 해서 기업의 장래를 예상한다는 것이다. 이것이 단기주주의 행동인데 그 귀결이 앞서 논한 것처럼 '4분기 게임'이다. 즉, 금기의 수익이 예상을 밑돈다면 기업의 장래는 곧바로 낮게 수정되고, 그 결과 주가는 하락하게 된다. 반대로 예상을 웃돌면 장래는 바로 상승으로 수정되고, 그 결과로 주가는 상승한다.

반면, '실현한 결과에 비추어 단기적으로 수정을 할 수 없는' 기대를 케인스는 장기기대라 했다. 이것은 유동적 시장이 상정하는 주주의 행동과는 정반대이다. 만약 이러한 관점에서 기업의 장래를 평가하고 예상하는 주주가 있다면, 해당 기업과의 자본거래에서 커미트먼트 관계를 맺고 있는 주주이다. 그러한 존재를 장기주주라고 한다.

이러한 장기주주가 거버넌스에 관여할 필요가 있다. 나아가 현실의 금융기관과 사업법인의 주식소유가 과연 그와 같은 것인지에 대해서는 의문이다. 다만, 지금까지 일본의 장기주주는 S→B의 관계에서 침묵하는 존재가 아니라, 주주총회를 앞둔 가운데 비공식적인 의사소통이었다. 아마도 이러한 관계를 좀더 명시적인 관계로 전환하고자 하는 요구

<그림 6-11> 일본 코퍼레이트 거버넌스 개혁

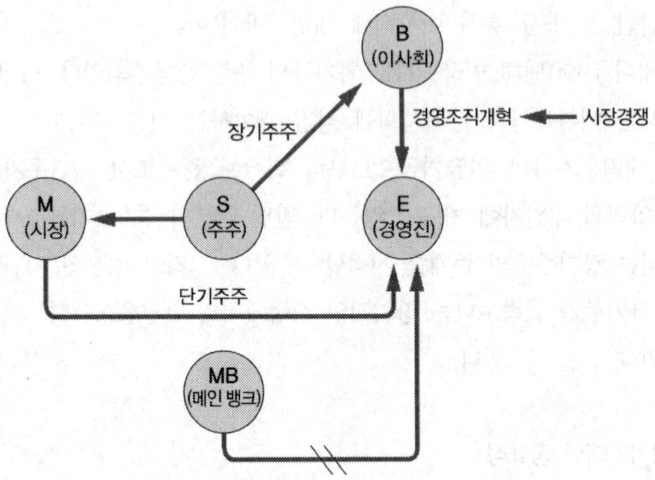

가 높아질 것이다. 지금까지의 설명처럼 일본의 거버넌스 개혁이 경영의 기능강화를 목표로 한다면, 이러한 경영에 대한 모니터 기능이 필요하게 되고, 동시에 장기적인 전망에서 감시자로서의 역할이 요구된다. 아마도 이러한 가능성이 일본의 코퍼레이트 거버넌스 개혁의 열쇠일 것이다.

(6) 새로운 거버넌스 구조의 방향

이상의 논점을 정리해 보면 <그림 6-11>과 같이 일본 코퍼레이트 거버넌스 개혁의 방향을 제시할 수 있다. ① B＝E의 결합에 대해서 시장경쟁 압력하에서 경영의 조직개혁이 진행된다. 이는 B(결정)와 E(집행)를 분리한 후에 다시 양자가 일체화되어 경영의 기능강화를 목표로 한다. ② 안정주주와 메인뱅크에 의한 M→E의 단절에 대해서는 상호보유의 해소와 외국인 투자가가 급증한 결과, 단기주주에 의한 M→E의 외부 컨트롤이 강해질 것으로 예상된다. ③ 우호적인 주주 혹은 침묵하는 주주에 의한 S→B의 단절에 대해서는 장기주주에 의한 '발언'

으로서 S→B의 컨트롤이 작동할 것으로 생각된다.

물론, 이는 가능성 차원에서의 가정에 지나지 않는다. 은행과 사업법인의 주식소유가 어떻게 거버넌스에 관여할 것인가는 불분명하고, 기관투자가가 어떻게 행동할 것인지는 현재의 시점에서는 매우 불투명하다. 게다가 <그림 6-11>과 같이 거버넌스 구조가 성립한다면, 과연 이러한 사실을 일본 기업이 특징으로 하는 스테이크홀더형 거버넌스와는 어떻게 양립할 수 있을까. 이러한 점들이 남아있는 논점이다.

4. 스테이크홀더형 거버넌스

1) 설계된 스테이크홀더

(1) 스테이크홀더형 거버넌스의 문제점

<그림 6-11>과 같은 거버넌스 구조의 결과, '주주중시'의 경영 압력이 강해지는 것은 틀림없다. 단기주주이든, 장기주주이든 주주 컨트롤의 압력이 강해지는 것이다. 그렇게 되면 지금까지의 스테이크홀더형 코퍼레이트 거버넌스는 붕괴하게 된다. 그렇다면 이러한 붕괴를 저지하기 위한 조건은 과연 무엇일까.

스테이크홀더형 거버넌스의 이른바 원리적인 곤란성에 대해서는 다음 두 가지를 지적할 수 있다(Tirole, 2001). 첫째, 스테이크홀더로서 종업원과 거래상대, 고객, 지역사회 등을 들 수 있지만, 이러한 각각의 이해를 집약시켜 공통의 목표를 정의하는 것은 쉽지 않다. 둘째, 설령 그러한 목표를 정의할 수 있다고 해도, 실제 실현할 수 있도록 경영자를 유도하는 것도 곤란하다. 이에 대해서 셰어홀더형 거버넌스의 목표는 명확히 정의할 수 있다. 그 목표는 주주이익의 추구이며, 이를 위해서 주주에 의한 거버넌스가 그 전부이다.

물론 셰어홀더형 거버넌스가 그 의도대로 실현되는 것은 아니다. 이러한 사실이 에이전시 비용으로부터 코퍼레이트 거버넌스의 문제였다. 다만, 그 거버넌스의 목적 자체는 명확하지만, 스테이크홀더형 거버넌스의 목적은 반드시 명시 가능한 것은 아니다. 확실한 것은 주주가치와는 목표가 다르다는 것이고, 그 목표를 실행하는 것이 경영자인 이상, 결국은 경영자 기업의 행동으로 귀결된다. 다만, 그러한 경우에도 왜 경영자가 스테이크홀더의 이해(利害)를 고려해야 하는가는 역시 불분명하다.

(2) 장기 기업가치의 최대화

스테이크홀더형 거버넌스에 대해서는 확실히 앞서와 같은 문제점을 지적할 수 있다. 이에 대해서 만약 스테이크홀더 전원의 유일한 목표가 있다면, 이는 장기 기업가치의 최대화라 할 수 있다. 다만, 이 경우에도 장기 기업가치를 주주가치와 동일시하는 이상, 이는 셰어홀더형 거버넌스로 귀결된다. 그렇다면, 스테이크홀더형 거버넌스의 가능성을 문제삼는 것은 부질없는 시도에 지나지 않는 것일까.

여기서 우선 다음 사항을 확인해 보자. 즉, 스테이크홀더형 거버넌스가 문제되었을 때, 현실적으로 스테이크홀더 전원이 아니라 한정된 멤버만이 고려된다. 즉, 종업원 전원이 아니라 제한된 종업원이고, 거래상대 전원이 아나라 제한된 거래상대라는 점이 스테이크홀더형 거버넌스의 전제이다. 여기에서 기업과 관련이 있는 종업원과 거래상대, 고객과 지역사회 전원을 '자연의 스테이크홀더(natural stakeholders)'(Tirole, 2001)라고 한다면, 스테이크홀더형 거버넌스에서 고려되는 것은 설계된 스테이크홀더(designed stakeholders)이다.

장기 기업가치의 최대화가 스테이크홀더형 거버넌스의 목적이라면, 그 목표에 공헌하고 그 이해와 일체화하는 존재가 '설계된 스테이크홀더'가 된다. 그것이 장기 기업가치와 일체화된 장기고용의 종업원과 장기거래의 서플라이어라면, 그 외의 종업원과 거래상대는 스테이크홀더형 거버넌스로부터 제외된다. 이에 따라 장기 기업가치를 스스로의 주주가치로 하는 셰어홀더가 '설계된 스테이크홀더'의 멤버가 된다. 이것이 바로 장기주주이다.16) 여기서의 문제는 '설계된 스테이크홀더'의 이해를 실현할 수 있도록 경영자들이 실제로 행동에 옮기는가의 여부에 달려있다. 그러기 위해서는 어떠한 모니터링과 인센티브 기제가 필요하게 되는가. 또는 장기주주를 포함해서 '설계된 스테이크홀더'는 어떻게 거버넌스와 관련을 갖는가. 그리고 '설계된 스테이크홀더'에서 제외된 '자연 스테이크홀더'의 이해를 어떻게 고려해야 하는가가 스테이크홀더형 거버넌스의 과제이다.

(3) 관계 특수적 투자의 존재

장기 기업가치의 공헌을 위해 '설계된 스테이크홀더'의 자격을 요구한다면, 지금까지의 논의에서 해당 기업과의 거래 특수적 투자 혹은 관계 특수적 투자의 주체로 이해할 수 있다. 즉, 그러한 투자가 발생시킨 기업가치의 증가가 당사자에게는 '배당(스테이크)'이 되고, 이것이 스테이크홀더의 관계이다. 반대로 관계 특수적 투자가 불필요하다면, 스테이크홀더 관계 자체가 불필요하게 된다. 거기에는 주주와 경영자 관계가 있을 뿐이고, 이것이 에이전시 관계가 된다.

지금까지 설명한 것처럼, 관계 특수적 투자에 바탕을 둔 거래관계를 조직화할지, 아니면 그러한 투자 자체를 불필요하게 할지는 '거래의 다발'로서 기업의 선택에 달려있다. '설계'의 차원에서 말하면, 그것은 '비즈니스 아키텍처'를 어떻게 '설계'하는가에 달려있다(藤本隆宏·武石

---

16) 주주만이 스테이크홀더가 아닌 기업의 이해관계자 전원이 스테이크홀더라는 표현이 있다. 하지만, 그러한 표현에 의해 오히려 스테이크홀더형 거버넌스 문제는 불명확해진다. 이에 대해서 여기서는 주주 자체를 '자연 스테이크홀더'와 '설계된 스테이크홀더'로 구별한다.

彰·靑島矢一, 2001). 제4장에서 설명했듯이, 한편으로는 관계 특수적 투자에 바탕을 둔 '통합형' 아키텍처의 설계가 있고, 다른 한편으로는 부분과 부분을 분리시킨 '모듈형' 아키텍처의 설계가 있다. 이러한 의미에서 스테이크홀더 관계 자체가 '설계'된다.

확실히 모듈화의 진전과 함께 또는 정보화와 기술혁신의 진전에 따라 관계 특수적 투자는 불필요하게 될 것이라는 견해가 유력하다. 하지만 모듈화를 도입한 이후 통합형 아키텍처 설계는 가능하다. 오히려 이러한 점에서 일본 기업의 경쟁우위가 있다고 할 수 있다. 일본 기업이 경쟁우위를 갖기 위해서는 통합형 아키텍처를 구성하는 멤버를 스테이크홀더 관계로 조직화할 필요가 있다. 이것이 관계 특수적 투자에 기초한 고용관계와 계열관계의 조직화였다.

오히려 문제는 스테이크홀더 관계가 어떻게 유지될 수 있는가에 있다. 불완전 계약하에서의 홀드업 문제와 같이, 관계 특수적 투자에 대한 배당(스테이크)은 잠재적으로 기업 측의 배신 위기에 노출되어 있다. 이러한 의미에서 기업의 기회주의가 컨트롤되지 않고, 그 결과 관계 특수적 투자의 실행이 방해받는다면 이는 조직의 비효율을 의미한다. 바꾸어 말하면 조직의 비효율을 저지하는 것이 장기 기업가치의 관점에서의 거버넌스, 즉 스테이크홀더형 거버넌스의 과제이다.

(4) 장기주주의 거버넌스 기능

일반화시켜 보면 기업의 장기적 가치의 최대화에 대해서는 스테이크홀더형 거버넌스와 셰어홀더형 거버넌스의 차이는 존재하지 않는다. 다만, 전자에서 기업의 장기적 가치는 관계 특수적 투자에 의존한다. 따라서 관계 특수적 투자의 주체에 대한 경영자의 기회주의와 배반을 컨트롤하는 것이 스테이크홀더형 거버넌스의 과제이다.

이에 대해서 관계 특수적 투자의 존재가 무시될 수 있을 때, 기업의 장기적 가치와 관련되는 것은 주주에 한정된다. 따라서 주주의 대리인

(에이전트)으로서 경영자의 기회주의와 배반을 컨트롤하는 것이 셰어홀더형 거버넌스의 과제이다. 그렇다면 일반적으로 일본 기업에 대해서는 스테이크홀더형 거버넌스의 논의가 정합하고, 미국 기업에 대해서는 셰어홀더형 거버넌스의 논의가 정합하게 된다. 이렇게 되면 전자에서는 관계 특수적 투자의 존재를 반영하고, 후자에서는 관계 특수적 투자의 존재를 무시할 수 있는지의 차이가 있다고 할 수 있다(Kester, 1996).

물론, 경영자의 기회주의와 배반은 경영자 개인의 문제만은 아니다. 단기적인 주가 압력과 기업수익의 압력으로부터 관계 특수적 투자에 대한 배반행위가 불가피할 수밖에 없는 경우도 있다. 그것이 셰어홀더형 거버넌스의 기업행동인데, 이를 저지하는 것이 스테이크홀더형 거버넌스이다. 따라서 오히려 단기주주의 압력으로부터 경영자를 보호해야 할 필요가 있다. 그리고 이것이 장기주주의 거버넌스 기능이다. 즉, 한편으로는 관계 특수적 투자에 바탕을 둔 기업가치의 증대가 있고, 다른 한편으로는 그러한 스테이크홀더 관계를 유지하는 거버넌스가 있다. 이것이 바로 '설계된 스테이크홀더'로서 장기주주의 거버넌스 기능이다.

2) 경영의 계속성

(1) 스테이크홀더의 거버넌스

관계 특수적 투자의 주체로서 장기고용의 종업원과 장기거래의 서플라이어가 '설계된 스테이크홀더'의 자격을 얻는다면, 이들 스테이크홀더는 어떻게 거버넌스하는가. 스테이크홀더형 거버넌스라고 표현하는 이상, 거버넌스 구조에는 적어도 '설계된 스테이크홀더'가 관여하게 된다. 그 대표적인 예가 감사회에 종업원 대표의 참가를 제도화한 독일의 거버넌스 구조인데, 일본의 경우에는 이러한 구체적인 예는 보이지 않는다. 물론 기업별 조합을 단위로 하는 노사협의제의 조직화가 있다.

다만 그 조직화는 경영의 의사결정과 경영 모니터와 관련한 의미로서의 거버넌스와는 거리가 먼 것이다.

셰어홀더형 거버넌스의 주장에 대해서는 셰어홀더(주주)가 거버넌스와 어떤 관련을 갖는지의 여부가 문제이다. 이와 마찬가지로 스테이크홀더형 거버넌스를 주장한다는 것은 스테이크홀더가 어떻게 거버넌스와 관련을 갖는지를 문제로 하는 것이다. 하지만 이러한 점과 관련해서 '거버넌스 부재'의 스테이크홀더형 거버넌스가 일본 기업이 추구하는 거버넌스의 현실이기도 하다.[17] 그렇다면 스테이크홀더에 의한 거버넌스를 배제한 이후 스테이크홀더의 이해를 유지하는 거버넌스가 일본 기업의 코퍼레이트 거버넌스라 할 수 있다.

(2) 중립적 재정자로서의 경영자

이것이 일본적 경영이었다. 일본의 스테이크홀더형 거버넌스의 가장 유력한 가설로서 경영자를 주주이익과 종업원이익 간의 **중립적 재정자**로 간주하는 견해가 있다(Aoki, 1988). 즉, 본래는 주주의 대리인이어야 하는 경영자가 '중립적'이라는 것은 적어도 중립적인 이상, 종업원의 이익을 대변하는 존재라는 것을 의미한다. 앞서 칼럼에서 논한 것처럼, 이것이 벌리와 민즈의 '중립적 테크놀로지'로서의 경영자이기도 하다. 그리고 이러한 의미에서 일본적 경영은 고용관계와 계열관계에서 거래의 룰과 관행을 유지하는 것으로 귀결된다. 이로 인해서 관계 특수적 투자가 전제로 하는 계속적 거래를 유지하고, 또한 그것이 발생시키는 기업이윤을 잉여로서 분배하는 관계가 스테이크홀더형 거버넌스로서 유지되어 왔다.

---

17) 이와 유사한 표현으로서 '노사 없는 코포라티즘(corporatism)'이 있다. 즉, 정부와 경영자 단체, 노동조합 3자 간의 협력관계에 바탕을 둔 경제 시스템 운영을 코포라티즘이라 한다면, 일본의 코포라티즘에는 노동의 명백한 관여가 없다는 점을 지적할 수 있다.

(3) 경영의 계속성이라는 문제

하지만 종래 경영의 개혁이 일본 기업 시스템의 시급한 과제이기도 하다. 이를 위해 기존의 고용관계와 계열관계를 크게 변경해야만 한다. 더욱이 단기주주의 급증은 '주주중시'의 압력을 동반한다. 과연 이러한 사실은 스테이크홀더형 거버넌스의 부정을 의미하는 것일까.

확실히 일본 기업은 딜레마에 빠졌다. 관계 특수적 투자를 베이스로 하는 고용관계와 계열관계를 유지하기 위해서는 관계를 통한 상호 기대와 신뢰가 있어야만 한다. 이를 위해서는 거래관계의 룰과 관행을 유지할 필요가 있다. 이러한 것은 경영의 계속성에 의존한다. 반대로 적대적 기업매수에 의해, 또는 경영자의 일방적 해임에 의해서 기존의 경영체제가 돌변한다면, 기존의 룰과 관행도 파기된다. 만약 이러한 상황이 빈번하게 발생하거나 또는 예상된다면, 관계를 통한 투자와 투자의 전제가 되는 상호기대 및 신뢰를 유지하는 것은 곤란해진다. 이는 관계에서 의존이 없는 거래행동을 선택해야 되고, 이것이 arm's length(적당한 거리) 관계가 된다. 이에 대해서 상호의 기대와 신뢰에 바탕을 둔 obligational(의무적) 관계가 성립하기 위해서는 적어도 경영의 계속성에 대한 기대와 신뢰가 전제되어야 한다.

경영의 계속성을 확보하는 수단으로서 주식의 상호 보유와 안정주주의 조직화가 전개되었다. 또는, 이른바 함익이익을 통해 기존의 경영을 유지하고자 하였다. 다만, 그것은 동시에 경영자의 지위를 유지하기 위한 수단이기도 했다. 적대적 기업매수를 저지하는 것은 경영 계속성과 동시에 경영자의 지위를 유지하기 위해서였다. 그리고 함익이익으로 배당을 유지하거나, 배당과 함께 경영자 보수를 삭감하는 것은 경영자에 대한 페널티임과 동시에 경영자의 지위를 유지하기 위한 것이기도 했다. 업적부진의 결과, 설령 메인뱅크로부터 경영자 파견이 있다 하더라도, 경영 그 자체는 내부승진자가 그 뒤를 잇는다. 그리고 내부승진을 통해 종업원으로부터 경영자에 이르기까지 지위의 연속이 '종업원 대표'로서의 경영자라는 성격을 강화해 왔다.

확실히 그 결과, 경영자 지위의 계속과 함께 경영의 계속성이 유지되어 왔다. 만약 이러한 경영자가 '중립적' 존재로 여겨진다면, 주주이익도 종업원 이익도 아닌 이른바 조직의 이익을 추구하는 존재라는 것을 의미한다. 그 때문에 경영자 지위의 계속이라는 인센티브가 필요하게 되었다고 해석할 수 있다. 하지만 이러한 일본적 경영의 재편이 불가피하게 되었다. 특히, 경영자 지위의 계속에 대한 비판의 목소리는 점점 높아지고 있다. 그렇다면 그 결과, 경영자 행동이 변화한다면 스테이크홀더형 거버넌스는 부정되는 것일까.

3) 경영 경쟁력과 조직 경쟁력

(1) 일본적 경영의 과제

일본적 경영은 두 가지 측면에서 재편에 직면해 있다. 그 가운데 하나는 기존의 경영 방침에 대한 재검토이고, 또 다른 하나는 경영기능의 재구축이다. 전자는 시장전략과 제품전략, 기술전략 등 기존의 경영전략의 재편이고, 이러한 '전략'으로서의 경영의 경쟁력에서 일본 기업은 열세에 있다고 지적되었다(ポーター·竹内弘高, 2000). 이런 의미에서 경영의 기능강화가 필요하게 되었다. 앞서 지적했듯이, 이러한 관점으로부터 이사회의 기능강화와 경영조직의 변혁이 시도되었다.

만약 스테이크홀더형 거버넌스의 목표가 장기적인 기업가치의 최대화에 있다면, 그것은 '전략'으로서 경영의 경쟁력 강화와 대립하지 않는다. 다만 그러기 위해서는 장기 수익성의 기준을 명시하고, 그 달성을 모니터하는 거버넌스 기구가 필요하게 된다. 미국의 코퍼레이트 거버넌스를 참고해 보면 이러한 형태의 기구로 최고경영자의 경영책임을 묻는 시스템을 확립한 점을 확인할 수 있다.

이는 최고경영자에게 과대한 압력을 부과하는 것을 의미한다. 따라서 CEO에 대해서는 업적에 기초한 교체 압력과 함께 거액의 업적 연동형 보수가 도입된다. 그 결과 단기주의의 폐해에 빠질 가능성을 배제할 수 없다. 나아가 단기주주의 급증은 이러한 압력을 일층 강화시킨다.

만약 이를 회피하기 위한 가능성이 있다면, 장기주주의 존재일 것이다. 앞서 지적했듯이 이러한 점에 대해서 일본의 코퍼레이트 거버넌스는 장기주주에 의한 경영의 모니터링 기능을 강화할 여지가 남아있다. 단기주주로부터 위탁받은 기관투자가가 아닌 해당 기업과의 장기거래로서 이해를 공유하는 금융기관과 사업법인이 장기주주로서 경영의 모니터 기능을 담당하는 것은 기대할 수 없다. 만약 경영의 경쟁력을 확보하기 위해서 스톡옵션을 도입하고 장기적인 시점에서 재임 기간 중에 그 매각을 금지한다는 조건을 요구한다면, 장기주주가 요구하는 경우에만 가능하게 된다.

(2) 장기 시점의 거버넌스가 가능한가

장기적인 시점에서 경영의 모니터에 관여하는 것은 단기주주의 압력으로부터 경영자를 보호(프로텍트)하는 것이기도 하다. 다만 보호를 위해서는 장기 수익성을 명시하고, 경영책임을 묻는 자세가 필요하다. 그렇지 않으면 장기시점은 무책임의 대명사가 된다. 이는 사외이사에 대해서도 마찬가지이며, 그 역할은 장기시점에서 경영을 모니터하면서 동시에 경영을 단기주주의 압력으로부터 보호하는 것이라 할 수 있다. 나아가 이러한 역할이 '설계된 스테이크홀더'로서의 종업원과 서플라이어에게 할당되어 있다는 것도 결코 불합리한 것은 아니다. 또한, 이른바 IR(investors relations)의 역할은 기관투자가에게 단기적인 수익예상을 설명하기보다는 개인투자가에게 장기주주로서의 행동을 요청하기위한 것이라 할 수 있다.

앞서 지적했던 것처럼 거버넌스와 관련한 논의에는 '이념'과 '기능'

의 두 가지 측면이 있다. 거버넌스 개혁 차원에서의 논의는 '이념으로
서의 거버넌스'와 관련된 것이다. 미국 기업의 거버넌스 개혁에서도 최
대, 최후의 과제는 역시 장기적 시야에서의 거버넌스의 가능성이었다. 거
버넌스 수단을 인센티브에 의존하면 할수록 모니터링이 중요하게 되고,
동시에 장기적인 시점에서의 모니터링이 중요하게 된다. 그리고 이러
한 사실이 장기 기업가치의 최대화라는 의미에서 '기능으로서의 거버
넌스'와 연결된다. 그러한 거버넌스 구조는 아마도 나라마다 차이가 있
을 것이고, 그러한 점에서 각국마다 풀어야 할 과제를 안고 있다. 그
가운데 일본의 기업 시스템에 대해서는 장기주주에 의한 경영의 모니
터를 도입한 후에 스테이크홀더형 거버넌스를 구상할 수 있을 것이다.

(3) 가치관으로서의 일본적 경영

　다만 이상의 사실은 경영자가 장기적인 시점에서 행동한다는 것을
전제로 하는 것이다. 만약 일본의 경영자를 '중립적 재정자(裁定者)'로
서 개념화할 수 있다면, 이는 경영자의 이해를 주주의 이해와 일체화
할 때도 종업원의 이해보다는 이른바 조직의 이해와 일체화하는 것을
의미한다. 이는 경영자 지위의 계속보다도 조직의 계속 혹은 존속을
우선시하는 것이기도 하다.[18] 이것이 현실의 경영자 행동인지 또는
과거에 그랬는지를 묻는다면, 긍정과 동시에 부정의 대답도 있을 수
있다. 다만, 적어도 이러한 조직관과 경영자 상이 기존 일본 기업의
이상형으로 ˙ 생각되었다. 현재에도 일본의 엑설런트 컴퍼니(excellent
company, 초우량기업)는 변함없이 이러한 종류의 기업일 것이다. 따라
서 일본 기업에 장기적 시점을 부여하는 것은 '가치관으로서의 일본

---

18) 이러한 사실은 주식회사 제도에서 '법인격'과 '회사 그 자체'의 이중화에
　　대응하는 것이기도 하다. '회사 그 자체'의 존속은 그 활동을 담당하는 경영
　　자에게 의존하는 것이고, 그러기 위해서는 '법인격'을 지배하는 주주로부터
　　'회사 그 자체'를 제도적으로 분리시킬 필요가 있었다.

적 경영'이었다고 할 수 있다.

(4) 조직의 경쟁력은 유지 가능한가

만약 이상의 사실이 '경영의 경쟁력'을 높이기 위한 것이라면, 이와 비교해서 다른 한편으로는 스테이크홀더 관계에 바탕을 둔 조직의 경쟁력이 있다. 즉, 시장거래 조직화를 통한 생산조직의 효율성이 그것이다. 지금까지의 논의를 반복해 보면, 그러한 효율성은 관계 특수적 투자의 조직화에 의해 가능하고, 이것이 스테이크홀더의 관계이다. 그렇다면 이러한 의미에서 조직의 경쟁력을 위한 거버넌스와 경영의 경쟁력을 위한 거버넌스는 서로 대립하는 관계는 아니다. 조직의 경쟁력은 경영의 경쟁력에 의해 규정되고, 활성화된다. 그리고 경영의 경쟁력을 위해서도 조직의 경쟁력을 유지해야만 한다.

아마도 최대의 문제는 경영의 경쟁력을 높이기 위해 기존의 고용관계와 계열관계를 재편하고, 재구축하는 것과 스테이크홀더 관계를 어떻게 양립시키는가에 달려있다. 만약 종래 관계의 재편성이 관계의 계속성을 일방적으로 파괴하거나, 혹은 이를 기회로 보수의 인하를 획책한다면, 이는 스테이크홀더 관계에 대한 배반이다. 이를 회피하기 위한 관계의 재편성은 아마도 스테이크홀더 관계가 유지될 수 있는 범위 내로 한정시킬 수밖에 없을 것이다. 고용조정에 대해서도 지적했듯이, 급속히 진행된 고용조정은 동시에 적자에 직면하여 배당의 삭감 혹은 경영자 보수의 삭감으로 이어진다. 그리고 그 후 고용유지의 방책을 모색한 이후의 고용조정이었다는 사실로 인해 스테이크홀더 관계가 파괴되는 것을 회피하게 된다. 하지만 그 결과, 조정지연은 불가피하게 되고 전략으로서 경영의 경쟁력에 대한 장애가 된다는 것은 부정하기 힘들다.

이러한 의미에서 조직의 경쟁력이 경영의 경쟁력에 의존하는 동시에 경영의 경쟁력은 조직의 경쟁력에 의해 그 조건이 제한된다. 적어도 관계 특수적 투자에 바탕을 둔 조직의 경쟁력을 필요로 하는 이상, 조직의 경쟁력과 경영의 경쟁력 사이에는 딜레마가 존재할 뿐이다. 여기에서 한 가지 가능성은 관계 특수적 투자의 단위를 유지하면서 각각의 단위별로 스테이크홀더형 거버넌스를 조직화하는 것이다. 이것이 조직화의 분사화 방향이라면, 조직을 분할하고 분리시키거나, 혹은 다른 회사와의 통합을 위한 수단으로서 주식회사 제도가 존재하는 것이다.

4) 스테이크홀더 사회

(1) 자연 스테이크홀더의 문제

일본의 코퍼레이트 거버넌스가 스테이크홀더형 거버넌스로서 유지되기 위해서는 장기주주에 의한 거버넌스를 필요로 한다. 만약 지금까지 일본의 스테이크홀더형 거버넌스가 '주주경시'에 기초해서 성립한 것이라면 그 유지는 분명히 곤란하다. 현실에서 단기주주에 의한 외부 컨트롤 압력이 강해지는 것이 불가피하고, 오히려 그렇기 때문에 스테이크홀더 관계를 유지하기 위해서는 장기주주에 의한 내부 컨트롤 작용이 불가결하게 된다. 이것은 장기 수익성의 관점에서 해당 기업의 경영을 모니터하면서 동시에 단기주주의 압력으로부터 경영보호의 역할을 맡는다. 따라서 '주주중시'를 도입한 스테이크홀더형 거버넌스가 불가능하지만은 않다. 이를 대변하는 것이 사외이사인데, 현재 그 확충이 필요한 현실이다. 이와 함께 종업원 대표의 거버넌스에 대한 관여도 함께 다루어야 할 문제이다. 아마도 이러한 과제에 현재 일본 기업이 시도하고 있는 코퍼레이트 거버넌스 개혁의 성패가 달려있을 것이다. 그리고 이렇게 함으로써 '경영자 기업'이 성립할 수 있다.

다만, 이상과 같은 사실은 어디까지나 '설계된 스테이크홀더'로 구성된 코퍼레이트 거버넌스의 문제이다. 여기에서 배제된 자연 스테이크홀더에 대해서 어떤 코퍼레이트 거버넌스여야 하는지는 미해결인 채로 남아있다. 즉, 장기고용관계에서 제외된 종업원과 장기계열관계로부터 제외된 서플라이어의 이해를 어떻게 고려하는지가 스테이크홀더형 거버넌스의 과제인 것이다.

한편 셰어홀더형 거버넌스의 관점에서는 주주이익으로부터 배제된 '자연 스테이크홀더'의 이해를 어떻게 고려해야 하는지가 문제시되고 있다(Tirole, 2001). 즉, 주주이익의 추구는 주주이익을 위한 갑작스러운 해고와 같이 개개의 종업원에게 외부경제의 문제를 발생시킨다. 그렇게 되면 사회는 외부성을 내부화하고자 하는 과제가 발생한다. 예를 들어 공해를 배출하는 기업은 그러한 경영에 대한 책임이 주주에게는 없다. 만약 주주에게 책임을 묻는다면, 이는 외부불경제가 공해기업에 대해 과징금을 추징하는 형태로 내부화되고, 그 결과로 주가가 하락하는 형태이다. 이렇듯 셰어홀더형 거버넌스가 사회적으로 정당화되기 위해서는 주주 이외에서 발생할 수 있는 외부불경제를 내부화할 필요가 있다.

(2) 제3의 길

확실히 이러한 관점에서, 제3장에서 보았던 취업 능력(employ ability)과 고용안전망(safety net) 문제를 이해할 수 있다. 해고의 자유와 정리해고의 자유를 셰어홀더형 거버넌스 기업의 행동이라 한다면, 이에 따른 고용 세이프 넷을 확립하는 것이 해고라고 하는 외부불경제를 사회적으로 내부화하는 장치가 된다. 그러기 위해서는 고용 세이프 넷을 유지하기 위한 비용을 기업이 부담할 필요가 있다. 그러한 형태로 고용보험에 대한 기업부담과 그 외의 각종 사회보장제도에 대한 기업부담이 정당화된다. 또는 일시적 해고(layoff)에 의해서 고용보험의 기업부담 비율을 변경하는 제도 개선도 궁리해 볼 수 있다. 그리고 최대의 기업부담은 임플로이 어빌리티를 위해 직업훈련에 기업이 관여하는 데에 따른 비용의 부담이 있다.

여기에서는 셰어홀더 기업(shareholder company)과 스테이크홀더 사회

(stakeholder society)의 이분법을 상정할 수 있다. 즉, 기업행동으로서는 셰어홀더의 이익만을 추구한다. 하지만 그 결과 사회의 멤버, 즉 회사라는 집합체를 구성하는 스테이크홀더에서 발생할지도 모르는 외부성에 대비할 필요도 있다. 이것이 '스테이크홀더 사회'라는 것이다. 전자를 이른바 시장자유주의 시스템이라고 한다면 후자는 이른바 복지국가 시스템이라고 할 수 있다. 이 두 가지에 의해 구성된 시스템을 제3의 길이라고 할 수 있다.

확실히 주주이익의 추구로 정의된 셰어홀더형 기업을 전제로 하는 이상, 주주 이외의 이해를 고려하기 위해서는 스테이크홀더 사회를 구상할 필요가 있다. 이미 복지국가 시스템은 사회의 스테이크홀더의 이해를 위해서 기업에 대한 규제를 주장한 것이었다고 할 수 있다. 특히, 고용에 대해 각종 법적 규제가 부과되어 왔다. 코퍼레이트 거버넌스 차원에서는 독일 기업에서 노동자 대표제가 그 상징이다. 하지만 그 결과, 노동시장의 경직성이 발생하는 것도 부정할 수 없다. 따라서 '셰어홀더 기업'을 인정하고, 이와 병행해서 '스테이크홀더 사회'를 형성하는 방향이 모색된다.

(3) 스테이크홀더 사회는 가능한가

다만, 이러한 이분법을 따르는 이상, 셰어홀더 기업의 행동이 활발해짐에 따라 스테이크홀더의 사회적 부담은 증대한다. 이러한 의미에서 스테이크홀더 사회의 유지 가능성은 그 조직화 비용을 기업에 요구할 수 있는지의 여부에 달려있다. 과연 '셰어홀더 기업'이 이러한 부담을 받아들일 것인가.

이러한 점에서 확실히 유럽 각국은 직업훈련제도를 포함한 포괄적인 고용정책과 사회보장정책을 '사회적 세이프 넷(social safetynet)'과 '사회적 보호(social protection)' 정책이라고 하여, 이를 위한 비용을 기업들에게 부담하게 하는 방침을 견지하고 있다(宮本光晴, 2002). 하지만 이러한 종류의 부담을 셰어홀더 기업이 거부하면, 스테이크홀더 사회는 일반재원에 의해 유지되거나 그렇지 않는다면 축소될 수밖에 없을 것이다.

이러한 '셰어홀더 기업'과 '스테이크홀더 사회'의 이분법에 대해서 오히려 '스테이크홀더 기업'에 의해 구성된 '스테이크홀더 사회'를 고려할 수도 있을 것이다. 스테이크홀더 기업에 의해서 직접적으로 고려되는 것이 '설계된 스테이크홀더'의 이해만이라고는 해도 그 이해에 의해서 사회가 받아들이는 세이프 넷의 부담은 경감될 수 있을 것이다. 그리고 나머지 '자연 스테이크홀더'의 이해를 고려할 수도 있다.

반대로 셰어홀더형 거버넌스 기업 시스템에서 세이프 넷의 과제는 모든 사회가 수용하지 않을 수 없게 된다. 혹은 경쟁시장이야 말로 세이프 넷 기능을 다한다고 하는 '시장원리주의'의 논리에 의지할 수밖에 없게 된다. 이러한 의미에서 아마도 다른 하나의 '제3의 길'은 스테이크홀더형 기업을 내재한 스테이크홀더 사회일 것이다.

이러한 스테이크홀더 사회를 가정하더라도, 그 현실적인 성립은 곤란하다. 그것은 최종적으로 해당 사회를 구성하는 스테이크홀더의 거버넌스에 달려있다. 이것이 정치 거버넌스, 즉 스테이트 거버넌스라고 하면 사실 이 점과 관련해서 일본 사회는 최대의 문제점을 안고 있는지도 모른다.

이는 사회를 구성하는 스테이크홀더가 정치적 거버넌스와 어떻게 관련을 맺고 있는지에 관련한 문제만은 아니다. 코퍼레이트 거버넌스의 과제가 최종적으로 경영규율 문제로 귀결되고 있는 바와 같이, 스테이트 거버넌스의 과제는 사회와 국가 규율문제로 귀착된다. 혹은 코퍼레이트 거버넌스 과제가 주주와 부채, 그리고 시장경쟁을 통해 거버넌스하는 것만이 아닌, 스테이크홀더 관계를 통해 자율적인 거버넌스의 작동과 같이, 스테이트 거버넌스의 과제는 국민이나 시민의 자율적 거버넌스의 유효성에 달려있다. 이때 기업을 단위로 하는 스테이크홀더 관계는 관계 특수적 투자가 발생하는 것으로 간주할 수 있다. 하지만 사회의 스테이크홀더 관계에는 이러한 실질적인 기반은 존재하지 않는다.

그렇다면 사회의 스테이크홀더 관계는 무엇을 기반으로 성립되어 있는가. 이것이 마지막 문제이다. 이러한 문제는 이 책의 범위를 넘어서는 것은 아니지만, 질문의 본질로서 사회의 규율과 시민의 자율적 거버넌스를 문제로 한다는 것은 문제의 소재를 밝힌다고는 하더라도, 그 구체적인 대책의 제시가 가능한 것은 아니다. 이 책의 서두에 밝히고 있듯이, 여기에서의 문제는 무엇보다도 What에 대한 문제가 우선한다. 오히려 지적해야만 하는 문제는 사회를 단위로 하는 스테이크홀더 관계가 사회와 국가의 경계를 넘어서는 국제화에 의해서 침식된다는 것이다. 그리고 그 선두에 '셰어홀더 기업'이 있기 때문에 스테이크홀더 사회의 성립은 점점 더 곤란해진다는 사실이다.

이러한 의미에서 또한 '스테이크홀더 기업'에 의해서 셰어홀더 사회가 구성된다고 하는 '제3의 길'을 구상하는 것이 유익하다고 생각한다. 이를 위해서도 스테이크홀더 기업의 거버넌스 확립이 중요하게 된다. 이는 자본이익과 주주이익을 부정하는 것이 아니라 스테이크홀더 관계를 유지하기 위해서도 경영규율을 강화하여 경쟁력을 구축하는 것으로 귀착된다. 이 책의 서두에서 논한 것처럼 기업의 과제는 경쟁력 구축으로 귀결된다. 이를 위해 일본 기업은 시장거래를 조직화하고 스테이크홀더 관계를 조직화함으로써 달성할 수 있었다. 경쟁력을 새롭게 구축하기 위해서도 스테이크홀더 관계의 재조직화가 필요하기 때문에, 이를 위한 거버넌스의 확립이 일본 기업 시스템의 시급한 과제가 되고 있다.

5. 요약

이 장은 자본거래의 관점으로부터 코퍼레이트 거버넌스를 살펴보았
다. 자본 제공자가 기업을 지배한다고 하는 기업제도의 이념이 존재한
다고 하더라도 주주지배의 코퍼레이트 거버넌스가 간단히 성립하는 것
은 아니다. 이러한 사실에 대해 주식회사 제도의 본질로부터 소유와 경
영의 제도적 분리의 의미를 검토해 보았다.

코퍼레이트 거버넌스에 대한 전통적인 문제설정이 '누가 기업을 지
배하는가'라고 하면, 또 다른 문제는 '누가 기업을 경영하는가'이다.
기업 활동을 전개하기 위해서는 기업경영을 어떻게 규율하는지가 기업
의 경쟁력 관점에서 거버넌스의 과제이다. 이러한 관점에서는 주주에
의한 거버넌스만이 아닌 부채를 통한 거버넌스, 시장경쟁을 통한 거버
넌스가 중요하게 된다. 나아가 거버넌스 기능은 외부로부터의 메커니
즘에 의해 작동할 뿐만 아니라 내부 메커니즘에 의해서도 작용한다. 그
러한 것이 스테이크홀더 관계에 의한 자율적 거버넌스 작용임을 검토
하였다.

주주지배 거버넌스의 전형적인 예가 미국 기업이지만, 역사적으로는
주주지배가 아닌 경영자 지배형 거버넌스를 가장 먼저 성립시킨 것도
미국 기업이었다. 여기에서 거버넌스 구조의 일반적인 틀을 제시하고,
경영자 기업과 주주기업의 거버넌스 차이, 그리고 일본 기업과 미국 기
업의 거버넌스 차이를 검토할 수 있었다.

미국의 경영자 기업은 주주의 외부 컨트롤만을 거버넌스 메커니즘으
로 하는 데 비해, 일본의 경영자 기업은 주주 컨트롤 작동을 저지하고
메인뱅크 컨트롤을 제도화하는 한편, 시장경쟁을 통해 거버넌스가 작
동하고 있다. 거버넌스 관점에서는 미국의 경영자 기업에 대해 일본 경
영자 기업의 우위를 지적할 수 있었다. 따라서 미국 기업은 1980년대
를 통해서 거버넌스 개혁을 추진하였고, 이것이 1990년대를 통해 주주

기업의 확립으로 이어졌음을 거버넌스 구조의 관점에서 살펴보았다. 하지만 버블 경제의 붕괴와 함께 거버넌스의 부재와 부정이 드러나면서 미국 기업에서도 다시 거버넌스 개혁이 문제가 되고 있는 것이다.

이에 비해서 일본의 경영자 기업은 1990년대를 통해 기업업적이 저하되고, 메인뱅크 컨트롤이 후퇴하면서 거버넌스의 확립 그 자체가 문제시되고 있다. 시장경쟁의 압력하에서 경영의 재편성과 기능강화를 위한 이사회 개혁이 진행되는 한편, 주식의 상호 보유와 안정주주의 급속한 감소, 외국인 투자가의 급증, 그리고 연금기금으로 대표되는 기관투자가의 비중이 증대되면서 '주주중시'의 경영에 직면해 있다.

여기서 주주중시의 셰어홀더형 거버넌스와 장기고용관계와 계열관계 중시의 스테이크홀더형 거버넌스를 비교하고 서로가 양립할 수 있는 가능성을 살펴보았다. 기업의 경쟁력을 위해서도 관계 특수적 투자를 통해서 조직화된 스테이크홀더 관계를 유지하는 것이 불가결하게 되었고, 그러한 조직 아키텍처를 선택한 이상, 단기주주로부터의 주가 압력에 대해서 기업경영을 유지할 필요가 있다. 이것이 장기주주의 거버넌스 기능임을 살펴보았다. 이처럼 스테이크홀더 기업이 부정되고 셰어홀더 기업이 지배적이 되면, 그 주주가치의 추구로부터 사회를 지킬 필요가 있다. 이것이 셰어홀더 사회라는 사실을 마지막으로 지적할 수 있었다.

참고문헌

廣井身典. 1999. 『日本の社會保障』. 岩波新書.

堀內昭義·化崎正晴. 2000. 「日本の金融危機から何を學ぶか」. 宇澤弘文·化崎正晴(編著). 『金融システムの經濟學』. 東京大學出版會.

宮本光晴. 1991. 『企業と組織の經濟學』. 新世社.

_____. 1999. 『日本の雇用をどう守るか』. PHP研究所.

_____. 2000. 『変貌する日本資本主義』. 筑摩書房.

_____. 2002. 「セーフティネットの罠」. 佐伯啓思·松原隆一郎(編著). 『新しい市場社會の構想』. 新世社.

今井賢一·伊丹敬之·小池和男. 1982. 『內部組織の經濟學』. 東洋經濟新報社.

楠田丘. 2002. 『日本型成果主義』. 生産性出版.

都留康·守島基博·奧西好夫. 1999, 「日本企業の人事制度」. 《經濟研究》, 第50卷, 第3号.

渡辺深. 1999. 『「轉職」のすすめ』. 講談社.

藤木隆宏. 1997. 『生産システムの進化論』. 有斐閣.

_____. 2003. 『能力構築競爭』. 中央公論新社.

藤本隆宏·武石彰·青島矢一. 2001. 『ビジネス·アーキテクチャ』. 有斐閣.

富永健一. 1995. 『行爲と社會システムの理論』. 東京大學出版會.

寺西重郎. 2003. 『日本の經濟システム』. 岩波書店.

小牧義弘. 1998. 「わが國企業に雇用調整行動における不連續性について」. 《日本銀行調査月報》, 1998年 11月.

小池和男. 1999. 『仕事の經濟學』. 東洋經濟新報社.

速水融·宮本又郎. 1988. 『日本經濟史1−經濟社會の成立』. 岩波書店.

深尾光洋·森田泰子. 1997. 『企業ガバナンス構造の國際比較』. 日本經濟新聞社.

奧田健二. 1985. 『人と經營』. マネジメント社.

田中隆之. 2002. 『現代日本經濟』. 日本評論社.

田村達也. 2002. 『コーポ-レート·ガバナンス』. 中央公論社.

池田信夫. 2001. 「デジタル化·モジュール化·カプセル化」. 尾高煌之助·都留康(編著). 『デジタル化時代の組織革新』. 有斐閣.

淺沼萬里. 1997. 『日本の企業組織 革新的適応のメカニズム』. 東洋經濟新報社.

青木昌彦·安藤春彦. 2002. 『モジュール化』. 東洋經濟新報社.

靑木昌彦·奧野正寛. 1996. 『經濟システムの比較制度分析』. 東京大學出版會.

村上泰亮. 1992. 『反古典の政治經濟學』. 中央公論社.

樋口美雄. 2001. 『雇用と失業の經濟學』. 日本經濟新聞社.

河村耕平·廣田眞一. 2002. 「株主によるガバナンスは必要か?」. 伊藤秀史(編著). 『日本企業 変革期の選擇』. 東洋經濟新報社.

鶴田俊正. 1982. 『戰後日本の生産政策』. 日本經濟新聞社.

シェアード, P. 1997. 『メインバンク資本主義の危機』. 東洋經濟新報社.

ポーターM.·竹內弘高. 2000. 『日本の競爭戰略』. ダイヤモンド社.

Akerlof, G. A. 1970. "The Market for 'Lemons': Quality, Uncertainty and Market Mechanism." *Quarterly Journal of Economics*, Vol.97. November.

Aoki, M. 1988. *Information, Incentives and Bargaining in the Japanese Economy*. Cambridge University Press. 永易浩一(譯). 1992. 『日本經濟の制度分析』. 筑摩書房.

_____. 1994. "Monitoring Characteristics of the Main Bank System." in M. Aoki and H. Patrick(eds.). *The Japanese Main Bank System*. Oxford University Press. 白鳥正喜監(譯). 1996. 『日本のメインバンク·システム』第4章「メインバンク·システムのモニタリング 機能としての特徴」. 東洋經濟新報社.

Arrow, K. J. 1974. *The Limits of Organization*. Norton. 村上泰亮(譯). 1976. 『組織の限界』. 岩波書店.

Arthur, M. and D. Rousseau. 1996. *The Boundaryless Career*. Oxford University Press.

Atkinson, J. 1987. "Flexibility or fragmentation? The United Kingdom labour market in the 1980s," *Labour and Society*, Vol.12.

Becker, G. S. 1964. *Human Capital*. Columbia University Press. 佐野揚子(譯). 1976. 『人的資本』. 東洋經濟新報社.

Berle, A. A. and G. C. Means. 1932. *The Modern Corporation and Private Property*. Brace & World.

Blau, P. M. 1964. *Exchange and Power in Social Life*, John Wiley & Sons. 間場壽一·居安正·塩原勉 (譯). 1974. 『交換と權力』. 新曜社.

Burnham, J. 1941. *The Managerial Revolution*. Indiana University Press. 武山泰雄(譯). 1965. 『經濟者革命』. 東洋經濟新報社.

Cappelli, P. 1999. *The New Deal at Work*. Harvard Business School Press. 若山由美(譯). 2001. 『雇用の未來』. 日本經濟新聞社.

Chandler, A. D. Jr. 1977. *The Visible Hand: The Managerial Revolution in American Business*. Harvard University Press. 鳥羽欽一郎·小林裟裟治(譯). 1979. 『經濟者の時代』. 東洋經濟新報社.

_____. 1990. *Scale and Scope*. Harvard Business School Press. 安部悅生他(譯). 1993. 『スケール·

アンド・スコープ』. 有斐閣.

Coase, R. H. 1937. "The Nature of the Firm." *Economica*, Vol.4. 宮澤健一・後藤晃・藤垣芳文(譯). 1992. 『企業・市場・法』. 東洋経済新報社.

Commons, J. R. 1919. *Industrial Goodwill*. Arnold Press. 1969.

_____. 1919. *Institutional Economics*. The University of Wisconsin Press. 1961.

Doeringer, P. B. and M. Piore. 1971. *Internal, Labor Markets and Manpower Analysis*. Heath Lexington Books.

Drucker, P. 1942. *The Future of Industrial Man*. John Day. 若根忠(譯). 1964. 『産業にたずさわる人の未來』. 東洋経済新報社.

Durkheim, E. 1950. *Lecons de Sociologie*. Press Universite de France. 宮島喬・川喜多喬(譯). 1974. 『社會學講義』. みすず書房.

Galbraith, J. K. 1967. *The New Industrial Stake*. Houghton Mifflin. 都留重人監(譯). 1968. 『新しい産業國家』. 川出書房新社.

Granovetter, M. 1974. *Getting a Job*. University of Chicago Press. 渡辺深(譯). 1998. 『轉職』. ミネルヴァ書房.

Gordon, R. A. 1945. *Business Leadership in the Large Corporation*. Brookings Institution. 平井泰太郎・森昭夫(譯). 1954. 『ビジネス・リーダーシップ』. 東洋経済新聞社.

Jacoby, S. M. 1997. *Modern manors: welfare capitalism, since the New Deal*. Princeton University Press. 内田一秀他(譯). 1999. 『會社莊園制』. 北海道大學図書刊行會.

Kester. W. C. 1996. "American and Japanese Corporate Governance: Convergence to Best Practice?." in S. Berger and R. Dore(eds.). *National Diversity and Global Capitalism*. Cornell University Press.

Keynes, J. M. 1936. *The General Theory of Employment, Interest and Money*. Macmillan. 塩野谷祐一(譯). 1983. 『雇用・利子および貨幣の一般理論』(ケインズ全集 第7巻). 東洋経済新報社.

Lazear, E. P. 1998. *Personnel Economics for Managers*. John Wiley & Sons Inc. 樋口實雄・淸家篤(譯). 1998. 『仕事と組織の経濟學』. 日本経済新聞社.

Leibensterin, H. 1976. *Beyond Economic Man*. Harvard University Press.

Macfarlane, A. 1987. *The Culture of Capitalism*. Basil Blackwell Ltd. 常行敏夫・堀工洋文(譯). 1992. 『資本主義の文化』. 岩波書店.

Marris, R. 1964. *The Economic Theory of 'Managerial Capitalism.'* Macmillan. 大川勉・森重泰・沖田健吉(譯). 1971. 『経濟者資本主義の経濟理論』. 東洋経済新報社.

Marsden, D. 1990. "Institutions and Labour Mobility: Occupational and Internal Labour Markets in Britain, France, Italy and West Germany," in R. Brunetta and C. Dell'Aringa(eds.). *Labour Relations and Economic Performance*. Macmillan Press.

_____. 1999. *A Theory of Employment Systems: Micro-Foundations of Societal Diversity*. Oxford University Press.

Milgrom, P. R. and J. Roberts. 1992. *Economics, Organization and Management*. Prentice Hall Inc. 奧野正寬·伊藤秀史·今井晴雄·西村理·八木甫(譯). 1997. 『組織の経済學』. NTT出版.

Murakami, Y and T. P. Rohlen. 1992. "Social-Exchange Aspects of the Japanese Political Economy: Culture, Efficiency, and Change." in S. Kumon and H. Rosovsky(eds.). *The Political Economy of Japan Vol.3: Cultural and Social Dynamics*. Stanford University Press.

Nikell, S., D. Nicolitsas and N. Dryden. 1997. "What males firms performance well?" *European Economic Review*. Vol.41.

Polanyi. M. 1958. *Personal Knowledge: Toward a Post-critical Philosophy*. University of Chicago Press. 長尾史郎(譯). 1985. 『個人的知識』. ハーベスト社.

Roe, M. J. 1994. *Strong Managers Weak Owners*. Princeton University Press. 北條裕雄·松尾順介監(譯). 1996. 『アメリカの企業統治』. 東洋経済新報社.

Sako, M. 1992. *Price, quality and trust: Inter-firm relations in Britain and Japan*. Cambridge University Press.

Saxenian, A. 1996. "Beyond boundaries: open labor markets and learning in Silicon Valley." in M. Arthur and D. Rousseau(eds.). *The Boundaryless Career*. Oxford University Press.

Sheard, P. 1994. "Main Banks and The Governance of Financial Distress." in M. Aoki and H. Patrick(eds.). *The Japanese Main Bank System*. Oxford University Press. 白鳥正喜監(譯). 1996. 『日本のメインバンク·システム』第6章「メインバンクと財務危機管理」. 東洋経済新報社.

Schumpeter, J. A. 1942. *Capitalism, Socialism and Democracy*, 中山伊知郎·東畑精一(譯). 1962. 『資本主義·社會主義·民主主義(改訂版)』. 東洋経済新報社.

Simon, H. A. 1945. *Administrative Behavior*. Macmillan. 松田武彦·高柳暁·二村敏子(譯). 1965. 『経営行動』. ダイヤモンド社.

Smith, A. 1759. *The Theory of Moral Sentiments*. 水田洋(譯). 1973. 『道徳感情論』. 筑摩書房.

Smith, T. C. 1988. *Native Sources of Japanese Industrialization, 1750~1920*. University of California Press. 大島眞理夫(譯). 1995. 『日本社會史における伝統と創造』. ミネルヴァ書房.

Streeck, W. 1992. *Social Institutions and Economic Performance*. Sage Publications.

Tirole, J. 2001. "Corporate Governance." *Econometrica*, 69.

Veblen, T. 1904. *The Theory of Business Enterprise*, Augustus M. Kelley, 小原敬十(譯). 1965. 『企業の理論』. 勁草書房.

Weber, M. 1920. *Die protestantische Ethik und der 'Geist' des Kapitalismus*. 梶山力·大塚久雄(譯). 1955. 『プロテスタンティズムの倫理と資本主義の精神』. 岩波文庫.

Wiener, M. J. 1981. *The Decline of the Industrial Spirit, 1850~1980*. Cambridge University Press.
　原剛(譯). 1984. 『英國産業精神の衰退』. 勁草書房.

Williamson, O. E. 1975. *Markets and Hierarchies: Analysis and Antitrust Implications*. Free Press.
　淺沼萬里・岩崎晃(譯). 1980. 『市場と企業組織』. 日本評論社.

_____. 1984. *The Economic Institutions of Capitalism*. Free Press.

_____. 1986. *Economic Organizations*. Wheatsheaf Books.

찾아보기

※ 지은이

미야모토 미쓰하루(宮本光晴)

요코하마(橫浜)국립대학 경제학부 졸업
히토쓰바시(一橋)대학 대학원 경제학연구과 박사과정 수료
현재 센슈(專修)대학 경제학부 교수
주요 저서:
『人と組織の社會經濟學』(東洋經濟新報社, 1987)
『企業と組織の經濟學』(新世社, 1991)
『日本人はなぜイギリスに憧れるのか』(PHP研究所, 1997)
『日本型システムの深層－迷走する改革論』(東洋經濟新報社, 1997)
『日本の雇用はどう守れるか－日本型職能システムの行方』(PHP研究所, 1999)
『變貌する日本資本主義－市場原理を越えて』(筑摩書房, 2000)

※ 옮긴이

정안기

고려대학교 무역학과 졸업
일본학술진흥재단(JSPS) 특별연구원
교토(京都)대학 대학원 경제학 박사
한국학술진흥재단(KRF) 선도연구사업 연구책임자
현재 고려대학교 아세아문제연구소 연구조교수
주요 논문:
『戰前戰時「鐘紡コンツェルン」の研究』(2000)
「조선방직의 戰時經營과 자본축적의 전개」(2002)
「戰時期 朝鮮經濟와 종방콘체른」(2003)
「식민지기 경성방직의 戰時經營과 滿洲投資」(2005) 외 다수
주요 역서:
『현대 일본 경제의 이해』(2003)
『근대 동아시아 역사상의 재구성』(2005)

한울아카데미 759

일본 기업 시스템의 경제학

ⓒ 정안기, 2005

지은이 | 미야모토 미쓰하루
옮긴이 | 정안기
펴낸이 | 김종수
펴낸곳 | 도서출판 한울

편집책임 | 서영의

초판 1쇄 인쇄 | 2005년 5월 20일
초판 1쇄 발행 | 2005년 5월 30일

주소 | 413-832 파주시 교하읍 문발리 507-2(본사)
　　　121-801 서울시 마포구 공덕동 105-90 서울빌딩 3층(서울 사무소)
전화 | 영업 02-326-0095, 편집 02-336-6183
팩스 | 02-333-7543
홈페이지 | www.hanulbooks.co.kr
등록 | 1980년 3월 13일, 제406-2003-051호

Printed in Korea.
ISBN 89-460-3403-3 93320

* 가격은 겉표지에 있습니다.